Guido Dieckmann

Albert Schweitzer. Ein Leben für Afrika

GUIDO DIECKMANN, Jahrgang 1969, lebt als freier Autor in der Pfalz. Er hat sich durch zahlreiche historische Romane einen Namen gemacht. Sein Roman zum Film »Luther« wurde ein Bestsellererfolg.

Als Aufbau Taschenbuch sind lieferbar: »Die Poetin«, »Die Gewölbe des Doktor Hahnemann«, »Der Bader von St. Denis«, »Die Magistra«, »Die Nacht des steinernen Reiters«, »Die Frau mit den Seidenaugen« sowie »Luther«.

Kaum jemand verkörpert die menschliche Seite des 20. Jahrhunderts mehr als Albert Schweitzer, der Arzt und Humanist. Ursprünglich Theologe und Musiker entschließt er sich bereits vor dem ersten Weltkrieg mit seiner Frau nach Afrika zu gehen, um dort ein Krankenhaus aufzubauen. Seine Ethik »Ehrfrucht vor dem Leben« will er dort beispielhaft umsetzen. Doch immer wieder erlebt er Rückschläge – besonders in den Jahren nach 1945, als er sich an die Seite Einsteins stellt und gegen die atomare Aufrüstung protestiert. Plötzlich wird er verdächtigt, ein Kommunist zu sein. Er sieht sich Bespitzelungen ausgesetzt, und als Lambarene auch noch die Schließung droht, gerät sein ganzes Lebenswerk in Gefahr.

Guido Dieckmann

Albert Schweitzer

Ein Leben für Afrika

Roman

aufbau taschenbuch

ISBN 978-3-7466-2540-9

Aufbau Taschenbuch ist eine Marke der Aufbau Verlag GmbH & Co. KG

2. Auflage 2009

Umschlaggestaltung capa, Anke Fesel
Druck und Binden CPI – Clausen & Bosse, Leck
Printed in Germany

www.aufbau-verlag.de

Albert Schweitzer	Jeroen Krabbé
Helene Schweitzer	Barbara Hershey
Thérèse Bourdin	Judith Godrèche
Phil Figgis	Samuel West
Rhena Schweitzer	Jeanette Hain
Louis Ngouta	Patrice Naiambana
Dr. David Fuller	Jonathan Firth
Albert Einstein	Armin Rohde
Senior Nurse Anna	Eleonore Weisgerber
Dr. Erik Hals	Hans-Werner Meyer
Nurse Susi Sandler	Jennifer Ulrich
Joseph	Leslie Mangezi

Regie GAVIN MILLAR
Kamera CINDERS FORSHAW BSC
Production Design TOM HANNAM
Kostüme MOIRA MEYER, WOLFGANG ENDER
Maske AYTEN MORGENSTERN, DERRICK BOSCH
Buch GAVIN MILLAR, DAVID HOWARD
nach einem Originaldrehbuch von JAMES BRABAZON
Producer ELIZA MELLOR
Produzenten
ALEXANDER THIES, CHARLES A. SEILLER, CHRISTIAN P. STEHR
Koproduzenten
GISELHER VENZKE, BERTHA SPIEKER, HANS-WOLFGANG JURGAN
Produktion Salinas Filmgesellschaft in Koproduktion mit Two Oceans Production und ARD Degeto, © 2009

Was ihr für einen meiner geringsten Brüder getan habt,
Das habt ihr mir getan.

Matthäus, 25, 40

Nachdenklich machen ist die tiefste Art zu begeistern.

Albert Schweitzer

Prolog

Straßburg, im Herbst 1905

Professor Fehling war ein Mann, der seine Pflichten als Dekan der Universität Straßburg trotz seines vorgerückten Alters stets gewissenhaft erfüllt hatte. Im Grunde lebte er für die Universität, etwas anderes interessierte ihn nicht. Dennoch war allseits bekannt, dass die Stunde vor dem Mittagsläuten für ihn heilig war. Weder Studenten noch Kollegen wagten es daher, den Gelehrten während dieser Zeit aufzusuchen oder um ein Gespräch zu bitten.

Auch an diesem regnerischen Herbstmorgen hatte es sich Professor Fehling mit der Morgenzeitung und einer Tasse Kaffee an seinem Schreibtisch im Dekanatsgebäude bequem gemacht, als sein Assistent den Raum betrat und einen Besucher ankündigte. Seufzend legte der Gelehrte seinen Löffel auf die Untertasse und warf dem hageren jungen Mann an der Tür durch seine dicken Brillengläser einen scharfen Blick zu.

»Muss das ausgerechnet jetzt sein? Seit den frühen Morgenstunden bin ich auf den Beinen, und das bei diesem scheußlichen Wetter.«

Der Professor stand auf, trat ans Fenster und hob die ergraute Gardine ein wenig an, damit er hinunter auf den mit Kopfstein gepflasterten Innenhof sehen konnte. Die Steine glänzten im Regen. Sie wirkten frisch gewaschen und rein. So mochte es Fehling. Zwei Studenten eilten mit wehenden Mänteln durch den Regen auf das Portal des Dekanatsgebäudes zu.

Missmutig klappte der Dekan seine Taschenuhr auf und starrte schweigend auf das Zifferblatt. Die letzte Vorlesung vor dem Mittagessen hatte bereits vor zehn Minuten begonnen. Er hasste Unpünktlichkeit, gleichgültig, um welche Art von

Veranstaltung es sich handelte. Keiner der Professoren hatte seine Zeit gestohlen. Wann würden die jungen Leute das jemals einsehen?

Fehling begann vor dem zugigen Fenster zu frösteln. Im Studierzimmer gab es einen kleinen Kohleofen, doch dieser schaffte es nicht, dem großen Raum an kalten, regnerischen Tagen eine behagliche Note zu verleihen.

Der Assistent räusperte sich. »Herr Professor ...«

»Ach ja, Sie sagten, es wolle mich jemand sprechen. Ein Student? Richten Sie ihm aus, er soll die Vorlesungen abwarten und sich für heute Nachmittag ...«

»Aber Herr Dr. Schweitzer von der theologischen Fakultät wünscht, Sie zu sehen, Herr Dekan«, unterbrach ihn der junge Mann. Er sah unglücklich aus. »Dr. Schweitzer behauptet, er habe seinen Besuch bereits vor zwei Wochen angekündigt und müsse mit Ihnen dringend unter vier Augen reden. Es scheint so, als ließe er sich nicht vertrösten.«

Professor Fehlings Miene hellte sich ein wenig auf. Mit zwei geübten Handgriffen richtete er seinen Kragen und zog die gelockerte Krawatte straff, bevor er sich wieder zu seinem Stuhl hinter dem wuchtigen, schwarzen Eichentisch begab.

»Also wirklich, warum haben Sie das nicht gleich gesagt, Sie unglückseliger Mensch? Sie können doch Herrn Dr. Schweitzer nicht vor der Tür stehen lassen wie einen neunmalklugen Studiosus aus dem ersten Semester. Nur herein mit ihm, wenn ich bitten darf!«

Auf die steife Verbeugung des Assistenten betrat ein mittelgroßer, schlanker junger Mann das Zimmer des Dekans. Sein Anzug war zerknittert und roch nach feuchter Wolle. In seinem dichten dunklen Haar und dem ordentlich gestutzten Oberlippenbart glitzerten Regentröpfchen, die im Schein der Lampe wie Kristallsplitter aussahen. Der junge Mann schien längere Zeit durch den Regen gelaufen zu sein. Unentwegt strich er sich durch das zerzauste Haar, während Fehlings Assistent ihm aus dem Mantel half und dann mit Hut und Regenschirm im Vorzimmer verschwand.

Fehling fragte sich, warum Schweitzer seinen Schirm nicht benutzt hatte, wenn er ihn schon bei sich trug, hielt dies aber nicht wichtig genug, um den jungen Gelehrten darauf anzusprechen. Dr. Schweitzer war schließlich als brillant, aber auch als etwas zerstreut bekannt. Insbesondere betraf dies alltägliche Angelegenheiten, die nichts mit seinen Fachgebieten zu tun hatten. Soweit Professor Fehling sich erinnern konnte, hatte Albert Schweitzer, ein Pfarrersohn aus der elsässischen Provinz, nicht nur in Straßburg, sondern auch an der berühmten Pariser Sorbonne studiert. Nun, mit gerade einmal dreißig Jahren, hatte er bereits eine beeindruckende Laufbahn vorzuweisen. Er war Doktor der Philosophie, Privatdozent der Theologie, dazu ein wahres musikalisches Genie an der Orgel und hatte ein in Fachkreisen bedeutendes Buch über das Vermächtnis des Komponisten Johann Sebastian Bach geschrieben. Nicht nur an der Universität, in der ganzen Stadt redete man über Schweitzers Erfolge. Er wurde zu Abendgesellschaften in die ersten Häuser am Platz eingeladen, und so mancher Gelehrte hätte ihn sich wohl auch als Schwiegersohn gewünscht, denn der junge Wissenschaftler war mit seiner bescheidenen, freundlichen Art nicht nur bei seinen Studenten, sondern auch bei allen Kollegen beliebt.

»Was führt Sie denn an einem so grauen Oktobertag zu mir, mein Freund?«, wollte Professor Fehling wissen, nachdem er seinem Gast einen Stuhl und eine Tasse Kaffee angeboten hatte. Er lächelte den jungen Mann aufmunternd an, spürte er doch, dass diesem etwas auf der Seele lag. »Haben Sie Schwierigkeiten mit Ihren Vorlesungen? Einem Studenten? Oder handelt es sich um ein wissenschaftliches Problem, das Sie mit mir erörtern möchten?«

Albert Schweitzer hob abwehrend die Hand. »Nichts von alldem, Herr Dekan. Ich bin gekommen, um mich als Student der medizinischen Fakultät vorzustellen. Wenn es noch nicht zu spät für eine Immatrikulation ist, würde ich mein Studium gern noch im Oktober beginnen, damit ich nicht allzu viel Zeit verliere.«

Professor Fehling schüttelte verwirrt den Kopf. »Ich fürchte, ich verstehe Sie nicht, Herr Kollege. Sie sind ein erfolgreicher Wissenschaftler und dabei noch so jung, dass eine glänzende Karriere auf Sie wartet. Vor einigen Tagen berichtete mir der Rektor, dass er große Stücke auf Sie hält. Sie scheinen ihm ein rechter Wunderknabe zu sein, wobei Sie mir nicht übelnehmen dürfen, wenn ich als Mediziner solchen Begriffen stets skeptisch gegenüberstehe.«

Fehling ging zu seinem Bücherschrank, in dem er Dutzende von schweren, in Leder gebundenen Werken über die Anatomie des Menschen, Physiologie, Chemie, Physik, Zoologie und Botanik aufbewahrte. Eine Fundgrube des Wissens, die er im Laufe vieler Jahre in aller Welt zusammengetragen hatte und auf die er nicht stolzer hätte sein können. Energisch öffnete er den Schrank mit einem Schlüssel, der an seiner Uhrkette hing. Dann wählte er einige der Bücher aus und warf sie mit mürrischem Gesichtsausdruck vor Schweitzer auf den Schreibtisch.

»Die Medizin ist eine ernstzunehmende Wissenschaft und kein Steckenpferd für gelangweilte Philosophen. Seit vierzig Jahren bläue ich meinen Studenten ein, dass Sie niemals vergessen dürfen, wie wenig wir doch über die Krankheiten der Menschen wissen. Manche Leiden mögen wir inzwischen kurieren können, doch die meisten Geheimnisse des menschlichen Körpers und seines Geistes sind uns doch verborgen. Wir verstehen von ihnen bestenfalls soviel, wie in einen Fingerhut passt. Und nun kommen Sie, Philosoph, und glauben, den Herren Professoren ihre kostbare Zeit stehlen zu dürfen, indem Sie mit ihnen Fragen über den Sinn des Lebens, über Geist und Materie erörtern? Offen gesagt, halte ich das für infam.«

Schweitzer errötete vor Verlegenheit, doch er senkte den

Blick nicht. »Aber nein, Sie haben mich missverstanden, Herr Dekan«, sagte er mit fester Stimme. »Ich käme niemals auf die Idee, Medizin und Heilkunde als philosophische Forschungsprojekte zu betrachten. Ich möchte ganz einfach Arzt werden.«

»Warum denn, zum Teufel? Warum wollen ausgerechnet Sie Arzt werden?«

Schweitzer atmete tief durch; die Selbstsicherheit, mit der er das Studierzimmer des Dekans betreten hatte, begann unter dessen strengem Blick nun doch ein wenig zu bröckeln. »Das ist nicht ganz einfach zu erklären ...«

»Falls Sie meine Zustimmung zu diesem aberwitzigen Vorhaben haben wollen, in Ihrem Alter noch einmal zu studieren, werden Sie um eine Erklärung aber nicht herumkommen, Schweitzer«, erwiderte Fehling kühl. »Also, reden Sie schon! Sie sind doch auf ihrem Lehrstuhl auch nicht um Worte verlegen.«

Schweitzer räusperte sich. Er dachte einen Moment lang nach, dann sagte er: »Nun, ich denke, alles fing damit an, dass ich mir als Student das Versprechen abnahm, nach Vollendung meines dreißigsten Lebensjahres nicht mehr nur an mich selbst und an mein berufliches Weiterkommen zu denken, sondern mein Leben in den Dienst einer guten Sache zu stellen.«

»Ihr Unterricht ist doch eine gute Sache. Jedenfalls schien er mir das bis heute zu sein.«

Schweitzer stand auf und begann im Studierzimmer auf und abzugehen. »Nein, so meine ich das nicht. Meine Forschungen auf dem Gebiet der Kulturphilosophie, die Kirchenkonzerte, die ich auf der Orgel gebe, all die hochgeistigen Gespräche mit Freunden und Kollegen hier an der Universität sind letzten Endes nur ein Widerhall meiner eigenen menschlichen Eitelkeit. Sie bringen mich keinen Schritt weiter, im Gegenteil, sie beginnen allmählich mich zu stören, mir die Luft zum Atmen zu nehmen. Ich möchte mein Leben lieber damit verbringen, etwas wahrhaft Sinnvolles zu tun.«

Professor Fehling seufzte. »Und das wäre ...«

»Was könnte sinnvoller sein, als kranken Menschen dort zu helfen, wo es kaum Ärzte und Hospitäler, dafür aber umso mehr Hoffnungslosigkeit und Verzweiflung gibt?«

Albert Schweitzer blieb vor Fehlings Schreibtisch stehen und schlug eines seiner alten medizinischen Fachbücher auf. Beinahe ehrfurchtsvoll glitten seine Finger über die dunklen, abgegriffenen Seiten.

»Ich habe den Entschluss gefasst, nach Abschluss meiner Studien als Tropenarzt nach Afrika zu gehen.«

»Afrika? Aber mein lieber Freund, wer hat Ihnen denn nur diesen Floh ins Ohr gesetzt?« Die Stimme des Dekans klang nun nicht mehr verärgert, sondern besorgt. Eingehend betrachtete er den sonderbaren Mann, der so entschlossen wirkte wie kaum einer seiner Kollegen, und kam zu dem Schluss, dass vermutlich Erschöpfung und Überarbeitung seinen Gemütszustand hervorgerufen hatten. Vermutlich verbrachte Schweitzer seine Nächte nicht in den Armen einer jungen Frau, sondern allein an seinem Schreibtisch. Sein magerer Körper und die dunklen Ringe unter seinen Augen verrieten ihm, dass er zu wenig aß und schlief.

Vielleicht sollte ich mich mit den Kollegen der Psychiatrie beraten, überlegte Fehling, verwarf den Gedanken aber wieder. Wenn sich in Straßburg herumsprach, dass ausgerechnet er ein hochgeachtetes Mitglied des akademischen Lehrkörpers der Hysterie verdächtigte, konnte das nicht nur seinem eigenen Ruf schaden, sondern auch dem Ansehen des Rektors, der nach wie vor seine schützende Hand über Albert Schweitzer hielt. War der Junge nicht sogar mit dessen Tochter gut befreundet?

Schweitzer klappte geräuschvoll das Lehrbuch zu. Als er zu Fehling aufschaute, lagen in seinem Blick weder Unsicherheit noch Erschöpfung.

»Herr Dekan, wenn Sie mir das Studium der Medizin verweigern, sehe ich mich gezwungen, meine Bitte einer anderen Universität vorzutragen«, erklärte er ernst. »Mein Entschluss steht fest. Er ist unwiderruflich. Sobald ich meine Examina vor dem Kollegium abgelegt habe, trete ich die Reise ins französische Äquatorialafrika an, um dort für die Eingeborenen ein Hospital aufzubauen.«

»Sie werden auf große Schwierigkeiten stoßen, Schweitzer. Ist Ihnen das überhaupt klar?« Fehling lockerte seine Krawatte; der Knoten saß viel zu straff. So konnte doch kein Mensch atmen. Er öffnete auch die Manschettenknöpfe und streifte langsam die Ärmelaufschläge ab. Für ihn war nun alles gesagt. Mehr Zeit wollte er den verrückten Ansichten dieses Philosophen nicht opfern.

Ein Hospital in Afrika. Ein Leben unter Wilden. Wenn Schweitzer sich unbedingt in ganz Straßburg lächerlich machen wollte, sollte er ruhig Medizin studieren und zu den Eingeborenen fahren. Vermutlich würden die ihn erschlagen, lange bevor er eine Strohhütte gebaut und die erste Behandlung durchgeführt hatte.

Ihn ging das alles nichts mehr an.

Vor dem Tor der Universität wartete eine schlanke junge Frau im strömenden Regen. Sie trug ein dunkelbraunes Kleid mit Stickereien, dessen Saum bis über die Knöchel fiel, dazu einen weiten Sommerschal, den sie gleich dreimal um den Hals gewunden hatte. Mehr zum Schutz vor neugierigen Blicken als vor dem Wetter hatte sie einen breitkrempigen Hut aufgesetzt und den Schleier tief ins Gesicht gezogen.

Albert Schweitzer hätte sie beinahe nicht erkannt, als er mit hängenden Schultern die Treppe hinuntergelaufen kam. Als sie ihren ausladenden Regenschirm anhob, um ihm darunter Platz zu machen, lächelte er ihr jedoch aufmunternd zu und winkte.

Die junge Frau versuchte angestrengt, seiner Miene zu entnehmen, wie das Gespräch mit Dekan Fehling verlaufen war. Schweitzers Ausdruck blieb jedoch gleichmütig. Also blieb ihr nichts anderes übrig, als ihn direkt darauf anzusprechen.

»Und? So reden Sie schon!«

»Ach, Helene, ich glaube nicht, dass Professor Fehling mich verstanden hat. Er hat mir prophezeit, es würde einmal schlimm mit mir enden.«

Das Mädchen schüttelte den Kopf, während sie den Schleier ein wenig hob. »Was um alles in der Welt haben Sie erwartet, Albert? Dass er Ihren Entschluss begrüßt, hier alles aufzugeben, was Sie sich erarbeitet haben, und das Land zu verlassen? Nicht einmal Ihre eigenen Eltern können das.«

Schweitzer machte ein trauriges Gesicht. »Meine Eltern haben Angst, dass nun alles umsonst war, was sie sich für mich erträumten. Meine Ausbildung, die Karriere an der Universität. All die Vorträge, die ich gehalten, die Bücher, die ich schon geschrieben habe.« Er zuckte mit den Schultern. Dann bot er Helene galant seinen Arm, um sie über den Hof der Universität zur Straße zu begleiten. Als die Glocken des Münsters zu läuten begannen, blieb er stehen; seine Augen durchdrangen den feuchten Nebel des Oktobermorgens, als suchten sie den Turm der Kathedrale, doch die milchigen Schleier, die durch die Luft zogen, ließen nur verschwommen die Konturen von Dächern und Mauern erahnen. In der Nähe holperte eine Pferdedroschke über das Pflaster.

»Sie scheinen die Einzige zu sein, die mich versteht, Helene«, sagte er ungewohnt kleinlaut. »Vielleicht mache ich ja einen Fehler, wenn ich glaube, Menschen in Afrika als Arzt helfen zu können, aber …«

Über das Gesicht seiner jungen Begleiterin huschte die Andeutung eines Lächelns, das sein Herz wärmte.

»Die Missionsgesellschaft hat Ihnen aber unmissverständlich klargemacht, dass sie gute Ärzte sucht und keine Prediger. Wenn Sie Seelen retten wollen, Albert, bleiben Sie besser hier, in Straßburg. Nach Afrika sollten Sie nur gehen, wenn es Ihnen ernst damit ist, gegen die Krankheiten zu kämpfen, unter denen die Einheimischen leiden.« Sie errötete, als er ihre Hand drückte.

»Vielleicht brauchen Sie ja eine Krankenschwester, wenn Sie Ihr Urwaldhospital aufbauen«, schickte sie zaghaft nach. »Es hält mich nämlich nichts mehr in Straßburg, wenn Sie abreisen.«

Schweitzer hob in gespielter Empörung den Zeigefinger. »Ihr Vater würde mich mit der Schrotflinte aus der Stadt jagen, Helene! Professor Bresslaus einzige Tochter kann doch nicht mit einem verschrobenen Träumer in den Urwald ziehen. Was würden die Leute sagen?«

Helenes Lachen deutete an, wie egal ihr das Gerede war. Davon abgesehen war Albert Schweitzer ihren Eltern angenehm, und sie glaubte nicht, dass seine Pläne etwas daran ändern konnten. Mit klopfendem Herzen lief sie voraus, hinein in den Regen, der immer stärker zu werden schien. Ihre helle, beinahe blasse Haut leuchtete im trüben Licht des Herbsttages wie feines Porzellan. Während sie ging, löste sich eine widerspenstige Locke ihres tiefschwarzen Haars. Behutsam strich Schweitzer sie ihr aus der Stirn. »Ihnen scheint es genauso ernst mit der Sache zu sein wie mir!«

»Wir müssen unsere Träume leben, damit sie Wirklichkeit werden können«, sagte Helene leise. »Würden Sie mich denn überhaupt mitnehmen, Albert?«

Er lächelte geheimnisvoll. Obwohl er ihr die Antwort schuldig blieb, festigte sich in seinem Innern doch das Gefühl, dass er nicht allein nach Afrika reisen würde. Sollte er Helene jedoch bitten, ihm zu folgen, so weder als Krankenschwester noch als Sekretärin, sondern nur als seine Frau.

1. Kapitel

New York, 1949

Helene Schweitzer trat aus dem großzügigen Ankleidezimmer der Hotelsuite und warf ihrem Ehemann, der sich auf dem Sofa entspannte, einen kritischen Blick zu. Sie konnte verstehen, dass Albert nach der langen Reise von Afrika nach New York erschöpft war, ihr selbst ging es nicht besser. Dennoch durften sie sich keine längere Pause gönnen, wenn sie den straffen Zeitplan einhalten wollten.

»Bitte mach dich fertig, Albert«, sagte sie mit einem mahnenden Blick auf die Uhr. »Es würde keinen guten Eindruck machen, wenn wir zu deinem eigenen Konzert zu spät kämen. Vergiss nicht, dass die amerikanische Presse über jeden unserer Schritte berichtet.«

Energisch öffnete Helene die Schublade des Spiegeltisches im Schlafzimmer und entnahm ihr eine Schachtel mit Aspirintabletten gegen die Kopfschmerzen, die sie seit ihrer Ankunft im Hotel nicht losgeworden war. Als ein flüchtiger Blick ihr Spiegelbild traf, runzelte sie die Stirn und berührte seufzend ihre Wange. Albert hatte ihre Haut immer mit weißem Porzellan verglichen – ihrer Einschätzung nach hatte das Porzellan allerdings inzwischen erhebliche Sprünge bekommen. Für ihren Mann war sie trotz ihrer einundsiebzig Jahre noch immer eine attraktive Frau, doch die Falten, die sich tief in ihre blasse Haut gegraben hatten, kündeten vom Kampf gegen die vielen Krankheiten, denen sie in Afrika begegnet war, sowie von jahrelangen Entbehrungen in der Heimat. Dessen ungeachtet war ihre Haltung unverändert aufrecht, Albert behauptete sogar, sie bewege sich würdevoll. Das gefiel ihr und tröstete sie. Mochte ihr Haar inzwischen grau geworden sein, noch immer legte es sich in einer dichten Fülle um den zierlichen Kopf. Davon abgesehen verstand sie es, sich geschmackvoll zu kleiden. Zur Feier ihres ersten öffentlichen Auftretens in Amerika hatte sich Helene Schweitzer für ein Kostüm aus mehlfarbenem Tweed entschieden. Die Jacke war dreiviertellang und eine Spur zu weit geschnitten, bedeckte dafür aber die füllig gewordenen Körperpartien auf vorteilhafte Weise.

Liebevoll betrachtete sie die Perlenkette auf dem Spiegeltisch, die einst ihrer Mutter gehört hatte, heute aber ihren Hals schmücken würde. Helene hatte sich nie viel aus modischer Kleidung oder Schmuck gemacht, nicht einmal als sie noch jung war. Im Urwald von Äquatorialafrika, in dem sie und Albert ihren Lebenssinn gefunden hatten, hätte sie damit auch niemanden beeindrucken können.

Kurz überlegte sie, ob sie Albert bitten sollte, ihr beim Anlegen der Kette behilflich zu sein, doch sie verwarf den Gedanken. Albert mochte ein begnadeter Arzt sein, doch sie traute ihm ohne weiteres zu, dass er den Verschluss ihrer Kette beschädigen oder die Perlenschnur zerreißen würde, weil er nicht bei der Sache, sondern mit seinen Gedanken ganz woanders war. Einerseits bewunderte Helene die Fähigkeit ihres Mannes, alles Störende um sich herum auszublenden, sobald er die Augen zumachte, andererseits ärgerte es sie ein wenig – und das aus gutem Grund. Sobald Albert über seine Arbeit im Hospital von Lambarene nachsann, vergaß er sogar, dass sie im Raum war.

Helene nahm zwei Aspirin und spülte sie mit einem Glas Leitungswasser hinunter. Dann fuhr sie damit fort, sich anzukleiden. Während sie noch damit beschäftigt war, eine passende Handtasche auszusuchen, fiel ihr Blick auf den Geschenkkorb, der mit den herrlichsten Früchten der Saison sowie zwei Flaschen kalifornischem Wein, etwas Käse und Gebäck gefüllt war. Es handelte sich dabei um einen Willkommensgruß des

Hotelmanagers, und Helene wünschte sich von Herzen, ihr und Albert bliebe noch genügend Zeit für einen kleinen Imbiss. Sie hätte es vorgezogen, in der Suite mit ihm zu essen, statt in dem vornehmen Nobelrestaurant in Manhattan, in das Vertreter einer amerikanischen Wohltätigkeitsorganisation sie nach Alberts Konzert ausführen wollten. Doch der Chauffeur des Wagens, mit dem man sie abholte, wartete bereits unten auf der lärmenden Straße auf sie. Während der letzten halben Stunde hatte sich der Manager zweimal mit der Suite der Schweitzers verbinden lassen und die Dienste eines Hotelpagen angeboten. Helene hatte freundlich, aber bestimmt abgelehnt. Noch war sie rüstig genug, um für sich und Albert allein zu sorgen.

Albert Schweitzer saß noch immer auf der geblümten Couch und summte die ersten Takte der Fuge von Bach, die zu spielen er sich entschieden hatte. Er war sichtlich müde; die Klimaumstellung bekam ihm nicht. Helene machte sie auch zu schaffen, aber sie freute sich so sehr, nach all den Monaten der Trennung, wieder mit Albert zusammenzusein, und hätte auch die Reise nach Afrika in Kauf genommen, um ihn von dort abzuholen. Sie bemühte sich, ihn nicht wissen zu lassen, wie schwer es ihr fiel, den ganzen Presserummel zu überstehen. Wie schwer ihr seit einiger Zeit sogar das Atmen fiel.

Albert hatte ihr während der Fahrt ins Hotel erzählt, dass er bis kurz vor seiner Abreise aus Lambarene am Aufbau des neuen Lepradorfs mitgearbeitet hatte. Die neue Siedlung auf dem kleinen Hügel hinter dem Hospital, die mehr Platz und bessere sanitäre Einrichtungen für neue Patienten bieten sollte, lag ihm sehr am Herzen, und obwohl er mit der Reise nach Amerika große Hoffnungen verband, vermisste er das Hospital, seine Mitarbeiter und vor allem die Patienten schon nach wenigen Stunden. Mit vor Freude leuchtenden Augen hatte er Helene von Quabi berichtet, einem kleinen afrikanischen Jungen, der voller Stolz seinen Zimmermannsgürtel getragen hatte. Albert hatte dem Kleinen von Amerika erzählt, dem Land der Cowboys und Indianer, in dem die Häuser größer waren als die größten Bambuspflanzen von Lambarene, und ihm versprochen, ihm eine Kleinigkeit mitzubringen. Den Patienten hatte er vor seiner Abreise eingeschärft, dass sie während seiner Abwesenheit fleißig sein und weitere Hütten auf dem Hügel errichten sollten.

»Du hättest sie einmal sehen sollen, Helene«, hatte er lachend gesagt. »Kaum dreht man ihnen den Rücken zu, legen sie sich auf die Bambusmatten und dösen in der Sonne. Wenn ich nicht selbst zu Hammer und Säge gegriffen hätte …«

Helene schüttelte den Kopf und seufzte. Albert war im Januar fünfundsiebzig Jahre alt geworden. Dennoch behandelte und operierte er nicht nur fast jeden Tag, nein, er legte auch noch selbst Hand an, um den Arbeitern im Dorf bei einem klemmenden Fensterrahmen zu helfen. Helene fand, dass er stur und schrecklich eigensinnig war. Doch im Grunde liebte sie ihn gerade dafür. Vermutlich hätte sie, wäre sie vor Ort gewesen, trotz ihrer Sorgen nicht anders gehandelt. Als Helene darüber nachdachte, überkam sie eine fast quälende Sehnsucht nach der brennenden Sonne Afrikas, nach der roten, staubigen Erde und dem kleinen Dorf am Fluss Ogowe. Sie verwünschte die Schwäche ihres Körpers, die sie schon seit Jahren zwang, dem Dorf fernzubleiben.

In Gedanken saß sie mit Albert in einer Pirogue, wie die langen Einbäume genannt wurden, mit denen sich die Eingeborenen mühelos auf dem Fluss fortbewegten. Das Boot glitt pfeilschnell durch den Strom, vorbei an Sandbänken und Palmen, die direkt am Ufer standen, auf die Biegung zu, hinter der bereits die hellen Dächer der Hütten durch die Äste der Bäume schimmerten. Das Geschrei der Tiere mischte sich mit dem rhythmischen Klang der Trommeln, die zu Ehren ihrer Ankunft geschlagen wurden.

Während sie noch versonnen auf den Obstkorb starrte,

spürte sie plötzlich, wie sich ihr eine warme Hand auf die Schulter legte. »Nach deinem Gesichtsausdruck zu schließen, bist du nicht in New York, sondern in Lambarene, nicht wahr, Helene?« Albert lächelte.

»Unsinn. Wo denkst du hin?« Sie kehrte ihm den Rücken zu und ging zurück in das Ankleidezimmer. Dort lehnte sie sich gegen den Schrank und versuchte ruhig und gleichmäßig zu atmen; sie wollte nicht, dass er ihre feuchten Augen sah. Bereits vor Jahren, gleich nachdem die Ärzte ihr mitgeteilt hatten, was ihr fehlte, hatte sie sich geschworen, Albert niemals damit zu belasten. Er sollte sich nicht gezwungen fühlen, zwischen seiner Arbeit in Lambarene und ihr zu wählen, denn keine Entscheidung hätte sie glücklich gemacht.

Helene straffte die Schultern und verdrängte die trüben Gedanken. Sie mussten sich nun wirklich beeilen. Die amerikanische Presse, der sich Albert nach dem Konzert stellen musste, wartete bekanntlich nicht gern, das hatte Helene bereits erfahren, als sie das Land vor dem Krieg besucht hatte.

Albert saß mit gebeugtem Oberkörper an der Orgel; obwohl er einen verträumten, abwesenden Eindruck machte, glitten seine Finger mit einer Gewandtheit über die Tasten, die wohl keiner in dem vollbesetzten Saal dem alten Mann zugetraut hatte. Während das Publikum gebannt den Atem anhielt, bewegten sich Alberts Lippen unter dem struppigen Bart, als begrüßten sie jede einzelne der Noten, die sich unter der sanften Berührung in wundervolle Töne verwandelten, wie lang entbehrte Freunde.

Die Menschen, die an diesem Nachmittag gekommen waren, um den berühmten Arzt und Gelehrten aus Afrika an der Orgel zu sehen, ließen sich vom Zauber der Musik berühren. Elegante Damen mit Pelzcapes tupften sich Tränen der Rührung aus den Augenwinkeln, während andere mit gefalteten Händen dem Spiel lauschten, als entführe es sie in eine bessere Welt.

Alle waren sich einig, dass es sich lohnte, Albert Schweitzer, von dem so oft in Zeitungen und Illustrierten berichtet wurde, einmal aus der Nähe zu erleben.

Auch auf Helene wirkte die Magie des Orgelspiels noch immer so stark wie damals, als sie Albert zum ersten Mal hatte spielen hören. Im Laufe der Jahre hatte sie es sich jedoch angewöhnt, auch das Publikum zu beobachten, das die Konzerte und Vorträge ihres Mannes besuchte. So ließ sie auch an diesem Nachmittag unauffällig ihre Blicke durch die Reihen schweifen, um nachzuforschen, ob sich unter den Versammelten vielleicht ein paar bekannte Gesichter befänden. Schließlich durften sie und Albert nicht vergessen, warum sie diese Reise unternahmen. Die Einladung war aufgrund der Wiederkehr des 200. Geburtstages Goethes ausgesprochen worden, über den Albert in Aspen einen festlichen Vortrag halten sollte. Darüber hinaus hatte die juristische Fakultät der Universität Chicago ihm die Ehrendoktorwürde verliehen. Mehr als alles andere hoffte Albert jedoch, in den kommenden Wochen großzügige Geldgeber für das Hospital aufzutreiben. Die Kosten für Medikamente, Verbandstoffe, Lebensmittel und Baumaterial ließen sich nicht mehr allein aus dem Verkauf seiner Bücher oder durch einzelne Spenden begleichen; es fehlte eigentlich immer an Mitteln. Obwohl Albert erfinderisch war, wenn es darum ging, Geld zu beschaffen, waren er und Helene sich doch rasch einig darüber geworden, dass sie die Einladung nach Amerika nicht ausschlagen durften. Wenn sie Glück hatten, befanden sich schon heute im Orgelkonzert wohlhabende Menschen, die es sich nicht nehmen ließen, ihr Scherflein für die Errichtung des neuen Lepradorfs in Lambarene beizutragen.

Zu ihrer großen Freude erspähte Helene tatsächlich Bekannte in der Kirche. Auf der anderen Seite des Mittelganges, nur wenige Reihen von ihr entfernt, erkannte sie Alberts alten Freund und Namensvetter, den Physiker Einstein. Sie hob zaghaft die Hand, geradeso, als schüttele sie ihre Armbanduhr über das Handgelenk, um auf sich aufmerksam zu machen, doch der alte Mann mit dem wirren weißen Haarschopf lächelte nur versonnen; er schien so versunken in die Musik, dass er Helene nicht wahrnahm. Helene nahm sich vor, ihn nach dem Konzert am Ausgang aufzuhalten, damit er sich nicht in aller Bescheidenheit aus dem Staub machte, bevor Albert ihn begrüßen konnte.

»Haben Sie einen Freund entdeckt, Madam?«, flüsterte ihr die attraktive junge Frau zu, die auf dem Platz direkt neben ihr saß. Helene nickte höflich, ging aber nicht näher auf die Frage ein, denn sie kannte das Mädchen kaum und hatte es sich angewöhnt, Fremden gegenüber stets Vorsicht walten zu lassen, wenn sie auf Reisen war. Man konnte nie wissen, wer es gut mit einem meinte und wer nicht. Das dunkelhaarige Mädchen machte jedoch einen harmlosen und keineswegs aufdringlichen Eindruck. Zu Helenes Überraschung hatte kein männlicher Chauffeur, sondern die junge Dame sie vom Hotel abgeholt und anschließend souverän durch den dichtesten Verkehr Manhattans bis zum Hauptportal der Kirche gefahren. Danach hatte sie sich erboten, Albert mit dem Konzertmanager bekanntzumachen, bevor sie sich neben Helene auf einer Bank in der ersten Reihe niedergelassen hatte.

Nachdem das Konzert zu Ende und der Beifall verebbt war, stand die junge Frau auf und nahm ihre Kamera aus dem braunen Lederfutteral. »Erlauben Sie mir, dass ich später ein Foto von Ihnen und Mr. Einstein mache, Madam?«, fragte sie mit einem fröhlichen Augenaufschlag.

Helene öffnete erstaunt den Mund. »Aber woher wissen Sie …?«

»Oh, es war nicht schwer zu erraten, wem Ihre Aufmerksamkeit galt, Madam. Verzeihen Sie mir, wenn ich so forsch bin, aber wenn ich es als Frau in meinem Beruf zu etwas bringen möchte, muss ich doppelt so aufmerksam sein wie meine männlichen Kollegen und dafür sorgen, dass mir nichts entgeht.« Behutsam berührte sie Helenes Arm. »Ich hoffe, Sie nehmen mir meine Offenheit nicht übel, Madam.«

Helene musterte die junge Frau mit dem hübschen kirschroten Kleid einen Moment lang irritiert, schüttelte dann aber den Kopf. »Aber nein, natürlich nicht, meine Liebe. Und nun hören Sie bitte endlich auf, mich Madam zu nennen, als wäre ich eine alte Schuldirektorin. Ich bin schlicht und einfach Frau Schweitzer. Am liebsten wäre es mir, Sie würden mich Helene nennen. Soviel ich von meinen früheren Besuchen in den Staaten weiß, haben die Amerikaner doch eine Vorliebe dafür, einander mit Vornamen anzureden. Eine Sitte, die Albert und ich begrüßen.«

Die junge Frau lachte. »Ich bin gar keine Amerikanerin, sondern Französin«, sagte sie. »Mein Name ist Thérèse Boudin. Für Sie natürlich Thérèse.«

Die Konzertbesucher strömten lachend und plaudernd dem Ausgang entgegen, doch viele blieben auf den Treppenstufen oder weiter unten auf der Straße stehen, um noch einen Blick auf den prominenten Gast zu erhaschen. Inzwischen hatten sich auch einige Vertreter der New Yorker Presse eingefunden, die es sich nicht nehmen lassen wollten, Albert Schweitzer ein paar Fragen zu stellen, bevor er die Stadt in Richtung Chicago verließ. Thérèse Boudin, die eigentlich vorgehabt hatte, in Helenes Nähe zu bleiben, musste es sich gefallen lassen, von einer Gruppe aufdringlicher Reporter und Fotografen des *Daily Mirror* zur Seite geschoben zu werden.

Albert ergriff Helenes Hand; das Blitzlichtgewitter, das sich plötzlich über seinem Kopf entlud, verwirrte ihn. Dennoch zwang er sich zu einem höflichen Lächeln, als ihm ein schmächtiger Reporter mit Nickelbrille und Notizblock den Weg versperrte.

»Wie gefällt es Ihnen in den Vereinigten Staaten, Professor?«, rief ihm der Mann zu. Seine Stimme klang heiser.

Albert kniff die Augen zusammen. »Nennen Sie mich doch

bitte Doktor, mein Herr. Ich bin nur als Orgelspieler in Ihre schöne Stadt gekommen, nicht als Filmstar.«

»Würden Sie meinen Mann bitte durchlassen«, forderte Helene den Reporter auf, der keine Anstalten machte, sich von der Stelle zu rühren.

»Wir werden den Herrschaften von der Presse mit Vergnügen Rede und Antwort stehen, aber nicht hier auf der Kirchentreppe.« Als sich Helene umwandte, bemerkte sie die junge Französin, die etwas verloren in einer Schar von Schaulustigen stand und alle Mühe hatte, ihre wertvolle Kamera vor dem Andrang der Reporter zu schützen, die sich schubsend und drängelnd vorwärtsbewegten. Energisch schob Helene einen der Fotografen mit ihrer Handtasche zur Seite und gab Thérèse mit einem Augenzwinkern zu verstehen, dass sie sich zu ihr und Albert gesellen durfte.

»Albert, ich glaube, du hast Mademoiselle Boudin noch nicht kennengelernt.«

»Das Mädchen, das uns durch die verwirrenden Schluchten dieser Wolkenkratzer chauffiert hat?« Der alte Mann lächelte vergnügt, während er einen interessierten Blick auf Thérèses Kamera warf.

»Es ist mir eine besondere Freude, Mademoiselle. Wie ich annehme, können Sie mit diesem Ding umgehen.«

»Mademoiselle Boudin wird sich während unseres Aufenthalts ein wenig um uns kümmern und die nötigen PR-Aufnahmen machen«, sagte Helene. »Ich habe mit ihr gesprochen und glaube, dass wir uns ihr getrost anvertrauen können.«

Thérèse errötete vor Freude über das unerwartete Lob. Ihr war anzusehen, dass sie erleichtert war, aus der Schar der durcheinander schreienden Presseleute herausgerufen worden zu sein. Auch wenn es zu ihrem Beruf gehörte, berühmte Persönlichkeiten zu begleiten und Aufnahmen von ihnen zu machen, hatte sie sich doch nie den Männern zugehörig gefühlt, die für eine gute Story sämtliche Regeln des guten Benehmens vergaßen und sich zuweilen aufführten wie eine Meute Löwen auf der Jagd.

»Es ist mir ein Vergnügen, Sie endlich kennenzulernen, Doktor Schweitzer«, sagte sie schließlich. »Und natürlich wäre es mir eine große Ehre, wenn ich Ihnen hier in New York behilflich sein darf, so lange Sie mich brauchen. Ich kenne die Stadt recht gut und werde mich bemühen, Ihnen nicht auf die Nerven zu gehen. Sie werden gar nicht merken, dass ich mit meiner Kamera in der Nähe bin.«

»Aber nicht doch, Mädchen.« Albert zerzauste die Spitzen seines Schnauzbarts, eine Angewohnheit, die Helene ihm nie hatte austreiben können.

»Wenn es unsere zerknitterten Gesichter auf die Titelseite eines amerikanischen Hochglanzmagazins schaffen und somit dazu beitragen, ein paar zusätzliche Dollars für mein Hospital in Afrika zu beschaffen, werden wir Sie mitsamt Ihrer Kamera adoptieren, nicht wahr, Helene?«

Der Lärm, den die Reporter und Schaulustigen veranstalteten, schwoll unterdessen an. Von der Straße war lautes Hupen zu hören. Polizisten versuchten, sich Gehör zu verschaffen. Offensichtlich behinderten einige der parkenden Fahrzeuge den Verkehr. Peinlich berührt legte Helene ihre Hand auf den Arm ihres Mannes. Wenn sie vermeiden wollten, die Presse von New York gegen sich aufzubringen, so mussten sie ihre Aufmerksamkeit notgedrungen wieder den wartenden Reportern zuwenden. Ein sonderbares Gefühl der Unruhe überkam Helene, das stärker wurde, je länger sie auf der Treppe stand. Sie kannte das Gefühl, beobachtet zu werden noch aus der Zeit des Krieges, in der ihr Leben in Gefahr gewesen war.

Irgendjemand beobachtete sie und Albert aus dem Schutz der Menge heraus, das konnte sie deutlich spüren. Und die Blicke, die der oder die Unbekannte ihnen zuwarf, waren alles andere als wohlwollend.

»Frau Schweitzer … Helene, ist Ihnen nicht wohl?«, hörte

sie plötzlich Thérèse flüstern. Die junge Frau sah ehrlich besorgt aus.

»Es ist nichts, nur die Hitze. Kümmern Sie sich nicht um mich, sondern sehen Sie zu, dass die Herren von der *New York Times* ihre Aufnahmen bekommen. Sie schauen Sie nämlich schon eine ganze Weile wütend an.«

In der Tat bedachten einige der Männer Thérèse Boudin mit vorwurfsvollen Blicken, als habe sie ihnen soeben die Geschichte ihres Lebens vor der Nase weggeschnappt.

»Doktor Schweitzer, das *Life Magazine* bezeichnet Sie als möglicherweise größten Mann der Welt«, kam da auch schon die nächste Frage aus der Menge. »Was ist das für ein Gefühl?«

»Tja, ich fürchte, diese Neuigkeiten sind noch nicht in unserem Dorf im Urwald angekommen. Wissen Sie, wir sind sehr stolz darauf, dass immer mehr unserer Schützlinge Schulen besuchen können, um lesen zu lernen, aber leider gehört das *Life Magazine* nicht zum Unterrichtsmaterial. Erinnern Sie mich daran, dass ich ein paar der betreffenden Ausgaben mit nach Afrika nehme, meine Oberschwester glaubt mir sonst kein Wort.«

Alberts Scherz verfehlte seine Wirkung nicht. Fröhliches Gelächter und Rufe der Bewunderung erklangen. Voller Stolz blickte sich Helene um; aus den Augenwinkeln nahm sie wahr, wie Brieftaschen geöffnet und Scheckbücher gezückt wurden. Ein vornehm gekleideter älterer Herr, der trotz der sommerlichen Wärme einen schwarzen Mantel mit Pelzkragen trug, ließ durch seinen Chauffeur seine Karte überbringen. Thérèse nahm sie für Helene entgegen und warf einen flüchtigen Blick darauf, bevor sie sich mit einem höflichen Nicken bedankte. Leise pfiff sie durch die Zähne.

»Das amerikanische Volk ist wirklich außerordentlich großzügig«, erklärte Albert an die Vertreter der verschiedenen Zeitungen gewandt. Geduldig wartete er, damit die Männer jedes seiner Worte mitschreiben konnten. »Ich wünschte nur, Sie alle könnten unser Hospital in Lambarene sehen und seine Patienten besuchen. In ihrem Namen bedanke ich mich und verspreche Ihnen, die Spendengelder, die mir während meiner Reise durch die Staaten zur Verfügung gestellt werden, für den Aufbau unseres neuen Lepradorfs und zur Bekämpfung der gefährlichen Schlafkrankheit zu verwenden.«

Ein anderer Reporter, ein großer, breitschultriger Mann, der aussah, als verdiente er sein Geld bei Boxkämpfen im Ring, drängte sich nun ebenfalls vor und baute sich vor den Schweitzers auf. »Verraten Sie uns doch, was Sie über die Vereinigten Staaten von Amerika denken, Doktor!«

»Ich bin nur ein einfacher Reisender, der eingeladen wurde, einige Vorträge über einen berühmten Dichter zu halten und auf der Orgel zu spielen«, erwiderte Albert. »Sie wohnen hier, junger Mann, sollte ich daher nicht eher Sie fragen, was Sie über Amerika denken?«

Erneut wurde Gelächter laut; höflich spendeten einige Damen und Herren Beifall, bevor sie sich zum Gehen umwandten. Doch der hünenhafte Reporter dachte nicht daran, Albert so einfach entkommen zu lassen.

»Dass Sie Arzt sind, ist weltweit bekannt, Doktor«, leitete er seine nächste Frage ein. »Und soeben wurden wir in St. Thomas auch Zeuge ihres beeindruckenden musikalischen Talents. Geben Sie uns Normalsterblichen doch mal einen kleinen Tipp, wie man das alles in einem einzigen Leben schaffen kann.«

Albert entging der leicht provozierende Ton nicht, der in der Frage des bulligen Reporters mitschwang. Dennoch antwortete er betont höflich: »Als ich anfing, Medizin zu studieren, wollte mich der zuständige Dekan in die Psychiatrie überweisen. Er war der Meinung, ich sollte bei dem bleiben, was ich konnte. Allerdings war mir damals noch gar nicht klar, was das eigentlich war. War mir wirklich etwas mit auf den Weg gegeben worden, womit ich anderen helfen konnte? Ich schrieb ein Buch über Jesus Christus, das die Kirche ziemlich schockierte.«

Er blickte über die Schulter zurück zu dem Portal, durch das er und Helene soeben ins Freie hinausgeschritten waren.

»Ich denke, mir ist noch einmal vergeben worden. Dann schrieb ich ein Buch über Johann Sebastian Bach und schockierte damit alle Musiker. Was blieb mir denn noch anderes übrig als die Medizin? So schockiere ich wenigstens nur von Zeit zu Zeit die Schwestern im Hospital.«

Wiederum lachte die Menge. Auch dem Reporter schien Alberts Antwort zu gefallen, denn über sein breites Gesicht huschte ein zufriedenes Grinsen.

»Ich habe noch eine Frage, Doktor«, sagte er, noch während er etwas in sein Notizbuch schrieb. »Wie lange besteht Ihr Urwaldspital denn schon?«

»Das soll Ihnen lieber meine Frau beantworten. Was Jahreszahlen anbelangt, hat sie das bessere Gedächtnis von uns beiden.«

Helene errötete, ließ sich jedoch nicht lange bitten und machte einen Schritt nach vorne. Sie war die Öffentlichkeit gewöhnt und schreckte nicht vor der Presse zurück. »Wir sind 1913, ein Jahr vor Ausbruch des Ersten Weltkriegs, nach Afrika gegangen«, erklärte sie. »Damals fanden wir am Ufer des Ogowe nur ein paar armselige Hütten vor. Mein Mann musste seine ersten Patienten in einem Hühnerstall behandeln, in dem wir von der Hitze gebraten wurden. Aber mit der Zeit gelang es uns, ein richtiges Hospital aufzubauen und das Vertrauen der Menschen zu gewinnen, denen wir helfen wollten. Bald kamen sie von nah und fern oder wurden von ihren Angehörigen bei uns abgesetzt. Leider haben wir dieses erste Hospital durch den Krieg verloren.«

»Sie wurden ausgewiesen?«

Helene nickte zögerlich. Nur ungern wurde sie an jene schrecklichen Jahre erinnert, in denen sie von der französischen Kolonialverwaltung in Gabun als feindliche Ausländer eingestuft und unter Arrest gestellt worden waren, weil sie aus dem Elsass stammten. Es war demütigend gewesen. Die Behörden hatten Albert verboten, Kranke zu behandeln, was die armen Menschen, die oft einen Fußmarsch von vielen Meilen zurücklegten, um sich seiner und Helenes Pflege anzuvertrauen, nicht hatten verstehen können. Gab es zwischen den einheimischen Stämmen Auseinandersetzungen, so versammelten die Häuptlinge ihre Krieger zu einem sogenannten Palaver, bei dem der Streitfall sofort geklärt wurde. Fehden und Feindschaften waren in diesem Teil Afrikas zwar an der Tagesordnung, weshalb Albert im Hospital die Regel durchsetzte, dass die Patienten nur von ihren eigenen Verwandten, nicht aber von Angehörigen fremder Stämme gepflegt werden mussten, doch wie hätten die Schweitzers ihren Schützlingen im Dorf erklären sollen, dass sie und die anderen weißen Helfer sich von ihnen fernhalten mussten, weil in Europa die Waffen sprachen. Manch einer hatte sie darauf angesprochen und gefragt, wie es möglich sei, dass die Weißen, die gekommen seien, um am Fluss Ogowe die Botschaft der christlichen Liebe zu verkünden, sich in ihren eigenen Ländern nun gegenseitig ermordeten und sich somit über ihre eigenen Gebote hinwegsetzten.

Die Afrikaner waren erstaunlich gute Beobachter. Sie hatten rasch herausgefunden, dass sich im Zuge des patriotischen Taumels, der allerorts zum Vorschein kam, nicht einmal die französischen Geistlichen der Missionsstation von Lambarene davon abhalten ließen, Albert und Helene mit Argwohn und Feindseligkeit zu begegnen. Einige Jahre harrten sie aus, dann wurden sie gemeinsam mit weiteren angeblich feindlichen Europäern auf einen Dampfer verfrachtet und nach Frankreich gebracht, wo sie das Kriegsende in einem Gefangenenlager in den Pyrenäen abwarten mussten. Sowohl Albert als auch Helene waren in der Gefangenschaft erkrankt und nur knapp mit dem Leben davongekommen. Es war ein Wunder, dass sie Afrika überhaupt wiedergesehen hatten und ihre Arbeit von neuem aufnehmen konnten.

»Erst sechs Jahre nach Kriegsende gelang es meinem Mann,

das Hospital wieder aufzubauen, wenngleich auch an einer anderen Stelle«, beendete Helene ihren Bericht. »Leider gestatten mir die Ärzte aufgrund meines Gesundheitszustands nur noch kurze Besuche in Lambarene, deshalb wuchs unsere einzige Tochter Rhena in Europa und nicht in Afrika auf. Aber mein Mann ist zu lebenslang verurteilt. Er kann sich einfach nicht länger als einige Wochen im Jahr von seiner Station trennen.«

Während sie den nun ihr geltenden Beifall der Menge mit einem bescheidenen Nicken beantwortete, entdeckte sie plötzlich ihren Freund Albert Einstein, der sich ein Stück von der Kirche entfernt gegen einen Baum gelehnt hatte und zuhörte. Sogleich machte sie ihren Mann auf den berühmten Wissenschaftler aufmerksam.

»Oh, meine Damen und Herren«, rief Albert erfreut. »Meine Frau hat mir mitgeteilt, dass sie einen guten Freund gesehen hat, der schon seit einigen Jahren mitten unter Ihnen lebt. Bitte erlauben Sie mir, dass wir ihn zu uns holen, bevor er sich verdrückt.« Er winkte energisch in Einsteins Richtung, woraufhin der ältere Mann in bescheidener Abwehr die Hand hob.

Aber Albert gab nicht auf. »Ich fühle mich nicht wohl in meiner Haut, wenn mein Name im Zusammenhang mit großen Männern unserer Zeit genannt wird, während eine der wichtigsten Persönlichkeiten unbeachtet im Schatten eines Apfelbäumchens steht«, sagte er. »Kommen Sie doch zu uns, mein lieber Freund. In unserem Alter ist man nicht mehr schüchtern, schließlich haben wir die Tanzschule hinter uns, oder?«

Mit einem resignierenden Seufzer gab Einstein seinen Widerstand auf und erklomm unter begeisterten Rufen die Treppe. Die Männer und Frauen machten ihm respektvoll Platz, während die Pressevertreter aufgeregt miteinander zu flüstern begannen.

»Meine Damen und Herren, gewiss kennen Sie alle Professor Einstein. Ich habe ihn lange nicht gesehen und freue mich von Herzen, ihn hier begrüßen zu dürfen.«

Die beiden Männer sahen sich kurz in die Augen, dann schüttelten sie sich die Hand. Als die Blitzlichter erloschen waren und die Menge sich allmählich zerstreute, bat Helene die junge Französin, die sich diskret im Hintergrund hielt, sie und Einstein ins Hotel zu fahren.

»Ich denke, wir haben vor dem Essen noch ein paar Minuten, um zu plaudern.«

Der alte Mann bedankte sich für die Einladung, gab jedoch zu bedenken, dass die Schweitzers nach dem anstrengenden Tag doch bestimmt müde waren und den Trubel erst einmal verdauen mussten.

»Ach was, mein Lieber«, entgegnete Albert. »In unserem Alter hält man schon mal ein wenig länger durch. Ich freue mich so, Sie endlich wiederzusehen. Sie müssen mir alles über ihr Leben hier in den Staaten und Ihre Forschungsarbeit berichten.«

Thérèse räusperte sich. »Ich werde Sie später gern nach Hause fahren, Professor Einstein. Das macht mir gar keine Umstände, im Gegenteil, es wäre mir eine Ehre. Aber vielleicht dürfte ich vorher noch ein Bild von den beiden berühmtesten Männern der Welt machen? Eine Aufnahme, die morgen nicht in allen Zeitungen zu finden sein wird?«

Einsteins freundliche Miene wurde plötzlich düster. »Es wäre mir ein Vergnügen, aber ehrlich gesagt, Miss, bin ich mir nicht sicher, dass das meinem Freund helfen wird. Für ihn steht viel auf dem Spiel. Ich möchte nicht schuld daran sein, das zu verderben.«

»Wie meinen Sie das, Professor Einstein?«

»Ich hatte meine Bedenken, meinem Freund Schweitzer vor der Presse die Hand zu schütteln. Natürlich bin ich stolz und fühle mich geehrt, aber den Plänen des Doktors könnte es schaden, wenn er sich in aller Öffentlichkeit zu einem … gefährlichen alten Kommunisten wie mir bekennt.«

Thérèse schüttelte empört den Kopf. »Sie, ein Kommunist? Wer sagt das? So etwas Lächerliches! Wie können die es wagen, solche Behauptungen aufzustellen. Haben Sie das gehört, Dr. Schweitzer?«

Albert und Helene waren bereits ein paar Schritte vorausgegangen, drehten sich nun aber um und blickten die junge Französin erstaunt an.

Albert holte tief Luft. »Wissen Sie, ich für meinen Teil habe es stets vorgezogen, mich aus der Politik herauszuhalten, denn ich muss gestehen, dass ich keine Ahnung habe, wie das Gehirn eines Politikers funktioniert.«

»Weiß das überhaupt jemand?«, brummte Einstein. Er schnitt eine Grimasse, die verriet, was gerade in ihm vorging. »Verstehen Sie mich nicht falsch, Albert. Ich bewundere Ihren Wunsch, als Arzt nur für das unmittelbare Wohl des Menschen zu leben. Noch vor wenigen Jahren hätte auch ich mich noch als unpolitisch bezeichnet, damals ging mir meine Forschungsarbeit über alles. Aber dann erkannte ich, was meine Entdeckungen anrichten können, wenn sie in die falschen Hände gelangen. Seit dem letzten Krieg hat sich doch die ganze Welt verändert. Die Ideologien sind nicht schwächer, sondern stärker geworden, auch die zerstörerischen. Wir haben uns ebenfalls verändert, ob wir uns dessen nun bewusst sind oder nicht. Wenn wir länger schweigen und die Politiker der Großmächte agieren lassen, ohne unseren Kommentar dazu abzugeben, könnte es sein, dass wir uns schuldig machen.«

»Ich würde vorschlagen, diese Unterhaltung nicht auf offener Straße, sondern in unserer Suite fortzusetzen, lieber Einstein«, unterbrach Helene den Wissenschaftler. Hastig blickte sie sich um und vergewisserte sich, dass keine Fremden mehr in ihrer Nähe standen, die das Gespräch hätten belauschen können. Dann machte sie eine einladende Handbewegung in Richtung von Thérèses Wagen. Doch Einstein entschuldigte sich, denn er hatte noch etwas zu erledigen, das keinen Aufschub duldete. Er versprach jedoch, später zu einem Umtrunk ins Hotel der Schweitzers zu kommen.

Helene blickte ihm einen Augenblick lang verwirrt nach. Sie hatte die Warnung des alten Mannes nicht vergessen, dass es möglicherweise gefährlich sein könnte, mit ihm zu verkehren. Daher fragte sie sich, ob es wirklich klug gewesen war, nach Amerika zu kommen. Zugegeben, heute hatten die Menschen Albert zugejubelt, und zweifellos würden morgen ein paar nette, schmeichelhafte Artikel über ihn im *Life Magazine* und in diversen Zeitungen stehen. Doch wer konnte sagen, ob nicht auch andere Dinge zur Sprache kommen würden. Verleumdungen und böse Gerüchte, gegen die Albert sich nicht zur Wehr setzen würde, weil er die Tragweite der Gefahr nicht erkannte.

Wie sollte er auch. Plötzlich fröstelte es Helene trotz der drückenden Sommerhitze, die ihre Schwingen über Manhattan ausbreitete. Zu ihrer Ahnung drohenden Unheils gesellte sich plötzlich auch wieder das Gefühl, beobachtet zu werden.

Als Thérèse den Wagen elegant aus der Parklücke lenkte, schloss Helene erleichtert die Augen. Hätte sie es nicht getan, wäre ihr vermutlich am Straßenrand ein lässig gekleideter Mann aufgefallen, der seine Zeitung fallen ließ, der Limousine einen düsteren Blick nachsandte und dann umgehend die nächste Telefonzelle ansteuerte.

2. Kapitel

Das bedrückende Gefühl wich auch nach ihrer Ankunft im Hotel nicht von Helene.

Während sie Alberts Koffer auspackte, überfiel sie zudem ein Schwindelgefühl, das sie zwang, sich am Türrahmen festzuhalten, um nicht zu straucheln. Langsam begab sie sich ins Badezimmer und trank ein Glas Wasser. Dabei dachte sie über Einsteins Worte nach und fragte sich, was ihn wohl zu derart kritischen Äußerungen bewogen haben mochte. So grübelte sie eine ganze Weile schweigend vor sich hin, bis sie die Stimme ihres Mannes aus ihren Gedanken riss. Er stand an der Tür und beobachtete sie.

»Was steht nach dem Dinner mit den Wohltätigkeitsleuten an, Helene?«

»Lass mich nachdenken«, gab sie zurück. Sie füllte ein weiteres Glas, das sie Albert reichte, und sah ihm zu, wie er es in wenigen Zügen leerte. Danach widmete sie sich seinen gestärkten Oberhemden, die ihrer Meinung nach nicht ordentlich genug zusammengelegt worden waren, und hängte sie einzeln auf Bügel.

»Heute hast du keine offiziellen Termine mehr«, antwortete sie schließlich. »Auch keinen Vortrag, allerdings befürchte ich, dass du nachher beim Dinner ein paar Worte sagen musst, um die Gäste nicht zu enttäuschen. Die meisten von ihnen sind reich und brennen darauf, aus deinem Mund etwas über das Hospital zu erfahren.«

»Ich werde mein Bestes geben, um nicht einzuschlafen«, sagte Albert lächelnd. »Ich hoffe übrigens, dass Einstein und dieses Mädchen uns nicht mehr so lange warten lassen. Wie war doch gleich ihr Name?«

»Mademoiselle Boudin?«

»Ja, die junge Französin. Auf mich machte sie übrigens einen guten Eindruck. Und wie selbstbewusst sie uns in diesem breiten Straßenkreuzer durch die Fifth Avenue chauffiert hat.«

»Du kannst ihr ja zu ihren Fahrkünsten gratulieren, wenn wir sie morgen wegen der Porträtaufnahmen in ihrem Atelier in East Village besuchen. Für heute Abend hat sie sich übrigens entschuldigt. Sie meinte, sie müsste ausgeruht sein, um mit uns Schritt zu halten.«

Albert wurde hellhörig. »Richtige Porträtaufnahmen möchtest du anfertigen lassen? Ich fühle mich geschmeichelt. Vielleicht kann ich eine davon im Speisesaal neben den Fetischmasken aufhängen, nein, besser noch im OP, damit meine

Patienten etwas zu lachen haben, bevor sie unters Messer kommen.«

»Albert, du bist mal wieder unmöglich«, sagte Helene kopfschüttelnd. Dann sah sie ihn nachdenklich an. »Ich hoffe, du hast deinen Entschluss nicht geändert. Du begleitest mich doch zu den Kindern nach Straßburg?«

Albert seufzte. Der besorgte Unterton in Helenes Stimme war ihm nicht entgangen, und es tat ihm aufrichtig leid, dass er sie aufgrund seiner spontanen Entscheidungen so oft im Ungewissen lassen musste. Offensichtlich befürchtete sie, er könnte sie trotz seiner Zusage allein nach Europa vorausschicken, während er selbst ohne Umwege nach Lambarene zurückkehrte. Und wenn er ehrlich war, so hörte er in seinem Innern tatsächlich eine Stimme, die genau das von ihm verlangte. Seit Wochen schon konnte er nachts kaum noch schlafen, weil er sich Sorgen um das Hospital und seine Helfer machte, und das nicht erst seit dem ehrgeizigen Plan, ein neues Dorf für die Leprakranken zu errichten. Die Regierung des zentralafrikanischen Staates war ihm nicht mehr so gewogen wie früher, und sein Instinkt sagte ihm, dass er keinesfalls zu lange wegbleiben durfte, wenn er keine unliebsamen Überraschungen erleben wollte.

Mit einer raschen Bewegung zog er den Vorhang zu und schaltete das Licht an. »Ich habe doch gesagt, dass ich dich von Herzen gern begleite, weil ich Rhena und die Kinder endlich wiedersehen möchte, oder nicht?«

»Das hat nicht immer etwas zu bedeuten, Albert. Wir beide wissen das.«

»Fang bitte nicht wieder damit an«, erwiderte er. Es klang ein wenig hilflos, denn es fiel ihm schwer, seiner Frau gegenüber die richtigen Worte zu finden, wenn sie ihn an seine Versäumnisse gegenüber der Familie erinnerte. Dabei war es nie Helenes Art gewesen, Salz in seine Wunden zu streuen. Nein, er selbst konnte es sich nicht verzeihen, dass er nicht bei ihr gewesen war, als sie gemeinsam mit ihrer Tochter die finstersten Augenblicke ihres Lebens hatten erleben müssen. Der Gedanke daran, was hätte geschehen können, wenn sie auf ihrer Flucht vor dem Krieg dem Feind in die Hände gefallen wäre, schnürte ihm noch heute, fast zehn Jahre später, die Kehle zu und peinigte ihn mit schrecklichen Schuldgefühlen.

Vielleicht war es an der Zeit, einmal offen mit Helene darüber zu reden und sie um Verzeihung zu bitten.

»Ich weiß, dass du mich für einen störrischen alten Mann mit der dicken Haut eines Nilpferdes hältst ...«

Helene stieß einen ärgerlichen Laut aus. »Habe ich so etwas jemals zu dir gesagt? Habe ich dir nicht all die Jahre den Rücken gestärkt, auch als ich nicht mehr nach Lambarene reisen durfte?«

Bevor Albert seine Frau beschwichtigen konnte, ertönte plötzlich die Glocke an der Tür. Helene warf Albert einen Blick zu, der ihn bat, die Diskussion auf einen späteren Zeitpunkt zu verschieben, und begab sich mit eiligen Schritten zur Tür.

»Professor Einstein«, rief sie erfreut, als sie ihren Besucher auf dem Hotelflur stehen sah. »Bitte kommen Sie herein! Mein Mann hat schon auf Sie gewartet.«

»Und Sie sind sicher, dass ich Sie nicht störe, Helene?« Der alte Mann deutete eine Verbeugung an und blieb stehen, ließ sich aber auf Helenes Drängen Hut und Schirm abnehmen. Helene fragte sich, warum Einstein bei diesem Wetter einen Schirm mit sich herumtrug, erinnerte sich aber sogleich daran, dass der Professor bei ihrem Besuch noch vor dem Krieg erzählt hatte, wie schwer es ihm fiele, alte Gewohnheiten aufzugeben, die ihm von Jugend an in Fleisch und Blut übergegangen waren. In dieser Beziehung ähnelte er Albert wie ein Zwillingsbruder. Ebenso wie Albert hatte jedoch auch Professor Einstein durch schmerzliche Erfahrungen lernen müssen, dass seine Umwelt eifersüchtig war und ihn nicht kampflos aus der Verantwortung ihr gegenüber entließ. Die bitteren Worte, die der Professor nach dem Konzert ausgesprochen hatte, fielen Helene ein. Offensichtlich waren Dinge vorgefallen, die den Professor in seiner Wahlheimat Amerika empfindlich getroffen hatten.

»Erinnern Sie sich daran, wie vergnügt wir bei unserem letzten Zusammentreffen waren, lieber Professor Einstein?«, fragte Helene, während sie ihren Gast in den hell erleuchteten Wohnraum der Suite führte. Sie hatte das Gefühl, für eine etwas heiterere Stimmung sorgen zu müssen.

»Das muss im letzten Herbst gewesen sein, nicht wahr?«, sagte Einstein, während er sich mit zerstreuter Miene umblickte.

Helene lachte amüsiert auf. »Wo denken Sie hin? Es war noch vor dem Krieg, als ich mit meiner Tochter die Staaten besuchte. Sie hatten uns zum Tee empfangen und mit einem vorzüglichen Apfelkuchen verwöhnt.«

»Ach ja, deutscher Apfelkuchen mit Schlagsahne«, murmelte der Professor. Einen Augenblick lang schien er in der Vergangenheit zu schwelgen. »Eine süße Erinnerung an eine verlorene Heimat. Aber genug davon, sonst werde ich sentimental.« Einsteins Blick fiel auf die Füße seines Freundes Schweitzer, der sich soeben erhoben hatte, um ihn zu begrüßen. Nach alter Gewohnheit hatte sich dieser auf dem Sofa seiner Schuhe entledigt.

Als Albert die verwunderten Blicke des Wissenschaftlers bemerkte, senkte er mit einem entwaffnenden Lächeln den Kopf. »Verzeihen Sie, mein Freund, dass ich Sie in Socken empfange, ich werde sogleich …«

»Aber ich bitte Sie, machen Sie sich doch keine Umstände. Ehrlich gesagt würde ich meine auch gerne ausziehen, bevor sie mich umbringen. Erlauben Sie, Helene?«

Helene lächelte. Die beiden weißhaarigen Männer mochten zu den berühmtesten Gelehrten des 20. Jahrhunderts zählen, doch im Augenblick kamen sie ihr wie zwei Schulbuben vor, die ihre Lehrerin mit klopfendem Herzen baten, nicht mit ihnen zu schimpfen. Sie erinnerte sich, dass Albert mit diesem Wesenszug ihr Herz erobert hatte. Damals, in Straßburg, als er ihr großzügig erlaubt hatte, seine ersten philosophischen Abhandlungen zu lesen. Sie spürte, wie ihre Müdigkeit verflog. Fast war ihr, als würde sie in Gegenwart der beiden Wissenschaftler wieder zu der jungen Frau, die einst darauf gebrannt hatte, der bürgerlichen Gesellschaft ihrer Heimatstadt Lebewohl zu sagen, um stattdessen an der Seite eines Urwaldarztes in einer Hütte zu leben.

»Tun sie sich keinen Zwang an, Professor«, ermunterte sie ihren Gast schließlich mit einer freundlichen Geste. »Aber es macht Ihnen doch nichts aus, wenn ich meine Schuhe anbehalte?«

Die beiden Männer lachten. Eine gelöste Stimmung breitete sich im Raum aus. Die drei Freunde setzten sich auf das mit hellem Blümchenstoff bezogene Sofa, tranken kalifornischen Wein aus dem Geschenkkorb des Hotelmanagers und plauderten eine Weile angeregt miteinander. Einige Male wurden sie vom Klingeln des Telefons gestört, aber weder Helene noch Albert hoben den Hörer ab.

»Wenn Sie wüssten, wie oft ich mit Ihnen verwechselt werde, lieber Einstein«, witzelte Albert, während er mit geübtem Griff eine zweite Flasche Wein entkorkte.

Der Professor strich sich schmunzelnd über seinen Schnauzbart. »Vielleicht sollten Sie sich einen anderen Friseur zulegen.«

»O nein. Das können Sie nicht von mir verlangen.«

»Dann lassen Sie uns einen Pakt schließen. Ich signiere Ihre Autogrammkarten und erkläre mich außerdem bereit, auf der ganzen Welt als Menschenfreund geliebt zu werden, und Sie übernehmen dafür meinen Kampf gegen die Atombombe.«

Einen Moment lang herrschte Stille im Raum. Niemand sagte ein Wort. Es war, als hätte jemand mitten in einer Radiosendung den Ausschaltknopf betätigt und die Tür hinter sich zugezogen. Albert und Helene wechselten einen Blick, dann räusperte sich Albert vernehmlich. »Na schön, abgemacht. Zuweilen ist es tatsächlich anstrengend, die ganze Menschheit lieben zu müssen.«

Auf Einsteins Stirn erhob sich eine steile Falte, die deutlich machte, dass er trotz seines Sinns für gepflegten Humor nun nicht mehr zu Scherzen aufgelegt war. »Wir könnten Ihre Hilfe aber wirklich brauchen, Albert. Was meinen Sie?«

Helene, die sich wieder ans Auspacken ihrer Koffer gemacht hatte, horchte bei dieser Frage alarmiert auf. Sie wandte sich um und fasste die beiden Männer scharf ins Auge. Das fehlte gerade noch, dass sich Albert aus reiner Gefälligkeit dazu hergab, zu einem derart heiklen politischen Thema seinen Kommentar abzugeben. Gewiss schauderte es auch Helene, wenn sie an die Zeitungsberichte und Radiosendungen dachte, die vom Abwurf der fürchterlichen Atombomben in Japan berichtet hatten. Doch war sie nicht unbedingt der Meinung, dass sich Albert da einmischen sollte. Während sie noch überlegte, ob sie etwas sagen sollte, ergriff Albert selbst das Wort: »Sie wissen, wie sehr ich bewundere, was Sie und Robert Oppenheimer machen. Ich fürchte nur, dass ich nicht viel davon verstehe. Wie sollte ich Ihnen und Ihrem Kampf da von Nutzen sein? Als Mensch, der sein ganzes Leben für den Frieden eingetreten ist, unterstütze ich natürlich Ihr Anliegen, das ist für mich Ehrensache. Das habe ich Ihnen ja schon in meinem Brief zu Weihnachten mitgeteilt.«

Einstein hob erstaunt die Augenbrauen. »Von welchem Brief reden Sie?«, fragte er. »Über die Atombombe? Ich habe niemals ein Schreiben diesbezüglich erhalten.«

»Aber wie ist das möglich?«

»Vermutlich ist er verlorengegangen«, sagte Helene, obwohl ihr Gesichtsausdruck verriet, dass sie nicht daran glaubte. Die Postverbindung von Lambarene nach Europa und Amerika hatte sich in den Jahren nach dem Krieg deutlich verbessert. Natürlich kam es immer wieder vor, dass Briefe ihren Empfänger nicht erreichten, doch selbst Helene musste zugeben, dass irgendetwas an der Sache faul war.

Einstein bestätigte ihren Verdacht. Einen Moment lang saß er schweigend da und starrte auf die rote Flüssigkeit, die im Schein der Stehlampe zu funkeln schien. Dann hob er den Kopf und stieß ein bitteres Lachen aus. »Die CIA schläft nicht, meine Freunde. Die Herren vom Geheimdienst sind in letzter Zeit schwer beschäftigt wegen der McCarthy-Geschichte und des Komitees für unamerikanische Aktivitäten.«

»Und Sie glauben, der Geheimdienst lässt Ihre Post öffnen?«, wollte Helene wissen. Plötzlich wurde ihr schwarz vor Augen; es überfiel sie ein so heftiger Schwindel, dass sie sich an einer Stuhllehne festhalten musste. In Gedanken verfluchte sie das Alter, das sich wie ein Gift in ihrem Körper ausbreitete und dem sie nicht entkommen konnte. Früher hätte sie so schnell nichts aus der Ruhe gebracht. Aber heute …

»Mein Gott, Helene, ist dir nicht gut?« Albert stand sogleich auf und begab sich zu seiner Frau, deren Gesicht schneeweiß geworden war. Doch sie wehrte seinen Versuch, ihren Puls zu fühlen, mit dem Kommentar ab, ihr fehle nichts, es sei lediglich die Anstrengung des Tages, die ihr ein wenig zusetze.

Einstein senkte betroffen den Kopf. Es war dem alten Mann anzusehen, dass er ihr kein Wort glaubte.

»Sie sind also der Ansicht, die CIA habe nun meinen Brief an Sie?«, fragte Albert, nachdem er Helene ein Glas Wasser und ihre Pillen gebracht hatte. Er gab sich Mühe, mit gesenkter Stimme zu sprechen, wenngleich er wusste, dass Helene keines seiner Worte entging. Helene war viel zu dickköpfig, um sich von ihm ins Schlafzimmer schicken zu lassen. Sie wollte unbedingt erfahren, was Einstein über dieses Komitee für unamerikanische Umtriebe wusste.

»In jüngster Zeit erleben wir hier in den Staaten etwas, das an die Hexenjagden früherer Jahrhunderte erinnert.« Einstein lächelte gequält, um seinen Worten Helene zuliebe die Schärfe zu nehmen. Doch er konnte nicht verhindern, dass die alte Frau betroffen zusammenzuckte.

»Ob es sich um Schriftsteller, Schauspieler oder einen alten Physiker und Narren wie mich handelt: Allein der Verdacht, kommunistisches Gedankengut gutzuheißen, genügt der CIA, um Karrieren zu beenden und Leben zu zerstören. Sie kontrolliert die Post und hört Telefongespräche ab, um angebliche Kommunisten aufzustöbern. Ich selbst stehe längst auf der schwarzen Liste des Geheimdienstes. Für den bin ich ein Volksfeind, verstehen Sie? Jedermann, der hier die Meinung vertritt, Hiroshima sei kein Triumph des menschlichen Geistes gewesen, ist in ihren Augen ein Kommunist, den es auszuschalten gilt.«

»Dann müssen die Herren von der CIA auch mich einen Kommunisten schimpfen«, rief Albert grimmig. »Schließlich habe ich in meinen Vorträgen oft genug die Frage aufgeworfen, warum die Armen nichts zu essen haben und warum die Reichtümer unserer Erde so ungerecht verteilt werden.«

Schwer atmend erhob sich Helene von ihrem Stuhl. Eine Strähne ihres Haares, das zu bändigen ihr vor dem Konzert so viel Mühe gemacht hatte, löste sich und fiel ihr in die Stirn. Doch sie achtete nicht darauf. »Albert, ich bitte dich. Du weißt, dass wir vorsichtig sein müssen. Die Gelder für das Hospital ... Wir sind darauf angewiesen, dass die Amerikaner uns nicht wegen einiger unbedachter Äußerungen das Wasser abgraben.«

»Ich verstehe Sie sehr gut, meine Liebe«, sagte Einstein. Seine Stimme klang ein wenig abwesend. »Wie ich weiß, gehören wir beide demselben kleinen Wüstenstamm an, nicht wahr? Unser Credo hieß Anpassung, bis ... Ja, bis es nichts mehr gab, woran wir uns hätten anpassen können.«

»Ich bin jüdischer Herkunft wie Sie, das ist richtig. Mein Vater hat mir beigebracht, dass man sich wehren muss, wenn man aufgrund seiner Abstammung angegriffen wird. Auch richtig. Nichtsdestotrotz halte ich es für besser, nicht immer sogleich öffentlich zu verkünden, was man tut oder denkt. Mit Anpassung oder gar Resignation hat das aber nichts zu tun. Schließlich haben wir beide die Erfahrung gemacht, was es bedeutet, seine Heimat verlassen und sich ins Ungewisse begeben zu müssen.«

»Aber hier haben wir es nicht mit den Nazis zu tun, Helene. Es gilt, die Regierung eines freiheitlichen Staates mit einer großartigen Verfassung zu überzeugen, dass sie in einigen Punkten irrt. Ein demokratischer Staat, der seinen Bürgern vorschreibt, was sie zu denken haben, verrät das Ideal, auf dem er gegründet ist. Glauben Sie mir, die Atombombe könnte zum größten Problem der gesamten Menschheit werden, wenn wir nicht Einspruch erheben. Allein schon dass diese Tests durchgeführt werden, ist unverantwortlich. Mein Freund Robert Oppenheimer ist ganz meiner Meinung.« Er wandte sich Albert zu. »Was ist es noch, worauf Sie schwören, mein Freund, dieser Respekt … Respekt vor dem Leben?«

»Ehrfurcht vor dem Leben«, korrigierte ihn Albert.

»Ehrfurcht vor dem Leben. Richtig, so nannten Sie Ihren Wahlspruch. Wenn Sie sich doch nur öffentlich gegen das verdammte Teufelsding aussprechen könnten, Albert.« Er stutzte. »Ach herrje, ich bin unhöflich, das macht der Wein. Helene, bitte verzeihen Sie mir. Ihnen ist nicht wohl, und ich rede nur von unerfreulichen Dingen.«

»Ich bitte Sie, Professor Einstein!« Helenes Stimme klang matt, doch ihre Augen blitzten auf einmal energisch. »Ihr Anliegen ist durchaus gerechtfertigt, ich mache mir bloß Sorgen um Albert. Er wird in Kürze eine Rede in Aspen halten, bestimmt folgen noch Dutzende von Interviews. Ich selbst wurde gebeten, mit der *New York Times* zu sprechen. Falls Albert nun Ihrer Bitte nachkommt und öffentlich Stellung gegen die Atombombentests bezieht, verliert er möglicherweise seinen Pass.«

Albert trat hinter Helenes Stuhl; sie spürte seine Hände auf ihren Schultern. »Meine Frau hat wie immer recht. Was soll ich machen, wenn sie mir die Flügel stutzen? Übers Meer fliegen wie eine Möwe?«

Sie lachten, doch es klang beklommen und weitaus weniger fröhlich als zu Beginn ihrer Unterhaltung.

Kurz darauf stand Einstein auf und verabschiedete sich mit herzlichen Worten. Es hatte ihn gefreut, Albert und Helene wiederzusehen, doch nun war er müde geworden. Als Helene ihm Hut und Mantel reichte, konnte er ein Gähnen kaum unterdrücken.

»Da heißt es immer, alte Herren bräuchten kaum noch Schlaf«, sagte er mit einem entschuldigenden Lächeln, während er Albert die Hand schüttelte. »Keine Spur.«

Albert lachte. »Nehmen Sie es als Zeichen, dass wir noch lange nicht zum alten Eisen gehören.« Er vergewisserte sich kurz, dass Helene ins Schlafzimmer gegangen war, dann raunte er dem Wissenschaftler mit verschwörerischer Miene zu: »Ich werde über Ihre Bitte nachdenken. Sie können sich auf mich verlassen.«

In dieser Nacht schlief Albert kaum; unruhig wälzte er sich in seinem Bett hin und her, während tief unter ihm allmählich der Großstadtlärm verstummte. Einsteins Worte gingen ihm nicht mehr aus dem Sinn. Zwischen beiden Männern und ihren Ansichten gab es Gemeinsamkeiten, die unstrittig waren. Wie Einstein, so hatte sich auch Albert auf einen Kampf eingelassen: den Kampf gegen Krankheit, Armut und Hoffnungslosigkeit. Einstein bekämpfte Politiker, die zu gefährlichen Mitteln griffen, um ein wackeliges Gebilde zu sichern, das sie als Weltfrieden bezeichneten. Wie hatte das alles seinen Anfang genommen? Als das Zifferblatt seiner Armbanduhr drei Uhr in der Früh anzeigte, gab Albert den Versuch auf einzuschlafen und setzte sich mit seinem Notizbuch auf das Sofa im Wohnraum der Suite. Immer wieder kehrten seine Gedanken an den Ogowe zurück.

3. Kapitel

Lambarene, April 1913

Die ersten Eindrücke, die Albert gewann, als das Kanu auf den Seitenarm des Ogowe zusteuerte, waren überwältigend.

Die Nachmittagssonne, deren Strahlen die Wellen glitzern ließen, die Farbenpracht der exotischen Vögel und die üppige Vegetation, die sich auf beiden Uferseiten des Stromes ausbreitete, berauschten seine Sinne so sehr, dass er von Zeit zu Zeit die Augen schließen musste. Am liebsten hätte er mit der Hand Wasser aus dem Fluss geschöpft und damit seine Stirn benetzt, um sicherzugehen, dass er nicht träumte. Helene, die hinter ihm saß, schien ebenso beeindruckt wie er. Sie sah wunderbar aus in ihrem langen weißen Kleid und dem hellen Strohhut, den sie bereits an Bord des Dampfers getragen hatte, der sie von Bordeaux nach Afrika gebracht hatte.

Nun waren sie endlich angekommen. Nach all den Jahren der Vorbereitung, der anstrengenden Studien und Prüfungen. Ein Wermutstropfen war der Abschied von Alberts Eltern und Freunden gewesen, die seinen Schritt, nach Afrika zu gehen, noch immer nicht verstehen konnten. Dabei hatte Helene weitaus weniger Vorwürfe zu hören bekommen als er; schließlich wurde von einer Frau verlangt, dass sie ihrem Ehemann folgte, wohin auch immer dieser sich begab.

Selbst wenn es mitten ins Herz des Urwalds war, der sich hier vor seinen Augen auftat.

Albert sah sich weiter um. Zu beiden Seiten des Flusses, auf dem das schmale Boot gemächlich einhertrieb, breitete sich dichter, schwarzer Urwald aus. Die Palmen, auf denen wie in einem Bilderbuch Affen herumtollten, waren weitaus höher, als Albert sie sich vorgestellt hatte. Ihre mächtigen Wurzeln reichten bis ins Wasser hinein und wurden von blühenden Lianen umschlungen.

Eine Nilpferdherde überholte sie mit fröhlichem Schnauben, was den Afrikaner, der das Langboot lenkte, allerdings veranlasste, sogleich auf das nahe Ufer zuzuhalten. Es war nicht ungefährlich, sich den Tieren zu nähern, die, wenn sie sich gestört fühlten, manchmal Boote rammten und zum Kentern brachten. Doch die grauen Dickhäuter zeigten nur wenig Interesse an dem Kanu mit den hellhäutigen Fremden, die sie staunend aus sicherer Entfernung beobachteten.

Am Landungssteg wartete schon ein älterer Mann auf die Neuankömmlinge, der einen Regenschirm in der Hand trug. Er war von eher schmächtiger Statur, machte aber einen zähen Eindruck. Albert vermutete, dass der Mann im Auftrag der Missionsstation von Andende zum Fluss geschickt worden war, um ihn und Helene in Empfang zu nehmen. Seine Vermutung wurde bestätigt.

»Ich bin Monsieur Christol«, stellte sich der Alte vor, während er Helene die Hand entgegenstreckte, um ihr aus dem schwankenden Boot zu helfen. Sein Griff erwies sich als erstaunlich kräftig. »Ich nehme an, ich habe das Vergnügen mit Doktor Schweitzer und seiner Gattin aus Straßburg?«

Albert nickte freundlich.

»Ein Bote hat uns über Ihre Ankunft informiert. Wir freuen uns, dass sich ein Arzt bereit erklärt, hier eine Krankenstation zu betreiben«, erklärte Monsieur Christol. Es klang ein wenig einstudiert, als ob jemand dem Missionar genau eingeprägt hätte, mit welchen Worten er die Fremden aus dem fernen Straßburg willkommen heißen sollte. Ein wenig argwöhnisch beäugte er das Kanu, aus dem einige Packkisten herausragten.

»Wir sollten uns nicht länger aufhalten, denn das Wetter wird gleich umschlagen«, sagte er schließlich. »Um Ihre Sachen können sich die Dorfbewohner kümmern.« Rasch gab er einige Anweisungen in der afrikanischen Sprache der Gegend.

Helene hob irritiert den Blick, wobei sie ihre Augen mit der Handfläche gegen das gleißende Sonnenlicht abschirmte. Es sah überhaupt nicht nach Regen aus. Wozu also diese Eile?

»Ich möchte mich zuerst um unser Gepäck kümmern, Monsieur«, widersprach auch Albert, der sich von dem dürren alten Mann nicht umherscheuchen lassen wollte. »Der größte Teil wird erst später mit dem Flussdampfer folgen, aber in einigen der Kisten befinden sich meine wichtigsten medizinischen Instrumente und Arzneien, die ich nicht gern unbeaufsichtigt zurücklassen möchte.«

Kaum hatte er ausgesprochen, als auch schon die ersten Tropfen fielen. Den Schweitzers blieb kaum Zeit, Schutz unter einer Palme zu suchen, als sich auch schon eine wahre Sintflut über ihren Köpfen entlud.

»Habe ich es Ihnen nicht gesagt?« Monsieur Christol verzog sein faltiges Gesicht unter dem Regenschirm zu einer Grimasse, die verriet, was er von Neuankömmlingen hielt, die seine guten Ratschläge in den Wind schlugen. »Wir sind hier in den Tropen. Da kann so etwas schnell gehen.« Missmutig winkte er Albert und Helene, ihm trotz des strömenden Regens den Pfad hinauf zur Missionsstation zu folgen.

Sowohl Helene als auch Albert fanden die Gegend, in der sich ihre neue Heimat befand, wunderschön. Jenseits des geschwungenen Flussarms erblickten sie ein Dorf, das aus einem Dutzend Hütten bestand. Zäune verhinderten, dass die Ziegen, die den einzigen Reichtum der Dorfbewohner darstellten, entliefen. Rings um die Hütten breitete sich Wald aus, und am Horizont erkannten sie eine Bergkette, die in dem ungewohnten Licht bläulich zu schimmern schien.

Mit schnellen Schritten führte Monsieur Christol sie weiter entlang des Wegs, der nach einer Weile eine scharfe Biegung machte und auf eine kleine Anhöhe führte, die zu beiden Seiten mit Orangen- und Zitronenbäumen, Lorbeersträuchern und Kaffee bepflanzt war. Hier oben standen nur vereinzelt Gebäude, die auf Albert vielmehr wie Lagerschuppen und Ställe wirkten. Die meisten von ihnen waren aus Lehm errichtet, die flachen Dächer mit dürrem Strauchwerk, Palmenblättern und getrockneten Lehmziegeln bedeckt. Vor einem niedrigen Häuschen am Ende des Pfades blieb der Missionar stehen.

»Das ist Ihres!«

»Sie meinen, hier werden wir künftig wohnen?« Helenes Überraschung hätte kaum größer sein können. Auf alles gefasst, stieß sie die Tür auf und spähte mit gemischten Gefühlen in das schwarze Loch, das sich jenseits des Eingangs vor ihr auftat. Diese Behausung sollte Albert und ihr also künftig als Wohnung dienen. Langsam trat sie näher, den Blick starr auf den Boden gerichtet, über den Spinnen und Schaben wuselten. Als ihre Augen sich endlich an die Dunkelheit gewöhnt hatten, entdeckte sie zwei schmale Betten, über denen lange, graue Vorhänge zum Schutz vor Moskitos hingen. In einer Ecke stand ein wackeliger Tisch, über dem ein zerbrochener Rasierspiegel hing. »Das breite Fenster verfügt über ein Fliegengitter«, sagte Christol. »Wenn Sie die Läden öffnen, spendet es dem Häuschen genügend Tageslicht.«

Helene nickte. Zu ihrer Freude fand sie hinter der Hütte eine kleine Veranda, auf der ein alter Schaukelstuhl stand. Das Haus hätte man in Straßburg guten Gewissens nicht einmal als Schuppen bezeichnen dürfen. Im Vergleich zu den strahlend weißen Mauern der Missionsstation, die sich einige hundert Meter weiter unterhalb, inmitten eines blühenden Gartens, befand, war es eine Zumutung, doch Albert, der keinen Wert auf Bequemlichkeit legte, schien es zu gefallen. Monsieur Christol hatte seine Führung kaum beendet, da begann er schon, Helene seine Pläne auseinanderzusetzen. Auf der Veranda wollte er seine Patienten empfangen, während Helene in einer Ecke des Schlafraumes, die mit einem Vorhang abgeteilt werden musste, Bestecke, Wäsche und Verbandsstoffe reinigen und die Medikamente verwahren sollte.

»Na, dann richten Sie sich mal in Ruhe ein, Dr. Schweitzer«, brachte sich Monsieur Christol ungeduldig in Erinnerung. »Meine Frau lädt Sie und Ihre Gattin für heute zum Abendessen ein. Seien Sie bitte pünktlich um sieben Uhr in der Missionsstation. Dort können wir alles weitere besprechen.«

»Wann kann mein Mann seine Arbeit aufnehmen?«, fragte Helene, die keineswegs gewillt war, so lange zu warten.

»Und wie stellt sich Ihre Mission einen Hospitalbetrieb vor, der von einer Hütte aus geleitet wird?« Helene fühlte sich von der Pariser Gesellschaft, in deren Auftrag Albert nach Lambarene gekommen war, unzureichend auf das neues Wirkungsfeld vorbereitet. Christol sollte das ruhig wissen.

Der Missionar schüttelte die Tropfen von seinem Schirm und trat ins Freie hinaus. »Später, Madame«, rief er ihr zu. »Es wird sich schon alles finden. Hier, in Afrika, gelten andere Regeln als in Europa. Das betrifft auch uns Weiße. Ich schlage vor, dass Sie zunächst einmal die Einheimischen kennenlernen und Helfer einstellen, die Ihnen und Ihrem Mann assistieren. Sie brauchen einen Koch und einen Dolmetscher, der die gängigen afrikanischen Dialekte beherrscht.«

Helene blickte dem alten Mann nach, bis er nicht mehr zu sehen war. Dann warf sie mit Schwung die Tür zu und schüttelte seufzend den Kopf. »Ein eigenartiger Kauz, findest du nicht?«

»Aber nützlich, denn er hat offensichtlich mehr Erfahrung als wir.« Plötzlich spitzte er die Ohren und machte eine Handbewegung, die Helene, die gerade etwas entgegnen wollte, verstummen ließ. »Hör doch einmal! Klingt das nicht zauberhaft?«

In der Tat drang vom Fuß des bepflanzten Hügels ein wunderbarer Gesang zu ihnen empor. Als die Schweitzers vor die Tür traten, bemerkten sie etwa zwei Dutzend afrikanischer Kinder, Jungen wie auch Mädchen in bunten Gewändern, die sich eingefunden hatten, um zur Begrüßung des fremden Arztes und seiner Frau die Lieder ihres Stammes zu singen. Begleitet wurden sie dabei von mehreren Trommeln, deren rhythmische Klänge weit über den Ogowe hinaus getragen wurden. Währenddessen trugen einige Männer aus dem Dorf Alberts

Packkisten den Hügel hinauf und stellten sie mit einem freundlichen Lächeln auf die Stufen der Veranda.

Albert nahm Helene in den Arm und drückte ihr einen zärtlichen Kuss auf die Wange. »Glaubst du, dass du mit all dem hier zurechtkommen wirst?«, flüsterte er ihr ins Ohr. Helenes Augen wurden feucht. Der Gesang der Kinder rührte sie so sehr, dass sie nur ein knappes Nicken zustande brachte. Doch trotz ihrer Schweigsamkeit war sich Albert sicher, dass der Zauber Afrikas begonnen hatte, auf seine Frau zu wirken. Sie würden hier glücklich werden, davon war er überzeugt.

Die nächsten Stunden verbrachten Albert und Helene damit, das kleine Haus in einen bewohnbaren Zustand zu versetzen. Für Helene bedeutete das, einen beinahe aussichtslosen Kampf gegen den Fluch des roten Staubes anzutreten, der vom Wind in gleichmäßigen Schüben über die Türschwelle und durch das Fenster geweht wurde. Darüber hinaus musste sie feststellen, dass die Hütte von ungeladenen Hausgenossen geradezu wimmelte. Als Helene wenig später unter dem Bett ihre erste Schlange entdeckte, unterdrückte sie nur mit Mühe einen Schrei.

»Keine Angst«, beruhigte sie Albert. »Ich habe gehört, sie lassen die Menschen in Ruhe.«

Helene verzog das Gesicht. Der Schweiß lief ihr von der Stirn, als sie versuchte, einem besonders widerspenstigen Krabbeltier mit ihrem Besen den Weg zur Tür zu zeigen. »Hoffentlich haben diese fürchterlichen Spinnen das auch gehört. Ich wollte eigentlich wegen der Hitze meine Strümpfe ablegen, aber mit all diesem Ungeziefer im Haus …«

Sie kehrte eifrig weiter, bis Albert hustend ins Freie floh. Er fand, dass er Helene die Hausarbeit getrost überlassen konnte, da er ihr ohnehin nur im Weg herumstand. Daher begab er sich auf eine Erkundungstour durchs Dorf. Es war gewiss kein schlechter Rat, die Einheimischen und ihre Sitten so schnell wie möglich kennenzulernen.

Als die Schweitzers sich pünktlich um sieben Uhr in der Missionsstation einfanden, um bei der Familie des Missionars zu essen, war es Helene gelungen, das Häuschen auf dem Hügel in einen annähernd vorzeigbaren Zustand zu versetzen. Während Alberts Abwesenheit hatte sie ihre beiden kleinen Reisekoffer ausgepackt, die Betten mit frischem weißen Leinen bezogen und sogar für die medizinischen Fachbücher und Instrumente, die Albert nicht dem Flussdampfer hatte anvertrauen wollen, ein trockenes Plätzchen gefunden.

Mit Sophie Christol, der Frau des Missionars, verstand sich Helene auf Anhieb blendend. Sie war äußerst belesen und bot Helene an, ihr französische Bücher aus der Heimat zu leihen, wann immer diese sich nach guter Literatur sehnte. Nach dem Abendessen, das sie in dem von zahlreichen Fackeln beleuchteten Garten der Missionsstation einnahmen, lud Madame Christol ihre Gäste zu einem Rundgang durch das Anwesen ein, das mit seinen prächtigen Bananenstauden und den in vielen Farben blühenden Blumen einen wahren Augenschmaus bildete. Ihr Mann, der während des Essens recht schweigsam gewesen war, blieb zurück, um mit einem der afrikanischen Hausangestellten etwas zu besprechen.

»Wie ich hörte, spielen Sie Orgel, Dr. Schweitzer«, sagte Madame Christol eine Weile später.

»Das ist richtig, Madame. In Kürze wird mein Tropenklavier geliefert, auf dem ich an freien Abenden zu musizieren gedenke. Das heißt, falls das gute Stück seinen Weg über den Fluss zu uns nach Lambarene findet. Die Pariser Bach-Gesellschaft hat es mir geschenkt, es hat Orgelpedale und wiegt nicht weniger als fünfhundert Kilo.«

»Dann werden wir ja bald in den Genuss eines Konzertes kommen, nicht wahr?« Ein schwärmerisches Lächeln huschte über das sonnengebräunte Gesicht der älteren Frau. »Das wäre eine willkommene Abwechslung. Glauben Sie nicht, dass ich mich hier langweilen würde. Dazu habe ich viel zu viele Verpflichtungen. Ich helfe dreimal in der Woche in der Missionsschule aus, um den Kindern Französisch beizubringen. Aber ein wenig mehr Kultur könnte uns wahrhaftig nicht schaden. Das sehen Sie doch gewiss ähnlich, Dr. Schweitzer?«

»Ohne die Musik würde ich vermutlich eingehen wie eine vertrocknete Blume«, gestand Albert und verscheuchte mit der Hand einige Moskitos, die sich ihn als Opfer ausgesucht hatten. Sein Magen rebellierte. Daran gewöhnt, abends nur wenig zu sich zu nehmen, setzte ihm der fette Braten, den Madame Christol zur Feier ihrer Ankunft in Lambarene aufgetischt hatte, merklich zu. Sein Kopf schien unter dem schweren Tropenhelm zu dampfen.

»Aber natürlich bin ich nicht nach Afrika gekommen, um hier meiner Leidenschaft für die schönen Künste zu frönen. Ich möchte den Menschen als Arzt helfen. Leider muss ich feststellen, dass keines der Gebäude, die mir die Mission für die Einrichtung eines Hospitals in Aussicht gestellt hat, fertig geworden ist. Was ich zurzeit dringender brauche als mein Klavier sind geeignete Räumlichkeiten. Sonst wird es schwierig werden, Patienten zu behandeln oder gar Operationen durchzuführen.«

Monsieur Christol, der inzwischen zu seiner Frau und den Schweitzers gestoßen war, hatte Alberts letzte Worte gehört und fühlte sich sogleich angegriffen.

»Sie sind kaum fünf Stunden hier und glauben schon uns vorschreiben zu müssen, wie wir unsere Arbeit zu erledigen haben«, brummte er mürrisch. »Unsere Aufgabe ist die Verbreitung der guten Botschaft, um heidnische Seelen zu retten.«

»Es wäre vielleicht besser, zunächst einmal die Körper zu behandeln, in denen die Seelen wohnen«, erwiderte Albert, um die befürchtete Predigt des alten Missionars im Keim zu ersticken. »In dieser Streitfrage scheint Ihre Organisation ganz meiner Meinung zu sein. Weshalb sonst sollte sie mich aufgefordert haben, meine Kraft zum Wohl der Kranken von Lambarene einzusetzen und die Predigt Ihnen zu überlassen?«

Monsieur Christol hob abwehrend die Hand. »Das Predigen wurde Ihnen untersagt, weil die Mission befürchtet, Sie könnten mit Ihren eigentümlichen theologischen Ansichten unter den Schwarzen für Verwirrung sorgen und Unruhe stiften. Abgesehen davon traut man Ihnen in Paris nicht. Sie sehen, Schweitzer, ich bin längst über Sie im Bilde!«

Helene schüttelte betroffen den Kopf. Dass Albert sich hatte verpflichten müssen, nur für die Kranken da zu sein, die kirchliche Arbeit aber den Angehörigen der Missionsstation zu überlassen, war ihr bekannt. Die Auflage bereitete ihr keine Probleme. Christols letzte Bemerkung gab ihr allerdings zu denken. Erst auf Alberts Drängen rückte der Missionar mit der Sprache heraus.

»Sie stammen beide aus dem Elsass, nicht wahr?«

»Ich wurde in Kaysersberg geboren, wo mein Vater als Pfarrer amtierte. Meine Frau stammt ursprünglich aus Berlin. Mein Schwiegervater ist der bekannte Historiker Professor Harry Bresslau, Rektor der Universität zu Straßburg.«

»Also sind Sie beide Deutsche.«

»Wenn Sie es so wollen«, sagte Helene, der allmählich dämmerte, worauf der Mann hinauswollte. »Wir Elsässer lassen uns nur höchst ungern auf die eine oder andere Seite zwingen.«

»Eines nicht mehr fernen Tages werden Sie sich aber entscheiden müssen, für wen Sie Partei ergreifen, Madame. Ob Sie zu Frankreich halten oder zum deutschen Kaiser. In Europa braut sich nämlich etwas zusammen, das spüre ich jedes Mal, wenn ich eine europäische Zeitung aufschlage. Bestimmt wird es bald Krieg geben.«

Es war Madame Christol, die schließlich das bedrückende Schweigen brach, dass sich über den Garten gelegt hatte. Kein Wort wollte sie mehr von den deprimierenden Gerüchten hören, die ihren Mann so aufregten. Stattdessen versprach sie Albert und Helene, sie bei der Auswahl des Personals für das Hospital zu unterstützen.

Als Helene am nächsten Morgen die Augen aufschlug, stand die Sonne bereits hoch am Himmel. Als sie bemerkte, dass sie allein im Bett lag, kämpfte sie sich geschwind durch das dichte Moskitonetz und schlüpfte in ihre Pantoffeln.

Im Dorf herrschte offensichtlich bereits emsige Betriebsamkeit. Helene erkannte Frauen, die vor den Hütten auf dem Boden saßen und schwatzend in Töpfen rührten oder Teig kneteten. Auf den schmalen Grasflächen zwischen den Behausungen lagen bunte Wäschestücke zum Trocknen. Ziegen wurden von halbwüchsigen Hirtenjungen durch das Gattertor getrieben. Helene sah auch einige Europäer, die am Anlegesteg zusammenstanden und sich Pfeife rauchend unterhielten. Ihre weiße Kleidung und die schüsselförmigen Tropenhelme bildeten einen bemerkenswerten Kontrast zu der farbenfrohen Gewandung der Dorfbewohner.

Helene kniff die Augen zusammen, weil sie herausfinden wollte, ob Albert bei den europäischen Männern war. Aber die Entfernung war zu groß, um Gesichter zu erkennen.

Sie hatte soeben ein Kleid angezogen und ihre langen schwarzen Haare unter ihren Hut gezwängt, als ein zaghaftes Klopfen ihre Aufmerksamkeit auf die Tür richtete. Der Schreck fuhr ihr durch alle Glieder. Am Eingang der Hütte stand ein junger, hoch aufgeschossener Afrikaner, der sie durchdringend musterte.

»Wer bist du?« Helene wich zurück. »Was suchst du hier? Wenn du krank bist, musst du später wieder kommen. Der Doktor ist noch nicht da.« Wo auch immer er sein mag, er wird etwas von mir zu hören bekommen, fügte sie in Gedanken hinzu. Sie fand es alles andere als lustig, dass er sie an ihrem ersten gemeinsamen Morgen in Lambarene allein in der Hütte zurückließ.

Der junge Mann neigte den Kopf, machte jedoch keine Anstalten zu gehen. Seine Haltung ließ erkennen, dass es ihm nicht an Selbstbewusstsein mangelte.

»Ich bin nicht krank«, sagte er, während er mit einem Lächeln eine Reihe strahlend weißer Zähne entblößte. »Ich bin Koch, Frau Doktor. Ein guter Koch, jedenfalls der beste, den ihr zwischen Samkita und Lambarene findet werdet. Braucht ihr nicht einen Koch?«

Helene zog die Schultern hoch. Sie hegte den Verdacht, dass Madame Christol den jungen Mann zu ihr geschickt hatte, doch ohne Alberts Einwilligung wollte sie ihn nicht einstellen. Davon abgesehen konnte es dem reichlich von sich eingenommenen Burschen kaum etwas schaden, wenn man ihn ein wenig zappeln ließ und sich taub stellte.

Helene lief an ihm vorbei und begab sich zur Veranda. Dort stand bereits ein Tisch, an dem sie künftig den Empfang der Patienten vornehmen und die Krankenbücher führen sollte. Helene atmete die feuchte, warme Luft ein, die sie an die Waschküche im Keller ihres Straßburger Elternhauses erinnerte. Obwohl es noch früh am Morgen war, trieb ihr die Hitze Schweißperlen auf die Stirn.

»Ich bin ein gebildeter Mann, Frau Doktor«, hörte sie die Stimme des jungen Afrikaners, der ihr offensichtlich gefolgt war. »Nicht wie diese ignoranten Wilden, unten im Dorf.«

Seufzend drehte sich Helene um und blickte ihm unverwandt in die Augen. »Nun, die französische Sprache scheinst du ja zu beherrschen.«

»Jawohl, Frau Doktor.«

»Aber sprichst du auch die hiesigen Dialekte?«

Auf die Frage folgte ein breites Grinsen. »Gewiss doch, Frau Doktor. Ich kenne sie alle. Und auch die von weiter weg. Mein Name ist Joseph Azowani. Ich habe bei den katholischen Priestern, die mich getauft haben, fleißig gelernt, bevor ich mein Dorf verlassen habe. Ich glaube an Gott, den Vater. Den Allmächtigen. Den Schöpfer des Himmels und der Erde …«

»Ja, schon gut. Vor mir musst du kein Glaubensbekenntnis ablegen«, unterbrach ihn Helene mit einem Lächeln. Der junge

Mann hatte trotz seines forschen Auftretens etwas Belustigendes an sich. Eine innere Stimme sagte ihr zudem, dass er es ehrlich meinte. Außerdem war er mit den Menschen am Ogowe vertraut. Er kannte ihre Sitten und Gepflogenheiten, ihre Freuden und Leiden und würde Albert und ihr bei der Behandlung von Kranken gewiss nützlich sein. Ein Problem gab es allerdings noch.

»Leider haben wir sehr wenig Geld, Joseph«, sagte sie leise. »Wir können dir Essen und einen Schlafplatz anbieten, aber kaum mehr.«

Einen Herzschlag lang schien Joseph mit sich zu ringen, dann nickte er. »Wenn ihr hierhergekommen seid, um meine kranken Stammesbrüder gesund zu machen, seid ihr gute Menschen. So ist es keine Schande, wenn ich für meine Arbeit kein Geld bekomme.«

»Wir werden aber nicht nur deine Stammesbrüder behandeln, sondern jeden, der uns um Hilfe bittet«, erklang Alberts Stimme. Helene wandte sich verwundert um und sah, wie ihr Mann mit aufgerollten Hemdsärmeln einen niedrigen Verschlag mit schadhaftem Dach verließ, der wenige Schritte hinter ihrem Häuschen im Schatten einiger dichter Oleanderbüsche stand. Offensichtlich hatte er von dort jedes Wort ihrer Unterhaltung mit Joseph verfolgt. Helene fragte sich nur, was er in dem Stall gesucht hatte.

»Joseph, das ist Dr. Schweitzer«, stellte Helene ihren Mann vor, nachdem Albert zu ihnen auf die Veranda gekommen war und seine Kleidung von Staub und Spinnweben befreit hatte. »Du kannst ihn fragen, ob du bei uns bleiben darfst.«

»Freut mich«, sagte Albert abwesend. Erst als Helene sich auffordernd räusperte, unterzog er Joseph einer gründlichen Musterung. Er fand nichts an ihm auszusetzen. »Dann sehe ich dich morgen früh nach Sonnenaufgang. Und zwar dort drüben.« Er deutete auf den Verschlag bei den Büschen, aus dem er gerade gekommen war.

»Dort willst du deine Patienten behandeln?« Helene machte ein skeptisches Gesicht. »Auf mich wirkt diese Hütte wie ein verlassener Hühnerstall.«

»Die Straßburger Universitätsklinik wäre mir auch lieber, aber wenigstens müssen wir bei Regen nicht gleich die Behandlung unterbrechen. Was meinst du, Joseph, würde es dir Spaß machen, nicht nur zu kochen, sondern mir auch im Hospital zu helfen?«

Der junge Afrikaner strahlte vor Freude.

4. Kapitel

New York, Juni 1949

Thérèse Boudins Fotoatelier befand sich in einer ruhig gelegenen Straße im Stadtteil East Village. Sie war sehr stolz darauf, hier eine Bleibe gefunden zu haben, zählte das Viertel doch zu den besseren Adressen der Millionenstadt. Für ihre Arbeit als Fotografin war die Lage aus mehreren Gründen bedeutsam. Zum einen musste sie keine Hemmungen haben, berühmte Persönlichkeiten, die sich von ihr ablichten lassen wollten, im Atelier zu empfangen. In unmittelbarer Nachbarschaft gab es einen hübschen Park, der von einem hohen Gitterzaun im viktorianischen Stil umgeben war, sowie exquisite Läden und noble Restaurants und Bars, die Thérèse an ihre Heimat erinnerten. Überhaupt mutete die ganze Umgebung des Ateliers mit seinen hübschen Backsteingebäuden, den hohen Treppen, die zu altmodischen Türklopfern führten, und der Kirche aus Sandstein am Ende der Straße europäisch an.

Ein Stück Vertrautheit in der Fremde, wie Thérèse den Schweitzers anvertraute, als diese den Wagen verließen und sich interessiert umblickten.

»Ein schönes Studio haben Sie«, lobte Albert, während Thérèse ihn und Helene mit schnellen Schritten durch das Apartment ins Atelier begleitete.

»Geräumig. Und dazu so hell.«

Thérèse nickte dankbar. Das Kompliment tat ihr gut. »Ich brauche das richtige Licht für meine Arbeit.«

»Das richtige Licht?«, wiederholte Albert mit einem amüsierten Lächeln. »Kann es denn auch falsches Licht geben?«

»Aber ja, Doktor Schweitzer. Für uns Fotografen ganz sicher.« Thérèse bat Helene, die nervös ihre Handschuhe zerdrückte, als Erste vor der auf einem Stativ befestigten Kamera Platz zu nehmen. Anschließend schaltete sie mehrere Standlampen an, deren Schein Helenes Kopf in einen samtenen Schimmer tauchten. Dies verschaffte Albert genügend Zeit, sich einige von Thérèses Arbeiten näher anzusehen, welche sämtliche Wände des Apartments schmückten.

Albert betrachtete sie sorgfältig. Er fand sie ausgezeichnet, auch wenn einige der Motive ihn ein wenig frösteln ließen. Offensichtlich hatte Thérèse die meisten Bilder in Entwicklungsländern und Kriegsgebieten aufgenommen. Unwillkürlich schüttelte er den Kopf und fragte sich, was eine hübsche junge Frau wie Thérèse wohl antrieb, einer solchen Beschäftigung nachzugehen. Er hörte, wie die Fotografin beruhigend auf Helene einredete. Dies entlockte ihm ein Lächeln. Für Helene waren Termine beim Fotografen fast so schlimm wie Zahnarztbesuche. Vielleicht lag das daran, dass sie zu den Frauen gehörte, die keine Minute stillsitzen konnten. Auch in diesem Augenblick schien Thérèse ihre liebe Not mit ihr zu haben, denn Albert hörte, wie sie seufzte und ihre Kamera neu positionierte.

»Ich bin es einfach nicht gewöhnt, dass solche Starfotos von mir gemacht werden«, sagte Helene entschuldigend. Albert fiel auf, wie blass sie aussah. Ihr Gesicht wirkte direkt eingefallen. Das lag bestimmt nicht allein am Licht. Helene schien es nicht gutzugehen, aber sprach er sie darauf an, würde sie es gewiss abstreiten. So hatte sie es immer gehalten.

Merkwürdig, dachte Albert, in Afrika standen die Menschen Schlange, um von mir behandelt zu werden, aber meine eigene Frau nahm Reißaus vor mir, wenn ich sie auch nur untersuchen wollte. Dabei wäre es so wichtig, dass sie den ärztlichen Anordnungen Folge leistet und sich schont. Ein bitterer Geschmack legte sich auf seine Zunge, als er sich ihren Skiunfall ins Gedächtnis zurückrief. Damals hatte sie sich durch einen bösen Sturz gefährliche Verletzungen zugezogen. Sie behauptete zwar, nicht mehr unter den Folgen zu leiden, aber es verging kaum ein Tag, an dem sie keine Schmerzmittel nahm. Und sie glaubte, er merke es nicht.

»Nun bitte ganz stillhalten«, riss ihn Thérèses Stimme aus seinen Gedanken. »Ja, ich glaube, mit dieser Aufnahme kann ich mich anfreunden.«

»Es ist bestimmt nicht leicht für eine Künstlerin, mit der eigenen Arbeit zufrieden zu sein!« Albert schenkte Thérèse einen anerkennenden Blick. »Noch dazu muss es Ihnen im Vergleich zu Ihrer sonstigen Tätigkeit doch reichlich öde vorkommen, uns lahme alte Herrschaften zu knipsen, Mademoiselle Boudin.«

»Nennen Sie mich doch Thérèse, bitte.« Sie fuhr ohne Unterbrechung fort, Helene aus verschiedenen Perspektiven zu fotografieren. Zuletzt ließ sie sich sogar auf die Knie hinab, um eine Nahaufnahme zu machen, was ihr der Umstand erlaubte, dass sie sich bei der morgendlichen Garderobe nicht für einen Rock, sondern für bequeme Hosen aus blauem Jeansstoff entschieden hatte. Ein roter Ledergürtel saß straff über der weiten roten Bluse, die ein wenig abgetragen wirkte. In dieser Aufmachung wirkte sie auf Albert fast wie ein Mädchen, das noch die Schulbank drückte. Ein wenig erinnerte er sie an seine eigene Tochter, die in Europa auf den schon lange versprochenen, aber immer wieder verschobenen Besuch ihrer Eltern wartete.

»An meiner Arbeit liebe ich vor allem die Abwechslung«, erklärte Thérèse fröhlich. »Außerdem habe ich mich darauf gefreut, Sie kennenzulernen, Dr. Schweitzer. Ich betrachte es als Auszeichnung, dass Sie sich mit mir abgeben. Das sollten Sie wissen. Wie der Rest der Welt bewundere ich, was Sie zwei ›lahme alte Herrschaften‹ den Großteil Ihres Lebens betrieben haben.« Als sie bemerkte, dass Albert sich abwandte, ließ sie die Kamera sinken.

»Ich verstehe, Doktor. Tut mir leid, wenn ich Ihnen auf die Nerven falle. Sicher sind Sie es leid, immer wieder dieselben Phrasen zu hören.«

Albert schüttelte den Kopf. »Oh, ich glaube nicht, dass wir es jemals satthaben werden, wenn gut über uns gesprochen wird, Thérèse. Solange man über uns redet, wird auch das Hospital in Lambarene nicht in Vergessenheit geraten.«

»Davon abgesehen sind wir auch nur Menschen«, warf Helene zwinkernd ein. »Entgegen anderslautender Gerüchte.«

Thérèse blickte sie an. »Ich wusste gar nicht, dass auch Sie von Anfang an in Afrika dabei waren, Helene. Ich dachte, Sie hätten einander später in Afrika kennengelernt.«

Helene schüttelte den Kopf, wodurch sie Thérèses Bild verwackelte.

»Aber nein, wir kannten uns schon, als Albert noch in Straßburg studierte und ich im Auftrag der Stadt als Armenfürsorgerin tätig war. Damals waren alle Mädchen hinter ihm her.«

»Plaudere doch nicht alle meine Geheimnisse aus.«

»Warum denn nicht? Schließlich war ich diejenige, die du erhört hast. Obwohl ich so schwierig war. Eine richtig harte Nuss. Weißt du noch, wie du mich bei deinen Studien hast helfen lassen? Ich verstand etwas von Sprachen, habe ein wenig übersetzt und ediert.«

»Ein wenig? Dass ich nicht lache. Thérèse, meine Helene war der Albtraum eines jeden Studenten. Hat sich eingemischt, wo sie nur konnte, und mich genötigt, Dinge zu ändern, mit denen sie nicht einverstanden war.«

Helene verzog in gespielter Empörung das Gesicht. Dann nahm sie ihre Handtasche vom Boden auf und entnahm ihr ein weißes, mit Spitzen besetztes Taschentuch, um sich die vom Sprechen feuchten Lippen abzutupfen. Als sie das Tuch wegsteckte, sagte sie leise: »Mein Mann scheint vergessen zu haben, dass ich immer nachgegeben habe. Bei jeder Diskussion, bei jedem Streit. Gegen Alberts eisernen Willen wäre ich doch niemals angekommen. Gewiss, er hörte mir zu, weil er ein höflicher Mann ist und weil ihm nicht gleichgültig ist, was andere Menschen denken. Allerdings …«

»Bei einer Sache müssen Sie sich aber einig gewesen sein«, unterbrach sie Thérèse, die entschieden hatte, nun genügend Aufnahmen von Helene gemacht zu haben. Sie legte ihre Kamera auf einen Tisch. »Sich gemeinsam ans Ende der Welt aufzumachen und ein Krankenhaus aufzubauen, während Europa an der Schwelle zum Ersten Weltkrieg stand.«

»Ich hatte mir vorgenommen, bis zum dreißigsten Geburtstag meine angeborene Neugier und meinen Wissensdurst zu befriedigen, danach aber zu überlegen, wie ich anderen Menschen helfen kann«, erklärte Albert. Er nahm nun selbst Platz auf dem Stuhl und strich sich einige Male mit der flachen Hand über das wirre weiße Haar.

»Außerdem begann ich mir Gedanken zu machen, ob es richtig ist, die Ansichten der Menschen ändern zu wollen … bezüglich Religion oder bestimmten Fragen der Weltanschauung. Ich kann Ihnen sagen, Thérèse, ich habe mit den Besten gehadert – Aristoteles, Kant …«

»Und mit mir«, warf Helene mit einem spöttischen Lächeln ein. Sie beobachtete, wie Thérèse eine andere Kamera vom Regal nahm, um nun auch Albert abzulichten. »Ich bin übrigens beeindruckt, dass es Ihnen gelungen ist, meinem Mann so viele Auskünfte zu entlocken. Normalerweise hüllt er sich über sein Leben in Schweigen.« Was hier, im Dunstkreis der CIA, gewiss auch angebracht ist, fügte sie in Gedanken hinzu.

Eine halbe Stunde später waren Albert und Helene entlassen und verabschiedeten sich von Thérèse, die sich überschwänglich bedankte.

Die Limousine, welche die Schweitzers zu ihrem nächsten Termin bringen sollte, wartete bereits auf der Straße, als sie das Haus verließen. Sogleich sprang ein elegant gekleideter Chauffeur herbei, zog die Mütze und öffnete dem Ehepaar die Wagentür.

Helene winkte Thérèse, die mit ihrer Kamera am Eingang stehen geblieben war, noch einmal zu, bevor sie einstieg. Sie hatte keine Augen für den Ford älteren Baujahrs, der nur wenige Schritte hinter der Limousine vor einem Hydranten parkte. In dem Wagen saß ein Mann, der nervös auf seine Armbanduhr blickte. Als sein Blick auf Albert fiel, zückte er ein Notizbuch und begann aufgeregt zu schreiben.

Es war derselbe Mann, der die Schweitzers auch vor der Kirche beobachtet hatte. Er ließ die Limousine anfahren, dann warf er noch einen Blick auf Thérèses Haus, als wollte er sich jede Einzelheit einprägen, und startete den Motor.

Obwohl Helene öffentliche Auftritte nicht besonders mochte, war sie sich doch der Tatsache bewusst, dass sie ihnen während ihres Aufenthalts nicht ganz entkommen konnte. Nach einigem Drängen nahm sie daher die Einladung des amerikanischen Frauen-Lunchclubs von New York an, in ihren Räumen eine Rede über ihre Arbeit an der Seite ihres berühmten Ehemannes zu halten.

Helene hatte sich im Hotel mit der ihr eigenen Gewissenhaftigkeit auf ihren Auftritt vorbereitet und nicht einmal Albert erlaubt, ihr bei der Ausarbeitung der Rede zu helfen. Noch fühlte sie sich gesund genug, um damit allein fertig zu werden. So hatte sie Albert kurzerhand zu seinen nächsten Terminen geschickt. Wie er ihr berichtet hatte, sollte er vor seiner Abreise noch ein Krankenhaus im Stadtteil Harlem sowie eine pharmazeutische Fabrik besichtigen, in der Medikamente hergestellt werden, die er in Afrika verwendete. Albert setzte seine Hoffnung darauf, die Firmenleitung als Geldgeber für das neue Lepradorf zu gewinnen.

Als Helene gegen Mittag in Begleitung von Mrs. Dunham, der Vorsitzenden der Vereinigung, die ganz im viktorianischen Stil erbaute Sandsteinvilla nahe dem Central Park betrat, verschlug es ihr vor Staunen fast die Sprache. Sie konnte kaum glauben, wie viele Menschen gekommen waren, um sie zu sehen. Doch im Haus wimmelte es vor Menschen.

»Wir haben heute allein fast zweitausend geladene Gäste«, teilte ihr Mrs. Dunham mit einem stolzen Lächeln mit, während sie ihr zunächst einen Weg durch das Getümmel bahnte und dann auf das mit Veilchen geschmückte Rednerpodium half.

»Wundern Sie sich nicht über die Männer in Uniform, die an den Eingängen stehen, Mrs. Schweitzer. Aber bei einer Veranstaltung dieser Größenordnung sind wir sehr auf Sicherheit bedacht. Ich nehme an, das ist auch in Ihrem Sinne. Schließlich wollen wir Sie dem Doktor wohlbehalten zurückbringen.« Die Frau lachte, und Helene stimmte mit ein. Überwältigt von dem herzlichen Empfang, den die applaudierenden Frauen ihr bereiteten, hatte sie ausnahmsweise nichts dagegen, sich die schmalen Stufen zum Podium hinaufhelfen zu lassen, denn sie befürchtete, ihre Beine könnten ihr den Dienst versagen. Sie hoffte nur, dass keine der anwesenden Damen, die sie so neugierig musterten, das Zittern bemerkte, das sich ihrer Hände bemächtigte. Sie konnte von Glück reden, dass sie weder ein Buch noch ein Manuskript halten musste, sondern sich dafür entschieden hatte, ihre Grußworte frei vorzutragen.

Hinter dem Pult angekommen, ließ sie ihre Blicke quer durch den Saal bis hinaus in die weiträumige, von Marmorsäulen getragene Lounge schweifen, in der gerade ein Büffet aufgebaut wurde. Unterhalb des Podiums saßen die Mitglieder des Clubs und vereinzelt auch einige Männer an runden Tischen, auf denen schmucke Gebilde aus duftenden Fliedersträußen standen. Der starke Duft der Blumen reizte Helenes Sinne und verursachte ihr leichte Kopfschmerzen, aber sie beklagte sich nicht darüber. Stattdessen räusperte sie sich kurz und begann dann mit einem Lächeln ihre Rede. Als wenig später ihre Stimme durch das Mikrofon in den Saal schallte, vergaß sie ihre Beklommenheit schnell. Auch die Schmerzen in ihren Schläfen ebbten allmählich ab, so dass sie die Zeit im Club genießen konnte. Wohin sie auch blickte, registrierte sie wohlwollende Mienen.

Vielleicht sieht Einstein doch ein wenig zu schwarz, sprach sie sich in Gedanken Mut zu. Der Physiker war ein alter Mann, und alte Menschen, das wusste sie aus eigener Erfahrung, neigten dazu, hinter jedem Baum einen Verfolger und hinter jeder Bemerkung eine versteckte Bedrohung zu sehen. Die New Yorker Damen, die ihrer Garderobe nach begüterten Familien entstammen mussten, waren ihr gegenüber weder feindselig noch argwöhnisch eingestellt. Sie äußerten keine Verdächtigungen, nein, sie waren in großer Zahl gekommen, um zu erfahren, was Helene über die Arbeit des berühmten Tropenarztes im fernen Afrika zu berichten hatte.

Nach wenigen Augenblicken kehrten Helenes Gedanken an den Ogowe zurück.

Die Ankunft eines neuen weißen Doktors sprach sich in den umliegenden Dörfern rasch herum. Noch während Albert und Helene mit Josephs Hilfe damit beschäftigt waren, aus ihrem Haus und dem ehemaligen Hühnerstall ein Hospital zu machen, erschienen die ersten Kranken, die sich von Albert behandeln lassen wollten. Zum Verdruss der einheimischen Heiler, die in den Fremden eine Bedrohung ihres eigenen Einflusses sahen, wurde Albert bald als »Oganga« anerkannt und geachtet. Dieser Titel, der in der afrikanischen Galoasprache einen

Fetischmann bezeichnete, wurde für gewöhnlich nur bewährten Heilern verliehen, die ihr Wissen um die Heilpflanzen des Urwaldes sowie magische Formeln eifersüchtig hüteten. Obwohl Albert den Stammesmagiern mit skeptischer Vorsicht begegnete, verspürte er doch auch ein wenig Stolz darauf, dass die Eingeborenen ihm, dem Fremden aus Europa, nach so kurzer Zeit schon Vertrauen und Freundschaft entgegenbrachten.

Nach nur vier Wochen reichten die Räume, die Albert von der Missionsgesellschaft bekommen hatte, bei weitem nicht mehr aus, um all die Kranken und Notleidenden anständig unterzubringen und zu behandeln, die zu ihm drängten. Täglich erklommen größere Scharen von Menschen den Hügel, um sich von Albert untersuchen zu lassen. Der Strom schien gar kein Ende zu nehmen. Einige der Männer, Frauen und Kinder fanden bei Verwandten in den umliegenden Dörfern eine Bleibe, doch wer niemanden in der Nähe kannte, rollte seine Matte einfach vor der Missionsstation oder dem Tor zum Hospital aus.

»Es hilft alles nichts«, sagte Albert eines Abends, als er mit Helene auf der Veranda seines Hauses saß und Eintragungen in das Krankenbuch vornahm. »Wir brauchen zusätzliche Baracken, und wenn sich die Missionare auf den Kopf stellen.«

Helene warf einen ängstlichen Blick auf Joseph und fragte sich, ob er etwas von Alberts Worten mitbekommen hatte. Doch der junge Koch und Pfleger war bei den Kaffeesträuchern mit einigen angeworbenen Helfern beschäftigt, die aus einem Dorf drei Tagesreisen von Lambarene entfernt stammten. Joseph schien mit den Antworten der jungen Männer nicht einverstanden zu sein; Albert konnte beobachten, wie er von Zeit zu Zeit entnervt mit den Augen rollte und die Neuankömmlinge mit der ganzen Autorität seiner neuen Position als erster Heilgehilfe des Oganga anbrüllte. Nach einer Weile betete er die Regeln des Hospitals hinunter und ließ die Männer sie im Chor wiederholen.

»Regel Nr. 1: Es ist verboten, in der Nähe des Doktorhauses auf den Boden zu spucken.

Regel Nr. 2: Es ist den Wartenden untersagt, sich miteinander laut zu unterhalten.

Die Kranken und ihre Begleiter sollen für einen Tag Nahrung mitbringen, da nicht alle schon morgens behandelt werden können.

Regel Nr. 3: Wer ohne Erlaubnis des Doktors die Nacht auf dem Boden der Station verbringt, wird ohne Medikamente weggeschickt.

Regel Nr. 4: Die Flaschen und Blechschachteln, in denen man die Medikamente erhält, müssen wieder zurückgebracht werden.

Regel Nr. 5: Wenn das Schiff in der Mitte des Monats den Strom hinaufgefahren ist, soll man außer in dringenden Fällen den Doktor nicht aufsuchen, bis das Schiff wieder heruntergefahren ist, da er während jener Tage um die guten Medikamente nach Europa schreibt.«

»Ich werde ein paar zusätzliche Hütten und Baracken errichten lassen«, entschied Albert, nachdem das Gebrüll des Chors endlich verklungen war.

»Die Missionsgesellschaft darf mir nicht ständig in alles reinreden. Sie hat mir verboten zu predigen. Gut. Aber dafür lasse ich mir nicht von den Herren Missionaren vorschreiben, wie ich meine Kranken zu behandeln habe.«

Er stand auf, um ins Haus zu gehen. Helene sah ihm nach. Sie ahnte, dass es ihn an sein Klavier zog, das einige Wochen zuvor endlich am Ogowe eingetroffen war. Nahmen Albert keine medizinischen oder philosophischen Probleme gefangen, so brachte er die wenigen Minuten, die ihm abends nach dem Essen blieben, gern damit zu, seine geliebten Bachfugen zu spielen. Er litt nicht unter Heimweh, auch wenn ihm seine Eltern und die Straßburger Freunde fehlten. Doch die Musik half sowohl ihm als auch Helene, sich mitten im Urwald ein kleines Stückchen Heimat zu bewahren.

»Albert, bitte handle nicht unüberlegt«, bat ihn Helene später. Sie hatte das Geschirr abgeräumt und sich ins Haus geflüchtet. Josephs Gebrüll wurde immer eindringlicher. Entweder waren seine Schüler begriffsstutziger als eine Herde Flusspferde, oder er gefiel sich einfach in der Rolle des Feldwebels. Helene nahm sich vor, ihm bei nächster Gelegenheit einmal tüchtig ins Gewissen zu reden. Schließlich mussten sie dankbar sein, wenn afrikanische Helfer zu ihnen stießen, die es nicht störte, für ihre Pflegearbeit mit ein paar dürftigen Lebensmitteln bezahlt zu werden. Joseph sollte sie daher nicht gleich wieder mit seinen Launen verjagen.

»Was meinst du mit unüberlegt?«

»Nun, ich möchte nur nicht, dass es zwischen uns und der Missionsgesellschaft zum Zerwürfnis kommt. Du bist ein gutmütiger Mann, aber wenn dich der heilige Zorn packt ...«

Albert ging wieder auf die Veranda, stützte sich mit den Ellenbogen gegen das Geländer und blickte zum Urwald, der jenseits des Flusses mit zunehmender Dämmerung von den Schatten der Nacht verschlungen wurde. Nach einer Weile drehte er sich zu Helene um. »Ich fürchte, dass wir ohnehin nicht mehr lange bleiben dürfen.«

»Du meinst wegen des drohenden Krieges in Europa? Ich bete, dass wir wenigstens hier in Lambarene verschont bleiben.«

Albert schüttelte skeptisch den Kopf; er schien nicht daran zu glauben. »Hast du vergessen, was Monsieur Christol uns am Tag unserer Ankunft erklärt hat? Falls das deutsche Kaiserreich Frankreich den Krieg erklärt, werden sich auch die Vertreter der Kolonien nicht heraushalten können. Gestern plauderte ich mit einem deutschen Kaufmann darüber. Der Mann betreibt bereits die Auflösung seiner Geschäfte, weil er umgehend nach Europa zurückkehren will. Wenn der Kaiser deutsche Männer zu den Waffen ruft, will er sich nicht drücken, hat er gesagt. Als ich ihm versicherte, dass wir vorhaben, in Lambarene zu bleiben, bot er mir an, uns Waren aus seinem Lagerhaus für die Ausstattung der Krankenstation zu überlassen. Zu einem anständigen Preis, wie er versichert.« Lachend fügte er hinzu: »Die Herren von der Missionsgesellschaft in Paris müssen davon ja nichts erfahren.«

»Sie werden es dir eines Tages in Rechnung stellen.«

Albert zuckte die Achseln. »Warum sind sie hierhergekommen, Helene? Um das Wort Gottes denen zu verkünden, die es nie zuvor gehört haben. Und warum sind wir gekommen? Weil wir ihre körperlichen Beschwerden lindern wollen. Krankheit fragt nicht, welcher Nationalität du bist. Der Glaube an das Gute im Menschen sollte sich niemals durch die Frage nach Herkunft und Gesinnung verdrängen lassen. Für mich heißt Religion Mensch sein, schlicht und einfach Mensch sein.«

Geduldig erklärte Albert seiner Frau, wie er sich die Erweiterung des Hospitals vorstellte. Helene hörte ihm zu, ohne ihn zu unterbrechen. Auch wenn sie befürchtete, dass Albert die Missionsgesellschaft und ihre Vertreter verärgerte, teilte sie seine Meinung. Was in Lambarene noch immer fehlte, waren geeignete Gebäude, in denen Kranke, die nach Operationen oder schmerzhaften Behandlungen nicht gleich wieder in ihre Dörfer zurückkehren konnten, Pflege und Erholung fanden. Zuweilen kam es vor, dass Eingeborene Hunderte von Meilen zu Fuß gingen oder im Einbaum gegen den Strom ruderten, um das Hospital des weißen »Oganga« zu erreichen. Manchmal brachten sie Angehörige mit, die ebenfalls einen Schlafplatz und etwas zu essen brauchten. Für sie alle mussten die Schweitzers sorgen, weil kein anderer es tat.

Nach einer Weile setzte sich Albert an sein Tropenklavier, und Helene unternahm einen Abendspaziergang durch das Dorf. Als sie wieder ins Haus trat, stürzte ihr ein vor Wut schnaubender Joseph entgegen. Ihm folgten drei junge Burschen und ein Mädchen, ihrem Aussehen nach beinahe noch Kinder, die jedoch eingeschüchtert vor der Tür stehen blieben. Offenkundig hatte die Auseinandersetzung, deren Zeuge

Albert und Helene auf der Veranda geworden waren, keinen versöhnlichen Abschluss gefunden.

»Frau Doktor, Sie müssen die Männer und das Mädchen, die der Doktor eingekauft hat, sofort nach Hause schicken«, verlangte ihr Gehilfe aufgeregt.

»Langsam, Joseph, ich verstehe kein Wort von dem, was du daherredest. Außerdem kauft der Herr Doktor keine Menschen ein, merke dir das ein für allemal!« Helene blickte ihn streng an. »Komm mit!« Seufzend schob sie Joseph in den Nebenraum, wo Albert in einem alten Schrank mit zahlreichen Fächern eine provisorische Apotheke eingerichtet hatte. Mit einem triumphierenden Laut deutete Joseph nun auf einige der Ampullen, die schon fast leer waren und dringend einer Auffüllung bedurften. »Das sind die wertvollen Heilmittel des Oganga. Sie dürfen nicht verschwendet werden.«

Ärgerlich stemmte Helene die Arme in die Hüften. »Willst du etwa behaupten, wir würden die Medikamente verschwenden? Wie kommst du nur darauf?«

Joseph zog die Augenbrauen hoch und setzte eine betrübte Miene auf, die zeigen sollte, dass er zu Unrecht gescholten wurde. »Sie gewiss nicht, Frau Doktor, aber die da draußen.« Er senkte seine Stimme zu einem beschwörenden Flüstern. »Es ist so schwierig, ihnen beizubringen, was ich alles weiß. Weil sie nicht so klug sind wie ich. Sie gehören zum Stamm der Kulani.«

»Joseph ...«

Er lächelte nachsichtig. »Das ist nicht schlimm, Frau Doktor. Ich bin ein geduldiger Mann und schreie die Kulani nur an, wenn sie mir widersprechen. Aber sie lassen die Kranken die Salbe essen und behaupten, das Pulver, das der Herr Doktor verordnet hat, müsse in die Haut eingerieben werden.«

»Gut, ich werde mich morgen darum kümmern, Joseph«, versprach Helene. »Aber deswegen jagen wir niemanden davon. Unter den Kulani sind einige, die dringend ärztliche Hilfe brauchen.«

»Das Mädchen, vielleicht. Ich habe ihr gesagt, dass unser Dr. Schweitzer sich ihre Koteletts anschauen und ihr etwas gegen die Schmerzen im Filet Mignon geben wird.«

»Vielleicht gewöhnst du dir einmal ab, dich wie ein Koch auszudrücken, Joseph. Woher soll mein Mann wissen, was du mit Koteletts und Filets meinst?«

Helene ging nicht auf Josephs Gemurmel ein. Plötzlich bemerkte sie, wie müde sie war. Nur mit Mühe unterdrückte sie ein Gähnen. Seit dem Sonnenaufgang war sie auf den Beinen, hatte Albert in sengender Hitze bei drei Operationen assistiert, anschließend Lebensmittel an die Patienten verteilt, schmutzige Wäsche gewaschen und die Vorräte in der Apotheke überprüft. Sie hatte wahrhaftig keine Lust, den Tag mit Josephs Albernheiten zu beenden, auch wenn sie nicht abstreiten konnte, dass er sie manchmal auch damit aufheiterte.

Joseph bedankte sich höflich, machte jedoch keine Anstalten, sich zurückzuziehen. Unschlüssig blieb er neben dem Apothekenschrank stehen und lauschte der Musik, die aus dem Nebenraum drang.

»Hast du noch etwas auf dem Herzen?«, fragte Helene erschöpft.

»Ich wollte dem Herrn Dr. Schweitzer noch einen Rat geben. Meinen Sie, dass er auf den Rat eines Kochs hört?«

Die Musik brach ab. »Warum nicht, wenn du mir verrätst, wo sich die Kutteln eines Menschen befinden?«, rief Albert fröhlich aus dem Nebenraum. Helene stieß die Luft aus. Wie ihr Mann es schaffte, sich auf sein Klavierspiel zu konzentrieren und dabei gleichzeitig einer Unterhaltung zuzuhören, würde ihr wohl ein ewiges Rätsel bleiben. Sie war indessen heilfroh, dass Albert es ihr abnahm, sich weiterhin mit Joseph auseinanderzusetzen. Für sie gab es noch eine Menge zu tun.

Albert erschien an der Tür und ermunterte seinen Heilgehilfen mit einem Nicken zu sagen, was ihn beschäftigte.

»Die Kulani«, sagte Joseph beinahe widerstrebend, »haben

zwei alte Leute aus ihrem Dorf mitgebracht, für die es kaum noch Hoffnung gibt. Der Mann wird bald sterben, und die Frau trägt einen bösen Dämon in sich, der sie verrückt macht. Eigentlich entspräche es dem Stammesbrauch, sie in den Wald zu führen und dort ihrem Schicksal zu überlassen. Man könnte sie aber auch gefesselt in den Fluss werfen. Die Fetischmänner empfehlen das, weil sich der böse Dämon im Wasser auflöst.«

Albert riss entsetzt die Augen auf.

»Die Medizinmänner weisen hoffnungslose Fälle immer ab, damit sie ihren Ruf nicht gefährden«, sprach Joseph weiter. »Ich möchte nicht, dass die Kulani uns ihre Sterbenden und Verrückten bringen und hinterher das Gerücht verbreiten, der arme weiße Dr. Schweitzer sei machtlos und verstehe sich nicht auf die Kunst des Heilens.«

Albert hörte sich Josephs Argumente ruhig an, weigerte sich aber hartnäckig, seinen Rat zu befolgen und die alten Patienten fortzuschicken. Stattdessen bat er Joseph, ihn unverzüglich zu ihnen hinauszuführen.

Ihre Stammesgenossen hatten die Alten zu einer Lichtung ein wenig abseits der Hütten gebracht. Die Frau war mit Stricken an einen Baum gebunden worden. Zähneknirschend versuchte sie, die ihr tief ins Fleisch schneidenden Fesseln abzustreifen, was ihr natürlich nicht gelang. Zu ihren Füßen lag ein weißhaariger Mann auf einer Matte und krümmte sich vor Schmerzen. Albert verlor keine Zeit und begann, den Alten zu untersuchen, während die einzige Frau, die aus dem Dorf der Kulani mitgekommen war und vermutlich zur Sippe der Kranken gehörte, ein lautes Klagegeheul anstimmte. Sogleich stimmte die gefesselte Frau in das Geschrei mit ein.

»Ruhig«, fuhr Joseph das Mädchen mit erhobenem Zeigefinger an. »Du regst den Doktor auf mit deinem Geschrei.«

Alberts Miene spiegelte Besorgnis, aber auch Entschlossenheit wider. Er hob den Kopf und blickte in den flimmernden Sternenhimmel, der die Szene beleuchtete. Die Kulani hatten unterdessen ein Feuer entfacht, an dem sie sich leise tuschelnd die Hände wärmten. Albert fasste sie scharf ins Auge. Falls sie erwarteten, dass er wie ihre Fetischmänner handelte, würde er sie enttäuschen. Hier wurde niemand in den Fluss geworfen.

»Der alte Kulani-Krieger leidet unter einem eingeklemmten Bruch, der ihm große Schmerzen bereitet«, erklärte er seinem Heilgehilfen. »Ich fürchte fast, dass eine Operation zu spät kommt, aber ich will es trotzdem versuchen. Sprich mit den Kulani! Sag ihnen, dass sie ihren Verwandten in den Operationsraum tragen sollen. Dann rufst du meine Frau und bittest sie, mir zu assistieren.«

»Und was ist mit der Besessenen?«, fragte das Kulani-Mädchen in gebrochenem Französisch. »Glaubt der Oganga, dass er ihren bösen Geist vertreiben kann?«

Albert musterte sie aufmerksam. Sie war klein und zart, obwohl ihr Körper verriet, dass sie bereits einige Kinder geboren hatte. Ihr kurzes Haar schimmerte im Schein des Feuers rötlich, denn wie ihre Stammesgenossen hatte auch sie sich Kopf und Hände mit einer streng riechenden, aus Pflanzensaft gewonnenen Paste eingerieben, um sich vor dem Einfluss des vermeintlichen Dämons zu schützen. An ihren Armen und Fußknöcheln prangten zahlreiche Reife und Ketten, die bei jedem Schritt klirrten. Rock und Sandalen waren indes nicht afrikanischen, sondern europäischen Ursprungs. Vermutlich hatte man ihr die Kleidungsstücke in der Missionsstation geschenkt.

»Ich werde für sie tun, was ich kann«, versprach Albert, der weder Zeit noch Lust verspürte, sich auf eine Diskussion über Fetische und Dämonen einzulassen. Mit fester Stimme befahl er Joseph, die Fesseln der Frau zu lösen.

Joseph verzog das Gesicht. Ihm war anzusehen, dass die Entscheidung des Arztes ihm Kopfzerbrechen bereitete. Als er jedoch die voller Hoffnung strahlenden Blicke des Kulani-Mädchens sah, gab er sich geschlagen. Unverzüglich führte er Alberts Auftrag aus. Kaum war die Frau jedoch frei, stürzte sie sich mit einem Knurren auf Albert und versuchte, ihm die Laterne aus der Hand zu schlagen. Die Kulani am Lagerfeuer sprangen erschrocken auf und flohen unter lautem Geschrei in alle Richtungen. Aus einiger Entfernung warteten sie ab, was geschah.

»Joseph, ich brauche deine Hilfe«, keuchte Albert, erleichtert, dass der junge Mann nicht ebenfalls Fersengeld gegeben hatte. »Komm schon …«

Gemeinsam gelang es ihnen, die verwirrte Frau zu beruhigen. »Lauf zum Haus und hol mir eine Spritze und zwei der grünen Ampullen mit roter Aufschrift, die in meiner *Pharmacie* stehen. Wirst du dir das merken können?« Die Frage war überflüssig. Joseph konnte zwar nicht lesen, verfügte aber über ein erstaunlich gutes Gedächtnis und hatte sich das Aussehen eines jeden Medikaments, das sich in der Hospitalapotheke befand, eingeprägt. In Windeseile kehrte er mit den gewünschten Mitteln zurück. Er hielt die Wütende fest, während Albert die Spritze aufzog und sie ihr verabreichte.

»Was geben Sie ihr?«, wollte Joseph wissen. Er spähte argwöhnisch zu den Kulani hinüber, die hinter Bäumen und Sträuchern hervorkamen und wieder miteinander zu flüstern begannen. Es schien ihm angebracht, die Männer im Auge zu behalten, denn er vermutete, dass sie der Behandlung des weißen Doktors, die sich deutlich von den Riten ihres Fetischmanns unterschied, misstrauten und erst einmal abwarten wollten, ob sie die Kranke besänftigte oder noch mehr aufregte. Auch die drei jungen Leute, die Albert im Hospital und Helene in Haus und Garten helfen wollten, zogen es vor, Abstand zu wahren.

»Eine Mischung aus Morphium und Skopolamin sollte ihr helfen«, erklärte Albert knapp. »Bring sie am besten gleich in die Hütte mit den Patienten und sorg dafür, dass niemand sie stört. Gewiss wird sie in den nächsten Minuten ruhig einschlafen.«

»Hoffentlich töten die Männer in der Hütte sie nicht. Eine von schlimmen Dämonen heimgesuchte Kulani …«

»Das möchte ich ihnen nicht raten«, sagte Albert in einem Ton, der weiteren Widerspruch im Keim erstickte. »Aber wenn es dich beruhigt, werde ich erlauben, dass das junge Mädchen neben ihrem Bett wacht. Sie scheint aufgeweckt genug zu sein, um nicht gleich davonzulaufen, wenn es Schwierigkeiten gibt.«

Während der nächsten Stunden operierten Albert und Helene den eingeklemmten Bruch des alten Kulani-Kriegers. Dabei stand ihnen nur das Licht zweier Laternen zur Verfügung. Der Gesang der Kulani, die vor der Tür des Raumes misstrauisch Wache hielten, begleitete jede ihrer Bewegungen. Als die Sonne aufging, fiel Helene vor Erschöpfung auf einen Stuhl und wischte sich den Schweiß von der Stirn. Doch zu ihrer Freude war der Eingriff glücklich verlaufen; Albert war es mit der ihm eigenen Verbissenheit gelungen, den hervorgequollenen Darm des Kranken aus dem Bruch zu ziehen und wieder in den Leib zurückzuschieben. Nach wenigen Tagen fühlte sich der alte Mann schon wieder so kräftig, dass er in aufrechter Haltung eine Schale Suppe essen konnte. Auch der Frau ging es bald besser.

»Das Vertrauen der Kulani dürftest du gewonnen haben«, meinte Helene, als sie einige Tage später mit Albert beim Frühstück auf der Veranda saß. Die Morgensonne leuchtete auf ihre Teller.

»Zumindest bringen sie dir größeres Vertrauen entgegen als ihrem Fetischmann. Nur die Narkose, die wir verabreichen, kommt ihnen noch unheimlich vor. Das weiß ich von dem jungen Mädchen, das die Krieger begleitet hat.«

»Tatsächlich?«

Lächelnd nahm Helene die Kaffeekanne und schenkte ihrem Mann nach. »Nun, das Mädchen sagte, du müssest ein Zauberer sein, denn zuerst sollst du den Alten mit einem Gift getötet, danach mit dem Messer geheilt und schließlich wieder von den Toten aufgeweckt haben.«

»Das soll mir mal einer nachmachen«, sagte Albert lachend.

5. Kapitel

New York, Juli 1949

Auch wenn die vielen Gespräche, die Albert an diesem Nachmittag während seines Rundgangs durch die Stadt führte, ihn noch so sehr ermüdet hatten, auf dem Besuch des Harlemer Krankenhauses bestand er. Er freute sich darauf, mit den amerikanischen Ärzten zu reden und neue Operationstechniken kennenzulernen. Hellwach folgte er den jüngeren Kollegen, die ihn in ihre Mitte genommen hatten und durch die sauberen Flure des etwas streng wirkenden Krankenhauses führten. Thérèse hatte sich ihm angeschlossen. Sie wirkte ein wenig abgehetzt und beichtete, als Albert sie darauf ansprach, dass sie nur einen Teil der Rede seiner Frau im Lunchclub gehört hatte, dann aber überstürzt hatte aufbrechen müssen, um ihn im Krankenhaus nicht zu verpassen.

»Und – hat Helenes Rede Sie überzeugt?«, erkundigte sich Albert liebenswürdig. Sie waren vor einer Tür angekommen, hinter der, wie ein Schild in englischer Sprache verkündete, sich der große Operationssaal befand.

»Sie war einfach wunderbar, Dr. Schweitzer. Der Club lag ihr zu Füßen. Ich würde Ihnen gerne später noch einige Fragen zu diesen Fetischmännern stellen, die Helene erwähnt hat. Gewiss war es nicht leicht für Sie, gegen den Einfluss dieser Leute anzukommen.«

Albert zuckte die Achseln. Doch ehe er eine Antwort fand, baten seine Begleiter ihn und Thérèse einzutreten. Ein junger Arzt lenkte Alberts Aufmerksamkeit auf die Lampen, die über einem der weiß verhüllten Operationstische angebracht waren.

»Meine Güte! Ein paar davon könnte ich in Lambarene gebrauchen«, sagte Albert in bewunderndem Ton. »Das würde es so viel leichter machen, im Bett zu lesen.«

Die Ärzte und Schwestern lachten amüsiert. Ihre anfängliche Zurückhaltung dem prominenten Gast gegenüber wich allmählich und machte einer gelösten Atmosphäre Platz. Thérèse hielt diese durch zahlreiche Aufnahmen mit der Kamera fest. Niemand hatte etwas dagegen.

»Haben Sie denn keine Lampen, Dr. Schweitzer?« Der dunkelhaarige Arzt machte ein erstauntes Gesicht. »Sie haben doch sicherlich reiche Gönner. Vielleicht könnten wir etwas arrangieren.«

»Wir haben einen kleinen Generator, mein Freund. Der funktioniert mit einem winzigen Dieselmotor, der in das Handschuhfach Ihres Wagens passen würde. Bedauerlicherweise ist uns letzten Monat der Treibstoff ausgegangen. Die Behörden behaupten, der Nachschub sei in Libreville verschollen.«

»Geschieht so etwas häufiger, Doktor?«, wollte Thérèse wissen. Sie hatte bemerkt, dass Albert versuchte, die Sache herunterzuspielen, obwohl sie ihn offensichtlich belastete.

»Wenn man so lange in Afrika lebt wie ich, kann einen so schnell nichts mehr erschüttern.«

»Ja, aber ...«

Albert hob die Hand, um zu verstehen zu geben, dass er den Rundgang durch das Krankenhaus gerne fortsetzen wollte, ohne an die Schwierigkeiten erinnert zu werden, die ihm seit einiger Zeit in Form von behördlichen Schikanen gemacht wurden. Er verließ den Operationssaal und begab sich zur nächstgelegenen Station, einem hellen Raum mit etwa zwanzig Betten, die vornehmlich von Schwarzen belegt waren. Durch zwei große Fenster schien die Sonne. Die Luft war frisch, was darauf schließen ließ, dass Wert darauf gelegt wurde, regelmäßig zu lüften. Auf den Nachttischen bemerkte Albert Wasserkrüge und Obstsaftflaschen sowie hier und da ein Blumenstrauß.

Im Vorraum des Stationszimmers erledigte ein schwarzer Arzt Papierkram. Als die Besuchergruppe näher trat, blickte er von seinem Schreibtisch auf und lud Albert mit einer Geste ein, sich alles in Ruhe anzuschauen. Erfreut reichte Albert ihm die Hand und lobte ihn für die Ordnung und Sauberkeit, die auf seiner Station herrschten.

»Das ist nicht allein mein Verdienst«, wehrte der junge Mann bescheiden ab. »Aber vielleicht darf ich Ihnen eine Frage stellen, Dr. Schweitzer?«

»Nur zu.«

»Jemand hat mir gesagt, Sie hätten keine schwarzen Ärzte in Ihrem Urwaldhospital. Ist das eine Regel von Ihnen?«

Albert fixierte den Mann mit einem leicht irritierten Blick. »Das ist wahr, junger Mann. Es gibt tatsächlich keine schwarzen Ärzte in Lambarene. Und wissen Sie auch warum? Mein gesamtes Personal besteht aus freiwilligen Helfern. Sie kommen für drei bis sechs Monate; manche bleiben auch Jahre bei mir. Ich bedaure sehr, dass mir bis jetzt kein qualifizierter schwarzer Arzt seine Dienste angeboten hat.« Mit einem Augenzwinkern fügte er hinzu: »Aber vielleicht möchten Sie der Erste sein? Man sagt mir nach, dass ich ein eigensinniger, aber recht erträglicher Vorgesetzter bin.«

Der Stationsarzt schwieg einen Moment lang; er schien sich zu fragen, ob Albert es ernst meinte, dann aber drückte er die Hand des alten Mannes. »Ich werde Sie anrufen, wenn ich soweit bin, Doktor!«

Später, als sich Albert mit einer Tasse Tee und einer Tüte amerikanischer Biskuits im Aufenthaltsraum der Assistenzärzte niedergelassen hatte, kam er auf Thérèses Frage nach der Bedeutung der afrikanischen Fetischmänner zurück. Aus seiner Jackentasche zog er einen kleinen Beutel und legte ihn vor der staunenden Fotografin auf den Tisch. Thérèse betrachtete ihn sich sehr genau. »Was ist das, Dr. Schweitzer?«

»Eine Erinnerung voller Wehmut«, antwortete Albert mit trauriger Miene. »Eine Erinnerung daran, dass es uns trotz all unserer Bemühungen nicht immer möglich war, den Aberglauben der Menschen zu besiegen. Ich erinnere mich noch genau, wie der Beutel in meinen Besitz kam …«

Wenige Tage vor dem Weihnachtsfest 1913 wurde Albert eines Abends durch laute Rufe aufgeschreckt.

Er blickte von dem Buch auf, in dem er gerade gelesen hatte, und sah, wie Helene die Hütte verließ. Wenig später kam sie mit dem schluchzenden Kulani-Mädchen zurück. Die junge Frau, die im Hospital Daba gerufen wurde, war völlig aufgelöst und zitterte so sehr, dass ihre Armreifen klirrten; Helene hatte einen Arm um ihre Schultern gelegt, aber es gelang ihr kaum, sie zu beruhigen. Immer wieder riss sich das Mädchen los und schlug mit den Fäusten gegen ihre Schläfen.

»Sie haben ihren Mann aus dem Fluss gezogen«, rief Helene Albert zu, der sogleich seinen Hut vom Haken nahm. Gefolgt von der jammernden Daba schlug er den von üppigen Agaven beidseitig gesäumten Pfad ein, der hinunter zu den Anlegestellen für Boote führte. Auf den hölzernen Stegen wurde manchmal bis in den Abend hinein gearbeitet. Es wurden Netze geflickt, Kähne repariert und Fische ausgenommen.

Schon von fern erkannte Albert eine Gruppe Afrikaner, die um einen am Boden liegenden jungen Eingeborenen herumstand. Als die Männer den weißen »Oganga« erkannten, machten sie ihm Platz, so dass sich Albert über den Verunglückten beugen konnte. Dessen Puls flatterte schwach, aus einem Mundwinkel rann Blut und benetzte den kleinen Lederbeutel, den der Mann an einer Schnur um den Hals trug.

»Eine Kopfverletzung, möglicherweise ein Schädelbruch«, stellte Albert fest. »Wie ist das passiert?« Er fasste die jungen

Männer, die mit starren Mienen auf dem Steg standen, scharf ins Auge, bekam aber außer Schulterzucken und Kopfschütteln nichts aus ihnen heraus. Es war möglich, dass Dabas Mann einen Unfall erlitten hatte, als er damit beschäftigt gewesen war, eine Pirogue am Pfahl des Stegs zu vertäuen, aber es konnte auch anders geschehen sein. Doch dies war im Augenblick nicht Alberts Angelegenheit. Er klatschte in die Hände und forderte drei der jungen Burschen auf, den Verletzten auf die Bahre zu legen, die Joseph und Daba inzwischen zum Steg getragen hatten.

Im Operationsraum streifte Albert sich saubere Handschuhe über, prüfte sein Ärztebesteck und bat Joseph dann, alle Laternen und Kerzen zu entzünden, derer er habhaft werden konnte. Die Operation würde schwierig werden, ohne geeignetes Licht aber war sie unmöglich.

»Der Mann hat eine Menge Blut verloren«, erklärte Albert knapp. »Wenn wir ihn retten wollen, müssen wir ihn sofort operieren!« Dass er selbst nur über wenig Erfahrung mit Schädelfrakturen verfügte, verschwieg er. Helene, die erahnte, was in ihm vorging, warf ihm einen besorgten Blick zu. Da drängte sich plötzlich Daba an Joseph vorbei in den Raum. Händeringend kam sie auf Albert zu.

»Madame sagt, der Oganga würde N'Zengs Schädel öffnen«, schrie sie hysterisch. »Das darf der Oganga aber nicht. Der Fetischmann von Inionga lehrt uns, dass der Verstand verschwindet wie ein Rauch, wenn der Schädel geöffnet wird. Er wird einen Fluch über N'Zeng und uns alle kommen lassen, wenn wir ihm nicht gehorchen.« Aufgeregt spähte sie zu ihrem Mann auf dem Operationstisch hinüber, der leise stöhnte, sich jedoch nicht mehr bewegte.

Helene, die aus dem Apothekenschrank den Behälter mit Chloroform geholt hatte, packte Daba an der Schulter und schüttelte sie leicht. »Ich dachte, du vertraust uns. Willst du, dass dein Mann stirbt?«

Das Mädchen schüttelte den Kopf. »Nein, N'Zeng darf nicht sterben. Er muss es überstehen. Wer soll denn sonst für meine Familie sorgen?« Trotz ihrer Angst vor dem Fluch des Fetischmanns ließ Daba es geschehen, dass Albert ihrem Mann den chloroformgetränkten Lappen unter die Nase hielt.

»Der Schmerz ist schon fast weg, Doktor.«

Geschwächt deutete N'Zeng auf seinen dick bandagierten Kopf, als Albert das Moskitonetz vor seinem Bett zurückschlug und sich ihm mit einem freundlichen Lächeln zuwandte. »Die Geister meiner Ahnen haben mir im Traum den Weg zu dir gewiesen.«

»Das freut mich, N'Zeng«, sagte Albert, heilfroh, dass die Operation, die mehrere Stunden gedauert hatte, erfolgreich gewesen war. Der junge Afrikaner war noch nicht über den Berg, aber Albert war zuversichtlich, dass er es schaffen würde.

»Du hast großes Glück gehabt. Aber letztendlich hat Gott gewollt, dass du uns noch eine Weile erhalten bleibst. Du bist ein tüchtiger Kerl, und deine Daba hilft meiner Frau sehr fleißig.« Er drehte den Kopf und bat Joseph, der ihn wie üblich bei seinen Krankenbesuchen begleitete, N'Zengs Frau zu rufen. Daba sollte sich selbst davon überzeugen, dass die Operation ihren Mann nicht das Leben gekostet hatte.

»Ja, er lebt«, gab das Mädchen zu, nachdem sie ihren Mann einer eindringlichen Musterung unterzogen hatte. »Aber der böse Fluch ...«

N'Zeng unterbrach seine Frau mit einem schnalzenden Zungenschlag. Obwohl er kaum bei Bewusstsein war, verstand er es dennoch, sich ihr gegenüber Respekt zu verschaffen. Mühsam raunte er ihr ein paar Worte in der Sprache ihres Stammes zu.

»Der Kulani-Mann sagt, dass sie nicht mehr so dumm sein soll, an einen Fluch zu glauben«, übersetzte Joseph mit sichtlichem Vergnügen. »Der Oganga – und damit meint er Sie,

Dr. Schweitzer – sei nämlich mächtiger als jeder Fluch. Daher schenkt er Ihnen seinen Fetisch.«

»Seinen Fetisch?« Albert hob erstaunt die Augenbrauen.

Joseph deutete mit einer beinahe ehrfurchtsvollen Geste auf den Lederbeutel, der auf dem Hocker neben N'Zengs Bett lag.

»Der Beutel enthält magische Dinge, die seinen Besitzer beschützen sollen: rote Vogelfedern, Erde aus dem Heimatdorf, Leopardenklauen …«

»Nein!«

Josephs Erklärung ging in einem wütenden Schrei unter, der vom Eingang der Baracke kam. Erschrocken wandten sich Albert, Helene und Joseph um. Daba schlug die Hand vor den Mund und wich mit aufgerissenen Augen zurück, bis sie mit dem Rücken gegen die Wand stieß.

Am Eingang stand ein hochgewachsener Afrikaner und starrte sie feindselig an. Er trug einen Kopfputz, der aus den Überresten wilder Tiere bestand und die Gestalt des Mannes noch größer und furchterregender erscheinen ließ. Sein Gesicht war weiß geschminkt, die Unterlippe wurde von einem kleinen roten Pflock durchbohrt. Ein Umhang aus Leopardenfell und ein Lendenschurz, an dem zahlreiche Ketten, aber auch Klauen und Tierzähne hingen, vervollständigten die Aufmachung des Fremden. Letztere begleiteten jede seiner Bewegungen mit klappernden Geräuschen. In wilder Hast ließ der Mann nun seine Blicke durch den Raum wandern. Als er N'Zengs Fetischbeutel entdeckte, verzog er das Gesicht zu einer höhnischen Grimasse. Er verharrte einen Moment, dann streckte er den Arm nach Daba aus, die laut jammernd auf die Knie glitt. Das Kulani-Mädchen schloss die Augen; vor Angst begann sie zu beben.

»Dieser Fremde ist kein Oganga«, presste der Mann zwischen den Zähnen hervor. Er streifte Albert, der seinen Arm um Helene gelegt hatte, mit einem herrschsüchtigen Blick. »Watotu ist der einzige Oganga hier. Ich beschwöre die Geister der Ahnen, die stets an unserer Seite sind, um uns den rechten Weg zu weisen. Sie strafen all diejenigen, die Watotus Macht leugnen.«

Albert holte tief Luft. Ganz wohl war ihm nicht, aber er trat der furchteinflößenden Gestalt mit einem dünnen Lächeln entgegen. Von Joseph hatte er gelernt, dass er im Umgang mit Stammesoberen nie Angst oder Unsicherheit zeigen durfte, wenn er sein Gesicht wahren wollte. Mit gespielter Gelassenheit streckte er daher seine Hand aus, die von dem Fetischmann geflissentlich übersehen wurde.

»Du hast kein Recht, einen Fetischbeutel zu besitzen«, fuhr der Mann ihn an. Seine Augen sprühten vor Hass.

Albert nickte ruhig. »Das mag sein, aber ebenso wenig darf ich das Geschenk eines Geheilten ablehnen, der die Ahnen im Traum gesehen hat. Das ist doch richtig, oder?« Albert schwieg einen Moment, um die Miene des Mannes zu studieren, der hinter der Schicht aufgetragener Schminke sichtlich ins Schwitzen kam.

»Wir sind doch beide große Heilkundige, Watotu. Ich frage dich, ob wir nicht zusammenarbeiten können, um dein Volk gesund zu machen. Jeder auf die Weise, die ihm seine Ahnen zeigen.«

Der Fetischmann presste verächtlich die Lippen zusammen. Alberts Frage schien er für eine Zumutung zu halten, die keine Antwort wert war Dann richtete er seinen Blick wieder auf Daba, die einem Nervenzusammenbruch nahe war. Offensichtlich hielt er sie für eine Abtrünnige, da sie es zugelassen hatte, dass ihr Mann sich in die Behandlung des weißen Arztes begeben hatte. Sie hatte Strafe verdient.

»Dieses Weib war ungehorsam«, verkündete Watotu, als wäre er ein Richter, der sein Urteil über einen Missetäter zu fällen hatte. »Ihr Gesicht leuchtet noch von der roten Farbe der Kulani, aber am Leib trägt sie schon die Gewänder der Fremden. Sie wird jetzt mit Watotu kommen und nie wieder hierher zurückkehren.« Gebieterisch streckte er die Hand nach Daba aus.

Zu Alberts Entsetzen stand die junge Frau auf. Mit ausdrucksloser Miene ging sie auf die Tür zu, wo der Fetischmann stand. Helene, die ihr in den Weg trat, wurde einfach zur Seite geschoben.

»Geh nicht mit ihm, Daba!«, rief Albert ihr nach. »Bleib bei deinem Mann! Er braucht dich. Du hast doch miterlebt, dass wir N'Zeng helfen konnten, ebenso wie dem alten Krieger deines Stammes und der geistesschwachen Frau.«

Alberts Worte verhallten ungehört. Wie in Trance folgte das Kulani-Mädchen dem Fetischmann, der ihr mit einem triumphierenden Aufblitzen seiner Augen den nahen Tod prophezeite.

Albert stürzte den beiden nach, ohne auf Joseph zu hören, der ihn aufhalten wollte.

»Du wirst nicht sterben, Daba«, schrie er auf das völlig willenlose Mädchen ein. Mit dem Zeigefinger hob er ihr rechtes Augenlid an und erschrak, als er nur noch das Weiße in ihm erkennen konnte.

»Sieh mich an, Daba! Sieh mich an! Es ist eine Frage des Willens, nicht irgendeines Zaubers. Wenn du nicht sterben willst, hat der Oganga keine Macht über dich. Er ist kein Magier, nur ein tyrannischer alter Mann, der seine Macht über euch schwinden sieht. Bitte sieh mich an und sei stark!«

»Wie kannst du es wagen, so etwas zu behaupten?«, kreischte der Fetischmann. Erzürnt stampfte er mit dem Fuß auf und brachte somit sämtliche seiner Ketten, Ringe und Tierzähne an seinem Leib zum Klappern. »Watotu wird die Geister der verstorbenen Ahnen beschwören, damit sie dich und dein Haus vernichten!«

Albert ignorierte ihn. Sanft nahm er Dabas Hand. »Er kann dir nicht das Leben nehmen. Er ist nicht Gott. Halt am Leben fest.« Das Mädchen blieb stehen. Langsam senkte es den Kopf, während ein leichtes Beben durch ihre Schultern fuhr. Albert war nicht sicher, ob sie verstanden hatte, was er ihr zu erklären versuchte. Aber sie schien plötzlich nicht länger gewillt, ihren Weg fortzusetzen und dem unheimlichen Mann hinunter zum Fluss zu folgen. Unschlüssig verharrte sie, den Blick krampfhaft auf ihre Hände gerichtet.

Der Fetischmann reckte trotzig das Kinn, wobei er die Männer und Frauen, die von dem Getöse aus ihren Hütten und Baracken gelockt wurden, drohend anfauchte. Als er unter den Patienten auch die Kulani ausmachte, rief er ihnen etwas in seiner kehligen Sprache zu. Die Kulani zuckten zusammen, dann verbeugten sie sich und folgten Watotu mit ängstlichen Mienen.

Daba, die erschöpft in Helenes Arme sank, gönnten sie keinen Blick mehr.

»Ich habe den Fetischbeutel behalten«, sagte Albert. Er nahm einen Schluck Tee, da sein Hals vom Erzählen bereits rau geworden war. »Verstehen Sie, Thérèse, damals waren wir noch so unerfahren, so verdammt leichtgläubig. Wir dachten, es würde genügen, Geschwüre in den Fußsohlen aufzuschneiden oder Brüche zu operieren. Auf die wahren Probleme der Menschen am Ogowe waren wir nicht vorbereitet. Wie denn auch? Lernen wir an den Universitäten etwas über Magie und Flüche?«

Thérèse schüttelte den Kopf. »Aber Sie hatten den Fetischmann doch vertrieben und das Kulani-Mädchen überzeugt, bei Ihnen im Hospital zu bleiben.«

»Hatte ich das wirklich?« Albert schüttelte langsam den Kopf. »Gegen Abend fand man Dabas Leiche ein Stück flussabwärts. Ihr Körper wies keine Verletzungen auf, nur die rote Farbe, das Zeichen der Kulani, fehlte auf ihrer Haut. Ich fand nie heraus, woran sie gestorben war. Auch Watotu ließ sich nie wieder in Lambarene blicken. An seinen Fluch glauben allerdings noch heute einige.«

»Das ist ja schrecklich.«

»Damals haderte ich mit meinem Gott und mit mir selbst.

Hielt alles für sinnlos und war nahe daran, nach Europa zurückzukehren. Aber dann erkannte ich, dass das Leben uns an jedem Ort der Welt vor Herausforderungen stellt. Und glauben Sie mir, meine Liebe: Die Kriege unseres Jahrhunderts haben mich gelehrt, dass es auch außerhalb Afrikas vieles gibt, was ich nicht begreife.«

Mit einem wehmütigen Lächeln stellte er seine Tasse auf dem Tisch ab und stand dann auf, um sich bei dem Klinikpersonal für die freundliche Bewirtung zu bedanken. Inzwischen war es spät geworden. Wollte er Helene, wie versprochen, im Central Park treffen, musste er sich beeilen.

6. Kapitel

New York, Lunchclub, Juli 1949

Als Helene, begleitet von Mrs. Dunham den Lunchclub verließ, schwirrte ihr der Kopf, so viele neue Eindrücke hatte sie aufgenommen. Aber sie war auch glücklich; die Stunden, die sie mit den New Yorker Damen verbracht hatte, hatten ihr gefallen, insbesondere, da sie ausreichend Zeit gefunden hatte, das Publikum mit Alberts Arbeit im Hospital vertraut zu machen. Voller Ergriffenheit hatten die Zuhörer ihrer Schilderung der harten Jahre gelauscht, in denen sie vom 1. Weltkrieg überrascht und plötzlich in Afrika unerwünscht gewesen waren. Ob die Amerikaner, für die Europa beinahe ebenso fern war wie Afrika, jedoch verstanden hatten, was es bedeutete, Elsässer zu sein und von Franzosen und Deutschen hin- und hergeschoben zu werden, wagte sie nicht einzuschätzen.

Helene hatte aus gutem Grund nicht über alles gesprochen, was damals geschehen war. Wen interessierte schon, dass die aufreibende Zeit in Gefangenschaft ihre bereits angeschlagene Gesundheit ruiniert hatte? Auch ihre Tochter, die nach der

Freilassung der Schweitzers geboren worden war, hatte sie nicht erwähnt.

Es gab Dinge, an denen man nicht rührte. Dennoch spürte sie beim Verlassen des Gebäudes eine so starke Sehnsucht nach Rhena und den Kindern, dass ihr Herz in der Brust schwer wie ein Stein wurde.

»Darf ich Ihnen noch eine Frage stellen, Mrs. Schweitzer?«

Am Fuß der Treppe empfing sie eine füllige Frau, die ein teures Seidenkostüm trug. Sie war etwa in ihrem Alter, was die übertrieben auftoupierten Haare ebenso wenig verschleiern konnten wie der sorgfältig aufgetragene Lidschatten.

Helene blickte an der Frau vorbei auf die Straße, konnte die Limousine, mit der sie abgeholt werden sollte, jedoch nirgendwo ausmachen. Offensichtlich verspätete sie sich. So blieb ihr nichts anderes übrig, als sich der Unbekannten mit einem höflichen Kopfnicken zuzuwenden.

»Ich habe mich gefragt, ob Sie sich keine Sorgen um Ihre Familie machen.« Die Miene der Fremden blieb undurchdringlich.

»Inwiefern?«, fragte Helene. Irgendetwas an der Unbekannten verunsicherte sie.

»Nun, ich meine nicht, dass Sie ins Gefängnis müssen oder so, aber ich habe in der Zeitschrift *Colliers Weekly* einen Artikel gelesen, in dem behauptet wird, dass Dr. Schweitzer Verbindungen zu kommunistischen Jugendorganisationen in diesem neuen deutschen Staat hat, der sich gerade bildet.«

»Sie meinen die Deutsche Demokratische Republik?« Helene runzelte die Stirn. »So ein Unsinn!«

»Lesen Sie doch den *Colliers Weekly*, wenn Sie mir nicht glauben«, antwortete die Frau kühl. Ihre Augen verengten sich. »Es heißt, der Doktor habe ›brüderliche Grüße‹ mit dem neuen Regime ausgetauscht.«

Helene spürte, wie ihre Kopfschmerzen, die sie im Lunchclub besiegt zu haben glaubte, wiederkehrten. Ein Gefühl von

Schwindel erfasste sie. Die noblen Häuser mit den hohen Treppen und gepflegten Gärten um sie herum schienen zu schwanken.

»Mein Ehemann tauscht brüderliche Grüße mit Menschen aus der ganzen Welt aus, Madam«, sagte sie schließlich, als ihr bewusst wurde, dass die Frau sie noch immer beobachtete. »Das bedeutet nicht, dass er mit allem einverstanden ist, was sie sagen. Aber er hält an der altmodischen Vorstellung einer universellen Brüderlichkeit fest. Ich finde das nicht allzu gefährlich – Sie etwa?«

Helene nickte der Fragestellerin noch einmal zu und ging dann auf wackeligen Beinen zu Mrs. Dunham zurück, die leise mit ein paar Damen ihres Clubs plauderte. Als diese Helene kommen sahen, unterbrachen sie ihr Gespräch; ihre Mienen nahmen einen verschlossenen, beinahe abweisenden Ausdruck an.

Es hat begonnen, dachte Helene, die sich an Einsteins warnende Worte erinnerte. Auf einmal fröstelte sie trotz des wärmenden Sonnenscheins.

Am nächsten Morgen machte sich Albert allein zur Columbia Universität auf, wo er vor Studenten sprechen sollte. Er freute sich auf das Zusammentreffen mit jungen Menschen und bedauerte Helenes Entschluss, im Hotel zu bleiben.

»Ich brauche auch einmal ein paar Stunden für mich allein«, erklärte sie nach dem Frühstück. »Vielleicht lasse ich mich später unten im Hotel frisieren oder mache einen Schaufensterbummel auf der Fifth Avenue.«

Albert lachte belustigt auf. »Du meinst, du willst einmal erleben, womit sich ganz gewöhnliche Damen die Zeit vertreiben? Wenn du glaubst, dass dir das gelingt?«

Helene drohte ihm scherzhaft mit dem Zeigefinger. »Warum sollte es nicht?«

»Weil du außergewöhnlich bist, meine Liebe. Aber ruhe dich

ruhig ein wenig aus und genieße den Tag ganz so, wie du es dir wünschst. Die Reise nach Colorado wird bestimmt anstrengend. Dort wirst du vermutlich auch nicht zum Flanieren kommen.«

Da Albert an diesem Tag auf Helenes Begleitung verzichten musste, war er froh, wenigstens Thérèse telefonisch zu erreichen. Er lud sie ein, sich ihm anzuschließen, worauf die junge Fotografin erfreut zusagte, ihn vor dem Haupteingang der Columbia zu treffen.

Eine halbe Stunde später stand Albert bereits in einem vollbesetzten Hörsaal und beobachtete mit Wohlwollen, wie Dutzende von Studenten in den Raum strömten und ihre Plätze einnahmen. Thérèse zwängte sich in eine enge Bank gleich neben dem Notausgang, damit sie während des Vortrags unbemerkt aufstehen und ein paar Bilder machen konnte. Um der Aufmerksamkeit der jungen Männer zu entgehen, hatte sie sich heute für ein dezentes dunkelblaues Nadelstreifenkostüm und eine weiße Bluse entschieden, in der sie, ihrer eigenen Einschätzung nach, einen eher altjüngferlichen Eindruck machen musste. Doch trotz ihrer Aufmachung traf sie manch schmachtender Blick.

»Verzeihung, ist der Platz neben Ihnen noch frei?«

Ein Mann mit braunem gewellten Haar deutete lächelnd auf den freigebliebenen Platz auf der Bank, den Thérèse für ihren Mantel und die Kamera ergattert hatte. Sie zögerte einen Moment, räumte dann aber ihre Sachen zur Seite und bot dem Mann mit einem knappen Nicken einen Platz an. Aus den Augenwinkeln beobachtete sie, wie er mit einer lässigen Bewegung seinen Hut auf die Schreibunterlage warf. Thérèse hätte ihn gern gefragt, ob er zum Lehrkörper der Columbia gehörte; für einen Studenten war er bereits zu alt. Sie schätzte ihn auf ihr eigenes Alter. Unwillkürlich ertappte sie sich bei dem Wunsch, sie hätte doch etwas anderes angezogen.

»Sie sind Fotografin, habe ich recht?«, richtete der junge

Mann das Wort an sie. Es klang nicht neugierig, vielmehr aufrichtig interessiert.

»Ja, ich begleite Dr. Schweitzer und seine Frau bereits seit ihrer Ankunft durch New York.«

Der Mann pfiff beeindruckt durch die Zähne. »Na, das ist ja großartig. Ich hoffe, einige ihrer Aufnahmen in der Zeitung wiederzufinden. Oh, entschuldigen Sie, wo sind meine Manieren geblieben? Darf ich mich vorstellen? Ich heiße Figgis – Phil Figgis. Auch ich bin ein glühender Bewunderer Albert Schweitzers.«

Thérèse konnte gerade noch ihren Namen murmeln, als der Dekan auch schon um Ruhe im Saal bat und seinen Gastredner förmlich begrüßte.

Während der nächsten zwanzig Minuten nahm Albert vom Stehpult aus Stellung zu einigen seiner philosophischen Ansichten, da er davon überzeugt war, dass diese die Studenten mehr interessierten als Erzählungen über sein Leben in Afrika. In der Tat hingen die meisten der jungen Männer und Frauen wie gebannt an seinen Lippen. Viele notierten seine Ausführungen eifrig mit.

»Und dort, auf dem Fluss im Herzen Afrikas, wurde mir auf einmal klar, wie sehr jedes noch so kleine Geschöpf unter der Sonne am Leben hängt. Ich zog meinen Schreibblock hervor und beschrieb Blatt um Blatt mit unzusammenhängenden Sätzen, während mich die Männer auf dem Dampfer ansahen, als hätte ich den Verstand verloren. Ich war völlig auf die Lösung des Problems konzentriert, das sich vor mir aufgetan hatte. Am Abend des dritten Tages, als wir bei Sonnenuntergang gerade durch eine Herde Nilpferde hindurchfuhren, stand plötzlich, von mir weder geahnt noch gesucht, der Begriff ›Ehrfurcht vor dem Leben‹ vor mir. Das eiserne Tor, vor dem ich lange gestanden war, hatte nachgegeben; der Pfad im Dickicht war sichtbar geworden. Nun war ich zu der Idee vorgedrungen, in der Welt- und Lebensbejahung samt ihren Kulturidealen begründet ist.«

Er machte eine kleine Pause, bevor er hinzufügte: »Damit hatte ich meine Formel gefunden, mein persönliches Credo. Jedem Geschöpf ist der Wille zum Leben gegeben, eine Sehnsucht danach, es bis zur Neige auszuschöpfen und zu bewahren. Verstehen Sie, meine Damen und Herren, was Ehrfurcht vor dem Leben bedeutet? Der Mensch muss das andere Leben in dem eigenen entdecken, um es entsprechend würdigen zu können. Es ist unsere Aufgabe, das Recht eines jeden Wesens auf Leben zu verteidigen.«

Albert wartete, bis sein letzter Satz verklungen war, dann beendete er den Vortrag und bedankte sich für die Aufmerksamkeit seiner Zuhörer.

»Falls Sie noch Fragen haben ...«

»Ich hätte eine Frage, Dr. Schweitzer!« Ein kräftiger junger Mann in einem schlechtsitzenden grauen Anzug rückte sich die Krawatte gerade. »Das ist ja alles schön und gut, was Sie uns da erzählen. Aber steckt hinter dem ganzen schönen Gerede von Brüderlichkeit und Menschenliebe nicht bloß eine Verschleierungstaktik?«

Albert zuckte innerlich zusammen. Er hätte es ahnen müssen, dass ihn die Studenten nicht ungeschoren davonkommen lassen würden. Warum war er so blind und unvorbereitet in ihre Falle gestolpert?

»Wie meinen Sie das, junger Freund?«, fragte er leise, obwohl er die Antwort schon kannte.

»Ihre ›Ehrfurcht vor dem Leben‹ soll uns Amerikaner doch nur von der Tatsache ablenken, dass Sie insgeheim Anhänger der Kommunisten sind!«

Im Publikum wurde Gemurmel laut. Thérèse rutschte unbehaglich auf der Bank auf und ab, während sich ihr Nachbar umdrehte, um sich den impertinenten Fragesteller anzusehen.

»Ist es nicht eine Tatsache«, fuhr der Student unbeeindruckt fort, »dass Ihr guter Freund und Verbündeter, Professor Albert Einstein, dem die USA schon vor Jahren großzügig Asyl gewährten, Mitglied folgender aufrührerischer Organisationen ist.« Er öffnete eine Mappe und entnahm ihr ein Blatt Papier.

»Da haben wir den U.S.-Sowjetischen Freundschaftskongress, die Amerikanischen Freunde des chinesischen Volkes, den Nationalen Rat für Amerikanisch-Sowjetische Freundschaft …«

Im Hörsaal brach nun offener Tumult aus. Im Nu bildeten sich zwei Gruppen, die für oder gegen Albert Partei ergriffen. Während sich die Studenten heftige Wortgefechte lieferten, versuchte der vom Dekan verständigte Sicherheitsdienst zu dem Studenten vorzudringen, um ihn zur Ordnung zu rufen. Doch dieser ließ sich nicht davon abhalten, einen Stapel Pamphlete aus seiner Mappe zu holen und unter seinen Kommilitonen zu verteilen.

»Nationales Empfangskomitee für die russische Delegation, Komitee zur Abschaffung unamerikanischer Aktivitäten …«

Er sprang behände auf seine Bank und warf die übrigen Blätter mit einer provozierenden Geste in die Luft, bevor er schließlich vom Sicherheitsdienst gepackt und zum Ausgang befördert wurde.

Erschüttert blickte Albert dem Studenten nach, der auch auf dem hallenden Flur nicht aufhören wollte, Organisationen herunterzuleiern, die seiner Meinung nach die Sicherheit Amerikas und der gesamten freien Welt gefährdeten. Albert nahm die Stimme des Dekans kaum wahr, der ihm eindringlich nahe legte, den Saal nun ebenfalls zu verlassen.

Thérèse stand auf, nahm ihre Kamera und beeilte sich, Albert zu folgen, der zwischen den Sicherheitskräften auf den Korridor und dann zum Büro des Dekans geschoben wurde.

»Miss, bitte warten Sie«, hörte sie die Stimme des jungen Mannes, der sich ihr als Phil Figgis vorgestellt hatte. Sie drehte sich um, die Kamera im Anschlag, weil sie hören wollte, warum der Mann sie aufhielt.

»Entschuldigen Sie, Miss, ich möchte Sie nicht bei Ihrer Arbeit stören, aber wenn ich Ihnen irgendwie helfen kann, wäre es mir eine Ehre. Es tut mir leid, was eben passiert ist. Dieser Junge hatte kein Recht, Dr. Schweitzer so herablassend zu behandeln. Das ist eine Schande. So etwas regt mich auf.« Sein freundliches Gesicht mit den aufmerksamen dunklen Augen nahm einen grimmigen Ausdruck an, doch was er sagte, gefiel Thérèse.

»Sie müssen sich um Dr. Schweitzer keine Sorgen machen«, erwiderte sie mit einem Lächeln. »Gewiss erklärt ihm der Dekan gerade, dass er untröstlich ist und dass so etwas in der Geschichte der Columbia noch nie vorkam.«

Verflixt, was war denn mit ihr los? Anstatt Fotos von den debattierenden Studenten im Treppenhaus und dem Sicherheitsdienst zu machen, der den inzwischen wild um sich schlagenden Störenfried zu bändigen versuchte, stand sie einfach nur dumm herum und genoss die Gegenwart eines völlig Fremden. Als er sie bat, ihn hinüber in eine Nische zu begleiten, wo sie sich ungestörter unterhalten konnten, folgte sie ihm vorbehaltlos.

Ein charmanter Kerl, dachte sie. Ganz anders als der ungehobelte Sportreporter, den sie wenige Monate vorher nach vielen durchweinten Nächten vor die Tür gesetzt hatte, weil sie es nicht mehr ertragen konnte, von ihm wie ein Möbelstück behandelt zu werden.

»Ich habe Ihnen noch gar nicht meinen Namen verraten, Mr. Figgis«, sagte sie so schüchtern, dass sie sich selbst kaum wiedererkannte. »Ich heiße Thérèse Boudin.«

Er lächelte, während er ihre Hand nahm und sie erfreut schüttelte. »Französin?«

»Wie haben Sie das erraten? Muss wohl an dem Pariser Chic liegen, den ich heute trage.«

Figgis überhörte die selbstkritische Bemerkung und gab Thérèse damit zu erkennen, dass ihm Äußerlichkeiten nicht wichtig waren.

»Wissen Sie, Miss Boudin, ich bin schon mein ganzes Leben lang ein Anhänger von Dr. Schweitzer gewesen, auch wenn ich nicht behaupten kann, dass ich alle seine Bücher gelesen hätte.« Er zuckte entschuldigend mit den Schultern. »Bin ein einfacher Bursche, der auf einer Farm großgeworden ist. Religion ist auch nicht so mein Ding, und ich kann einem Klavier keinen Ton entlocken. Aber ich finde es großartig, wofür dieser Mann steht, seinen Einsatz, seine Selbstlosigkeit, na ja, ich schätze, das muss ich Ihnen nicht sagen.«

Thérèse errötete. Figgis verfügte bestimmt über die angenehmste Männerstimme, die jemals an ihr Ohr gedrungen war. Es fiel ihr direkt schwer, ihm weiter zuzuhören. Viel lieber hätte sie ihn einfach nur angesehen. Aber das ging natürlich nicht. Sie musste sich wenigstens bemühen, aufmerksam zu wirken.

»Möchten Sie, dass ich Ihnen ein Autogramm besorge, Mr. Figgis?«, fragte sie und hätte sich im nächsten Moment dafür ohrfeigen können. Ein Autogramm. Sah dieser attraktive Mann wie ein Autogrammjäger aus? Wenn Figgis die Frage gekränkt hatte, so ließ er es sich nicht anmerken. Ungezwungen erzählte er weiter, beichtete ihr sogar mit einem entwaffnenden Blick, dass er der Tour der Schweitzers durch New York gefolgt war, um in ihrer Nähe zu sein. Thérèse unterbrach ihn nicht. Erst als sich die Tür zum Dekanat öffnete und sie Albert in Begleitung des zerknirscht wirkenden Dekans auf den Flur treten sah, erlaubte sie sich ein Räuspern. Sie musste gehen, wenn sie Albert nicht aus den Augen verlieren wollte.

»Ich weiß, ich stehle Ihre Zeit, Miss. Gewiss haben Sie als Dr. Schweitzers Begleiterin einen vollen Terminplan. Und ich rede und rede, als gäbe es kein Morgen mehr. Ich dachte mir nur, dass ich Ihnen vielleicht behilflich sein könnte. Ich leite eine kleine PR-Firma – Publicity und so. Nichts Aufregendes, aber ich kenne hier in New York eine Menge Leute und glaube, ich könnte ein paar sehr profitable Quellen anzapfen. Für das

Urwaldhospital. Vielleicht Leute und Organisationen, an die Dr. Schweitzer und seine Frau noch nicht gedacht haben.«

»Ich fürchte, Sie überschätzen meinen Einfluss auf die Schweitzers. Ich kann mich doch nicht einfach so in ihre Angelegenheiten einmischen, insbesondere wenn es um die Vergabe von Aufträgen geht ...«

»Ach, wenn es um die Bezahlung geht, brauchen Sie sich keine Sorgen zu machen«, sagte Figgis lächelnd. »Es würde mir schon genügen, wenn Sie mich den Schweitzers vorstellen könnten.«

Thérèse dachte nur einen Moment lang nach, bevor sie entschied, dass sie Phil Figgis gern wiedersehen wollte. Ob die Schweitzers von seinem Angebot begeistert waren, konnte sie nicht sagen. Insbesondere Helene hatte sie inzwischen als jemanden kennengelernt, der Fremden zunächst einmal skeptisch begegnete. Doch sie beruhigte sich mit der Einsicht, dass die Schweitzers auch sie noch vor wenigen Tagen nicht gekannt hatten. Inzwischen behandelten sie Thérèse gütig und liebevoll, beinahe wie eine Tochter. Thérèse konnte nicht umhin, sich zu fragen, ob die Aufmerksamkeit, die Helene ihr schenkte etwas damit zu tun hatte, dass ihre eigene Tochter so weit weg in Europa lebte.

»Kommen Sie morgen früh in Dr. Schweitzers Hotel vorbei«, bot sie schließlich an. »Ich möchte mich noch verabschieden, bevor die beiden nach Colorado weiterreisen.«

Damit nickte sie ihm noch einmal zu und eilte davon.

»Danke, Miss«, rief Figgis ihr hinterher. Es klang zufrieden. »Ich werde pünktlich sein!«

Als Thérèse am nächsten Morgen die Hotelhalle betrat, wartete Figgis bereits auf sie. Der junge Mann hatte es sich in einem der wuchtigen Clubsessel bequem gemacht, die für gewöhnlich von älteren Geschäftsreisenden in Beschlag genommen wurden, die Zigarre rauchten und sich über die aktuellen

Börsenkurse unterhielten. Als Thérèse auf ihn zusteuerte, blätterte er gerade in einer zerknitterten Ausgabe der *New York Times*. Thérèses Erscheinen lockte ein vergnügtes Lächeln auf sein Gesicht. Höflich erhob er sich und bot Thérèse sowohl Platz als auch eine Tasse Kaffee an, denn sie hatten noch genug Zeit, bevor sie zur Suite der Schweitzers hinauffuhren.

»Ich nehme an, Sie sind ein wenig traurig, dass Sie Schweitzer und seine Frau nicht länger begleiten können«, sagte Figgis, nachdem der Kellner Thérèses Kaffee serviert hatte.

»Wie kommen Sie darauf?«

»Nun, außer Ihnen hatte wohl kaum jemand in New York Gelegenheit, so nahe an die beiden heranzukommen wie Sie.«

Thérèse zeigte sich überrascht, denn Figgis hatte den Nagel auf den Kopf getroffen. Sie bedauerte tatsächlich sehr, Albert und Helene heute Lebewohl sagen zu müssen. Andererseits konnte er nichts von dem Telefongespräch wissen, dass sie mit Helene noch am späten Abend von ihrem Apartment aus geführt hatte. Albert hatte ihr ein sensationelles Angebot gemacht, das sie die halbe Nacht nicht hatte schlafen lassen. Sie fragte sich zwar, welche Gründe ihn dazu bewogen, ausgerechnet sie ins Vertrauen zu ziehen, beschloss jedoch, Spekulationen darüber zu vermeiden. Was für sie zählte, war die Tatsache, dass Helene in ihr einen verlässlichen Menschen sah und sie wie eine Freundin behandelte. Darauf durfte sie mit Fug und Recht stolz sein.

»Ich nehme an, der peinliche Eklat von gestern hat seinen Widerhall auch in der *New York Times* gefunden?« Thérèse bat um die Zeitung, die Figgis gerade ordentlich gefaltet hatte. »Nun, was schreiben die Herren von der Presse über Dr. Schweitzer? Halten Sie ihn für einen Kommunisten oder einen Anarchisten, der die Welt in einen Urwald verwandeln möchte?«

Figgis machte ein betrübtes Gesicht. »Ich denke, das wollen Sie nicht wissen, Miss Boudin. Der Artikel über die Rede des Doktors ist jedenfalls deutlich frostiger ausgefallen als jene, die gleich nach seiner Ankunft erschienen. Falls die Schweitzers die Zeitung noch nicht gelesen haben, würde ich vorschlagen, sie ihnen heute zu unterschlagen. Vermutlich werden die beiden wegen der bevorstehenden Abreise gar nicht danach fragen.«

»Wenn ich einen von diesen Reportern in die Finger bekomme, wird er mich kennenlernen«, grollte Thérèse. »Aber nun sollten wir uns beeilen, damit mir noch genug Zeit bleibt, Sie Albert Schweitzer vorzustellen.« Thérèse nahm noch einen letzten Schluck aus ihrer Tasse, bevor sie sich erhob und an Figgis' Seite zum Aufzug ging.

»Kommen Sie herein, meine Liebe«, rief Albert herzlich. »Wir haben bereits auf Sie gewartet, nicht wahr Helene?«

Albert küsste Thérèse auf beide Wangen, bemerkte Figgis, der sich bescheiden im Hintergrund hielt, jedoch erst, als Helene, die ihrem Mann zur Tür gefolgt war, ihn auf den unbekannten Gast hinwies. Mit einer einladenden Geste forderte die alte Dame Figgis auf, ihr in den Wohnraum zu folgen. Dort zeugten halb gepackte Koffer und Taschen, ein Stapel gelesener und ungelesener Magazine, Mäntel und Hüte von der nahenden Abreise des älteren Paares. Albert blickte sich suchend um.

»Ich möchte wissen, in welche von all diesen Taschen ich das Manuskript meiner Rede gesteckt habe.«

»Als ob du jemals ein Manuskript benutzen würdest«, sagte Helene seufzend. Aus einem der beiden Koffer holte sie ein Bündel Papier, das sie Albert kommentarlos in die Hand drückte. »Hier, du kannst dir ja damit deine Weste ausstopfen, damit du in Colorado nicht erfrierst!«

»Was würde ich nur ohne sie machen?« Albert wechselte einen verschwörerischen Blick mit Thérèse. »Aber das gilt auch für Sie, mein Kind. Sie haben uns hier in New York wirklich sehr geholfen. Wir sind Ihnen zu Dank verpflichtet.«

»Und genau aus diesem Grund habe ich Thérèse eingeladen,

uns in Günsbach zu treffen, wenn wir Rhena und die Kinder dort besuchen.« Helene legte ihren Arm um die junge Fotografin, deren Wangen sich vor Verlegenheit röteten. »Haben Sie sich meinen Vorschlag durch den Kopf gehen lassen? Wir würden Ihnen gern zeigen, wo meine und Alberts Wurzeln liegen. Wo seine Geschichte ihren Anfang genommen hat. Das Elsass ist zu dieser Jahreszeit wunderschön. Würde Sie das nicht reizen?«

Und ob Thérèse das reizte. Sie konnte mit Worten gar nicht ausdrücken, wie sehr sie sich auf diese Reise freute. Sie kannte die malerischen elsässischen Dörfchen, auf deren Kirchtürmen Störche ihre Nester bauten, nur flüchtig, denn der Landstrich, der Jahrhunderte lang ein Zankapfel zwischen Franzosen und Deutschen gewesen war, gehörte erst seit Ende des Krieges wieder zu Frankreich. Sie selbst hatte der Gegend und seiner langen Geschichte nie viel Aufmerksamkeit geschenkt, nun aber bekam sie eine ganz neue Bedeutung für sie.

Einen Moment stand sie einfach da, den Kopf schon voller Reisepläne. Wenn sie so kurzfristig nach Europa fahren wollte, galt es, einige Termine mit ihrem Verlag zu verschieben und Kunden, die Bilder in Auftrag gegeben hatten, zu vertrösten. Ein leises Räuspern riss sie aus ihren Gedanken. Nun hatte sie doch tatsächlich Phil Figgis vergessen. Der junge Mann wartete noch immer darauf, von ihr vorgestellt zu werden.

»Entschuldigen Sie, Dr. Schweitzer. Ich bin unhöflich. Darf ich Ihnen einen Herrn vorstellen, den ich gestern an der Columbia kennengelernt habe und der ein großer Anhänger von Ihnen zu sein scheint.«

»Aber natürlich, es ist mir eine Ehre.« Albert nickte Figgis freundlich zu, während Helene ihn mit einem eindringlichen Blick musterte. »Was können wir für Sie tun, junger Mann?«, fragte sie reserviert.

Figgis reichte zuerst Albert, dann Helene die Hand. Während er sich vorstellte und Albert erklärte, wie abscheulich er den Aufruhr des Studenten an der Columbia gefunden habe, fuhr Helene damit fort, Kleidungsstücke zusammenzulegen. Thérèse entging nicht, dass sie jedes Wort ihres neuen Bekannten aufmerksam verfolgte.

»Mr. Figgis hat Ihre Vorträge verfolgt, Dr. Schweitzer«, sagte Thérèse. »Er möchte Ihnen einen Vorschlag machen.«

Alberts Augenbrauen schnellten in die Höhe und signalisierten Alarmbereitschaft. »Das klingt aber recht geheimnisvoll. Wollen Sie mir vielleicht etwas verkaufen?«

Figgis lachte. »Keine Angst, Doktor. Ich bin kein Handlungsreisender, auch wenn ich vielleicht so aussehen mag. Soviel ich weiß, versuchen Sie Geld für Ihr Hospital aufzutreiben. Nun, ich kenne einige Menschen, die das Herz auf dem rechten Fleck haben und an die Sie möglicherweise noch gar nicht gedacht hatten. Ich könnte mich mit ihnen in Verbindung setzen. Sehen Sie, hier in New York wollen die Leute von einer Idee oder einem Anliegen überzeugt werden, bevor sie die Brieftaschen öffnen. Sie brauchen etwas Greifbares. Etwas, das Ihnen hilft, die richtige Entscheidung zu treffen.«

Helene schloss die beiden großen Reisekoffer, die auf der Couch lagen, und ließ das Schloss zuschnappen. »Und wie soll so eine Entscheidungshilfe Ihrer Meinung nach aussehen, junger Mann?«

»Ich würde gern eine professionelle Broschüre erstellen, die für Ihr phantastisches Werk in Afrika wirbt«, antwortete Figgis. »Mit den ausgezeichneten Aufnahmen, die Miss Boudin während Ihres Aufenthalts hier in New York gemacht hat, würde ein solches Magazin Ihre Spendensammelaktion auf eine ganz andere Basis stellen. Man könnte es Zeitungen und Illustrierten beilegen und in Konzertsälen, Bibliotheken und Kirchen verteilen.«

Albert nickte. »Das hört sich nicht schlecht an. Und Sie kennen sich mit solchen Werbedingen aus, Mr. Figgis?«

»Das möchte ich meinen«, erklärte Figgis. Er überreichte Albert seine Karte.

»Es liegt mir fern, mich aufzuspielen, und ich möchte auch keine Bezahlung für meine Arbeit. Das habe ich Miss Boudin schon gesagt. Aber vielleicht denken Sie mal in Ruhe über mein Angebot nach. Es wäre mir jedenfalls eine große Ehre, wenn ich Sie wie Miss Boudin in Europa besuchen und gegebenenfalls auch zurück nach Lambarene begleiten dürfte, damit ich mir ein umfassendes Bild von der Situation in dem Dorf machen kann.«

Albert neigte nachdenklich den Kopf, nickte dann aber. »Also gut, versuchen wir es.«

Nachdem sie noch eine Weile geplaudert hatten, verabschiedete sich Figgis und ließ Thérèse ratlos in der Suite zurück. Mit Bedauern musste die junge Frau feststellen, dass sie keine Ahnung hatte, wie sie ihren neuen Bekannten erreichen konnte. Ihr Abschied war knapp, beinahe ein wenig überstürzt ausgefallen. War es möglich, dass Helene Schweitzers misstrauische Blicke ihn davon abgehalten hatte, vertraulicher zu werden? Sie seufzte. Ältere Menschen wurden manchmal etwas argwöhnisch. Doch vielleicht interessierte sich Figgis ja auch gar nicht für sie. Möglich, dass er in ihr nur die Person gesehen hatte, die den Kontakt zu Albert Schweitzer hergestellt hatte und die er nun nicht mehr brauchte. Wenn sie ehrlich zu sich selbst war, so hatte er seine Absichten vor ihr auch nicht verschleiert.

Du bist eine dumme Kuh, Thérèse Boudin, schalt sie sich und sah zu, wie Albert Phil Figgis' Karte in den Aschenbecher auf dem Couchtisch legte. Rasch drehte sie sich um. Nein, sie würde keinen Blick auf die Karte werfen. Warum auch? Sie hatte Figgis doch erst gestern kennengelernt, wusste von ihm praktisch nicht mehr, als dass er über Charme verfügte, sich gut zu kleiden verstand und sie mit seiner hilflosen Art zum Lachen bringen konnte.

Ein bisschen zu wenig, um gleich sein Leben zu ändern, entschied sie. Als Helene nach ihr rief, um mit ihr die Reise nach

Europa zu besprechen, war sie dankbar für die Ablenkung. Sie durfte schließlich nicht vergessen, dass ihr einige aufregende Wochen bevorstanden. Für einen Mann in ihrem Leben blieb da ohnehin wenig Zeit.

7. Kapitel

Günsbach im Elsass, August 1949

Das Dörfchen Günsbach lag im Münstertal und war umgeben von bewaldeten Hügeln und ordentlich angelegten Weinbergen. Als Albert und Helene Schweitzer nach einer anstrengenden Reise mit dem Dampfer und dann mit der Eisenbahn endlich in Alberts Heimatort eintrafen, reiften bereits die Trauben in der spätsommerlichen Sonne; sie versprachen im Herbst ein Weinjahr, mit dem die Winzer und Händler wieder einmal zufrieden sein konnten.

Trotz seiner Müdigkeit genoss es Albert, den kurzen Weg zu seinem Haus zu Fuß zurückzulegen, denn die sich windende Dorfstraße führte ihn an so manchen Orten vorbei, die ihm seit seiner Kindheit lieb und teuer waren und die er mit guten Erinnerungen verband.

Seine Blicke streiften die mit Schindeln gedeckten Giebeldächer der alten Fachwerkhäuser, die seit Jahrhunderten Unwettern und Kriegen standgehalten hatten, und den hohen schlanken Turm der Pfarrkirche, in der sein Vater einst gepredigt hatte, bis sie schließlich auf ein stattliches zweistöckiges Gebäude fielen. Albert legte den Kopf in den Nacken und beobachtete den Rauch, der aus dem Schornstein emporstieg.

Neben sich hörte er Helene schnaufen. Er hatte sie gebeten, den Weg vom Bahnhof zu ihrem Haus mit dem Wagen zurückzulegen, doch davon hatte sie nichts hören wollen.

»Seit das Haus steht, sind wir immer zu Fuß gegangen, und

daran möchte ich nichts ändern«, hatte sie ihm unmissverständlich klargemacht.

Doch ein Seitenblick auf seine Frau überzeugte Albert indessen, dass Helene sich in der drückenden Sommerhitze zu viel zugemutet hatte. Sie ging langsam und gebeugt, als befürchtete sie, jeden Moment zu stürzen. Warum mussten sie in letzter Zeit immer aneinander vorbeireden? fragte er sich. Sie muss mir doch nicht beweisen, wie stark und unabhängig sie noch immer ist. Glaubt sie etwa, ich hätte es vergessen oder wüsste es nach all den Jahren immer noch nicht?

Wortlos nahm er Helene die Tasche ab, die sie unbedingt hatte tragen wollen, und teilte ihr mit einem fröhlichen Lächeln mit, dass sie es bald geschafft hatten. Wenig später standen sie vor dem Haus am Ortsrand, das Albert einige Jahre nach dem Tod seines Vaters hatte erbauen lassen, damit seine Familie auch im Elsass jederzeit ein Refugium hatte, in das sie sich zurückziehen konnte. Helene, die das Elsass nicht weniger liebte als er, hatte es in den zurückliegenden Jahren allerdings vorgezogen, im Schwarzwald zu leben, wo die Schweitzers ebenfalls ein Haus unterhalten hatten, bevor Helene hatte fliehen müssen und das Anwesen von den Nazis beschlagnahmt worden war. Das milde Höhenklima in dem Luftkurort hatte ihren angegriffenen Lungen gutgetan. Freundliche Nachbarn hatten sie während Alberts Abwesenheit unterstützt, und Rhena war im Ort zur Schule gegangen. Mit Günsbach verbanden die Schweitzers jedoch noch glücklichere Erinnerungen. Ihre Tochter schien das ähnlich zu empfinden, denn obwohl sie – anders als Albert und Helene – nicht in Günsbach aufgewachsen war, fühlte sie sich in der kleinen Gemeinde im idyllischen Münstertal zu Hause und freute sich, dass ihre Kinder auf dem Land aufwuchsen.

Zu Alberts und Helenes Begrüßung hatte sich an diesem Nachmittag die ganze Familie im Haus der Schweitzers eingefunden: Rhena, ihre vier Kinder und die alte Köchin Hilda, die über das Wiedersehen mit den Schweitzers so gerührt war, dass sie sich fortwährend mit einem Taschentuch über die Augen wischen musste. Jubelnd führten die Kinder ihre Großeltern in den Salon und berichteten ihnen voller Stolz, dass sie die Räume an den Tagen zuvor eigenhändig vom Staub befreit und mit bunten Wiesenblumen geschmückt hatten, gleich nachdem das Telegramm über ihre Ankunft aus Amerika eingetroffen war.

Rhena blieb mit verschränkten Armen an der Tür des Salons stehen und überließ es ihrer ältesten Tochter Vera-Monique, ihrem Vater aus dem leichten Sommermantel zu helfen.

»Nun, und wer ist dieses kleine Fräulein?« Albert breitete die Arme aus, um auch die kleine Catherine, seine jüngste Enkelin, zu begrüßen. Das Mädchen knickste artig, wie Rhena es ihr beigebracht hatte, ließ die Umarmung des für sie fremden alten Mannes jedoch eher zurückhaltend über sich ergehen. Trotz der herzlichen Geste schien sie mit den Tränen zu kämpfen und sah heilfroh aus, als sie wieder zu ihren Geschwistern laufen durfte. Rhena wunderte das nicht. Sie hatte der Kleinen wohl Fotos gezeigt und ihr erklärt, dass der berühmte Arzt Albert Schweitzer in Afrika lebte, wo er kranken Menschen, darunter vielen Kindern, half, für die es sonst keine Rettung gab. Sie hatte sich bemüht, ihren Kindern beizubringen, dass sie wahrhaft stolz darauf sein durften, die Enkelkinder eines so berühmten, gutherzigen Menschen zu sein. Die drei älteren hatten dies auch zur Kenntnis genommen; sie waren von Albert getauft worden und hatten zumindest einige verschwommene Erinnerungen. Catherine jedoch schien ihre Erzählungen vom fernen Großvater wie eines der Märchen aufgenommen zu haben, die Rhena den Kindern vor dem Schlafengehen vorzulesen pflegte. Kein Wunder, dass ihr Großvater für sie eine ebenso wenig reale Person darstellte wie der gestiefelte Kater oder Zwerg Nase.

Nachdem Albert und Helene erschöpft auf das Sofa gesunken waren, überreichte Rhena ihrem Vater mehrere Briefe, die sie für ihn entgegengenommen hatte. Albert sah die Post flüchtig durch, zeigte an dem Kaffee, den Hilda auf einem großen Tablett servierte, jedoch wesentlich größeres Interesse. Er legte die Briefe ungeöffnet zur Seite und griff nach seiner Tasse.

»Ah, die gute Hilda«, rief er, nachdem er den ersten Schluck genommen hatte. »Wenn Sie wüssten, wie ich Ihren Kaffee vermisst habe. Hat Helene Ihnen erzählt, woraus man in Amerika Kaffee macht? Im Beisein der Kinder möchte ich das lieber nicht erörtern.«

Hildas Mundwinkel begannen schon wieder vor Rührung zu zucken. Auch wenn sie den Hausherrn nur selten zu Gesicht bekam, hatte sie ihn doch ins Herz geschlossen und bemühte sich bei jedem seiner spärlichen Besuche in Günsbach, ihn mit seinen Leibspeisen zu verwöhnen.

»Nun, Herr Doktor, wenn weder die Amerikaner noch die Afrikaner guten Kaffee zubereiten können, sollten Sie wirklich öfter nach Hause kommen. Wissen Sie …«

»Vielen Dank, Hilda«, beeilte sich Rhena, den Redefluss der alten Frau zu bremsen. »Es wäre nett, wenn Sie gleich einmal nach dem Braten sehen würden, den ich in den Ofen geschoben habe. Er dürfte bald gar sein.«

»Du wilderst in Hildas Revier?«, erkundigte sich Albert verwundert. »Und das lässt sie sich einfach so gefallen?«

»Sie tut es, auch wenn sie kein großes Vertrauen in meine Kochkünste hat, Vater.« Rhenas Stimme zitterte; nur mit Mühe unterdrückte sie ihre Enttäuschung. Sie war jetzt dreißig Jahre alt. Eine erwachsene, verheiratete Frau und vierfache Mutter, die ihren eigenen Haushalt stets mit Umsicht und Sorgfalt versah. Und dennoch schien ihr Vater in ihr immer das kleine Mädchen zu sehen, dem er zum Geburtstag Kartengrüße aus Afrika geschickt hatte.

»Ach, dann warst sicher auch du es, die den Tisch im Esszimmer gedeckt hat, mein Kind«, sagte Helene mit einem müden Lächeln. Ihr war Rhenas Kummer nicht entgangen, daher versuchte sie die Wogen zu glätten. »Das hast du hübsch gemacht, nicht wahr, Albert? Und die schönen Blumen überall im Haus.«

Albert zuckte abwesend mit den Schultern. »Du hättest dich wegen uns nicht so abmühen müssen, Rhena. Mit vier kleinen Kindern hast du doch wahrhaftig genug um die Ohren.«

Rhena presste die Lippen aufeinander. Einen Augenblick sah sie ihren Vater an wie einen Fremden, der ihr aufgetragen hatte, die Tür von außen zuzumachen. Dann holte sie tief Luft und forderte Vera-Monique auf, ihrem Großvater die Grüße ihres Vaters zu übermitteln. Jean Eckert, ein gelernter Orgelbauer, bedauerte es, dass berufliche Verpflichtungen ihn davon abhielten, zum Familientreffen der Schweitzers ins Elsass zu reisen.

Albert hörte sich geduldig die einstudiert klingenden Sätze des kleinen Mädchens an, dann neigte er anerkennend den Kopf. »Ein fleißiger Bursche, dieser Jean. Das habe ich immer gewusst. Mit ihm hast du es gut getroffen, Rhena.«

»Er überholt die Orgel von St. Cloud in Paris«, sagte Rhena. »Seinem Brief nach ist sie ein wahres Prachtstück. Du würdest gewiss gerne mal darauf spielen.«

Albert kniff seiner Enkelin liebevoll in die Wange, dann schickte er sie wieder zu ihren Geschwistern, die neben dem alten Bücherschrank unter fröhlichem Gejauchze die aus Amerika mitgebrachten Geschenke auspackten. Erst als die Erwachsenen sich erhoben, um ins benachbarte Speisezimmer zu gehen, fiel Alberts Blick auf ein gelbes Kuvert, in dem sich ein Telegramm befand. Bei seiner oberflächlichen Durchsicht der Post war es ihm entgangen. Stirnrunzelnd riss er den Umschlag auf und las.

»Wann ist dieses Telegramm gekommen, Rhena?«

»Letzte Woche, Vater. Warum? Stimmt etwas nicht?«

Albert gab ihr keine Antwort. Stattdessen vergrub er sich erneut in die wenigen Zeilen. Ein gequälter Laut entwich seinen Lippen, der auch Helene, die an jeder Hand ein Kind führte, hellhörig werden ließ. »Was ist denn, Albert? Schon wieder schlechte Nachrichten?«

Albert sah seine Frau mit umwölkter Stirn an; sein Gesichtsausdruck verriet ihr, dass das Telegramm aus Lambarene kommen musste. Nachrichten, die ihn aufregten, kamen immer aus Lambarene.

»Nun sag schon«, drängte sie ungeduldig.

»Wie es aussieht, ist eine Medikamentenlieferung auf dem Weg nach Lambarene verlorengegangen. Verschwunden, einfach weg. Dabei brauchen wir die Arzneien dringend.« Mit einem ärgerlichen Schnauben zerknüllte Albert das Telegramm in der Hand.

»Aber wie kann eine komplette Lieferung verschwinden?«, wollte Rhena wissen.

Albert bedachte seine Tochter mit einem scharfen Blick. »Was weiß ich? Vielleicht wurde sie beschlagnahmt und danach an jemand anders weiterverkauft.« Umständlich faltete er das Telegramm wieder auseinander. »Und hört euch an, was hier noch steht: Die Übergangsregierung von Gabun hat veranlasst, dass die Arbeit auf der Baustelle sofort abzubrechen ist, insbesondere an unserem neuen sogenannten Lepradorf. Sie droht damit, das gesamte Hospital aus Gründen der Sicherheit und Gesundheit zu schließen.«

Rhena sank auf eines der mit Gobelinstoff überzogenen Fußbänkchen, die Albert so liebte. »Dürfen die das überhaupt, Vater? Ich meine, du praktizierst doch schon seit Jahrzehnten in Lambarene. Ohne das Hospital wären Tausende von Einheimischen qualvoll gestorben …«

»Natürlich dürfen sie es *nicht*, jedenfalls nicht ohne Unterstützung des Militärs. Wie können ausgerechnet die es wagen, von Gesundheit und Sicherheit zu reden? Außerdem habe ich nie von einer Übergangsregierung in Gabun gehört. Vermutlich hat sich irgendein schwachsinniger Wichtigtuer in Libreville diese Anordnung einfallen lassen, um mir das Leben schwerzumachen.« Albert zerknüllte das Telegramm und warf es in hohem Bogen in die Ecke.

Während er gehetzt im Salon auf und ab zu gehen begann, eilte Helene in die Diele und rief nach Hilda. Sie sollte sich um die Kinder kümmern, die bereits ängstliche Gesichter machten. Anschließend bat sie Mann und Tochter trotz der bedrückenden Neuigkeiten das Essen nicht kalt werden zu lassen.

»Rhena hat sich Mühe gegeben, um ein Festessen vorzubereiten, mein Lieber«, sagte sie in einem Ton, der keinen Widerspruch zuließ. Ihr war nicht entgangen, dass es zwischen Albert und Rhena Spannungen gab, und sie hoffte auf eine rasche Versöhnung.

»Was hast du nun vor, Albert?«, fragte sie, nachdem Hilda das Geschirr abgeräumt und sich in die Küche zurückgezogen hatte. »Willst du deinen Helfern in Lambarene telegrafieren?«

Albert schüttelte den Kopf. »Meine Mitarbeiter sind offensichtlich überfordert mit diesen neuen Entwicklungen. Sie haben ja auch keine Erfahrung im Umgang mit den afrikanischen Behörden. Ich werde daher früher als vorgesehen zurück nach Lambarene fahren müssen, um die Angelegenheit zu klären.«

Rhena, die der Unterhaltung ihrer Eltern bislang schweigend zugehört hatte, löschte die bereits fast heruntergebrannten Kerzen im Leuchter. Dann fasste sie ihren Vater ins Auge. »Also willst du uns verlassen, bevor du richtig ausgepackt hast? Ich hatte gehofft, dass du wenigstens dieses eine Mal ein wenig mehr Zeit mitbringst, die du deinen Enkelkindern widmen kannst. Sie kennen dich nämlich nur aus Büchern und Erzählungen, falls es dir noch nicht aufgefallen sein sollte.«

Alberts Blick folgte den dünnen grauen Rauchfäden, die sich von den Kerzen zur Zimmerdecke emporwanden. »Es tut mir sehr leid, aber sie werden warten müssen, bis ich zurückkehre.«

»Und Mutter?«

Helene machte eine abwehrende Geste. »Ich bin auch der Meinung, dass dein Vater etwas unternehmen muss, mein Schatz«, sagte sie matt. »Aber ich werde ihn diesmal nicht begleiten. New York hat mir den Rest gegeben. Am liebsten würde ich hundert Tage schlafen.«

Am Tisch wurde es still. Niemand sagte ein Wort, so blieben an diesem Abend viele Gedanken, Wünsche und Fragen unausgesprochen. Als nach einer Weile die Kinder in Bademänteln und Pantoffeln ins Speisezimmer kamen, um ihren Großeltern eine gute Nacht zu wünschen, legte Albert den Arm um Vera-Monique und streichelte ihr sanft über das glatte, blonde Haar.

»Willst du wirklich bald wieder gehen, Großvater?«, fragte das kleine Mädchen.

»Es muss sein, mein Schatz. Die Menschen arbeiten so schwer für das Hospital. Da wäre es doch schlimm, wenn ich ihnen auf einmal nicht mehr helfen würde.« Er drückte seiner Enkelin einen Kuss auf die Wange. »Aber bevor ich morgen wieder abreise, möchte ich mit dir und deinen Geschwistern einen schönen Spaziergang über die Felder machen. Es gibt da nämlich einen Ort, den ich euch gern zeigen würde.«

Zur selben Zeit saß Thérèse in einem schicken Café in Greenwich Village und rührte gedankenverloren in einem Glas mit heißer Zitrone. Das *Myers* war ein beliebter Treffpunkt für Musiker, Maler und Schriftsteller und um diese Tageszeit zumeist gerammelt voll.

Thérèse zückte zum wiederholten Mal ihren kleinen Taschenspiegel, ein Erbstück ihrer Mutter, das sie für gewöhnlich nicht benutzte. Heute jedoch hatte sie so viel an sich auszusetzen, dass sie sich kaum wiedererkannte. Passte die Handtasche auch wirklich zum Kleid? Und die Schuhe? Eine Dame erkannte man doch gemeinhin an dem, was sie an den Füßen trug. Wäre es für ihre Frisur nicht besser gewesen, auf die Fahrt in der zugigen Untergrundbahn zu verzichten? Für Thérèse, die sich seit ihrer Jugend nie für etwas anderes interessiert hatte als die Fotografie, waren Überlegungen dieser Art neu, ungewohnt und sogar ein wenig absurd. Dessen ungeachtet gefiel ihr das leichte Herzklopfen, das sie verspürte, kaum dass ihr Blick durch die breite Fensterscheibe des *Myers* auf Phil Figgis fiel. Noch immer konnte sie es nicht fassen, dass er sie tatsächlich angerufen und um ein Treffen gebeten hatte. Wie zum Teufel war er an ihre Nummer gekommen?

Mit freudigem Lächeln betrat der junge Mann das Café und steuerte geradewegs auf Thérèses Tisch zu. In der Hand hielt er einen braunen Umschlag.

»Ich hoffe, ich habe Sie nicht zu lange warten lassen, Miss Boudin«, sagte er. Er nahm seinen Hut ab und blieb höflich vor ihr stehen, bis Thérèse ihm mit einer Geste erlaubte, sich zu setzen. Dann bestellte er bei einem der umhereilenden Kellner einen Kaffee.

»Nun, Ihr Anruf kam unerwartet«, sagte Thérèse zögerlich. »Ich dachte, Sie würden Ihre Pläne nur mit Dr. Schweitzer besprechen. Aber ich freue mich natürlich, dass die Schweitzers auch Sie nach Europa eingeladen haben. Ich bin früher viel allein gereist, heute wird es mir zusehends langweilig.«

»Ich hatte nie die Absicht, etwas über Ihren Kopf hinweg zu entscheiden, Thérèse«, entgegnete Figgis überrascht. »Und um Ihnen etwas Arbeit abzunehmen, habe ich mir erlaubt, mich um die Tickets für die Überfahrt zu kümmern.«

Thérèse hob die Augenbrauen. »Das wäre aber nicht nötig gewesen, Mr. Figgis ...«

»Phil, bitte«, erhob Figgis mit gespielter Empörung Einspruch. »Schließlich werden wir bald Reisegefährten sein. Wer weiß, vielleicht sind wir während der Überfahrt sogar

Kajütennachbarn.« Er lachte, und obwohl Thérèse der Eifer des jungen Mannes ein wenig unheimlich war, stimmte sie mit ein.

Plötzlich wurde Figgis ernst. »Mal ehrlich, finden Sie, ich habe die beiden alten Herrschaften ein bisschen überrumpelt? Ich weiß, ich habe eine große Klappe.«

»Möglicherweise dachten die Schweitzers, ich sei Ihre Freundin.«

Er grinste. »Ach ja? Also dagegen hätte ich gar nichts einzuwenden ... Tut mir leid, das war ein dummer Spruch.«

Thérèse, die in ihrem Beruf schon mit anderen Sprüchen konfrontiert worden war, zuckte gelassen mit den Schultern. Eine Weile saßen sie sich schweigend gegenüber, dann öffnete Figgis den braunen Umschlag, den er mitgebracht hatte, und entnahm ihm verschiedene Unterlagen. »Wollen wir uns doch mal ansehen, wohin unsere Reise geht«, sagte er. »Zuerst also Straßburg, richtig? Das liegt jetzt in Frankreich, soviel ich weiß. Von dort aus geht es mit dem Zug weiter in dieses kleine Dorf ...«

»Günsbach«, half ihm Thérèse auf die Sprünge. Die Unbeholfenheit, mit der Figgis die deutschen Namen auszusprechen versuchte, amüsierte sie. Ihre Freude, in dem PR-Mann einen unerwarteten Reisegefährten gefunden zu haben, konnte sie indessen nicht verleugnen. Mit ihm würde die Reise zu den Schweitzers bestimmt unterhaltsam werden. Sie freute sich darauf.

Figgis hob den Blick. »Und dann mit dem Schiff nach Lambarene. Vorausgesetzt, es geht nichts schief.«

»Aber was sollte denn schiefgehen, Phil? Sie vergessen, dass ich mit meiner Kamera nicht zum ersten Mal durch die Welt reise. In Frankreich kenne ich mich aus, weil es meine Heimat ist. Und Afrika ... Nun, wir werden sehen.«

Figgis nickte, während er sich wieder nachdenklich in die Papiere vertiefte. Thérèse spürte, dass ihn etwas beschäftigte, traute sich aber nicht, nachzuhaken, was es war. Vermutlich ist er ein wenig nervös, beruhigte sie sich selbst. Das konnte vorkommen. Ihr selbst war es nicht anders ergangen, als sie damals Frankreich verlassen hatte, um in den Vereinigten Staaten ihr Glück zu suchen.

»Mrs. Schweitzer und ihre Tochter scheinen einander ziemlich nahezustehen«, riss Figgis sie aus ihren Gedanken. Der Schatten, der über seiner Stirn geschwebt war, hatte sich wieder verzogen.

»Das bewundere ich an euch Europäern. Ihr habt Familiensinn. Bei uns ist es schon bemerkenswert, wenn jemand alle seine Großeltern mit Namen kennt oder wenn sich die Kinder einmal im Jahr dazu bequemen, an Thanksgiving nach Hause zu fahren, um ihre Eltern zu sehen.«

»Sie übertreiben.«

»Wirklich?« Figgis hob in gespielter Verzweiflung die Hände. »Nehmen wir mich als Beispiel. Meine alten Herrschaften leben in Kentucky, aber da mein Job mich so sehr in Anspruch nimmt, habe ich kaum jemals die Gelegenheit, sie zu besuchen. Ich bin sicher, dass sogar Sie öfter nach Hause fahren als ich. Und dabei liegt Frankreich nicht gleich hinter New Jersey, oder?«

Thérèse senkte den Blick. Sie wollte nicht über ihre Familie reden. Nicht jetzt und schon gar nicht mit einem Mann, der sie interessierte. Es gab zu viele traurige Erinnerungen an eine Kindheit, in der sie sich nach Wärme und Zuneigung gesehnt hatte, stattdessen jedoch auf Härte und Unverständnis gestoßen war. Das Einzige, was ihr in jenen einsamen Tagen auf dem heimatlichen Bauernhof in der Auvergne etwas bedeutet hatte, waren ihre Träume von einem Leben in Amerika gewesen – und ein alter Fotoapparat, den ihr kurz nach Ausbruch des Krieges ein Flüchtling auf dem Weg in die unbesetzte Zone überlassen hatte. Thérèse hatte sich später oft gefragt, warum der Mann sich so leichten Herzens von seiner Kamera hatte trennen können. Zumal es ihr nicht im Traum eingefallen wäre, für einen Schlafplatz in der Scheune, Verpflegung und einen ausgebeulten Anzug ihres Großvaters eine Gegenleistung zu verlangen. Und dennoch war es dem Fremden, den sie nie wiedergesehen hatte, ein Anliegen gewesen, ihr, dem verträumten Bauernmädchen, den einzigen Gegenstand zu schenken, der für ihn einen gewissen Wert besaß.

Ein Vermächtnis, gewissermaßen.

Thérèse behandelte die alte Leica seitdem wie ein Heiligtum. Und im Grunde war sie das auch, zumindest gefiel ihr der Gedanke, ein Instrument zu besitzen, das Offenbarungen preisgab, vorausgesetzt, man verstand, sich seiner Geheimnisse zu bedienen. Thérèse hatte das Geschenk des namenlosen Fremden den Weg in ihre Zukunft offenbart. Mit seiner Hilfe hatte sie gelernt, worauf es ankam, wenn sie Menschen und Ereignisse in ihrer Natürlichkeit festhalten wollte. Ihre ersten professionellen Aufnahmen, die in Paris so großes Aufsehen erregt hatten, hatte sie mit dieser Kamera gemacht. Nun, da sie hier, in Amerika, arbeitete, konnte sie sich vor Aufträgen gar nicht retten.

»Thérèse?«

Sie hob den Blick. »Verzeihen Sie, Phil. Ich fürchte, ich war einen Moment lang weggetreten. So etwas soll vorkommen.« Sie zwang sich zu einem Lächeln, das ihre Unsicherheit überspielen sollte. Nimm dich gefälligst zusammen, du dummes Huhn, schalt sie sich. Du bist doch ein Profi, also benimm dich gefälligst auch so.

»Wir sprachen von Helene Schweitzer und ihrer Tochter Rhena. Die beiden scheinen ein recht inniges Verhältnis zueinander zu haben, nicht wahr?«

»Soviel ich weiß, haben sie gemeinsam schwierige Zeiten durchgestanden«, sagte Thérèse. »Dr. Schweitzer war ja während der letzten Jahre nur selten zu Hause, daher hat Helene ihre Tochter fast allein aufgezogen. Eine mutige Frau, in der Tat. Sie weiß, was es bedeutet, auf Dinge zu verzichten, die für andere selbstverständlich sind. Aber das Mädchen tut mir leid.

Sie muss manchmal recht einsam gewesen sein. Kein Wunder, dass sie sich früh nach einer eigenen Familie mit mehreren Kindern gesehnt hat.«

»Das Schicksal eines jeden Einzelkinds«, meinte Figgis trocken, während er den Kellner rief, um noch einen weiteren Kaffee zu bestellen. »Aber nun ist das Mädchen ja erwachsen geworden.«

Es hatte zu regnen begonnen. Ein regelrechter Platzregen entlud sich über der Stadt. Dicke Tropfen prasselten gegen die Glasfenster. Thérèse konnte sehen, wie die Passanten, vom Regen überrascht, über die belebte Straße eilten oder sich unter die ausladende Markise des *Myers* drängten, um nicht nass zu werden. Sie blickte auf ihre Armbanduhr. Es war spät geworden. Eigentlich hätte sie längst aufbrechen müssen, denn vor ihrer Abreise nach Europa gab es noch so viel zu erledigen, dass ihr der Kopf schwirrte, wenn sie nur daran dachte. Aber bei diesem ungemütlichen Wetter war es angenehmer, noch ein wenig länger im Café sitzen zu bleiben und sich mit Figgis zu unterhalten.

8. Kapitel

Günsbach im Elsass, August 1949

Als Helene an diesem Tag endlich erwachte, ging es bereits auf Mittag zu. Benommen schaute sie sich in dem ordentlich aufgeräumten, jedoch etwas leblos wirkenden Schlafzimmer um, das sie und Albert bewohnten, und versuchte sich zu sammeln. Sie brauchte einige Momente, bevor ihr einfiel, wo sie war. Sie rief nach Albert, aber der antwortete nicht. Offensichtlich war er bereits vor ihr aufgestanden.

In der Küche traf sie auf Rhena, die sie mit einem breiten Lächeln begrüßte. »Hallo, Mutter. Na, gut geschlafen?«

»Es geht. Wo steckt denn dein Vater?«

Rhena nahm einen Topf vom Herd und schenkte ihrer Mutter eine Tasse Kaffee ein. »Hier, das wird dich munter machen. Vater hat schon in aller Frühe Kaffee getrunken. Er wollte mit den Kindern spazieren gehen.«

Helene setzte sich auf die Eckbank und umfasste die Tasse, die Rhena ihr reichte, mit beiden Händen. Obwohl es ein warmer, sonniger Tag war, fror sie ein wenig. »Dein Vater liebt die Kinder wirklich sehr, Rhena«, sagte sie nach einer Weile. »Du müsstest einmal sehen, wie viele Fotos und Postkarten er von ihnen an der Wand seines Arbeitszimmers in Lambarene aufgehängt hat.«

»Du redest, als ob du erst letzte Woche dort gewesen wärest. Wie lange liegt dein letzter Besuch jetzt zurück?« Die junge Frau nahm ihre Brille ab und polierte sie mit einem Zipfel ihrer Schürze. »Ich meine doch nur, er hat dich nie wirklich ermutigt, dort zu bleiben, selbst wenn du hinfahren konntest. Seine Ziele standen über allem.«

»Es sind ehrenwerte Ziele, Rhena!«

»Natürlich, das bezweifelt ja auch niemand. Aber habt ihr euch jemals gefragt, was *ich* mir wünsche? Ich hätte auch gern Medizin studiert, aber Vater wollte es mir nicht erlauben. Alles, was die Pläne des *Grand Docteur* für die ganze Welt stören könnte, muss im Keim erstickt werden.«

Helene stand auf. Sie fühlte sich schwindlig und keineswegs kräftig genug, um eine Diskussion mit ihrer Tochter zu überstehen. Nicht mit leerem Magen. Aber da Albert mal wieder nicht zur Stelle war, blieb ihr nichts anderes übrig, als etwas auf Rhenas Vorwurf zu erwidern.

»Dein Vater weiß aus eigener Erfahrung, wie anstrengend das Medizinstudium ist, wie schwer es ist, sich seinen Weg zu bahnen. Ganz besonders für eine Frau. Und da ist ja auch noch dein Wunsch, ganz für die Familie da zu sein. Wie hättest du das schaffen wollen? Davon abgesehen, gibt es nach wie vor Vorbehalte gegen Frauen im Ärzteberuf.«

Rhena beugte sich über den Spülstein und bearbeitete eine benutzte Tasse mit der Bürste, dass das Wasser nur so spritzte. »Mein Vater ist doch der berühmte Albert Schweitzer. Hätte er mir nicht helfen können, gegen diese Vorbehalte anzukämpfen? Und was ist mit dir, Mutter? Du selbst hast doch auch studiert. Du wurdest sogar zu Straßburgs erster städtischer Fürsorgerin ernannt.«

Helene zuckte die Achseln. Im Grunde hatte das Mädchen ja nicht unrecht. Sie hatte damals gegenüber ihren eigenen Eltern durchgesetzt, was ihrer Tochter später versagt geblieben war. Helenes Vater, der ehrenwerte Professor und Historiker Harry Bresslau war nicht gerade begeistert von der Vorstellung gewesen, dass seine Tochter in städtische Dienste trat, und das nicht etwa ehrenamtlich, wie Damen der besseren Gesellschaft es um die Jahrhundertwende zuweilen taten, um wohltätige Projekte zu unterstützen, sondern im Hauptberuf. Dennoch hatte sie ihren Traum gelebt. Zunächst in Straßburg, dann an der Seite ihres Mannes in Afrika. Doch der Preis, den sie dafür gezahlt hatte, war hoch. Ein Familienleben, wie Rhena es heute mit ihrem Mann und ihren Kindern führte, war ihr selbst nicht vergönnt gewesen. Andererseits hatte sie dem Leben nichts vorzuwerfen, denn was sie für ihre Leiden und Entbehrungen empfangen hatte, hatte sie ausreichend entschädigt. So versuchte sie Rhena mit sanfter Stimme zu beschwichtigen.

»Ich weiß, dass du es nie verstanden hast, warum wir nicht alle gemeinsam in Afrika haben leben können. Aber weißt du, es ging mir einfach nie gut genug, um in diesem Klima zu bleiben. Und als du ein Baby warst, ein winziges weißes Wesen aus dem Elsass mit einer Mutter, die sich kaum auf den Beinen halten konnte, da hättest du im Urwald keine drei Wochen überlebt.«

»Nun ja, ich nehme an, du weißt, wovon du sprichst.«

Helene nahm einen Schluck Kaffee und lehnte sich zurück. O ja, sie wusste genau, wovon sie sprach. Rhena allerdings verstand nicht genug von den Krankheiten und Gefahren, die in Afrika jederzeit auf einen lauerten. Gefahren, von denen auch sie sich kein Bild gemacht hatte, als sie einige Jahre nach ihrer Ausweisung endlich wieder afrikanischen Boden betreten durfte. Wieder kehrten ihre Gedanken nach Afrika zurück.

Das neue Urwaldspital befand sich drei Kilometer flussaufwärts, wo sich der Ogowe in zwei Arme teilte, und besaß wesentlich mehr Annehmlichkeiten als die Hütten und Baracken, in denen Albert Schweitzer in der alten Missionsstation von Andende behandelt und operiert hatte. Siebzig Hektar Wald hatte die Regierung ihm für das Hospital in Lambarene zur Verfügung gestellt, und sie hatte erlaubt, dass die Schweitzers jeden Meter, den sie eigenhändig bebauen und bepflanzen konnten, behalten durften. Der Rest sollte an den Staat fallen.

Albert hatte entschieden, das Hospital direkt am Fluss anzulegen, damit es von den Kranken, die oft in Kanus gebracht wurden, besser zu erreichen war. Die Gebäude waren auf stabilen Holzpfählen errichtet worden, damit sie bei Hochwasser nicht gleich überschwemmt und beschädigt werden konnten. Albert legte Hand an, wo er nur konnte. Er half beim Decken der Dächer mit Blattziegeln und trieb Pfähle in den Boden, bis ihm die Arme schmerzten. Daneben kümmerte er sich um die Kranken, die nach Lambarene geströmt waren, sobald die Kunde von der Rückkehr des weißen Oganga in ihre Dörfer gedrungen war.

Als Helene einige Zeit später in der neuen Hospitalsiedlung eintraf, glühte sie vor Fieber, was ihrer Begeisterung, endlich wieder in Lambarene zu sein, jedoch keinen Abbruch tat. Unverzüglich ließ sie sich von Joseph herumführen, der ihr voller Stolz den großen Speisesaal für Ärzte und Helfer, das einzige Gebäude der Siedlung aus Stein, die neuen Krankenunterkünfte und den hellen Operationssaal zeigte.

Das Hospital breitete sich aus; trotzte dem Urwald unnachgiebig Boden ab. Vierzig Gebäude umfasste es schon, wie Joseph während des Rundgangs verkündete. Dass Joseph wieder in Lambarene war, verdankte er übrigens Alberts Hartnäckigkeit und seinem Verhandlungsgeschick, denn es hatte sich herausgestellt, dass der ehemalige Krankengehilfe des weißen Arztes nach dessen Abreise mit allen Unternehmungen Schiffbruch erlitten hatte und ein armseliges Dasein führte. Albert hatte ihn nach langem Forschen im Haus eines Schneiders im Dorf Inionga aufgespürt, bei dem Joseph Schulden abarbeiten sollte. Obwohl Albert über wenig Geld verfügte, hatte er keinen Moment gezögert, Joseph auszulösen und mitzunehmen. Um die stürmischen Treueschwüre des Mannes abzuwehren, hatte Albert ihm erklärt, wie viel Arbeit in Lambarene auf ihn zukommen würde. Mehr als im alten Hospital vor dem Krieg. Außerdem, so behauptete er, würde es ihn nur Zeit und Mühe kosten, einen neuen Gehilfen einzuarbeiten.

»Ich weiß«, hatte Joseph mit einem Lächeln geantwortet. »Der Herr Doktor ist ein Sklave der Arbeit. Und Joseph ist ein Sklave des Doktors.«

Als Helene sich von den Strapazen der Reise erholt hatte, begann sie voller Eifer, Albert im Hospital zu helfen. Sie assistierte bei Operationen, betreute Wöchnerinnen und kümmerte sich um die Wäsche und die Verbandstoffe.

Große Sorgen bereitete Albert zu dieser Zeit die Verbreitung der Schlafkrankheit, deren Opfer ihn mitunter von früh bis spät auf den Beinen hielten. Da er Helenes angegriffenen Gesundheitszustand kannte, hatte er große Angst, sie könnte sich bei der Pflege der Kranken in den Hütten anstecken, denn die Krankheit erwies sich als überaus tückisch. Zunächst bemerkten die Erkrankten lediglich leichte Fieberschübe, die verschwanden, um oftmals erst Monate später wiederzukehren. Es gab aber auch Patienten, die von einem Moment auf den nächsten in einen tiefen Schlaf fielen, der immer fester wurde und schließlich ins Koma überging.

Albert behandelte seine Patienten mit dem einzigen wirksamen Mittel, das er kannte, einer Arsen-Anilin Verbindung.

»Das Atoxyl ist sehr teuer«, vertraute er Helene eines Abends an. »Die Bekämpfung der Schlafkrankheit wird uns mehr Geld kosten, als wir haben.«

Helene trat ans Fenster und starrte in die Dunkelheit. »Du hast den Goethepreis der Stadt Frankfurt bekommen, Albert. Ich glaube nicht, dass Goethe etwas dagegen hätte, wenn du für das Preisgeld Medikamente kaufst.«

»Gewiss nicht. Aber ich habe mir nun mal in den Kopf gesetzt, dass mir Goethe ein Haus in meinem Heimatdorf bauen soll.«

Helene ging zu ihrem Frisiertisch und begann ihr Haar zu bürsten, das unter den Kopfbedeckungen, die sie tagsüber wegen der Hitze trug, stumpf zu werden drohte. »Brauchen wir denn wirklich noch ein Haus? Ein Haus, in dem du so gut wie nie sein wirst?«

Albert klappte das Krankenbuch zu, in dem er sorgfältig Namen, Herkunft, Alter und Beschwerden seiner Patienten dokumentierte, und sah sie an. »Ich werde das Geld für neue Medikamente schon auftreiben, und wenn ich auf der ganzen Welt Vorträge halten und Orgel spielen müsste.«

Einige Stunden später wurden Albert und Helene von einem unruhigen Scharren der Hühner im nahen Stall aus dem Schlaf gerissen.

»Ruf lieber Joseph«, riet Helene verschlafen, als sie sah, wie ihr Mann nach Hemd, Hose und Schuhen tastete. »Wenn es wieder ein Leopard oder eine Boa ist …« Ein schauriger Schrei verschloss ihr die Lippen. Sie schlug die Hand vor den Mund. Erschrocken sprang Albert aus dem Bett, als auch schon Joseph und ein weiterer schwarzer Helfer aus dem Hospital energisch an die Tür des Doktorhauses klopften.

»Kommen Sie rasch, Doktor!«

»Ein Notfall? Joseph, bitte red schon! Es ist mitten in der

Nacht.« Albert nahm sein Gewehr von der Wand und trat auf die Veranda hinaus.

»Also, was ...« Das Wort blieb ihm im Hals stecken, als sein Blick auf die nur von einer einsamen Laterne beleuchtete Dorfstraße fiel. Dort draußen, nur wenige Schritte von seinem Haus entfernt, erklangen unheimliche Geräusche. Es raschelte. Brummte wie der Motor eines Automobils.

»Beim Blut Jesu, was ist das?«

Albert starrte fassungslos auf den beinahe endlos wirkenden Schwarm winziger schwarzer Lebewesen, die sich in grotesk zuckenden und tänzelnden Bewegungen über den Erdboden bewegten. Einen Augenblick lang blieb er wie versteinert stehen. Das Gewimmel, das am Haus vorüberzog, schien der Dunkelheit zu entsteigen. Dann weckte ihn das angstvolle Geschrei der Männer und Frauen aus seiner Benommenheit, die ihre Hütten verließen, um sich in Sicherheit zu bringen. Diejenigen, die sich noch einigermaßen bewegen konnten, rannten in blinder Hast hinunter zum Fluss.

»Was zum Teufel ist das?« Albert schüttelte den Kopf. »Es sieht aus wie ...«

»Wir nennen sie Kriegerameisen, Doktor. Es sind heimtückische kleine Bestien, die auf ihrer Wanderung durch das Land alles fressen, was sich ihnen in den Weg stellt. Ihr Zug kann Stunden dauern. Und ihr Hunger ist gewaltig!«

»Weichen Sie jemals von ihrem Weg ab?«

Joseph zuckte mit den Achseln; seine Miene verhieß nichts Gutes. »Ich habe einmal mit ansehen müssen, wie ein Zug von Kriegerameisen ausgeschwärmt ist, um Jagd auf Spinnen zu machen. Sie krochen ihnen sogar auf die Bäume nach, bis hinauf ins höchste Geäst. Als die Spinnen dann in Todesangst hinuntersprangen, stürzten sich die auf dem Boden wartenden Ameisen auf sie wie Soldaten auf einen feindlichen Krieger. Im nächsten Augenblick war nichts mehr von ihnen übrig.«

Das Gackern der Hühner und Ziegen in den Ställen wurde

eindringlicher; die Tiere witterten die drohende Gefahr für ihr Leben.«

»Wir müssen sofort die Tiere losbinden«, sagte Helene. Sie war bleich vor Angst und Abscheu. »Sie können sich nicht selbst in Sicherheit bringen.«

Albert rief rasch einige seiner Helfer herbei und gab ihnen Anweisungen. Helene, die sich inzwischen einen Morgenmantel über das dünne Nachthemd geworfen hatte, nahm das Horn von der Wand und stieß mehrere Male kräftig hinein, um Alarm zu schlagen.

Eine Reihe klagender Töne hallte durch das Dorf.

Im Nu gingen in der gesamten Hospitalsiedlung Lichter an: Fackeln, Laternen und Kerzen wurden entzündet. Was auch immer brannte, erhellte die Nacht. Im Dickicht, jenseits der Flussböschung, raschelten Tiere aufgeschreckt von dem Lärm. Als der Notruf an alle Männer und Frauen des Dorfes ergangen war, machte sich Helene so rasch sie konnte zu den Hütten auf, die der gefährlichen Ameisenstraße am nächsten lagen. Sie musste unbedingt nach den Kranken sehen, vor allem die Alten und die Frauen, die vor kurzer Zeit erst entbunden hatten, mussten fortgeschafft werden, ehe die Ameisen sich über ihre Baracken hermachten. Energisch stieß sie die Tür auf; ihre Augen durchstreiften das Zwielicht. Die Pritschen waren bis auf die letzte belegt, doch keine der Patientinnen machte Anstalten, sich zu rühren. Verängstigt lagen sie unter den leichten Decken und jammerten.

»Los, ihr müsst aufstehen«, rief Helene energisch. Sie klatschte in die Hände, um ihren Worten Nachdruck zu verleihen. »Diese entsetzlichen Krabbeltiere sind schon überall. Wenn ihr bleibt, fressen sie euch bei lebendigem Leib auf.« Zielstrebig schritt sie auf zwei Mädchen, Zwillingsschwestern aus N'Gômo zu, die sich vor den Pritschen auf geflochtenen Palmblattmatten niedergelassen hatten, um für ihre älteren Verwandten zu sorgen.

»Mbata, Njendala! Helft eurer Großmutter beim Aufstehen und bringt sie hinunter zum Fluss«, rief sie den beiden zu. »In einer Minute möchte ich niemanden mehr in der Hütte sehen. Kümmert euch auch um die Frauen im Wochenbett.« Sie schickte eine der jüngeren Frauen, die lediglich unter einem hartnäckigen Husten litt, zu den Patientinnen, die in der vergangenen Nacht von gesunden Kindern entbunden worden waren. Die Mütter hatten die Gesichter der Säuglinge mit weißer Farbe bemalt, um sie vor bösen Geistern zu schützen, nun spähten sie verängstigt zu der Frau ihres Oganga hinüber, die aufgeregt durch den Raum eilte.

Währenddessen entriegelte Albert die Tür des Hühnerstalls, aus dem bereits wildes Gegacker und Scharren drang. In blinder Hast stürzten die befreiten Hühner ins Freie und flatterten aufgeregt in alle Richtungen davon, bevor Albert auch nur eines der Tiere einfangen konnte. Albert befürchtete, dass so manches der Hühner, insbesondere der Küken in Panik geradewegs auf den sich windenden schwarzen Schwarm zusteuerte. Doch was sollte er tun?

Schreiend versuchte er das Federvieh in die entgegengesetzte Richtung zu treiben, denn nur, wenn es der breiten Dorfstraße fernblieb, hatte es eine Chance, mit dem Leben davonzukommen. Das gleiche galt auch für die Ziegen, deren Stricke Albert löste. Der Schweiß rann ihm dabei in Strömen von der Stirn. Als nach endlosen Augenblicken Joseph mit einer Schar Männer vom Fluss zurückkehrte, stieß er einen erleichterten Schrei aus. Die Männer, zu denen auch einige seiner Patienten gehörten, rannten über den Platz, Eimer mit Wasser in den Händen. Albert warf noch einen Blick auf die Hühner. Zu seinem Entsetzen musste er feststellen, dass sich der schwarze Schwarm geteilt hatte, genau wie Joseph es ihm erzählt hatte. Es hatte den Anschein, als bewegten sich zwei dürre Fangarme vorwärts, die nur darauf warteten, ihre Opfer zu ergreifen. Zwei der Hühner konnten ihnen nicht mehr ausweichen und wurden überrannt. Albert musste mit ansehen, wie die winzigen Räuber des Waldbodens die Tiere einkreisten, über sie hinwegkrochen und sie durch das Eindringen in Mund und Nase erstickten.

»Dr. Schweitzer, kommen Sie schnell!«

Joseph rief nach ihm. Er konnte die Hühner nicht mehr retten, musste stattdessen schleunigst zum Haus zurückkehren, um schlimmeren Schaden von ihm und den Nachbargebäuden abzuwehren.

Eilig mischte er das Wasser aus dem Fluss mit einigen Spritzern Lysol, das Helene dem Apothekenschrank entnommen hatte, und übergab es dann den Helfern, die es in dünnen Spuren rund um die Hütten und auf die Wege gossen. Der weiche Sandboden nahm es begierig auf.

»Und dieses Zaubermittel tötet die roten Kriegerameisen?«, fragte einer der Helfer. Skeptisch hielt er seine Fackel nahe an den Wassereimer, bis Albert sie erschrocken zurückschob.

»Wenn du nicht willst, dass uns der ganze Zauber um die Ohren fliegt, löschst du besser deine Fackel!« Er drückte dem verblüfften Mann den Eimer in die Hand und befahl ihm, mit dem Wasser auch die abgelegenen Räume des Hospitals und die Ställe zu besprengen. Kein Haus durfte vergessen werden. Anschließend schickte er Joseph ein weiteres Mal hinunter zum Fluss.

Inzwischen war die ganze Siedlung auf den Beinen, vereinzelt waren Schreie zu hören – Schmerzenslaute. Albert und Helene beobachteten von der Veranda aus, wie Menschen mit wilden Bewegungen um sich schlugen und sich schüttelten, als hätte sie die Raserei ergriffen.

»Wir brauchen mehr von dem Lysol«, rief Albert Helene zu und sprang die Treppe hinunter. »Du bleibst hier!«

Die Kriegerameisen waren offensichtlich zum Kampf bereit und nicht gewillt, sich ihren Raubzug durch das Hospital des weißen Oganga von dessen Bewohnern stören zu lassen. Aggressiver als zuvor schlugen die schwarzen Arme des Schwarms durch das Dorf, um es nun vollständig zu erobern.

»Wohin will Madame gehen?« Ein junger Bursche, der zuweilen beim Kochen half, sah, wie Helene ihren Tropenhelm mit dem Schleier aufsetzte und zog die richtigen Schlüsse daraus. »Der Oganga sagte, Madame soll hier beim Haus bleiben!«

Der Junge meinte es gut, doch Helene stand in dieser Nacht nicht der Sinn nach Diskussionen. Sie hatte Schreie ganz in ihrer Nähe gehört und würde bestimmt nicht untätig auf der Veranda herumstehen, während dort unten Menschen um ihr Leben kämpften.

»Sag mir nicht, was ich zu tun habe, Samingo. Sorge lieber dafür, dass dem Doktor immer genügend Wasser zur Verfügung steht! Wirst du das tun?«

Ohne auf den halbherzigen Protest des Jungen zu achten, schnappte sich Helene den letzten Eimer, um damit einer der Wäscherinnen zu Hilfe zu kommen, die wie vom Wahnsinn ergriffen vor ihrer Hütte herumsprang und sich schreiend auf die Schenkel klopfte. Helene war sofort bei ihr. Doch bevor sie auch nur den Eimer anheben konnte, spürte sie schon ein verdächtiges Kribbeln an ihren Beinen. Helene unterdrückte einen Schmerzensschrei. Niemals hätte sie gedacht, dass die Bisse dieser winzigen Kreaturen so höllisch brennen konnten. Sie gruben ihre Kiefer so tief ins Fleisch, dass man sie durch einfaches Abschütteln unmöglich lösen konnte. Mit einem Aufschrei leerte sie ihren Eimer mit der Lysolmischung über der jungen Wäscherin aus, die bereits röchelnd in den Staub gesunken war.

Obwohl es auf ihren Armen und Beinen inzwischen nicht weniger wimmelte, schaffte sie es mit letzter Kraft, das tropfnasse Mädchen am Handgelenk zu packen und über die Dorfstraße zu ihrem Haus zu ziehen. Unter ihren Schuhsohlen knirschte es bei jedem Schritt. Die Kriegerameisen brüllten zischend auf und begannen sie von mehreren Seiten einzukreisen.

Ich muss fort, war ihr einziger Gedanke. Fort von hier. Aus den Augenwinkeln sah sie, wie sich Albert, Joseph und zahllose weiße und schwarze Helfer aus dem Hospital näherten. Mit Besen, Eimern, Brandfackeln und Spritzpumpen setzten sie sich gegen die rasende schwarze Brut zur Wehr.

Wie durch ein Wunder schien die plötzlich zurückzuweichen. »Gnädiger Gott, sie verschwinden«, rief jemand erleichtert. Und tatsächlich: Die Kriegerameisen flohen, ihr Schwarm begann sich aufzulösen und fiel schließlich in sich zusammen wie ein zu lange gegartes Soufflé. Längst ragten keine Fangarme mehr aus der schwarzen Masse heraus.

Das Lysol hilft, dachte Helene erleichtert, während sie ihren Fuß wie in Zeitlupe auf die erste Stufe der Treppe setzte, die hinauf zu ihrer Veranda führte. Sie schluchzte, sah die Stufen nur verschwommen vor sich. Der brennende Schmerz breitete sich in ihrem Körper aus, nahm ihr die Luft. Noch ehe sie die rettende Tür erreichte, wurde ihr schwarz vor Augen; ohnmächtig brach sie zusammen.

Als der Morgen graute, zogen die überlebenden Ameisen weiter, vertrieben vom beißenden Geruch des Lysols, das ihnen stark zugesetzt hatte. In den Wasserlachen schwammen Tausende winziger Kadaver. Die Schlacht war geschlagen.

Helene hatte noch einmal großes Glück gehabt. Ihr Leben verdankte sie vermutlich der Aufmerksamkeit Samingos, des jungen Mannes, der die Wassereimer nachgefüllt und sie davon hatte abhalten wollen, den Kriegerameisen zu nahe zu kommen. Er hatte nicht nur mit seiner Laterne Albert herbeigerufen, sondern vorsorglich gleich mehrere Eimer Wasser über die Frau des weißen Arztes ausgeleert, um die tödlichen Insekten, die sich bereits unter den Schleier vor Helenes Gesicht gearbeitet hatten, fortzuspülen.

Helene erholte sich schnell von dem Schrecken, doch wie die meisten Bewohner des Hospitals hatte auch sie Dutzende tiefer Bisswunden abbekommen, die sie und Albert an diese

Nacht erinnerten, sooft sie mit Salbe behandelt werden mussten.

Die Aufregung über den nächtlichen Überfall hatte sich kaum gelegt, da ereignete sich eine Tragödie im Hospital, die Albert schwer mitnehmen sollte. Man hatte ihm einen Jungen gebracht, der beim Fischen aus dem Kanu gefallen und von einem aufgeschreckten Nilpferd schwer am Bein verletzt worden war. Der Kleine brüllte vor Schmerz, so dass die Verwandten, die zunächst den Fetischmann hatten rufen wollen, ihn schließlich doch nach Lambarene schafften. Albert erkannte, dass er sogleich operieren musste, wenn er das Bein des Jungen retten wollte. Helene und Joseph assistierten ihm. Aber trotz ihrer Bemühungen stellte sich bald heraus, dass das Bein offensichtlich nicht zu retten war.

»Das Bein wird ihn von innen vergiften, wenn wir es nicht abnehmen«, erklärte Albert seinen Helfern schweren Herzens. »Sorgt dafür, dass alles für den Eingriff vorbereitet wird.«

Nach einem hitzigen Wortwechsel, den die Verwandten des Jungen im Schatten eines Baumes führten, gaben sie schließlich ihre Einwilligung. Unverzüglich machte sich Albert an die Arbeit, wobei er so behutsam wie möglich vorging, um den Blutverlust geringzuhalten. Alles schien zu klappen. Doch in dem Moment, als Helene das Bein verbinden wollte, fiel der Kopf des Jungen auf die Seite.

»Großer Gott, wir verlieren ihn«, rief sie entsetzt.

Albert schob sie zur Seite und machte sogleich Wiederbelebungsversuche. Doch seine Bemühungen waren vergeblich. Der Junge zuckte noch einmal zusammen, dann hörte er auf zu atmen. Er war tot.

Helene wandte sich ab und überließ es Joseph, den kleinen Körper mit Tüchern zu verhüllen. Sie war am Boden zerstört. Albert machte ein finsteres Gesicht. Auch ihm ging der Tod des Kleinen nahe.

»Unnötig«, presste er zwischen den Zähnen hervor. »Das war

so unnötig.« Mit schlurfenden Bewegungen trottete er zur Waschschüssel, wartete aber nicht wie gewöhnlich darauf, dass Joseph ihm aus einem Krug Wasser über die Hände goss, sondern wusch sie ohne fremde Hilfe. Er stand noch immer gebeugt über der Schüssel, als sich in seinem Rücken ein erregtes Wortgefecht entspann. Der Onkel des toten Kindes war gemeinsam mit einem Stammesangehörigen in die Hütte gekommen, ohne dass Joseph sie davon hatte abhalten können. Mit einer schwungvollen Bewegung zog der Onkel das Leichentuch vom Körper seines verstorbenen Verwandten. Dann packte er seinen Begleiter im Genick und zwang ihn, sich vor der Bahre auf den Fußboden zu knien. Der Mann stieß ein Stöhnen aus.

Albert wandte sich irritiert um. »Was gibt es, Leute?«

Die beiden Männer beachteten ihn nicht. Der Stammesgenosse des verunglückten Jungen verharrte in seiner demutsvollen Pose, wagte aber nicht, den Kopf zu heben, während der ältere und kräftigere Krieger mit grimmiger Miene den Operationsraum begutachtete. Helene und Joseph erschienen mit einem Stapel frischgewaschener Kittel und Schürzen in der Tür, blieben jedoch beide zögernd stehen, als sie die Männer sahen. Noch bevor Helene etwas sagen konnte, wurde der gedemütigte Mann von seinem Begleiter brutal in die Höhe gerissen. Ein Schwall von Beschimpfungen regnete auf ihn herab. Der Onkel des toten Jungen hob drohend die Hand. Auf ihr waren merkwürdige eintätowierte Zeichen zu sehen.

»Ich habe euch gefragt, was hier los ist?«, rief Albert, dessen Stimme nun nicht mehr nachsichtig klang. Wenn er eines auf den Tod nicht ausstehen konnte, so waren es Handgreiflichkeiten und verbale Entgleisungen in seinem Hospital. So etwas durfte er nicht dulden.

»Wenn ihr mir nicht sagen könnt, was mit euch los ist, verlasst ihr dieses Haus auf der Stelle! Es ist wirklich eine Schande, sich vor dem Leichnam eines verstorbenen Kindes so aufzuführen.«

Der Krieger mit der tätowierten Hand verzog das Gesicht, als habe er in eine saure Frucht gebissen. Vermutlich hatte er nicht alles verstanden, was Albert gesagt hatte, denn in dem Dorf, aus dem er stammte, sprachen nur die Jüngeren Französisch. Doch dass der weiße Oganga sein Verhalten nicht guthieß, war ihm nicht entgangen. Daher zischte er Joseph etwas zu, warf dem eingeschüchterten jungen Mann an der Bahre noch einen vernichtenden Blick zu und verließ dann hoch erhobenen Hauptes den Raum.

»Er macht uns Vorwürfe, nicht wahr?«, erkundigte sich Helene besorgt. Sie legte ihren Wäschestapel auf der Kommode ab. »Er behauptet, wir seien für den Tod seines Neffen verantwortlich.«

Joseph schüttelte den Kopf. Er deutete auf den Stammesgenossen des Toten. »Ihm gibt er die Schuld – ihm allein. Dieser Mann war bei dem Jungen, als er aus dem Kanu in den Ogowe fiel.«

»Ach, deshalb hat er den Jungen ins Hospital gebracht und ist bei ihm geblieben, um ihn zu pflegen«, sagte Albert. Seine Miene hellte sich auf. »Soviel ich weiß, hat der Mann den Kleinen aus dem Wasser gezogen und wäre dabei selbst beinahe von dem Nilpferd zerfleischt worden.«

Joseph zuckte die Achseln. Er hatte Albert nur mitgeteilt, was er von dem wütenden Onkel erfahren hatte. »Er war dabei, als es geschah, daher soll er sühnen«, sagte er.

Draußen waren inzwischen Trommeln zu hören, in deren rhythmische Klänge sich die Stimmen singender Männer mischten. Es klang nicht friedlich. Der junge Stammeskrieger hob den Kopf; seine Augen blickten plötzlich glasig, fast so, als hörte er in den Trommeln versteckte Befehle eines Fetischmanns, die Albert und Helene verborgen blieben.

»Sie werden ihn jetzt töten«, meinte Joseph, als sei dies beschlossene Sache. So wunderte er sich auch nicht, als die Tür aufgestoßen wurde und zwei Krieger aus dem Dorf des vermeintlichen Missetäters den Kopf hereinstreckten. Sie trugen gemusterte Webumhänge und um den Hals breite Krausen aus geflochtenem Bast.

»Komm mit, N'Kendju«, rief einer der beiden dem zitternden jungen Mann zu. »Wir gehen zurück in unser Dorf.«

Albert trat entschlossen vor. »Und dort werdet ihr ihn dann umbringen, habe ich recht? Wegen eines bedauerlichen Unfalls? Das kann nicht euer Ernst sein!«

»N'Kendju wird mit uns gehen!«

»Nein, das wird er nicht.«

»Mit welchem Recht will sich der weiße Oganga einmischen?«, knurrte der ältere der beiden Stammeskrieger. Er warf erst Albert, dann Helene einen feindseligen Blick zu, bevor sich sein runzeliges Gesicht zu einer höhnischen Grimasse verzog. »Wäre es dem Oganga lieber, wenn wir stattdessen seine Frau mitnehmen würden?«

Joseph schrie empört auf. Er begann den Mann in verschiedenen Dialekten der Umgebung zu beschimpfen, nannte ihn einen winselnden, auf dem Bauch kriechenden Grobian, der es nicht wagen sollte, seiner Madame auch nur einen Schritt zu nahe zu kommen. Zur Bekräftigung seiner Worte ergriff Joseph von der Kommode eines von Alberts Skalpellen. Wild fuchtelte er damit vor den Männern herum, die tatsächlich erschrocken bis an die Tür zurückwichen.

»Joseph, lass sofort das Skalpell sinken!«, befahl Albert streng. Zwar freute er sich über den Mut, mit dem sein erster Heilgehilfe daran ging, Helene zu verteidigen, doch wollte er unbedingt vermeiden, dass die Situation eskalierte. Das Dorf, aus dem die Männer stammten, lag mehr als zwei Tagesmärsche weit von Lambarene entfernt. Seine Bewohner standen dem Hospital noch immer weitaus kritischer gegenüber als ihre Nachbarn flussabwärts. Eine offene Feindschaft zwischen ihnen und den Leuten von Lambarene konnte verheerende Folgen haben.

»Die Verwandten des Jungen hatten Vertrauen zu mir, ja selbst sein Onkel macht mir keinen Vorwurf, weil ich ihn nicht retten konnte«, sagte Albert schließlich. »Wir Ärzte sind Menschen, keine Zauberer. Wir versuchen zu helfen und zu heilen, aber nicht immer werden die Menschen, die wir behandeln, wieder gesund. Gott trifft die Entscheidung, wir müssen sie annehmen.«

»Genau das habe ich in allen Dörfern zwischen Konakri und Inionga erklärt, durch die ich gekommen bin«, bestätigte Joseph eifrig nickend.

»Dieser Mann, den ihr N'Kendju nennt, hat nichts verbrochen, was eine Bestrafung nach sich ziehen muss. Solltet ihr aber anderer Meinung sein, so könnt ihr ihn jederzeit vor dem Bezirkshauptmann von Lambarene verklagen und einen Prozess anstrengen.«

»Wir brauchen keinen Prozess«, sagte der jüngere der beiden Krieger verächtlich. Er stellte sich als älterer Vetter des Verstorbenen vor und erklärte, seine Mutter und deren Schwester zu begleiten, die just in diesem Moment am Flussufer die Totenlieder singen würden.

»Wir wissen, dass N'Kendju nichts getan hat, aber er war dabei, als es geschah. Daher muss er nach unseren Bräuchen sein Leben als Sühne geben, damit mein Vetter kein Leopardenmensch wird und unser Dorf in Vollmondnächten heimsucht.«

»Ach, darum geht es euch?«, rief Helene. Erbost stemmte sie die Hände in die Hüften und funkelte den Stammeskrieger an. Es war nicht das erste Mal, dass sie von der Furcht vor verstorbenen Nachbarn oder sogar Verwandten hörte, die angeblich in Gestalt verschiedener Tiere wiederkehrten und schlimmes Unheil anrichteten. Manch ein Wahnsinniger hielt sich selbst für das Tier, dessen Opfer er oder ein Angehöriger einmal geworden war. Er band sich Krallen aus Eisen oder angespitzte Zähne an Hände und Füße, fiel Menschen an und tötete sie, indem er ihnen die Halsschlagader zerfetzte. Zu den grausigen Ritualen, die Leopardenmenschen zelebrierten, gehörte auch, die Stammesangehörigen vor die Gatter und Zäune des Dorfes zu locken und dann zu zerfleischen. Ihre unheimlichen Schreie hallten dann durch den Urwald.

Helene selbst hatte bereits zweimal Frauen mit Bisswunden an den Brüsten und Schenkeln behandelt, die der tödlichen Falle in letzter Sekunde entkommen waren. Viele Frauen und auch Männer trugen um den Hals Amulette, die sie vor dem Zorn dieser Wiedergänger schützen sollten. Warum jedoch aus dem Jungen, der von einem Nilpferd angegriffen worden war, ein Leopardenmensch werden sollte, überstieg Helenes Begriffsvermögen.

»Ihr könnt den Verwandten des Jungen ausrichten, dass wir mit ihnen trauern«, sagte Albert nach einer Weile, wobei er sich schützend vor N'Kendju stellte. Der junge Krieger wagte kaum, Luft zu holen. »Aber dieser Mann bleibt hier im Hospital, denn er ist mein Angestellter. Verstanden?«

»Angestellter?« Joseph runzelte die Stirn. »Aber Dr. Schweitzer …«

»Ach, habe ich vergessen, es dir zu sagen? Egal. N'Kendju hat nicht nur den armen Jungen aufopferungsvoll gepflegt, er hat sich auch sonst nützlich gemacht, wo immer gerade eine helfende Hand gebraucht wurde. Daher habe ich beschlossen, ihn in Lambarene aufzunehmen. Während der Regenzeit sind einige unserer Helfer in ihre Dörfer zurückgekehrt, und ich brauche dringend Ersatz. Ihr seht, dass ich euch meinen Angestellten nicht einfach mitgeben kann!«

Die Krieger sahen einander an, wussten aber offensichtlich nichts, was sie darauf erwidern konnten, und verließen schließlich kleinlaut den Raum.

»Lass dir von Joseph alles zeigen, N'Kendju«, sagte Albert, als der junge Mann ihm danken wollte. »Ich muss jetzt dafür sorgen, dass die Leute den toten Jungen beerdigen können.« Er wandte ihm brüsk den Rücken zu und verschwand durch die Tür im angrenzenden Apothekenraum. Helene sah ihm nach. Sie verstand nur zu gut, dass er nun einige Zeit für sich brauchte und nicht gestört werden wollte. Der nächste Tag würde mit zwei Operationen und verschiedenen Behandlungen anstrengend genug werden.

9. Kapitel

Günsbach, August 1949

Die Kinder saßen im Schneidersitz um den Felsbrocken herum, der einsam inmitten der Wiese stand, als hätte ihn einst ein Riese dort auf seiner Wanderschaft stehen lassen und vergessen. Albert berührte den kühlen Stein mit der Hand. Wind und Regen hatten an ihm gearbeitet und ihre Spuren hinterlassen. Für Albert lebte er.

»Ich habe ihn von der Gemeinde Günsbach gepachtet«, verriet er seinen staunenden Enkelkindern. »Für eine Mark im Jahr.«

»Großvater, erzählst du uns die Geschichte mit den Vögeln?«, bat Vera-Monique. Das Mädchen hatte sie schon oft gehört, aber kaum jemals aus Alberts Mund. Albert lächelte. »Mein Freund und ich kamen hier herauf, auf den Rehberg. Wir hatten uns Schleudern gebastelt. Aber als ich hörte, dass wir damit Vögel schießen sollten, wurde mir ganz anders. Ich wollte den armen Vögeln nichts zuleide tun, aber wenn ich mich geweigert hätte, hätte mein Freund mich doch ausgelacht.«

»Und was hast du getan?«, fragte Catherine. Sie hatte ihre Schüchternheit abgelegt und folgte der Einladung ihres Großvaters, es sich auf seinem Schoß bequem zu machen, bereitwillig.

»Nun, als mein Freund die Schleuder spannte, erklang vom Dorf her Glockengeläut. Wir hatten beide ganz vergessen, wie spät es schon war und dass wir nach Hause gehen mussten. Ich begann schreckliche Geräusche zu machen, ungefähr so.« Er legte den Zeigefinger an die Nasenspitze, blähte die Flügel und schnaubte lautstark. Die Kinder kicherten erheitert.

»Die Vögel, die auf den Bäumen nisteten, flogen erschrocken davon, noch bevor mein armer kleiner Freund auch nur einen Schuss auf sie abgeben konnte. Ich glaube, ich habe ihn ganz schön geärgert. Aber wisst ihr, mir lag das Wohl der Tiere schon als Kind sehr am Herzen, und ich wäre traurig gewesen, wenn durch meine Schuld ein Lebewesen zu Schaden gekommen wäre.«

Er schaute auf seine Armbanduhr. »Jetzt müssen wir uns aber beeilen. Eure Mutter wartet bestimmt schon mit dem Essen auf euch!«

Albert nahm den Mittagszug nach Straßburg. Dort wollte er noch einige Telegramme aufgeben, bevor er über Paris an die Küste reiste, um das nächste Schiff zu besteigen. Wie zu erwarten gewesen, war der Abschied zwischen ihm und seiner Familie kurz und bündig ausgefallen, doch insgeheim war Rhena darüber nicht traurig. Allzu lange Diskussionen und Vorwürfe hätten nur dazu geführt, die Kinder zu verunsichern, denen ihr Spaziergang mit dem Großvater sichtlich gefallen hatte. Sie selbst war daran gewöhnt, Abschied zu nehmen. Ja, man konnte sagen, dass sie es darin zu so etwas wie einer Meisterschaft gebracht hatte. Auch ihr Mann war oft auf Reisen, wofür sie Verständnis aufzubringen hatte, denn schließlich war es in seinem Beruf auch nicht leicht, eine vielköpfige Familie durchzubringen.

Rhena und Helene waren gerade dabei, Wäsche zu sortieren, als es unten an der Eingangstür klopfte. Die junge Frau blickte verwundert auf.

»Wer kann das sein?«

Helene zuckte mit den Schultern. Albert war fort, wie immer hatte er nur das Nötigste eingepackt, aber es war unwahrscheinlich, dass er zurückkam, weil er etwas vergessen hatte. Er vergaß niemals etwas Wichtiges.

Als Rhena die Tür öffnete, sah sie sich zwei fremden Gesichtern gegenüber, die sie mit unverhohlener Neugierde betrachteten. Sie gehörten zu einer jungen Frau und einem Mann, der zur Begrüßung die Krempe seines Hutes berührte. Unwillkürlich machte Rhena einen Schritt zurück, doch die junge Frau hob rasch einen Arm und lächelte. Sie besaß ein offenes Gesicht mit klugen Augen, wenngleich sie für Rhenas Geschmack ein wenig zu viel Make-up aufgetragen hatte. Ihr Begleiter machte trotz seines Lächelns schon einen verschlosseneren Eindruck.

»Ich bitte um Verzeihung«, sprach die junge Frau Rhena an. »Dies ist doch das Haus der Familie Schweitzer, nicht wahr?«

Rhena zögerte, zwang sich jedoch zu einem Nicken.

»Ist der Doktor zu Hause?« Die Stimme der jungen Frau klang höflich. Rhena fiel auf, dass ihr Französisch völlig akzentfrei war. Vermutlich stammte sie nicht aus dem Elsass, sondern direkt aus Frankreich.

»Oder vielleicht können Sie uns Madame Schweitzer melden? Wir kennen uns aus den Vereinigten Staaten.«

»Thérèse? Sind Sie das?«

Helene hatte die Stimme erkannt und eilte mit ausgebreiteten Armen die Treppe hinunter, um die späten Gäste zu begrüßen. Zu Rhenas Überraschung drückte sie der fremden jungen Frau einen Kuss auf jede Wange, ebenso dem jungen Mann, der bis jetzt noch kein Wort gesprochen hatte.

»Das ist unsere Freundin, die Fotografin aus New York, Liebes«, erklärte sie ihrer Tochter mit einem vergnügten Lächeln. »Thérèse, wie nett, dass Sie es einrichten konnten, uns zu besuchen. Und Mr. Figgis, nicht wahr? Kommen Sie doch bitte herein, ich heiße Sie beide willkommen in unserem kleinen Dorf.«

Figgis ergriff Rhenas ausgestreckte Hand und schüttelte sie

kräftig. »Sie haben eine außergewöhnliche Mutter, Rhena«, sagte er. »Wirklich außergewöhnlich.«

Rhena ließ sich von dem Lächeln des Amerikaners anstecken. Es kam nicht oft vor, dass jemand ihre Mutter als außergewöhnlich bezeichnete. In der Regel war es ihr Vater, der mit dergleichen Lobesworten bedacht wurde. Obwohl sie von dem Besuch nichts gewusst hatte, war sie doch froh, als sie hörte, wie ihre Mutter die Fotografin und ihren netten Kollegen überredete, zum Abendessen zu bleiben. In Anbetracht der gespannten Situation, die seit gestern Abend im Hause Schweitzer herrschte, konnte die Anwesenheit der beiden Gäste vielleicht von Vorteil sein.

»Es tut mir leid, dass Sie meinen Mann verpasst haben«, sagte Helene, während Hilda, die über den überraschenden Besuch ihre eigene Meinung hatte, Kaffee und mit Gurke und Kresse belegte Toasts servierte. Sie hatten es sich im Garten vor einem grünen, mit dichten Wasserpflanzen überwucherten Teich bequem gemacht und lauschten dem Konzert der Frösche, die dort ihre Laichplätze hatten. Ein mächtiger Sonnenschirm spendete ausreichend Schatten.

Thérèse bemühte sich, ihre Enttäuschung zu verbergen, doch ihre Augen verrieten sie. »Wir hatten wirklich gehofft, Dr. Schweitzer zu Hause anzutreffen«, sagte sie. Mit einer Papierserviette wischte sie sich ein paar Toastkrümel aus dem Gesicht. »Sie können doch nur wenige Stunden vor uns angekommen sein.«

»Wenn Sie mich fragen, wird der Herr Doktor eines Tages in sich zusammenfallen wie ein Kartenhaus, wenn er so weitermacht!« Hilda machte ihrer Empörung über die überstürzte Abreise ihres Arbeitgebers Luft. »Er hatte doch nicht einmal mehr Zeit, mein gutes Ofengebackenes …«

»Ich bin sicher, dafür wird es unseren Gästen aus Amerika hervorragend munden, Hilda« unterbrach Helene die Köchin. Sie wartete, bis die alte Frau sich wieder ins Haus zurückgezogen hatte. »Sie meint es nicht so. Ich glaube, wir sind alle ein wenig überanstrengt. Aber glauben Sie mir, mein Mann hatte sich darauf gefreut, Sie wiederzusehen. Seine Abreise nach Afrika hatte zwingende Gründe.«

Nach dem Abendessen wartete Rhena, bis ihre Mutter an Figgis' Arm in den Salon gegangen war, um dort ihren Kaffee zu trinken, bevor sie Thérèse ein Zeichen gab, auf sie zu warten. Überrascht hob die junge Frau die Augenbrauen.

»Ich habe gehört, dass Sie meine Eltern in New York mehrfach fotografiert haben. Allein, aber auch zusammen mit Freunden wie Professor Albert Einstein.«

Thérèse nickte. »Das ist richtig. Und ich darf Ihnen versichern, dass die Aufnahmen ausgezeichnet geworden sind.«

»Davon bin ich überzeugt. Es ist nur …« Rhena dachte einen Augenblick lang nach. Aus dem Salon erklangen Gesprächsfetzen und Gelächter. Ihre Mutter schien förmlich aufzublühen, seit die beiden jungen Leute aus Amerika im Haus waren. Nun, das war gewiss erfreulich. Andererseits …

»Ich möchte Sie nur bitten, heute keine Fotos mehr von meiner Mutter zu machen. Die Reise hat sie mehr angestrengt, als sie zugeben mag. Dazu kommt der plötzliche Entschluss meines Vaters, nach Lambarene zurückzukehren. Ich fürchte, dieses Mal würden Sie keine ausgezeichneten Aufnahmen bekommen.«

Thérèse nickte verständnisvoll. »Aber natürlich, Rhena. Sie können sich auf mich verlassen. Ich hätte selbst merken müssen, wie blass Ihre Mutter heute aussieht. Wir gehen auch gleich, wenn ich Phil dazu kriegen kann, die Klappe zu halten. Oh, was ist das?« Die Klänge eines flotten Jazzstücks auf dem Klavier drangen durch die Halle, gefolgt von begeisterten Beifallrufen.

»Ich schätze, Ihr Phil hat das Klavier meines Vaters im Salon entdeckt«, meinte Rhena lächelnd.

»So scheint es.« Thérèse wandte sich zur Garderobe, um

ihren Mantel zu holen, als ihr Blick auf eine afrikanische Skulptur fiel, die neben dem Schirmständer stand. Sie war aus einem einzigen Stück glänzend poliertem Ebenholz geschnitzt worden.

»Was für ein wunderschönes Stück!«, rief Thérèse. Voller Bewunderung berührte sie den glatten runden Kopf der Figur. Obwohl sie nicht allzu viel von volkstümlicher Kunst verstand, gefiel ihr das kleine Kunstwerk doch auf Anhieb.

»Ein wirklich wunderschönes Stück«, wiederholte sie.

Rhena seufzte. »Nicht wenn man Geburtstag hat und zehn Jahre alt wird. Mein Vater hat sie mir mitgebracht, das muss so Ende der zwanziger Jahre gewesen sein. Ich weiß noch, dass ich mir eigentlich eine Puppe von ihm gewünscht hatte, statt dessen brachte er mir die Skulptur, nannte sie Antilope und behauptete, ein wichtiger Stammeshäuptling aus der belgischen Kolonie Kongo habe sie geschnitzt, um mir eine Freude zu machen.«

Rhena machte ein Gesicht, als suchte sie in einer verschlossenen Schublade ihres Gedächtnisses nach Erinnerungen. »Ein deutsches Kind weiß mit zehn Jahren noch herzlich wenig über afrikanische Antilopen und schnitzende Häuptlinge, aber das hat meinen Vater nicht gestört. Er fand, dies wäre das ideale Geschenk für ein kleines Mädchen.«

Thérèse, die mit zehn Jahren noch kaum gewusst hatte, was ein Geschenk war, schwieg dazu.

»Er muss gespürt haben, dass ich enttäuscht war«, fuhr Rhena fort. »Schließlich war er der bedeutende Dr. Albert Schweitzer, der mit seinen Patienten stets so einfühlsam umging. Er nahm mich in die Arme und erklärte mir dann, dass Lambarene nur eine Ansammlung von Hütten sei, in denen arme Menschen lebten. Dass es dort nicht viel Spielzeug zu kaufen gäbe. Ich schätze, ich habe damals verstanden, was er meinte, auch wenn ich nicht recht wusste, welche der beiden Geschöpfe ich seltsamer finden sollte: die aus schwarzem Holz oder die, die mit ihren wirren Haaren meine Wangen kitzelte.

Letzten Endes bedankte ich mich, wie meine Mutter es mir beigebracht hatte, denn eines war gewiss: Kein anderes Kind in der Schule besaß eine hölzerne Antilope aus dem Kongo.«

In Rhenas Augen glitzerten Tränen, als sie nun ebenfalls begann, die Skulptur zu streicheln. Sie bemerkte nicht, dass die Jazzmusik aufgehört hatte. Figgis und Helene standen an der Tür und blickten schweigend zu ihnen herüber.

»In gewisser Hinsicht fühlte ich mich ja sogar geehrt, weil mein Vater ein so wichtiger Mann war. Die Väter meiner Freundinnen waren Gastwirte, Bauern, Gendarmen oder Schneider. Kein einziger von ihnen war jemals im Ausland gewesen, geschweige denn in Afrika.«

Figgis räusperte sich. »Ich nehme an, Sie waren ein wenig traurig darüber, dass Sie Ihren Vater nicht öfter zu sehen bekamen.« Thérèse warf ihm einen mahnenden Blick zu, den er geflissentlich ignorierte.

Rhena zuckte mit den Schultern. »Er hat einmal gesagt, es sei unsere Bestimmung, nicht Kinder zu bleiben, sondern Kinder zu werden. Vertrauensvoll, meinte er damit. Liebevoll. Vielleicht hat die Welt ihn mehr gebraucht als ich. Es ändert sich doch nichts.«

Zur selben Zeit saß ein Mann in einem exquisiten New Yorker Club. Er hatte sich in eine abgeschiedene Ecke des Raucherzimmers zurückgezogen und zündete sich eine Zigarre an. Interessiert verfolgte er die Übertragung einer Fernsehsendung, in der die Gattin des ehemaligen Präsidenten Roosevelt Interviews mit berühmten Menschen führte.

Der Mann beugte sich ein wenig vor, um mehr erkennen zu können. Wie gebannt starrte er auf den Bildschirm des Schwarzweißgeräts, das trotz des Widerstands der konservativen Clubmitglieder, die ihre Zeit lieber mit der Zeitung, Billard oder einem Plausch bei einem guten Glas Scotch verbrachten, angeschafft worden war.

Der Mann war kein Feind des Fernsehens, fand vielmehr, dass es zuweilen ganz nützlich sein konnte, sich damit zu befassen, auch wenn sich um diese Zeit für gewöhnlich nur Schwachköpfe auf der Mattscheibe tummelten. Diese Sendung indes fesselte ihn, denn Mrs. Roosevelt hatte heute keinen Geringeren als den Atomphysiker Albert Einstein in ihre Sendung eingeladen.

Ein ellenlanger Kellner mit pomadisierten Haaren erschien lautlos wie eine Katze im Raucherzimmer und servierte ein weiteres Glas Eistee. Keinen Alkohol. Mochten seine Clubkameraden sich auch noch so sehr darüber lustig machen. Im Dienst trank er keinen Tropfen, und ein Mann in seiner Position befand sich immer im Dienst. Eines Tages würden die Tölpel, die müßig am Billardtisch standen und sich über die Börsenkurse an der Wall Street aufregten, das einsehen und Abbitte leisten. Was er unternahm, geschah auch, damit sie abends beruhigt zu ihren Frauen oder Geliebten unter die Bettdecke schlüpfen und von ihrem Reichtum träumen konnten.

Der Kellner blieb abwartend hinter seinem Sessel stehen. Ob er denn noch einen Wunsch habe, wollte er wissen. Er schickte ihn mit einer Geste weg, wollte keinen Satz verpassen, der im Fernsehen gesagt wurde. Alles konnte wichtig sein. Jede Gebärde, jede Äußerung des alten, schlecht frisierten Mannes. Hatte er sich nicht erst kürzlich hier in New York mit dem Arzt Albert Schweitzer getroffen?

Er fragte sich, über was die beiden bei diesem Treffen wohl gesprochen hatten.

Mrs. Roosevelt, die mit ihrem weißen Haar bleich wie der Tod wirkte, präsentierte nun lächelnd einen Ausschnitt aus einer Rede ihres berühmten Gastes. Dabei handelte es sich um einen Vortrag, den Professor Einstein erst kürzlich in Princeton gehalten hatte.

Der pomadisierte Kellner hatte sich noch nicht entfernt. Er konnte ihn atmen hören; offensichtlich stand der Kerl mit seinem Tablett und seinem dümmlichen Grinsen hinter dem Sessel und sah nun ebenfalls fern, anstatt sich um die Gäste zu kümmern.

»Haben Sie nichts zu tun?«, herrschte er ihn an, ohne sich umzudrehen.

»Ich … Sir?«

»Machen Sie sich wenigstens nützlich und drehen etwas lauter. Hier versteht man ja sein eigenes Wort nicht.«

»Ist das Leben nicht heilig?«, hallte im nächsten Moment Albert Einsteins Stimme durch Raucherzimmer und Clublounge. *»Ist das Leben nicht das Wichtigste, das die Menschheit schützen muss? Politik und Nationen, das muss an zweiter Stelle stehen. Die Wasserstoffbombentests, welche die Vereinigten Staaten derzeit durchführen, müssen beendet werden. Die Atombombentests müssen gestoppt werden. Atomwaffen sind Gegenstand des Abscheus der ganzen Menschheit. Wenn Menschen von …«*

»Schalten Sie das sofort aus!«, befahl der Mann dem Kellner, der verdutzt zusammenzuckte. Ohne Umschweife führte er den Befehl aus. Dann verzog er sich eilig. Er wollte keinen Ärger bekommen, und der hochrote Kopf dieses schwierigen Clubmitglieds sah ganz nach Ärger aus. Da verzichtete man doch lieber auf ein Trinkgeld und behielt stattdessen seinen Job.

Erbost warf der Mann seine Zigarre in den Aschenbecher. Plötzlich schmeckte ihm die teure Havanna nicht mehr.

»Also die Atomwaffen der Vereinigten Staaten sind Gegenstand des Abscheus der gesamten Menschheit?«, flüsterte er mit gefährlich leiser Stimme. »Jetzt haben wir dich, du schmutziger, kleiner alter Mann. Und die, die dir helfen, kriegen wir auch noch!«

Figgis und Thérèse hatten es vorgezogen, nicht in Günsbach zu übernachten. Sie wollten sich Zimmer in Straßburg nehmen. Zum einen hatte Thérèse den Eindruck, dass es zwischen Helene und ihrer Tochter noch eine Menge Redebedarf gab, zum anderen wollte sie Figgis zeigen, dass das Elsass nicht nur aus abgeschiedenen kleinen Dörfern bestand. Natürlich war Straßburg nicht Paris, doch dafür besaß die alte Stadt mit der imposanten mittelalterlichen Kathedrale, dem Münster, ihren ganz eigenen, unverwechselbaren Charme. Als sie Figgis durch die engen Straßen führte, bemerkte sie, dass auf seinem Gesicht ein Staunen lag. Und das freute sie. Wenngleich sie sich inzwischen als Amerikanerin betrachtete, würde ein Teil ihres Herzens stets für das alte Europa schlagen.

Abends, in der Bar des Hotels, das ihr empfohlen worden war, plauderten sie lange über die Schweitzers, aber auch über Thérèses Job, ihre Ziele und Träume für die Zukunft. Wie gewöhnlich ließ Figgis Thérèse reden, hakte nur von Zeit zu Zeit mit seinem strahlenden Lächeln nach, bis sie sich schließlich ausgepresst wie eine Zitrone vorkam.

Ob er von den Mädchen, die ihm gefallen, immer alles wissen möchte, fragte sie sich. Sie bestellten einen Drink nach dem anderen, wobei die Zeit wie im Fluge verging. Zuletzt hielt sich außer ihnen nur noch ein deutscher Geschäftsmann in der schwach beleuchteten Bar mit ihren roten Samtvorhängen auf. Doch der Mann interessierte sich nur für sein Bier und schaute nicht einmal zu ihnen herüber. Als im Radio die ersten Takte des Stücks erklangen, das Figgis noch wenige Stunden zuvor auf Albert Schweitzers Klavier vorgetragen hatte, stand er auf und erhob mit glänzenden Augen sein Glas: »Prost, alter Junge, wo immer du jetzt auch sein magst, wir werden deiner Spur folgen!«

Thérèse kicherte albern. Der Alkohol war ihr zu Kopf gestiegen. Für gewöhnlich trank sie keinen Tropfen, doch gegen Figgis' Überredungskünste hatte sie sich heute Abend nicht zur Wehr setzen können. In seiner Gegenwart schienen Regeln und selbstaufgestellte Grundsätze wie Eis in der Sonne zu schmelzen. Das erschreckte sie einerseits, andererseits fand sie es jedoch auch spannend, einmal ein wenig über die Stränge zu schlagen. Schließlich war sie hier nicht zu Hause. Sie ergriff daher ebenfalls ihr Glas und nahm einen Schluck auf das Wohl des Doktors, der inzwischen vermutlich bereits an Bord eines Dampfschiffs weilte.

Figgis strich sich das Haar zurück, das ihm in die Stirn gefallen war.

»Tja, ich schätze, wir werden uns noch ein wenig gedulden müssen, bis wir den guten Doktor auf seinem eigenen Terrain zu sehen bekommen. Ein genaues Bild von ihm hätten wir in Günsbach ohnehin nicht bekommen. Dazu ist er viel zu selten zu Hause.« Er prustete angeheitert los. »Eine hölzerne Antilope als Geburtstagsgeschenk. Ich könnte mich hinlegen vor Lachen ...«

»Rhena hat längst ihren Frieden damit gemacht«, erklärte Thérèse. Plötzlich hatte sie das Gefühl, Albert verteidigen zu müssen. »Ich hätte mich als Kind jedenfalls darüber gefreut. Aber lassen wir das, Phil. Er konnte seiner Tochter nicht die Kindheit geben, die sie sich gewünscht hätte. Das geht leider vielen Menschen so.«

»Glaubst du, dass sie ihm das immer noch nicht verziehen hat?« Figgis wurde ernst. Mit gerunzelter Stirn nahm er eines der Streichholzbriefchen, die in einer Schale auf der Bar lagen, und drehte es spielerisch zwischen den Fingern.

»Nehmen wir einmal an, Rhena hielte ihren Vater für einen unverbesserlichen Tyrannen, der ihr mit seinem Egoismus das Leben zerstört hat. Ich frage mich, wie weit sie gehen würde, um ihm zu zeigen ...«

»Phil ...« Thérèse schüttelte entrüstet den Kopf. Als der Barkeeper ihr Glas mit Whisky auffüllen wollte, legte sie rasch die Hand darauf. »Nein, danke, ich schätze, ich habe genug für heute.« Sie wollte gerade aufstehen, als ihr eine Empfangsdame auffiel. Das Mädchen blickte sich suchend in der Bar um. Als sie Figgis erkannte, kam sie mit eiligen Schritten auf ihn zugelaufen.

»Mr. Figgis, Sie werden am Telefon verlangt.«

Überrascht schaute Figgis auf. »Um diese Zeit? Das ist aber merkwürdig.«

»Ist es nicht, wenn der Anruf aus Amerika kommt«, sagte Thérèse leicht pikiert. Sie ergriff ihre Handtasche und ließ sich vorsichtig von dem Barhocker zu Boden gleiten. Um sie herum schwankte alles. Zum Teufel mit diesem Zeug, dachte sie, wütend über ihre Maßlosigkeit. Kaum bin ich in Frankreich, da muss ich mir gleich eine Packung Kopfschmerzen besorgen.

Einen Augenblick lang blieb sie einfach an der Bar stehen und atmete tief durch. Sie gehörte schleunigst ins Bett. Allein. Wenn sie jetzt nicht hinaufging, würde sie es spätestens morgen bereuen, wenn ihr Schädel platzte wie eine Melone.

Schließlich setzte sie sich doch wieder hin. »Na los, schauen Sie mich nicht an wie eine ... Antilope«, fauchte sie den Barkeeper an. »Schenken Sie uns beiden noch einen ein.«

Figgis schloss die Falttüren der Telefonkabine sorgfältig und wartete, bis die Schritte der Empfangsdame auf dem spiegelblanken Marmorboden verklungen waren. Seine Stirn umwölkte sich, als er den Hörer zur Ohrmuschel führte.

»Habe ich dir nicht gesagt, dass du mich unter keinen Umständen hier anrufen sollst, Schätzchen?« Die barsche Antwort ließ ihn auflachen. »Okay. Okay. Ich gebe es ja zu, das war ein schlechter Witz. Also was gibt's? Hier, in Frankreich, ist nämlich schon nach Mitternacht. Anständige Leute liegen zu dieser Zeit in den Federn.«

Während Figgis dem Anrufer zuhörte, erstarb das Lächeln auf seinem Gesicht. »Augenblick mal«, brummte er. »Wiederholen Sie das!« Er fingerte mit einer Hand Notizbuch und Stift aus seiner Jacke. Dann bat er seinen Gesprächspartner, langsamer zu sprechen, damit er mitschreiben konnte. Nachdem er den Hörer aufgelegt hatte, blieb er noch einige Augenblicke wie betäubt in der Kabine stehen, den Blick fragend auf den

Hörer geheftet. Was man ihm zugetragen hatte, gefiel ihm nicht. Es gefiel ihm ganz und gar nicht. Aber es gehörte nun einmal zu seinem Job, sich auch mit unangenehmen Dingen herumzuschlagen. Ohne Eile verließ er die Telefonkabine.

Als er in die Bar zurückkehrte, sah er Thérèse erwartungsvoll den Kopf heben. Sie hatte also auf ihn gewartet. Womöglich sollte er sich geschmeichelt fühlen.

»Hoffentlich keine schlechten Nachrichten?«

Figgis schüttelte den Kopf. »Ein Typ, der mit einer großen Arzneimittelfirma zu tun hat, wollte unbedingt noch mit mir reden. Ihm war nicht ganz klar, dass es so etwas wie eine Zeitverschiebung zwischen den Kontinenten gibt. Aber das ist Nebensache, denn was er sagte, könnte sich für uns wirklich als gute Nachricht herausstellen.«

»Die Schweitzers können gute Nachrichten gebrauchen«, sagte Thérèse erleichtert. Sie stellte Figgis sein nachgefülltes Glas vor die Nase, was er mit einem amüsierten Zwinkern quittierte.

Er leerte es, ohne abzusetzen.

Helenes Zustand hatte sich auch nach der zweiten Nacht zu Hause nicht wesentlich gebessert. Sie fühlte sich müde und zerschlagen. Unfähig, auch nur das Haus zu verlassen, denn sie hatte Angst, unterwegs ohnmächtig zu werden. Rhena war in die Bresche gesprungen. Sie hatte den Einkauf übernommen, obwohl sie mit den Kindern selbst alle Hände voll zu tun hatte.

Helene saß in der Küche, als ihre Tochter vom Lebensmittelladen zurückkam. Im Morgenmantel sah sie ihr zu, wie sie die Einkäufe auspackte und auf dem blank gescheuerten Küchentisch ausbreitete. Ein kleines Röhrchen Tabletten war darunter. »Ich hab die hier besorgt. Falls es dir morgen nicht besser geht, solltest du aber besser einen Arzt aufsuchen.«

Helene schluckte die Antwort hinunter, die ihr bereits auf der Zunge lag: dass sie lange genug mit einem Arzt verheiratet war, um ihren Zustand einzuschätzen. Sobald sie reisefähig war, würde sie Albert folgen, das hatte sie sich fest vorgenommen. War sie erst einmal in Lambarene, würde sich Albert schon um sie kümmern.

Obwohl sie ihre Pläne vor Rhena geheimhalten wollte, konnte sie ihr doch nichts vormachen.

»Du willst nach Afrika, habe ich recht?«

Helene schürzte die Lippen, wie sie es schon als kleines Mädchen gemacht hatte, wenn ihre Eltern versucht hatten, ihr ins Gewissen zu reden. »Albert braucht mich«, erklärte sie nicht ohne Trotz. »Außerdem bin ich schon unter weitaus komplizierteren Bedingungen nach Afrika gereist, falls du dich erinnerst.

Rhena legte den Laib Brot, den sie für ihre Mutter gekauft hatte, in den bunt bemalten Kasten und schloss dessen Lade mit einer energischen Bewegung. Und ob sie sich daran erinnerte. Ihre Gedanken wanderten ein paar Jahre zurück.

Der 9. Juni 1940 war der erste sonnige Tag seit Wochen, den Paris erlebte. Noch standen in den Straßen und auf den Gehwegen die Wasserlachen, doch die Sonne warf ihre Strahlen in das Wasser und brachte es zum Funkeln. Im nahen Park zwitscherten die Vögel; Eichhörnchen tummelten sich in den Bäumen.

Vor dem alten Mietshaus mit seinen hübschen, aus Eisen geschmiedeten Balkons, in dem Rhena mit ihrer Familie eine Wohnung gefunden hatte, regte sich bereits seit den frühen Morgenstunden der übliche Straßenlärm. Die Concierge fegte singend den Bürgersteig, Bäckerjungen trugen duftende Stangen frischen Weißbrots in die kleinen Cafés, die am Boulevard zahlreich vorhanden waren, ein Gemüsehändler, der im Nachbarhaus seinen Laden betrieb, räumte geräuschvoll seine Kisten mit Salat, Äpfeln und Kirschen auf den Gehweg hinaus. Passanten wechselten ein paar Worte miteinander, bevor sie sich in den Park oder zur Metro begaben.

Oben in der Wohnung lag Rhena in einem Morgenmantel aus weißem Satin auf dem bereits etwas durchgelegenen Bett und hielt überglücklich ihr Kind im Arm.

Ihr Gesicht war blass, dunkle Ränder lagen unter ihren Augen, doch sie fühlte sich dennoch recht wohl. Der Arzt war erst eine halbe Stunde zuvor gegangen. Er schien mit dem Verlauf der nächtlichen Geburt zufrieden, versprach aber, am Nachmittag noch einmal nach Mutter und Tochter zu sehen. Vermutlich glaubte er, der Tochter seines berühmten Kollegen, des Afrikaarztes Albert Schweitzer, das schuldig zu sein.

Helene machte sich derweil in dem kleinen Appartement über den Dächern von Paris nützlich. Sie hatte bereits eingekauft und ihrer Tochter ein Frühstück gemacht, obwohl diese keinen rechten Appetit verspürte. Immer wieder streichelte sie dem schlafenden kleinen Mädchen über das Köpfchen. Die spärlichen Haare des Kindes waren noch ein wenig blutverkrustet. Helene hatte angeboten, es in der Küche mit warmem Wasser zu waschen, aber Rhena ließ das nicht zu. Die ersten gemeinsamen Stunden sollten ganz ihr und ihrer Tochter gehören. So blieb Helene nichts übrig, als sich um die schmutzige Wäsche zu kümmern und ein wenig aufzuräumen. Sie selbst hatte in der vergangenen Nacht auch nicht geschlafen, hatte stattdessen stundenlang am Bett ihrer Tochter gewacht und ihr beigestanden, als die Wehen in immer kürzeren Abständen gekommen waren.

In Lambarene hatte sie zahlreichen Müttern bei der Geburt geholfen, und sie freute sich, dass sie ihrer eigenen Tochter diesen Dienst nun ebenfalls hatte erweisen können. Sie war noch damit beschäftigt, die von Rhena gestrickten Babyjäckchen zu sortieren, als das Telefon klingelte.

»Gehst du bitte ran, Mama«, rief Rhena mit matter Stimme aus dem Nebenzimmer. »Das ist vermutlich Jean.«

Helene murmelte etwas. Sie konnte nachvollziehen, wie traurig Rhena darüber war, dass ihr Mann nicht zu Hause hatte sein können, um sein erstes Kind auf dieser Welt zu begrüßen. Gleich nach Ausbruch des Krieges war Jean eingezogen worden; er diente zurzeit in Blois an der Loire. Möglicherweise war es ihm nun aber wenigstens gelungen, einen Anruf durchzuschmuggeln.

Nach einer Weile kam Helene ins Schlafzimmer gelaufen und schloss die Tür hinter sich. Ihre Miene spiegelte Besorgnis wider.

»Was ist denn, Mama?« Rhena richtete sich ein wenig in ihren Kissen auf. Das Kind in ihrem Arm verzog das winzige Gesicht, gab aber keinen Ton von sich. »Was sagt Jean?«

»Das war nicht Jean. Ich sprach mit Madame Wolff, der netten elsässischen Dame, die nach Paris gekommen ist, um bei ihrem Sohn zu sein. Sie sagte mir …« Helenes Hals wurde trocken. Benommen sank sie auf einen Stuhl, vermied aber, Rhena in die Augen zu blicken. »Die Deutschen rücken ungehindert auf Paris vor. Die französische Armee kann ihre Truppen nicht länger aufhalten. Das bedeutet, dass die Stadt in Kürze besetzt sein wird.«

Rhena schlug die Hand vor den Mund. »Großer Gott«, murmelte sie undeutlich. »Und nun? Was sollen wir machen? Wenn wir bleiben, sitzen wir bald wie Mäuse in der Falle.«

Auf der Straße regten sich aufgebrachte Stimmen. Rufe erschallten, die von Angst und Unsicherheit kündeten. Helene stand auf und ging zum Balkon. Sie konnte einige Männer und Frauen aus der Nachbarschaft sehen, die sich um einen jugendlichen Zeitungsverkäufer scharten. Auch der Gemüsehändler kam über die Straße gelaufen; wie immer schwitzte der dicke Mann mit der speckigen Lederschürze aus allen Poren. Helene beobachtete, wie er dem Zeitungsjungen ein Blatt aus der Hand riss und mit ungläubigem Staunen zu lesen begann. Im nächsten Augenblick sausten auch schon Armeefahrzeuge die Straße hinunter; sie hielten auf das Zentrum von Paris zu.

»*Les Allemands viennent*! Die Deutschen rücken vor!« Der

Ruf hallte von Hausecke zu Hausecke mit der Geschwindigkeit einer Lawine, die von einem Donnergrollen ausgelöst worden war, bis er in jede Tür, in jedes Fenster gedrungen war. Irgendwo wurde die Marseillaise angestimmt. Es klang nicht gerade euphorisch.

Helene schloss die Läden, bis nur noch ein schmaler Streifen Sonnenschein in das Zimmer fiel. Sogleich wurde auch der Lärm auf der Straße schwächer.

»Die Stadt ist geradezu vollgestopft mit Flüchtlingen aus Belgien und den Niederlanden«, sagte sie leise. »Nun kommen auch noch die Nordfranzosen. Wenn die nun alle Paris verlassen wollen, um in den Süden auszuweichen, werden die Straßen in Kürze nicht mehr zu gebrauchen sein.«

»Ein Grund mehr, sofort unsere Koffer zu packen. »Nimmst du mir Vera-Monique ab? Dann kann ich noch einmal versuchen, Jean in Blois zu erreichen.«

Helene schüttelte ratlos den Kopf. Rhenas schleppender Gang, ihre Atemlosigkeit und ihr schmerzverzerrtes Gesicht deuteten an, dass nur ihr eiserner Wille sie antrieb. In dieser Beziehung ähnelte sie ihrem Vater ungemein. Dessen ungeachtet hatte die junge Frau erst vor wenigen Stunden eine Geburt durchgestanden. Es war völlig unmöglich, ihr und dem Neugeborenen jetzt die Strapazen einer heillosen Flucht zuzumuten. Als sie ihr das sagte, machte Rhena eine abwehrende Handbewegung. »Du ahnst vermutlich gar nicht, wie groß die Gefahr ist, in der wir alle schweben, Mama. Du aber ganz besonders. Du bist Jüdin, vergiss das nicht.«

»Aber ich besitze einen französischen Pass und bin Albert Schweitzers Frau«, widersprach Helene heftig. »Der deutsche Propagandaminister Joseph Goebbels hat deinen Vater sogar eingeladen, Orgel zu spielen und Vorträge zu halten.«

»Und Papa hat höflich abgelehnt, unterzeichnet mit zentralafrikanischem Gruß. Ich kann mir nicht vorstellen, dass er bei Hitlers Gefolgsleuten noch länger einen Stein im Brett hat.«

Behutsam legte Rhena Helene das schlafende Kind in den Arm, dann suchte sie ihre Kleider zusammen. Nach wenigen Augenblicken hatte sie entschieden, was sie mitnehmen wollte und was zurückbleiben musste. Helene konnte nicht umhin, ihrer Tochter für diese Entschlossenheit Bewunderung zu zollen. Ihr sprühender Unternehmungsgeist wirkte direkt ansteckend auf sie. Verständlicherweise wollte Rhena zu ihrem Mann an die Loire fahren. Sie selbst wünschte sich indessen nichts sehnlicher, als nach Lambarene zurückzukehren. Sorge bereitete ihr das Schicksal ihrer jüdischen Verwandten in Deutschland, die sie nun nicht mehr würde erreichen können. Ihre Mutter lebte noch immer in Heidelberg. Würden die Nationalsozialisten die alte Frau und ihre Pflegerin in Ruhe lassen?

Wären wir bloß nie nach Europa gefahren, überlegte sie bitter, als sie ihr Enkelkind in die Küche trug, um ein paar Flaschen und Windeln vorzubereiten. Aber Rhena hatte es sich ja in den Kopf gesetzt, ihren Jean zu heiraten, bevor ein Kriegsausbruch eine Reise übers Meer und eine Eheschließung in Europa unmöglich gemacht hätte. Alleine wollte Helene das Mädchen aber keinesfalls fahren lassen, und Albert war, wie gewöhnlich, unabkömmlich gewesen. Helene fragte sich, wie es ihm nun ergehen mochte, da Frankreich sich im Krieg gegen einen gefährlichen Feind befand. Vermutlich würden auch Gabun und der Kongo nicht von den Auseinandersetzungen verschont bleiben. Ob man Albert wieder ausweisen würde, wie damals, anno 1917? Sie hatte keine Ahnung. Vielleicht war es mehr als ein Wagnis, ausgerechnet jetzt nach Lambarene zu reisen.

Die nächsten Stunden verstrichen in rastloser Hektik, weder Rhena noch Helene blieb viel Zeit übrig, um noch ein wenig zu ruhen. Zu ihrem Glück erschien gegen Abend Madame Wolff aus der Rue de Rome, die sie vom Vorrücken der deutschen Armee in Kenntnis gesetzt hatte. Die energische Dame bestand darauf, Helene beim Beladen des Wagens zu helfen.

Sie verließen Paris, noch bevor der Morgen graute. Helene

saß am Steuer des schon reichlich zerbeulten Autos, das aber von ihrem Schwiegersohn gut in Schuss gehalten worden war. Rhena hatte es sich mit ihrem Töchterchen zwischen Decken, Kissen und Taschen auf der gepolsterten Rückbank bequem gemacht und döste vor sich hin.

Unterwegs mieden sie mit Bedacht die großen Straßen, da sie befürchteten, dass diese inzwischen mit Autos, Pferdegespannen, Fahrrädern und Flüchtlingen zu Fuß hoffnungslos überfüllt waren. Rhena kannte sich in der Umgebung nicht besonders gut aus, da sie nicht lange genug in Frankreich gelebt hatte, aber Helene erinnerte sich in der Not an lange zurückliegende Landpartien, die sie auf abgelegene Wege geführt hatten. So kamen sie eine Weile einigermaßen gut voran, während alle, die nur wenige Stunden nach ihnen aufgebrochen waren, im langen Treck gen Süden stecken blieben. Viele wurden von den deutschen Truppen eingeholt und gezwungen, in die Hauptstadt zurückzukehren.

Als Helene am Abend Blois erreichte, empfing sie die Stadt in völliger Dunkelheit; nicht der kleinste Lichtschein fiel aus den Häusern auf die mit groben Pflastersteinen bedeckten Straßen.

»Wir befürchten Fliegerangriffe und Bombardement«, klärte Jean, Rhenas Mann, die Frauen auf, als sie wenig später in dem eiskalten Stübchen saßen, das er für sie aufgetrieben hatte. Trotz der besorgniserregenden Nachrichten strahlte der junge Mann und war überglücklich, seine Frau und seine neugeborene Tochter in die Arme schließen zu können.

Ihre Ruhepause sollte jedoch nicht von langer Dauer sein. Nur wenige Tage nach ihrer Ankunft an der Loire wurden Rhena und Helene eines Morgens von Soldaten aus den Betten geholt, die sie aufforderten, die Stadt umgehend zu verlassen. Der Befehl lautete, sich einem der Flüchtlingstransporte anzuschließen, die auf dem Weg ins Zentralmassiv waren. Es blieb ihnen kaum noch Zeit, Jean darüber zu informieren.

»Paris ist gestern gefallen«, sagte der übermüdete Offizier, den Helene sogleich in der Kommandantur aufsuchte, um für Rhena und das Kind einen Aufschub zu erwirken. »Die Deutschen stoßen Richtung Loire und Atlantikküste weiter vor.« Prüfend sah er Helene an. »Zeigen Sie mir einmal Ihre Papiere, Madame!«

Helene gab sie ihm.

»Sie wurden in Berlin geboren, sind aber französische Staatsangehörige, Madame?« Der Mann zeigte sich verwundert, wusste offensichtlich nicht so recht, was er von der energischen kleinen Frau halten sollte, die ihm im Weg stand und seine Soldaten aufhielt. Der Name Schweitzer schien ihm wenig zu sagen. Vielleicht brachte er ihn aber auch nur nicht mit dem bekannten Tropenarzt in Verbindung.

»Jüdin?«, wollte er stattdessen wissen.

»Ja.«

Er nickte, während er Helene ihren Ausweis zurückgab und die Wagentür öffnete. »Dann sehen Sie mal zu, dass Sie den Nazis nicht in die Hände fallen, Madame. Die SS und die Gestapo folgen den kämpfenden Truppen auf dem Fuß. Am besten wird es sein, wenn Sie sich mit Ihrer Tochter und Ihrem Enkelkind so rasch wie möglich in die unbesetzte Zone begeben.«

Helene war am Ende ihrer Kräfte, als sie nach anstrengender Fahrt über unwegsame Straßen schließlich in Bordeaux ankam. Doch wenigstens kannte sie in der Stadt ein Ehepaar, mit dem sie und Albert in Afrika vor Jahren bekannt geworden waren. Die älteren Herrschaften waren auch hocherfreut, Helene wiederzusehen, wenngleich, wie sie betonten, unter diesen unangenehmen Umständen, und überschütteten sie mit Fragen nach Albert und dem Hospitalbetrieb.

Helene und Rhena ließen sich das warme Abendessen, das man ihnen vorsetzte, gut schmecken, konnten jedoch nicht vermeiden, dass ihnen noch bei Tisch die Augen zufielen. Davon abgesehen fühlten sie sich schmutzig vom Staub der Landstraßen. Sie wollten nur noch Wasser zum Waschen und ein Bett für sich und das Baby.

Nachdem das deutsch-französische Waffenstillstandsabkommen in Kraft getreten war, wurde Helene von der Nachricht überrascht, dass sie sich in Kürze wieder in besetztem Gebiet aufhalten würde. Wie ihr Gastgeber ihr mit düsterer Miene mitteilte, konnten die Deutschen jeden Tag in Bordeaux einrücken, um die Stadt in Besitz zu nehmen.

»Ich bin des ewigen Davonlaufens müde«, vertraute sie Rhena eines Abends an, als sie mit ihr und dem Baby einen Spaziergang im Park unternahm. »Wozu soll das alles noch gut sein? Wenn die Gestapo uns auf den Fersen ist, findet sie uns früher oder später gewiss.«

Rhena riss schockiert die Augen auf. »So kenne ich dich nicht, Mama. Du hast doch dein ganzes Leben lang gekämpft. Nicht nur im Elsass, sondern auch in Afrika. Ohne dich hätte Vater sein Hospital niemals aufbauen können. Willst du euer gemeinsames Lebenswerk denn nicht wiedersehen? Und … ihn?«

Helene wischte sich eine Träne aus den Augen. »Albert ist es gelungen, ein Telegramm zu senden«, sagte sie mutlos. »Wie es aussieht, weiß er selbst nicht, ob er länger in Lambarene bleiben darf. In Libreville ist es wohl zu Kämpfen zwischen den Truppen des Generals de Gaulle und den Anhängern der Regierung von Vichy gekommen. Die Haltung der Regierung ist ungewiss. Vielleicht wird das Hospital dem Erdboden gleichgemacht, während wir hier miteinander reden.« Helene beugte sich über den Kinderwagen, den Freunde Rhena geliehen hatten; mit einer liebevollen Geste zupfte sie die buntkarierte Decke über dem Körper ihres Enkelkindes zurecht. Das Mädchen war trotz der Aufregungen der vergangenen Wochen gewachsen. »Außerdem habe ich kaum noch Geld. Die Nazis haben unser Haus in Königsfeld beschlagnahmt und sämtliche Bankguthaben eingefroren.«

Rhena nickte ungerührt. »Dann bleibt dir ja nichts anderes übrig, als nach Afrika zu reisen. Dafür musst du durchhalten.«

Widerwillig musste Helene lächeln. Bei Rhena, die zweifellos die praktische Veranlagung ihres Vaters geerbt hatte, klang das alles so einfach. Aber was ihr bevorstand, war kein Wochenendausflug zur Küste, sondern eine gefahrvolle Flucht, die über etliche Landesgrenzen hinwegging. Doch dann fiel ihr Blick auf das Gesicht ihrer schlafenden Enkeltochter. Die kleine Vera-Monique hatte sich auf der Flucht wie ein wahrer Engel verhalten. Jawohl, um die Familie zu beschützen, würde Helene bis ans Ende der Welt fahren.

Es war nicht das Ende der Welt, sondern die Region von Vichy, in die Helene sich schließlich von Bordeaux aus aufmachte. Ihr Weg führte über eine Vielzahl enger Gebirgsstraßen, in deren Kurven Helene einige Male beinahe die Kontrolle über Jeans Fahrzeug verlor. Um nicht aufzufallen, hatte sie beschlossen, nach Einbruch der Dämmerung die Scheinwerfer auszuschalten, was die Fahrt entlang der Serpentinen nur noch gefährlicher machte.

Tagsüber stellte sie das Fahrzeug in unwegsamem Gelände ab, meistens auf einem Waldweg, der von der Straße nicht einsehbar war. Rhena gelang es wenigstens hin und wieder, die Augen zuzumachen, um ein wenig zu schlafen. Helene war dafür viel zu aufgeregt. Sie hielt stattdessen Wache, erkundete vorsichtig die Umgebung und spähte aus, ob sich Militärfahrzeuge näherten, die ihnen womöglich den Weg abschneiden konnten. Bei fast jeder ihrer Erkundungsgänge kam sie an ausgebrannten Autos vorbei, die sie überholt, in der Dunkelheit jedoch von der Straße abgekommen waren und nun zerschmettert und ausgeplündert auf den Abhängen lagen. Ihr Herz krampfte sich schmerzhaft zusammen.

Wir dürfen nicht aufgeben, versuchte sie sich selbst Mut zuzusprechen. Nicht jetzt, wo wir so kurz vor dem Ziel sind. Rhena hätte es zwar nicht zugegeben, aber sie war froh, ihre Mutter an ihrer Seite zu wissen. Jean war nach seiner Entlassung aus der Armee nach Lyon vorausgereist, um dort eine Arbeit zu suchen. Wenn alles gutging, so würden sie ihn im unbesetzten Frankreich wiedersehen.

Inzwischen hatte sich der Herbst verabschiedet. Es war empfindlich kalt geworden. Wind und Regen peitschten über die brachliegenden Felder; Unwetter verwandelten die Landstraßen in einen Sumpf aus Matsch und Geröll, in dem die Räder von Helenes Wagen stecken zu bleiben drohten. Als sie eines Abends nicht mehr weiter konnten, entschied Helene, in dem kleinen Ort Chatel Guyon, nahe Vichy, Zuflucht zu suchen. In dem mit Flüchtlingen völlig überfüllten Städtchen begegnete man ihnen jedoch mit unverborgenem Argwohn. Der Ortsvorsteher, ein dicker Bauer mit einem struppigen Bart, wies Helene, Rhena und dem Baby, das sich zu allem Unglück einen schrecklichen Schnupfen zugezogen hatte, eine muffige Kammer im Altenteil eines Bauernhofes zu, in dem sie ein rauchender alter Holzofen notdürftig vor der Kälte schützte. Ein Bett, zwei Stühle und eine wurmstichige Kleidertruhe waren die einzige Einrichtung.

Als Helene einige Tage später bei strömendem Regen das Postamt betrat, um sich nach Möglichkeiten für die Aufgabe eines Telegramms zu erkundigen, verstummten dort schlagartig alle Gespräche. Feindselig starrten die anwesenden Dorfbewohner sie an. Dann, als das Schweigen übermächtig zu werden drohte, kehrten sie ihr den Rücken zu und taten so, als sei sie Luft.

»Diese Juden sind schuld daran, dass wir uns jetzt mit den Deutschen herumärgern müssen«, stieß eine Frau verächtlich hervor. Sie gab sich nicht einmal die Mühe zu flüstern. »Dass sich diese Person überhaupt hier hereintraut …«

Die Postmeisterin nickte. »Ich habe gehört, dass sie mit einem Afrikaner aus einer unserer Kolonien verheiratet sein soll«, sagte sie so laut, dass Helene es unmöglich überhören konnte. »Für solch ein Volk gibt es hier bei uns nichts zu holen.«

Helene stand einen Augenblick lang nur benommen da und

sah zu, wie das Wasser, das von ihrem hellen Regenmantel rann, auf dem Fußboden eine Pfütze bildete. In ihren Ohren erklang ein Rauschen, das sie an den Wasserfall erinnerte, den sie einst mit Albert in der Nähe von Lambarene besucht hatte. Damals hatte er mit ihr einen Ausflug an den Lac Zile unternommen, um sie wegen ihrer bevorstehenden Abreise aus Afrika zu trösten. Die Bucht mit dem herrlichen, kristallklaren Wasser hatte er nach ihr Helenenbucht getauft.

Sie verließ das Postamt, ohne telegrafiert zu haben. Stattdessen bemühte sie sich von nun an, alle Papiere, die ihr für die Ausreise noch fehlten, zusammenzubringen. Tagelang stand sie Schlange vor den Ämtern. Als sie nach zermürbenden Wochen des Wartens endlich ihr Ausreisevisum nach Portugal in den Händen hielt, wusste Helene, dass sie auch den Rest ihres Weges bewältigen würde.

Im Sommer 1941, mehr als ein Jahr, nachdem sie ihre Flucht in Paris angetreten hatte, erreichte ihr Schiff den afrikanischen Kontinent.

10. Kapitel

Günsbach, August 1949

»Diese Thérèse ist wirklich ein nettes Mädchen«, meinte Rhena, als sie am nächsten Morgen gemeinsam mit ihrer Mutter am Frühstückstisch saß. »Bestimmt hat sie euren Aufenthalt in den Staaten angenehm gestaltet.«

Helene nahm sich eines der verlockend duftenden Croissants, die in einem Körbchen vor ihr lagen. Die Medikamente aus der Dorfapotheke schienen zumindest ihren Appetit wiederhergestellt zu haben. Zum ersten Mal seit Tagen verspürte sie sogar wieder Hunger. Auch ihre bedrückende Müdigkeit hatte sich ein wenig gelegt.

»Ich mag sie«, gab sie zu, während sie ihr Croissant der

Länge nach aufschnitt. »Sie ist nicht nur liebenswürdig, sondern auch intelligent und fleißig. Albert mochte sie auch.«

»Vielleicht erinnerte sie ihn ein bisschen an die Tochter, die er nie hatte …«

Helene runzelte die Stirn. »Nun fang bitte nicht wieder mit diesem Thema an, ich finde das gar nicht lustig. Dein Vater hat sich um dich gesorgt, seit du auf der Welt bist. Er konnte seine Gefühle nur nicht immer so gut zeigen. Wenn du tagein, tagaus im Urwald am Behandlungstisch stehst oder Operationen an den Ärmsten der Armen durchführst, darfst du dein Herz nicht auf der Zunge tragen. Dein Vater war stets der Meinung, dass es angebracht ist, seinen Patienten die Wahrheit über ihren Gesundheitszustand zu sagen. Aber er wies keinen ab, der zu ihm kam. Schon gar nicht die hoffnungslosen Fälle.« Sie nahm einen Bissen Croissant, ehe sie hinzufügte: »Während der Reise durch die Staaten machte er sich Sorgen um die Leprakranken. Er hat ihnen versprochen, ein Dorf für sie zu errichten.«

»Das *village des Lumières*«, warf Rhena ein. Sie klang schon wieder versöhnlicher. »Er hat mir in seinem letzten Brief davon erzählt. Es ist ja nicht so, als würde ich an seinem Werk keinen Anteil nehmen. Ich bin stolz darauf, was er für die Menschen da unten tut. Als wir kurz vor Kriegsausbruch gemeinsam Lambarene besuchten, dachte ich, das hat dein Vater aus dem Urwald gezaubert. Ein Ort des Lebens inmitten von Wildnis und Hoffnungslosigkeit.« Sie lächelte verlegen. »Ich war nur ein wenig enttäuscht darüber, dass ich nur im Haushalt helfen und die Tiere füttern durfte. Dabei hätte ich Vater so gern bei seiner ärztlichen Arbeit unterstützt. Zumindest die neugeborenen Babys hätte er mich versorgen lassen können. Er wusste doch, wie sehr ich Kinder liebe.«

Helene sah ihre Tochter verständnisvoll an. Sie konnte nachvollziehen, was in ihr vorging. Es war nicht leicht, seine eigenen Wünsche den Vorstellungen des *Grand Docteur* unterzuordnen.

»Ich möchte wissen, was sie aufgehalten hat«, sagte sie schließlich, denn sie wollte das Thema wechseln. »Eigentlich wollten sie bereits gegen neun Uhr hier sein.«

»Du meinst Thérèse und diesen Mr. Fig … Figleaf …«

»Mr. Feigenblatt, ganz recht. Ein eigenartiger Kauz, nicht wahr? Er hat mehr Charme als ein Heiratsschwindler an der Côte d'Azur. Und mit seinem Jazz könnte er locker Benny Goodman Konkurrenz machen. Ich frage mich, warum er so versessen darauf ist, seine Zeit mit alten Leuten wie deinem Vater und mir zu verbringen.« Nachdenklich starrte Helene auf die hohen Bäume, die vor dem Küchenfenster im Wind rauschten.

»Was wollte er denn von euch wissen?«

»Nun, er befragte uns zu unseren Anfangszeiten in Lambarene und wie schwierig es war, dort Fuß zu fassen … du weißt schon, das Übliche eben. Das, was auch die Journalisten der Illustrierten interessiert. Aber er möchte uns helfen, mehr Geld für das Lepradorf zu sammeln, und das ist eine noble Geste. Wie es aussieht, kann er es kaum abwarten, nach Afrika zu fahren.«

Rhena nahm ihre runde Brille ab, weil ihre Augen brannten. »Ja, solange die reizende Thérèse an seiner Seite ist.«

»Oh, ich glaube nicht, dass sich das Mädchen auf eine Männergeschichte einlassen will. Sie ist ein Profi, die Kamera hat sie stets griffbereit.«

Rhena setzte ihre Brille wieder auf. Dann erhob sie sich. »Wie dem auch sei: Falls unser Benny Goodman mit seinem Charme eines Heiratsschwindlers irgendwelche Mätzchen mit der Kleinen vorhat, wird Vater ihm ganz schnell die Meinung geigen.« Sie hauchte ihrer Mutter einen Kuss auf die Wange und verließ dann eilig die Küche, um nach den Kindern zu sehen.

Am Hafen von Libreville, der Hauptstadt des zentralafrikanischen Staates Gabun, herrschte an diesem Nachmittag das übliche geschäftige Treiben.

Boote wurden be- und entladen. Afrikanische, arabische und europäische Händler wetteiferten miteinander und priesen lautstark ihre Waren an, die auf hölzernen Tischen oder auf ausgebreiteten Decken lagen. Der Duft von Kaffee und Zimt, Vanille und Kakao mischte sich mit den Ausdünstungen des Viehs, das an den Marktständen vorbeigetrieben wurde. Hier bei den Docks blühte der Handel inzwischen wieder wie in den Zeiten vor dem Krieg. Karren wurden mit Holz und Bambusstauden beladen, unter großem Getöse wechselten Kunstgegenstände, Schnitzereien, Schmuck, bunte Teppiche und Webmatten den Besitzer.

Albert nahm seinen Tropenhelm ab und wischte sich den Schweiß von der Stirn; vor seinen Augen flimmerte es. Wann würde er sich endlich an die feuchte Hitze gewöhnen, die wie eine Glocke über der Stadt lag? Und dabei herrschte am Hafen wenigstens noch eine frische Brise, die vom Meer heraufzog. Gerade noch rechtzeitig schaffte er es, einer zahnlosen Frau auszuweichen, die in der traditionellen Stammestracht der Galoa mit wippenden Hüften auf ihn zumarschierte. Auf dem Kopf der Frau schaukelte ein gewaltiger Tonkrug, in dem für gewöhnlich Sesam- oder Erdnussöl transportiert wurde. Albert schaute sich um. Sein Begleiter, ein junger Hafenarbeiter aus Frankreich, war bereits zum Lagerhaus vorausgegangen. Als Albert ihn einholte, sah er, dass der junge Mann auf die Bucht schaute, wo gerade ein Schiff entladen wurde. Mehl, Reis, Milch und Kartoffeln wurden in Säcken und Kisten an Land gebracht. Kinder bettelten um ein Almosen.

Die beiden Männer betraten das Lagerhaus. »Schauen Sie sich bitte jede der Kisten, die Sie hier finden, ganz genau an«, rief Albert dem jungen Mann zu. Er selbst nahm sich den hinteren Teil des Schuppens vor, in dem einige Güter mit Lederplanen abgedeckt worden waren, um sie vor den Blicken Neugieriger zu schützen. Kurzum entfernte Albert die Abdeckung – und stieß einen leisen Pfiff aus.

»Schon was gefunden, Doktor?« Der junge Franzose reckte den Kopf.

»Das kann man wohl sagen, Marcel. Albert winkte den jungen Mann zu sich, der sofort angelaufen kam.

»Sehen Sie, was auf dem Deckel der Kiste steht? Und auf den anderen? Dr. Albert Schweitzer, Lambarene Spital. Gabun, Französisch-Äquatorialafrika.«

»Aber sagten Sie nicht …«

Albert schlug mit der Faust auf eine der Holzkisten, dann drehte er sich vorsichtig zum Eingang um. Ihm war, als hätte er soeben ein Geräusch gehört. Doch alles blieb still. Außer ihm und Marcel war niemand hier.

»Das sind meine Sachen«, flüsterte er schließlich. »Mein Gott, wie lange stehen die Kisten schon hier herum, während die Leute von Lambarene auf ihre Arzneimittel warten?«

Marcel kratzte sich am Kopf. Er war ein großer, schlanker Mann mit schwarzem, leicht gewelltem Haar, das in der Sonne ein wenig ölig schimmerte. Die Bartstoppeln, die sich über seine Wangen und um den Mund herum verteilten, verliehen ihm einen ebenso verwegenen Ausdruck wie seine bloßen Füße. Aus einem Albert nicht näher bekannten Grund weigerte sich der junge Franzose, Schuhe zu tragen. Selbst die Angst, auf einen Skorpion zu treten, konnte ihn von dieser Marotte nicht kurieren. Dennoch wusste Albert, dass er sich auf ihn verlassen konnte. Marcel hatte ihm bei seinen Besuchen in Libreville schon oft geholfen und besaß zudem das Vertrauen der in der Stadt ansässigen Missionare.

»Es hat den Anschein, als seien Ihre Kisten absichtlich ganz nach hinten geschoben und abgedeckt worden«, sagte der junge Mann. Auch ihm war unbehaglich geworden, denn im Lagerhaus hörte man nichts von dem geschäftigen Treiben des Hafenviertels. Hier waren sie ganz allein.

»Vermutlich haben sich Diebe meine Kisten unter den Nagel gerissen. Wollten sie wohl zunächst nur mal verstecken und später bei Nacht abtransportieren, damit sie am Hafen kein Aufsehen erregen.«

»Ist es Ihnen denn noch nie passiert, dass Sie bestohlen wurden?«

Albert schüttelte den Kopf. Soweit er sich erinnern konnte, war ihm nur ein einziges Mal eine Lieferung Medikamente abhandengekommen. Diese Kisten waren jedoch weder beschlagnahmt noch gestohlen worden, sondern im Meer versunken, als der Dampfer Brazza, der zwischen Äquatorialafrika und Frankreich verkehrte, im März 1940 torpediert und versenkt worden war.

»Keine Ahnung, was hier los ist, Doktor«, sagte Marcel. »Aber wir werden es schon rauskriegen, das verspreche ich Ihnen.«

Albert schüttelte den Kopf. »Bitte spielen Sie nicht Sherlock Holmes, mein Freund. Es fehlte noch, dass man sie morgen früh tot aus dem Hafenbecken fischt.«

»Aber ...«

»Ich hoffe, ich habe mich deutlich ausgedrückt. Sorgen Sie einfach dafür, dass die Kisten an Bord meines Bootes gebracht werden. Am besten nicht erst übermorgen. Ich muss nämlich auf dem schnellsten Weg nach Lambarene.« Er warf dem jungen Franzosen einen durchdringenden Blick zu. »Irgendetwas Eigenartiges geht dort vor sich.«

Marcel versprach Albert, sich sogleich darum zu kümmern. Dann eilte er aus dem Lagerhaus, um auf dem Markt einige kräftige Helfer zusammenzutrommeln.

Albert sah ihm nach. Wer konnte ein Interesse daran haben, seine Arzneien für das Hospital verschwinden zu lassen? An gewöhnliche Diebe glaubte er nicht, auch wenn er dies Marcel gegenüber angedeutet hatte. Er musste an die Vorwürfe denken, die ihm der dreiste amerikanische Student an der Columbia gemacht hatte. Damals hatten seine Schwierigkeiten begonnen. Offensichtlich hatte er sich Feinde gemacht, von deren Existenz er bislang nicht einmal etwas geahnt hatte.

Gefährliche Feinde.

Unmittelbar nach seiner Ankunft war er wegen der nicht im Hospital eingetroffenen Arzneimittellieferung beim zuständigen Ministerium vorstellig geworden, doch dort hatte man ihn äußerst kühl empfangen und mit Ausflüchten abgespeist, die ihm noch immer wie Anklagen in den Ohren klangen. Als er dagegen protestiert hatte, war ihm mit der sofortigen Schließung des Hospitals und der Ausweisung aller europäischen Mitarbeiter gedroht worden.

Je länger Albert über die Vorfälle nachdachte, desto stärker wurde sein Verdacht, dass es sich um eine Verschwörung großen Stils handelte. Eine Affäre, in die der Staat verwickelt war. Er beschloss, Helene sogleich ein Telegramm zu schicken. Er war froh, dass sich wenigstens sie und Rhena in Europa in Sicherheit befanden.

Am Himmel zeigten sich bereits die ersten Sterne, als die alte Barkasse, die Albert bereits seit Jahren als Transportmittel diente, sich dem Anlegesteg von Lambarene näherte. Das mit Zeltstoff überdachte Boot ächzte schwer unter der Last all der Kisten, die Albert mit Marcels Hilfe an Bord gebracht hatte; nicht eine einzige hatte er im Lagerhaus von Libreville zurücklassen wollen. Kein Wunder, dass die Fahrt mühsam gewesen war und lange gedauert hatte. Albert stand am Bug der Barkasse, von wo er das Landemanöver am besten im Auge behalten konnte. Als er einige afrikanische Jungen entdeckte, die winkend auf den Steg zuliefen, nahm er seinen Hut ab und schwenkte ihn.

Die Nachricht von der Rückkehr des Doktors verbreitete sich wie ein Lauffeuer am Ogowe. Es schien, als sei das ganze Dorf auf den Beinen, um den Heimgekommenen zu begrüßen. Albert blickte in erwartungsvolle Gesichter, hin und wieder erkannte er auch Patienten, die er eigenhändig behandelt hatte. Es schien ihnen besser zu gehen; obwohl sie noch immer die runde Pappscheibe an einer Bastschnur um den Hals trugen, auf der Name, Krankheitsgeschichte und Medikation vermerkt waren, strahlten die Männer und Frauen ihn heiter an.

Als Albert aus der Barkasse stieg, klatschten Patienten, Helfer und die europäischen Ärzte und Schwestern, die im Laufe der Jahre zu ihm gestoßen waren, vor Freude in die Hände.

Albert wehrte die Begrüßung in aller Bescheidenheit ab; der triumphale Empfang machte ihn verlegen, denn schließlich war er wegen eines Hilferufs vorzeitig nach Afrika zurückgekehrt und nicht, um sich feiern zu lassen. Dennoch konnte er sich der allgemeinen Euphorie, die wegen seiner Ankunft im Dorf herrschte, nicht entziehen. Als der kleine Quabi sich durch die Menge kämpfte, um Albert stolz von den Fortschritten oben beim Lepradorf zu berichten, schämte sich dieser seiner Rührung nicht. Lächelnd erlaubte er dem kleinen Jungen, den Männern beim Entladen der Boote zu helfen.

»Nun, Dr. Fuller«, wandte sich Albert schließlich einem jungen, gutaussehenden Arzt zu, der in einem blütenreinem weißen Hemd neben der Hütte des Dorfschmieds auf ihn gewartet hatte, um ihn hinauf zur Station zu begleiten.

»Wie Sie sehen, haben wir unsere Medikamente wieder. Sie hätten schon längst jemanden nach Libreville schicken sollen, der nach dem Rechten sieht.«

Ehe der Arzt etwas darauf erwidern konnte, ergriff Anna, die Oberschwester des Hospitals, das Wort. Sie lebte schon etliche Jahre in Lambarene und kannte die Gegend sowie die Menschen wie kaum jemand anders. Albert erinnerte sich daran, wie Helene einmal nicht ohne Bitterkeit behauptet hatte, Anna habe ihren Platz eingenommen, was natürlich Unsinn war. Die Oberschwester verstand lediglich etwas von Organisation und Disziplin. Mit Fleiß und Sachverstand hatte sie während der vergangenen Jahre dazu beigetragen, aus Alberts Krankenstation mitten im Urwald eine Klinik zu machen, in der Zucht und Ordnung herrschten. Dass ihr forsches, manchmal zu strenges

Auftreten sie nicht bei jedermann beliebt machte, lag auf der Hand; Albert hingegen war ihr für ihren unermüdlichen Einsatz dankbar. Er wusste, dass er sich auf sie eher verlassen konnte als auf die Ärzte, die in Abständen zu ihm kamen, um einige Monate lang den Urwald zu genießen, weil sich das in ihren Lebensläufen gutmachte.

»Dr. Fuller hat getan, was er konnte, um Sie zu vertreten, Dr. Schweitzer«, erklärte Anna nun. In ihrer Stimme schwang leiser Tadel mit. Albert sollte es nicht wagen, die Ärzte anzugreifen, die doch schließlich in Lambarene die Stellung hielten.

Albert nickte. »Schon gut, so habe ich es nicht gemeint«, beschwichtigte er sowohl die Schwester als auch den jungen Arzt. »Ich bin sicher, Sie haben wie immer Ihr Bestes gegeben.«

Sie folgten der Dorfstraße, umringt von einer Schar Eingeborener, die jubelte, sang und klatschte. Eine reichlich korpulente Patientin verkündete ihr Glück darüber, dass der Doktor wiedergekommen sei, auf Französisch so laut, dass es noch im nächsten Dorf zu hören war. Ohne Eile schlenderte Albert an den Kochstellen der Frauen vorüber, die, wie es den Geboten des Hospitals entsprach, das Essen für ihre kranken Angehörigen zubereiteten. In den meisten Töpfen brodelte Hirsebrei vor sich hin, aber Albert roch auch vereinzelt Hühnchen und Fisch. Auf glatten heißen Steinen brieten duftende runde Fladenbrote. Wie hatte er diese einheimischen Genüsse vermisst!

Vor seinem Haus begrüßte Albert rasch einige seiner Tiere, darunter die beiden Pelikane Tristan und Parsifal, deren gebrochene Flügel er geheilt hatte, und die Antilopen Erika und Leonie, die neugierig ihre Köpfe durch die Stäbe des Gatters schoben.

»Euch habe ich auch vermisst«, sagte er leise. »Sagt mir bitte, dass es euch gutgeht, damit sich Helene wenigstens um euch keine Sorgen machen muss.«

»Es geht den Tieren sehr gut«, rief der kleine Quabi übermütig. Der Junge hatte es sich nicht ausreden lassen wollen,

Alberts Koffer zu tragen. Nun schwankte er unter der Last wie ein Schiffsmast bei Sturm. »Ich habe sie jeden Tag gefüttert, als der Herr Doktor in Amerika war. Nur der verrückte Truthahn wollte sich von mir nicht füttern lassen. Er hat immer nach mir geschnappt.«

Die Erwachsenen lachten. »Ein cholerisches Vieh«, bestätigte Fuller. »Irgendwann landet es doch noch im Kochtopf.«

»Oh, sagen Sie das nicht.« Albert klopfte dem Arzt auf die Schulter. »Mir ist der kleine Bursche seit langem lieb und teuer, weil er in dem gleichen Wahn lebt wie ich: Er meint auch, er sei der Herr des ganzen Spitals.«

Quabi schleppte den Koffer pflichtbewusst bis vor die Haustür, wo er ihn mit einem erleichterten Seufzer auf der Schwelle absetzte und von Albert mit einem Lächeln belohnt wurde. »Das war nett von dir, mein Freund. Morgen früh darfst du mich im Hospital besuchen. Dann zeige ich dir, was ich dir aus Amerika mitgebracht habe!«

Der kleine Junge grinste bis über beide Ohren; für ihn war es keine Überraschung, dass der Doktor Wort gehalten und ihn nicht vergessen hatte.

Albert wandte sich wieder Dr. Fuller und Anna zu. »Was gibt es nun Neues aus dem Lepradorf zu berichten«, erkundigte er sich, obwohl er die Antwort insgeheim fürchtete. »Wie steht es um Minköe?«

Fuller verzog betroffen das Gesicht. »Die Leprakranken haben es verdammt schwer. Aufgrund der Ansteckungsgefahr dürfen wir sie nicht vom Hügel lassen, und da der Bau des Dorfes ja nun gestoppt wurde …«

»Ich werde rasch hochgehen und sie begrüßen«, unterbrach ihn Albert. »Vielleicht kann ich ihnen ja ein wenig Hoffnung machen. Sie und Anna würde ich gerne in einer halben Stunde zum Abendbrot im Speisesaal sehen. Lässt sich das einrichten?«

Anna räusperte sich. »Aber gewiss doch, Doktor. Wir essen

jeden Abend pünktlich nach dem zweiten Läuten. Genau so, wie Sie es angeordnet haben.«

Die Lepra war neben der Schlafkrankheit die zweite große Bedrängnis, mit der Albert im Hospital seit dessen Gründung zu kämpfen hatte. Die vom Aussatz befallenen Kranken mussten in strenger Isolation leben. Helfer, die es wagten, sie zu pflegen, gab es nur wenige.

In den ersten Jahren hatte Albert den Aussatz, der rasch auf sämtliche Körperteile übergriff, um sie zu zerstören, mit Chaulmoograöl behandelt, das aus den Samen eines in Indien beheimateten Baums gewonnen wurde und überaus kostspielig war. Ein Freund der Schweitzers, der als Missionar lange in Indien gearbeitet hatte, war sein zuverlässigster Lieferant gewesen. Inzwischen rückten die Ärzte dem Leiden der Patienten aber vermehrt mit Antibiotika zu Leibe, was bei sorgfältiger Behandlung erfolgversprechend war. Dennoch ließ sich die Lepra nicht völlig besiegen. Immer wieder kam es vor, dass Eingeborene vor dem Hospital an Land gesetzt wurden, um die Albert sich dann zu kümmern hatte. Seine Hoffnung lag im Bau der neuen Siedlung, die seinen in Abgeschiedenheit lebenden Patienten zumindest Schutz vor Aufruhr, Ungeziefer und darüber hinaus ausreichend Platz bieten sollte.

Der von der Regierung angeordnete Baustopp hatte seine Ziele in Gefahr gebracht. Als Albert den Hügel erklomm und sich umschaute, musste er feststellen, dass die Bauarbeiten an den Hütten und Baracken tatsächlich nicht weiter vorangeschritten waren. Im Gegenteil, einige der Gebäude, bei deren Errichtung Albert selbst noch Hand angelegt hatte, waren mit roher Gewalt niedergerissen, andere durch einen Stacheldrahtzaun umschlossen worden. Westlich der unfertigen Hütten waren Zelte aufgebaut worden, in die man die Leprakranken offensichtlich gesteckt hatte.

Albert konnte nicht fassen, was er vor sich sah. Seine Fäuste ballten sich in ohnmächtigem Zorn. Es war wie in einem Albtraum. Aus den Öffnungen der Zelte spähten ihm ausgemergelte Menschen entgegen, deren eingefallene Gesichter von der Krankheit gezeichnet waren. Unter zwei Zeltdächern hatten Frauen eine Feuerstelle errichtet und kochten. Als sie Albert erkannten, wandten sie sich beschämt ab und zogen die schmutzigen Tücher, die sie sich um die Köpfe gewunden hatten, tiefer über die Augen.

Albert fand Minköe hinter dem Gebäude, das einmal der Speisesaal für die Kranken hatte werden sollen. Obgleich niemand vor Ort mehr arbeitete, überprüfte der Mann mit angestrengter Miene die Qualität der Fensterrahmen.

»Minköe, ich freue mich, dich wiederzusehen«, rief Albert dem Kranken zu, der ihn mit einem Lächeln empfing. Sein Leiden schien während der vergangenen Wochen nicht fortgeschritten zu sein, was Albert von Herzen freute.

»Ich dachte, ich hätte dir den Auftrag erteilt, das *Village des Lumières* fertig zu bauen.«

Minköe legte die Hand auf die Brust und verneigte sich entschuldigend. Erst als Albert ihn aufmunternd an der Schulter berührte, begriff er, dass der Doktor nur Spaß gemacht hatte.

»Was können wir schon ausrichten, Dr. Schweitzer«, sagte er mit düsterer Miene. »Die Männer haben jeden mit Gewehrkolben geschlagen, der es wagte, eine Schaufel oder einen Hammer in die Hand zu nehmen.«

»Aber wer tut das, Minköe? Wer?«

Minköe blickte sich um, als befürchtete er, belauscht zu werden. Es war ihm offensichtlich nicht ganz wohl dabei, mit Albert über die Vorkommnisse in der Siedlung zu reden. Als Albert jedoch weiter in ihn drang, verriet er schließlich, dass es Soldaten gewesen waren, welche den Hügel heimgesucht hatten. Zuerst hatten sie die bereits begonnenen Hütten niedergerissen, dann die Arbeiter verjagt und zuletzt den Zaun gezogen.

»Die Männer haben mir gedroht, mich zu erschlagen«, stieß Minköe bitter hervor. »Sie behaupteten, ich würde sowieso bald verfaulen, und der weiße Doktor würde mir nicht helfen können, weil er niemals wieder nach Afrika zurückkäme.« Ein flüchtiges Lächeln huschte über sein schmales Gesicht. »Ich habe ihnen nicht geglaubt. Nicht ein einziges Wort. Und nun steht der Oganga vor mir.«

Albert atmete tief durch, während er sich auf der stillgelegten Baustelle umsah. Dieses entsetzliche Durcheinander hatten dieselben Personen verursacht, die ihm in Libreville die Medikamente hatten stehlen wollen und nun zu allem Überfluss mit der Schließung des Hospitals drohten. Nie zuvor hatte er sich so ratlos gefühlt. Dabei musste er etwas unternehmen. Auf der Stelle. Aber was?

»Diese fremden Soldaten, wer immer sie geschickt hat, hatten nicht das Recht, euch anzugreifen«, sagte er in entschlossenem Ton. »Das macht mich sehr wütend, Minköe. Was ist mit deinen Leuten? Werden sie wenigstens weiter behandelt und gepflegt?«

Minköe nickte. »Es geht ihnen einigermaßen gut, allerdings schämen sie sich, weil die Männer ihnen alles weggenommen haben, was ihnen noch geblieben war. Dr. Fuller hat sich um uns gekümmert, so gut er konnte. Er ist ein guter Mensch. Schwester Susan auch. Aber sie können nicht überall sein.«

Nein, niemand kann überall sein, dachte Albert. Nicht einmal ich.

»Was sollen wir jetzt bloß tun, Dr. Schweitzer?«

Albert sah zu dem ärmlichen Zeltlager hinüber. Inzwischen hatten die Frauen an der Kochstelle ein Eintopfgericht aus Linsen und Okraschoten zusammengerührt, das sie fürsorglich unter den Kranken verteilten. Sogleich bildeten die Menschen einen Kreis um den brodelnden Topf und griffen, wie es der Tradition entsprach, mit der rechten Hand nach den ihnen zugeteilten Stücken Fladenbrot. Albert ließ sich von Minköe zu ihnen begleiten und begrüßte jeden einzelnen sehr herzlich. Er hatte keinen ihrer Namen vergessen.

»Freunde«, rief er in die Runde, nachdem Minköe ihm Gehör verschafft hatte. »Ich habe schon gehört, dass eine schlimme Zeit hinter euch liegt. Aber wir werden jetzt dafür sorgen, dass es wieder aufwärts geht. Wir werden unser *Village des Lumières* bekommen, das verspreche ich euch. Oh, beinahe hätte ich es vergessen. Ich habe ein paar Kleinigkeiten aus Amerika mitgebracht. Dort leben viele gute Menschen, die Anteil an eurem Geschick nehmen.«

Eine halbe Stunde später verteilten Quabi, seine Freunde und Dr. Fuller gemeinsam mit Albert Taschen voller Süßigkeiten unter den Leprakranken, die sich lachend um sie scharten. Innerhalb weniger Augenblicke verschwanden Gerstenzuckerstücke in Form des Empire State Building, die Brooklyn Bridge aus Schokolade und andere ausgefallene Sachen in Beuteln, Töpfen und Mündern.

Einigermaßen beruhigt kehrte Albert ins Dorf zurück, um sich vor dem Abendbrot zu waschen und umzukleiden.

11. Kapitel

Das Abendessen im großen Speisesaal, dem einzigen aus Stein erbauten Gebäude des Hospitals, wurde nach einem festgefügten Ritual eingenommen. Gegen halb sieben ertönte ein Geläut, das von zwei Metallstangen herrührte. Daraufhin wurde die Arbeit im Dorf und in den Krankenstationen niedergelegt. Nach einem zweiten Klang der Stäbe versammelten sich die Mitarbeiter und Helfer gewaschen und umgezogen im Speisesaal um zwei längliche Tafeln herum, die mit weißen Tischtüchern gedeckt waren. Gläserne Karaffen mit Wasser standen auf den Tischen.

Alle Anwesenden warteten geduldig hinter ihren Stühlen, bis Albert hereinkam und seinen Platz einnahm. Nach dem Tischgebet, das Albert sprach, trugen schwarze und weiße Helfer Schüsseln mit dampfendem Essen herein. An Alberts Tisch hatten sich außer Dr. Fuller, Anna und Joseph auch noch der seit Weihnachten in Lambarene weilende Arzt Dr. Hals sowie eine junge englische Krankenschwester namens Susan niedergelassen.

Schwester Susan sah an diesem Abend abgekämpft und ein wenig niedergeschlagen aus. Albert bemerkte das sogleich, verzichtete aber darauf, das Mädchen während des Essens auf ihr Befinden anzusprechen. Der Grund für ihre Befindlichkeit ließ sich ohnehin leicht erraten. Vor seiner Abreise hatte sich Susan gewissenhaft um die Leprakranken gekümmert. Sie hing an ihnen und musste ob der Ereignisse auf dem Hügel am Boden zerstört sein. Albert bedauerte das zutiefst. Er nahm sich vor, später ein persönliches Gespräch mit ihr zu führen, um sie etwas aufzumuntern.

Nach dem Essen ließ sich Albert seine Bibel reichen, ein in dunkelbraunes Leder gebundenes Prachtexemplar, das auf einem Ständer aus geschnitztem Kirschbaumholz aufbewahrt wurde. Die übliche Lesung und Auslegung der Schrift fiel an diesem Abend allerdings nur kurz aus, denn Albert, der ein Gespür für die Befindlichkeiten seiner Mitarbeiter hatte, war nicht entgangen, dass die Männer und Frauen am Tisch einem theologischen Diskurs heute nur wenig abgewinnen konnten. Darauf wollte er Rücksicht nehmen, auch wenn er selbst es liebte, die Abende in Lambarene mit Gedanken aus der Bibel oder einem guten Buch zu beschließen.

»Es geht hier etwas vor, das ich nicht verstehe«, sagte er, nachdem die Helfer das Geschirr abgeräumt hatten und nur noch der engste Kreis von Mitarbeitern am Tisch saß. »Kisten mit wichtigen Arzneimitteln werden im Lagerhaus von Libreville in den hintersten Winkel geschoben, eine selbsternannte

Übergangsregierung, die gar nicht existiert, droht mir mit Schließung, und zu allem Übel tauchen auch noch wie aus dem Nichts Soldaten auf, um angebliche Verletzungen der Sicherheitsbestimmungen zu ahnden.«

Der junge Dr. Fuller sah Albert erschrocken an. »Dann haben Sie mit Minköe oben auf dem Hügel gesprochen?«

Albert nickte. »Er hat mir erzählt, dass Sie sich in vorbildlicher Weise für die Leprakranken eingesetzt haben, mein lieber Fuller. Dafür möchte ich Ihnen danken. Ihnen auch, Susan. Ich kann mir vorstellen, dass Sie keine angenehme Zeit hinter sich haben.«

Dr. Hals, der Albert als Chirurg vertrat, wenn dieser sich auf Reisen befand, stand auf; mit den Händen in den Hosentaschen spazierte er durch den Speisesaal. Vor einer gerahmten Fotografie, das eine jugendliche Helene Schweitzer in einem weißen Kleid auf einer Brücke zeigte, blieb er stehen. »Wir sollten auf keinen Fall überreagieren. Bestimmt hat die Regierung in Libreville zu den Vorgängen hier etwas zu sagen. Schließlich liegt Lambarene in ihrem Zuständigkeitsbereich.«

Am Tisch brach Gemurmel aus. Joseph, der seinen Platz unter den weißen Ärzten und Pflegern mit Stolz verteidigte, brummte etwas in einem afrikanischen Dialekt vor sich hin, das keiner der Anwesenden verstand.

Albert erhob sich ebenfalls. Er nahm die Bibel und trug sie an ihren Platz auf dem Notenständer zurück. Als er an Dr. Hals vorüberschritt, klopfte er ihm kurz auf die Schulter. »Denken Sie nicht, ich hätte nicht gleich nach meiner Ankunft versucht, mit den Regierungsvertretern ins Gespräch zu kommen? In Libreville sagte man mir, das sei eine Angelegenheit von Port-Gentil. Port-Gentil behauptet aber gleichzeitig, die Gesundheitsbehörde sei für uns zuständig. Diese wiederum erklärt: Wir haben nichts gegen Sie, Dr. Schweitzer. Sie haben viel für die Menschen in Lambarene getan, dafür sind wir Ihnen dankbar. Doch helfen können wir Ihnen leider nicht. Und Schutz gewähren wir Ihnen schon gar keinen. Gehen Sie zum Innenministerium.«

Hals runzelte die Stirn. »Na und? Sind Sie beim Ministerium gewesen?«

»Ich habe mir den ganzen Vormittag über die Finger wund telefoniert. Sie wollen nichts von uns wissen, was zu erwarten war. Doch ihre Anschuldigungen bezüglich angeblicher Verletzungen der Sicherheitsbestimmungen schockieren mich zutiefst. Ich kann nicht glauben, was uns da vorgeworfen wird. Nach all den Jahren.«

»Vielleicht ist das ja der Grund für die Aufregung«, murmelte Schwester Susan, die sich bislang aus dem Gespräch der beiden Männer herausgehalten hatte. »Vielleicht ist die Behörde in Libreville ja der Ansicht, dass sich in Lambarene etwas verändern muss. Ein neuer Wind …«

»Ich habe durchaus nichts gegen frische Luft«, entgegnete Albert ungehalten. »Aber ich wüsste nicht, was sie mit unserem Problem zu tun haben soll.«

Dr. Hals sank auf eine der leeren Bänke und entfernte mit spitzen Fingern ein paar Brotkrümel von dem weißen Tischtuch. »Nun, was Schwester Susan meint, ist, dass wir uns in der Tat wohl kaum als Musterklinik bezeichnen können.«

»Interessant«, meinte Albert trocken. »Und in welcher Hinsicht?«

Schwester Susan trat zu Dr. Hals. »Als Sie an den Ogowe kamen, Doktor, schrieben wir das Jahr 1913, nicht wahr? Weit und breit gab es noch kein elektrisches Licht und keine sanitären Anlagen. Sie operierten im Schein einer Laterne, die Ihre Frau oder Joseph über den Operationstisch hielt. Das mag früher eine Lösung gewesen sein, aber die Zeiten haben sich nun mal geändert. Wir haben jetzt Sommer 1949, könnten die Annehmlichkeiten und Errungenschaften der Gegenwart genießen. Na schön, elektrisches Licht und ein paar Geräte haben wir inzwischen auch. Aber von außen betrachtet ist Lambarene doch noch immer ein chaotisches afrikanisches Dorf mitten im Urwald und kein Hospital, nicht wahr? In der Krankenhausapotheke laufen Ziegen herum, an jeder Ecke findet sich ein stinkender Dunghaufen. Ihr verblödeter Truthahn flatterte gestern sogar durch den Sterilisationsraum und pickte mir ins Bein.«

»Ich entschuldige mich für sein schlechtes Benehmen.«

»Das ist kein Scherz, Dr. Schweitzer!«

»Ich scherze nicht, es tut mir leid, wenn jemand im Dienst verletzt wird. Aber verraten Sie mir auch, ob Keime in den Krankenstationen gefunden wurden? Gab es in meiner Abwesenheit Todesfälle im OP? Wenn ja, wie viele waren es?« Er wandte sich an Dr. Fuller, der noch kein Wort gesagt hatte.

»Fuller, holen Sie mir die Krankenbücher der letzten achtzehn Monate? Ich möchte sie noch heute Abend einsehen, um mir ein Bild zu machen.«

»Die Mühe können Sie sich sparen«, sagte Schwester Susan kühl. Die Augen der jungen Frau funkelten. »Im Vergleich zum Krankenhaus der Barmherzigen Brüder in Libreville stehen wir gut da, das muss ich zugeben. Nach den neuesten Erhebungen ist die Wundinfektionsrate in Lambarene sogar niedriger als in Europa.«

»Und vergessen Sie bitte nicht, dass sogar weiße Patienten aus Port-Gentil zu uns kommen«, sagte Anna triumphierend. Die Frau bedachte ihre jüngere Kollegin mit einem Blick, der Bände sprach. Albert begriff. Während seiner Abwesenheit schien es zu Zusammenstößen zwischen der konservativen Anna und der Krankenschwester aus England gekommen zu sein. Während erstere mit hingebungsvoller Leidenschaft seine Regeln verteidigte, versuchte Susan offensichtlich mit der Hilfe von Dr. Hals, Neuerungen in Lambarene einzuführen. Einen frischen Wind, wie sie es zu nennen beliebte.

»Ihre weißen Patienten werden in sauberen Zimmern untergebracht«, beklagte sich Susan da auch schon heftig. »Sie bekommen Daunenkopfkissen und gutes, gesundes Essen, während die Füße meiner Kranken vom Ungeziefer angeknabbert würden, wenn diese blöden Käfige nicht wären. Statt ein bisschen DDT zu streuen …«

Anna schnappte nach Luft; ihr runzeliges Gesicht färbte sich tomatenrot, während sie sich drohend über den Tisch beugte. »DDT? Wie unfair von ihnen«, kreischte sie los. »Man sollte Ihnen erst einmal beibringen, wie man respektvoll mit dem Doktor umgeht.«

»Ach ja?«

Albert hob die Hände, um die beiden Frauen zu bremsen. Ihr Wutausbruch war ihm peinlich. In all den Jahren, die er nun schon in Lambarene arbeitete, hatte er es nie erleben müssen, dass sich das Pflegepersonal dermaßen in die Haare gekriegt hatte. Beinahe sehnte er sich in die Zeit zurück, da er mit Helene und Joseph ganz allein die Geschicke des Hospitals geführt hatte. Aber in einem musste er Schwester Susan recht geben. Sie lebten nicht mehr im Jahr 1913. Und es war auch nicht erstrebenswert, sich dorthin zurückzuwünschen.

»Ich weiß durchaus zu schätzen, dass Sie sich Sorgen um das Hospital machen, meine Damen«, versuchte er die Streithähne zu besänftigen. »Und ich akzeptiere auch Ihre unterschiedlichen Standpunkte …«

»Tun Sie das wirklich, Dr. Schweitzer?«, unterbrach ihn Hals. Der dünne Chirurg legte die Stirn in Falten, was ihn gut zehn Jahre älter aussehen ließ. Er schien Alberts Worten kein rechtes Vertrauen entgegenzubringen.

»Das kann ich Ihnen versichern, Hals. Mir ist zum Beispiel bekannt, dass Sie und Schwester Susan mich für einen alten Diktator halten, der alles besser weiß und sich sträubt, Rat von jüngeren Kollegen anzunehmen. Dem ist aber nicht so. Ich verspreche Ihnen hiermit, dass ich über jede Entscheidung, die ich künftig treffen muss, gründlich nachdenken werde.« Er blickte abwartend in die Runde, war darauf gefasst, dass sich neuer

Widerstand regte. Doch weder Hals noch Susan entgegneten auch nur ein Wort. Dafür räusperte sich Dr. Fuller. Es war dem jungen Mann sichtlich unangenehm, Albert mit dem zu konfrontieren, was ihn beschäftigte. Doch Albert ermunterte ihn mit einer Handbewegung, frei von der Leber weg mit ihm zu sprechen. Er mochte den gewissenhaften Arzt und rechnete es ihm hoch an, dass er neben seiner Arbeit im Operationssaal auch noch Zeit für die Betreuung der Leprakranken fand.

»Nun rücken Sie schon raus mit der Sprache, Fuller. Ich habe doch gleich gemerkt, dass da noch etwas anderes im Busch ist.«

»Nun, wir haben Ihre Auftritte in Amerika verfolgt …«

»Auftritte? Das hört sich ja an, als wäre ich Fred Astaire, mein Junge.«

Fuller grinste schief. »Der Umstand, dass wir in letzter Zeit solche Schwierigkeiten hatten, könnte doch mit der Bombe zusammenhängen. Meinen Sie nicht auch?«

Alarmiert hob Albert die Augenbrauen. Was für eine Bombe sollte schuld an den Problemen in Lambarene sein?

»Ich meine die Wasserstoffbombe, gegen die Sie sich in den Staaten öffentlich ausgesprochen haben sollen«, klärte ihn Fuller mit leiser Stimme auf. »Sie und Ihr Freund, Professor Albert Einstein. Wir haben oft darüber gesprochen, erinnern Sie sich nicht? Sie wissen, dass ich Ihre und Einsteins Einstellung zu diesem Thema voll und ganz teile. Aber andere verstehen nicht, wieso Sie als Arzt Partei ergreifen. Dr. Hals beispielsweise …«

Hals warf seinem Kollegen einen mürrischen Blick zu. »Was ist mit mir?«

»Nun, ich möchte dir keineswegs zu nahe treten, Eric, aber deine Ansichten zu diesem Thema sind eindeutig, und du machst auch keinen Hehl daraus. Ich könnte mir gut vorstellen, dass über unsere politischen Meinungsverschiedenheiten etwas nach draußen gedrungen ist. Die Großmächte, egal, auf welcher Seite des Ozeans sie sich befinden, können schon ein wenig paranoid sein, wenn es um Fragen der nationalen Sicherheit geht. Diese Sache mit dem Komitee für unamerikanische Aktivitäten ...«

Albert zuckte mit den Schultern. »Meine Frau und ich hatten in den Staaten ein paar kleinere Zusammenstöße mit Menschen, die mir unterstellen wollten, ich sei ein unverbesserlicher Kommunist. Aber das ist einfach nicht wahr. Wer mich und meine Schriften kennt, weiß genau, dass ich nie viel vom Genossen Marx und seiner Weltanschauung gehalten habe. Für mich ist *Das Kapital* ein doktrinäres Buch, das mit einseitigen Definitionen und Tabellen arbeitet, aber nirgends in tieferer Weise auf Lebensfragen und Lebensbedingungen eingeht. Marx ist meiner Meinung nach ein Prediger des Mechanismus der Geschichte. Er will einen mechanischen Menschen schaffen, der in der Gesellschaft untergeht. Wo soll da noch Platz für Ehrfurcht vor dem Leben des einzelnen zu finden sein? Nirgends.« Er schüttelte den Kopf. »Aber lassen wir das Philosophieren. Ich verstehe immer noch nicht, was das alles mit der Drohung zu tun haben soll, das Hospital zu schließen.«

»Vielleicht geht es weniger um das Hospital als vielmehr darum, Sie aussehen zu lassen wie einen alten Spinner, der nicht mehr in der Lage ist, in Lambarene das Kommando zu führen.«

»Nun verwechseln Sie mich mit Dwight D. Eisenhower, mein Junge.«

Diesmal lächelte Fuller nicht. Hilfesuchend blickte er sich nach Anna um. Sie und die Pflegerin Mathilde, die sich momentan zur Erholung in Cap Lopez aufhielt, waren die dienstältesten Mitarbeiter des Hospitals und verfügten über einigen Einfluss. Aber Anna saß nur mit gefalteten Händen steif wie ein Stock auf ihrem Platz und schmollte. Für sie war immer alles in Ordnung, was der Doktor anordnete. Kein Wunder, dass sie auch jetzt nicht den Mund aufmachte. Schwester Susan bedachte sie dafür mit einem verächtlichen Blick.

»Sie haben sich in New York mit Professor Einstein getroffen«, rief Dr. Hals. Es klang herausfordernd. »Hat er Sie vielleicht aufgefordert, eine Unterschrift zu leisten oder irgendeiner Organisation oder Gruppierung beizutreten?«

Albert schlug mit der Faust auf den Tisch. »Nein, verdammt noch mal. Und ich wüsste auch nicht, dass ich Ihnen Rechenschaft schulde.« Er hielt inne und seufzte. »Nun haben Sie mich zum Fluchen gebracht, Eric. Das war nicht nett von Ihnen. Hören Sie mir zu! Ich bin gegen diese gefährlichen Atomwaffen, weil ich nicht noch einmal die verheerenden Folgen ihres Einsatzes miterleben möchte. Aber mit unserer Arbeit in Lambarene hat das eigentlich nicht das Geringste zu tun. Ich bewundere und schätze jeden einzelnen von Ihnen dafür, dass Sie hier bei mir sind und diese Arbeit leisten. Wissen Sie, was Joseph mir und meiner Frau einmal gesagt hat, als wir uns nach der Bedeutung des Wortes ›Lambarene‹ erkundigt haben? Er sagte, es heißt soviel wie ›Lass es uns versuchen‹. Schlicht und einfach. Ich konnte niemals mehr tun, als zu versuchen, meinen Traum auf festen Boden zu stellen. Nun haben wir endlich festen Boden, und den sollten wir uns nicht wieder wegnehmen lassen. Gemeinsam schaffen wir es.«

Im Speisesaal breitete sich Schweigen aus, das nur von Annas leisem Schluchzen unterbrochen wurde. Fuller und Hals starrten peinlich berührt zu Boden. Lediglich Schwester Susan hatte keine Scheu, Albert trotzig in die Augen zu blicken. Seine Rede schien ihre Zweifel nicht völlig beseitigt zu haben. Nach einer Weile sagte Hals: »Dr. Schweitzer hat recht. Ich wüsste nicht, was seine Ansichten über die Atombombe für eine Auswirkung auf die Zukunft des Hospitals haben sollten, auch wenn ich sie nicht teile. Solange er sie nicht öffentlich äußert, brauchen wir hier nicht in Panik auszubrechen. Außerdem, wer sollte uns hier im Urwald schon abhören?«

»Sie vergessen die Soldaten, die unsere Leprapatienten bedrängt und ihre Hütten zerstört haben«, warf Susan ein. »Mit diesen Menschen ist nicht zu spaßen. Sollte oben auf der

Anhöhe noch einmal etwas gebaut werden, wollen sie wiederkommen und sich auch das Dorf vornehmen. So hat es mir Minköe wenigstens berichtet.«

Albert betrachtete Schwester Susans sonnengebräuntes Gesicht einen Augenblick lang nachdenklich. Als sie angekommen war, hatte sie ausgesehen wie ein Pariser Mannequin. Doch inzwischen hatte sie gelernt, dass feste Schuhe und strapazierfähige Kleidung sie in den Tropen weiterbrachten als Lippenstift und Lidschatten. Sie hatte überhaupt eine Menge dazugelernt, seit sie hier war, was ihn zugegebenermaßen mit heimlicher Bewunderung für das energische Mädchen erfüllte.

»Dann haben Sie diesen Kerl von der sogenannten Übergangsregierung also zu Gesicht bekommen. Ich dachte schon, es handele sich bei ihm um ein Phantom. Was für ein Mensch ist er? Wie heißt er?«

»Nun, er trat hier auf, als habe er seinen Abschluss in Oxford gemacht«, antwortete Susan. Es sollte abfällig klingen, doch Albert entging der Hauch von Verunsicherung nicht, welcher der Beschreibung der Krankenschwester anhaftete. »Er ist ein ziemlich großer Mann, schlank und sehr gepflegt. Äußerst eloquent, wenn Sie mich fragen. Der Name, den er mir nannte, war N'Gouta. Louis N'Gouta.«

In dieser Nacht träumte Albert von seiner Kindheit im Pfarrhaus zu Günsbach. Er sah sich mit seiner Schwester am Küchentisch sitzen, tief versunken ins Kartenspiel, was merkwürdig war, da Karten ihn immer gelangweilt hatten. So sehr er sich jedoch auch bemühte, die Partie zu gewinnen, stets hatte seine Schwester die besseren Karten in der Hand. Sie gewann Spiel um Spiel. Darüber geriet er so sehr in Wut, dass er dem Mädchen in einem Anfall von Jähzorn die Karten aus der Hand schlug.

»Du bist ein schlechter Spieler, aber ein noch schlechterer

Albert Schweitzer (Jeroen Krabbé) in New York, Columbia University

Helene Schweitzer (Barbara Hershey) im ersten Hospital in Lambarene

Albert Schweitzer (Jeroen Krabbé) auf dem Ogowe

Der Oganga (Michael Dube) demonstriert seine Macht

Begrüßung Albert Schweitzers (Jeroen Krabbé) in Lambarene

Ankunft Rhena Schweitzers (Jeanette Hain) in Lambarene

Abendliche Diskussionen mit Albert Schweitzer (Jeroen Krabbé)

Arbeiten in Lambarene

Bei einer Besprechung in Lambarene (Jonathan Firth, Hans-Werner Meyer, Leslie Mangezi)

Das Krankenhausdorf bei Nacht

Operation in Lambarene (Jeroen Krabbé, Eleonore Weisgerber, Hans-Werner Meyer)

Albert (Jeroen Krabbé) und Helene Schweitzer (Barbara Hershey) vor der Ruine ihres ersten Hospitals in Lambarene

Im Büro des CIA (Samuel West, Guy de Lancey)

Albert Schweitzer (Jeroen Krabbé), Orgelkonzert in New York

Albert Schweitzer (Jeroen Krabbé) bei seiner Rede anlässlich des Friedensnobelpreises in Oslo

Verlierer«, hielt sie ihm weinend entgegen und rannte aus dem Zimmer. Albert lief ihr nach, doch ehe er die Tür erreichte, befand er sich nicht mehr in der vertrauten Umgebung. Stattdessen umgaben ihn dichte Nebel; sie hüllten ihn völlig ein, bis er die Hand vor Augen nicht mehr erkannte. Als die Schleier sich lichteten, fand er sich auf einer Pritsche aus Holz liegend in einer Baracke wieder, die jedoch denen in Lambarene nicht ähnlich sahen. Zu seinem Entsetzen trug er Fesseln um die Handgelenke.

»Er war krank«, hörte er eine raue Stimme flüstern. Doch er wusste nicht, woher sie kam. »Wir mussten ihn festbinden, damit er nicht wild um sich schlägt.«

»Mein Mann ist weder gewalttätig noch ungehorsam!«

Das hatte Helene gesagt. Erst jetzt erkannte Albert seine Frau. Sie war jung und wunderschön, wie damals, als er sie kennenlernte. Ihr langes, dichtes Haar fiel ihr in seidig glänzenden Wellen über die Schultern. Nachdenklich spielten ihre schlanken Finger mit einer Kamee, die ihr schlichtes, hochgeschlossenes Kleid zierte.

»Beruhige dich, mein Liebster«, flüsterte sie, als sich ihre Blicke kreuzten. »Wir sind wieder in dem Internierungslager am Fuß der Pyrenäen. Weißt du nicht mehr, dass sie uns aus Afrika ausgewiesen haben? Wir dürfen nie wieder nach Lambarene zurückkehren.«

Albert wälzte sich auf dem Lager hin und her; verzweifelt zerrte er an den Fesseln, die ihm immer tiefer ins Fleisch schnitten.«

»Sie sagen, du wärest ein schlechter Spieler, hättest das Hospital in den Ruin getrieben«, meinte die jugendliche Helene. Sie setzte sich vor einen Frisiertisch, der an das ausladende Möbelstück in ihrer New Yorker Hotelsuite erinnerte, und begann mit grazilen Bewegungen ihr Haar zu bürsten. Albert konnte seine Blicke kaum von seiner Frau abwenden, dennoch spürte er, wie sich eine Panik ungeahnten Ausmaßes in seiner Brust regte. Sie ließ sein Herz rasen und trieb ihm den Schweiß auf die Stirn. »Aber das kann doch nicht wahr sein«, rief er mit einem Stöhnen aus. »Lambarene darf nicht untergehen.«

»Es wird weiterleben«, sagte Helene kurz angebunden. Sie drehte sich zu ihm um. »In unser aller Herzen.«

»Das genügt mir aber nicht. Und den Menschen, die in mein Hospital kommen, um behandelt zu werden, genügt es noch weniger. Sie brauchen Hilfe und Hoffnung, sie brauchen …«

Die Pritsche knarrte unter seinen Anstrengungen, sich aufzurichten; die Ketten an seinen Händen klirrten so sehr, dass es Albert in den Ohren schmerzte.

»Ich werde die Übergangsregierung überzeugen, dass ich nicht gefährlich bin«, rief er mit letzter Kraft. »Dann müssen sie mich freilassen. Sie müssen mir erlauben, nach Afrika zurückzukehren. Sie dürfen mich nicht …«

»Doktor, wachen Sie auf, um Gottes willen!«

Anna stand schlotternd vor Alberts Bett, eine Laterne in der Hand, mit der sie ihm geradewegs ins Gesicht leuchtete. Die gute alte, besorgt dreinblickende Anna.

Albert blinzelte, überrascht und geblendet von dem plötzlichen Lichteinfall. Als er sich bewegte, bemerkte er, dass nicht nur sein Pyjama, sondern auch das Bettzeug bis auf die Matratze gänzlich durchgeschwitzt war. Benommen richtete er sich auf, fuhr sich durch das zerzauste Haar und tastete schließlich den Nachttisch nach seiner Brille ab. Sie lag auf dem Buch, das ihn in den Schlaf begleitet hatte.

»Ein wirklich furchtbarer Albtraum«, sagte er. »Kein Grund zur Besorgnis. Tut mir leid, wenn ich Sie geweckt habe, Anna. Aber die unerfreulichen Neuigkeiten scheinen meinen Nerven doch mehr zuzusetzen, als ich erwartet habe.«

Anna zog den Gürtel ihres dunkelblauen Morgenmantels straff, vermutlich genierte es sie, in dieser Aufmachung vor ihrem Arbeitgeber zu erscheinen, denn sie legte Wert auf korrekte Bekleidung. In der Tat konnte sich Albert nicht erinnern, sie jemals auch nur barfuss gesehen zu haben.

»Sie haben wieder bis tief in die Nacht Orgel gespielt.« Es klang vorwurfsvoll.

»Ja, aber normalerweise hilft mir die Musik dabei, meine Gedanken zu ordnen. Sie *abzustauben*, wie Helene das nennt.«

Anna wandte sich zur Tür, blieb jedoch am Eingang zögerlich stehen. »Es war nicht richtig, dass die Kollegen im Speisesaal so respektlos mit Ihnen gesprochen haben, Dr. Schweitzer«, sagte sie leise. »Wenn ich nur daran denke, wie frech sich dieses junge englische Mädchen aufgeführt hat, kommt mir jetzt noch die Galle hoch.«

Albert lehnte sich seufzend zurück. Er verspürte wenig Lust, in Annas Klagen über die heutige Jugend einzustimmen, der es ihrer Meinung nach an Achtung vor Älteren fehlte. Draußen war es noch stockdunkel. Irgendwo im Dorf heulte ein einsamer Hund den weißen Mond an, der wie die Kristallkugel einer Wahrsagerin über dem Fluss schwebte und seinen silbernen Schein durch das Fenster in Alberts Schlafzimmer trug. Vorsichtig streckte er seine schmerzenden Glieder aus. Das Bett, befand er, war viel zu groß für ihn allein. Aber damit musste er sich wohl oder übel abfinden, denn er glaubte nicht, dass Helene jemals wieder an seiner Seite liegen würde. Unwillkürlich musste er an das Traumgespinst denken, das ihm noch immer so deutlich vor Augen stand wie kein Traum jemals zuvor.

Helene in dem knöchellangen schwarzen Kleid mit den aufgebauschten Ärmeln, das der Mode um die Jahrhundertwende entsprach. Ihr weiches, langes Haar und das feingeschnittene Gesicht, das nicht nur Tatkraft, sondern auch eine besondere Leidenschaft für das Leben verkündete. Plötzlich vermisste Albert seine Frau so verzweifelt, dass er bei der Vorstellung, sie erneut mehrere Monate zu entbehren, beinahe körperliche Schmerzen wahrzunehmen glaubte.

»Kann ich Ihnen noch ein Glas Wasser bringen, bevor ich

mich zurückziehe, Dr. Schweitzer?«, erkundigte sich Anna zuvorkommend. Sie war immer zuvorkommend.

Albert lehnte mit einem Lächeln ab und schickte sie in ihr eigenes Zimmer zurück. Eine Weile konnte auch sie noch schlafen, bevor ihr morgendlicher Dienst sie in die Röntgenstation und danach zu den neugeborenen Kindern rief.

Nachdem Anna gegangen war, starrte Albert an die Decke und beobachtete den hässlichen Wasserfleck, der sich durch das dichte Flechtwerk fraß. Der Fleck war in den Wochen seiner Abwesenheit ebenso gewachsen wie die Angst und der Argwohn, die er in den Mienen seiner Mitarbeiter entdeckt hatte.

Albert verschränkte die Hände hinter dem Kopf und dachte nach. Stand es wirklich so schlimm um das Hospital, wie Hals und Susan behaupteten? Oder waren das alles Hirngespinste? Es half nichts, darüber zu grübeln. Er musste zusehen, dass er so schnell wie möglich mit diesem N'Gouta ins Gespräch kam. Kein Mensch hatte das Recht, schwerkranken Menschen wie Minköe einen Platz zu verweigern, an dem sie Behandlung und gute Pflege erhielten. Das musste ein Regierungsvertreter wie dieser N'Gouta einsehen. Vielleicht hatte man ihm gegenüber die falschen Worte benutzt. Afrikanische Beamte hassten es, wenn sie sich von Europäern nicht ernstgenommen oder von oben herab behandelt fühlten.

Je länger Albert darüber nachsann, desto bedrückender wurde sein Gefühl, dass er in dieser Hinsicht nicht ganz frei von Fehlern und Versäumnissen war. Hatte er nicht immer wieder verkündet, die Weißen seien die Brüder der Afrikaner, aber ihre älteren Brüder? Lag darin aber nicht jenes Körnchen Anmaßung und Selbstüberschätzung versteckt, das sich nun für sie alle in einen Sandsturm zu verwandeln drohte?

Gegen Morgen kämpfte sich Albert aus den feuchten, zerwühlten Bettlaken, schob das Moskitonetz zur Seite und kniete sich vor seinem Bett auf den blanken Fußboden, um Rat im stillen Gebet zu suchen. Gott würde ihm einen Weg aufzeigen, wenn er demutsvoll darum bat. Davon war er überzeugt, und bis jetzt hatte er niemals Grund gehabt, an seinem Glauben zu zweifeln.

Als Joseph Stunden später fröhlich pfeifend Alberts Zimmer betrat, fand er ihn, den Kopf auf die Bettkante gesunken, tief schlafend vor.

»Armer Doktor«, murmelte der Heilgehilfe. »So müde.« Er stellte das Tablett mit Frühstück auf Alberts Schreibtisch und entfernte sich auf Zehenspitzen.

Es war bereits später Vormittag, als Albert sich frisch genug fühlte, um seinen gewohnten Rundgang durch das Dorf vorzunehmen. Joseph und N'Kendju begleiteten ihn. Auf ihrem Weg kamen sie an Frauen vorbei, die Kleidungsstücke in gewaltige Zuber tauchten und dann über dem Waschbrett rubbelten. Kinder sprangen ihm mit Jubelgeschrei entgegen oder zupften an seinem Hemd, während sie neben ihm einhergingen. Die Kunde vom weißen Oganga, der oben auf dem Hügel Geschenke verteilt hatte, war bereits wenig später in jede Hütte gedrungen. Albert streichelte lächelnd über Dutzende von kleinen Köpfen. Für jeden hatte er ein paar freundliche Worte übrig. Auch für die Männer, die den Hospitalgarten umgruben und die Kräuter von Unkraut befreiten, nahm er sich ein wenig Zeit, erkundigte sich nach der Aussaat und ob die Setzlinge gut gediehen. Der Garten lag ihm besonders am Herzen, denn Helene hatte ihn einst angelegt. Das mochte nun schon über zwanzig Jahre zurückliegen. Wenn sie ihn nur sehen könnte, dachte Albert wehmütig. Überall blühen die Pflanzen und Blumen in allen Farben.

Auf dem Weg zum Behandlungshaus wurde Albert noch mehrere Male aufgehalten. Eine alte Frau, die vor ihrer Hütte saß und getrocknete Kolanüsse zum Verkauf anbot, klagte über Zahnschmerzen.

»Aber du hast doch keinen einzigen Zahn mehr«, sagte Albert verwundert. Dennoch tat er ihr den Gefallen und inspizierte ihren halb geöffneten Mund. Schließlich gab er der Frau den Rat, ihren Mund zweimal täglich mit einem Sud aus Minze und Ingwer auszuspülen.

»Und davon vergehen die Schmerzen?« Die Frau schaute Joseph, der ihr das Rezept übersetzte, ungläubig an. Doch der zuckte nur mit den Schultern.

Vor der Krankenhausapotheke hatte sich eine Schlange gebildet. Geduldig warteten die Patienten darauf, dass einer der Helfer ihre Namen in die Listen eintrug und eine der obligatorischen Pappscheiben für sie beschriftete. Als der Mann hinter dem Schreibtisch Albert erkannte, sprang er sogleich auf und streckte seine Hand aus. »Willkommen, Doktor. Ich habe schon gehört, dass Sie zurückgekommen sind.«

Albert sah sich um. Vereinzelt entdeckte er unter den Wartenden bekannte Gesichter. Einige der älteren Männer und Frauen hatte er schon vor Jahren selbst behandelt. Sie kannten das Hospital und kamen immer wieder zu ihm, wenn ihre Hausmittel versagten. Doch die meisten der jüngeren Kranken waren ihm fremd.

»Welche Fälle wurden heute aufgenommen?«

Der Helfer blätterte in seinem Krankenbuch. »Das Übliche, Doktor. In den Dörfern grassieren Erkältungen, dazu kommen zwei Leistenbrüche, die Dr. Hals übernehmen wird, und verschiedene Geschwüre.« Er zeigte mit dem Füllfederhalter auf einen hoch aufgeschossenen Stammeskrieger, der bereits am Tisch abgefertigt worden war und nun geduldig neben dem Eingang zur Männerstation wartete.

»Dieser Mann stammt aus einem Korbmacherdorf. Er leidet unter Craw-Craw.«

Albert seufzte. Er kannte die schmerzhaften Geschwüre, die durch den Biss von Sandflöhen verursacht wurden, aus jahrzehntelanger Erfahrung. Da die Eingeborenen in den Dörfern zumeist barfuß gingen, wurden sie ein leichtes Opfer der aggressiven Flöhe, aber auch anderer Erreger, die sich durch kleine Wunden in die Fußsohlen bohrten und dann dort einnisteten.

Albert beschloss, seinen Rundgang nicht fortzusetzen, sondern sich persönlich um den armen Korbmacher zu kümmern. Da er seinen Dialekt nicht verstand und Joseph aufgehalten worden war, gab er dem Mann durch einen Wink zu verstehen, ihm sogleich in den Behandlungsraum zu folgen, der neben der Krankenhausapotheke lag. Der lange Stammeskrieger folgte ihm humpelnd und ächzend die Stufen hinauf. Jeder Schritt schien ihm unsagbare Qualen zu bereiten.

»Ich weiß, mein Freund, Craw-Craw ist sehr heimtückisch und tut scheußlich weh«, sagte Albert, nachdem es ihm mit viel gutem Zureden und Lächeln gelungen war, den Korbmacher auf den Behandlungsstuhl zu setzen.

»Aber mit ein wenig Glück und Gottes Hilfe wirst du bald wieder deine Matten, Körbe und Hühnerkäfige herstellen.« Er dachte kurz nach. »Vielleicht schenkst du dem Hospital ja ein paar selbstgeflochtene Matten? Für das Lepradorf? Das würde uns schon weiterhelfen.«

Albert ließ sich auf einem Drehhocker gegenüber dem Behandlungsstuhl nieder und bettete den verletzten Fuß des Mannes vorsichtig in seinem Schoß. Dann machte er sich daran, das Geschwür mit einem Wattebausch auszubohren. Als der Korbmacher sah, wie Blut und Eiter aus der Wunde spritzten, stieß er kreischende Laute aus; er wand sich geradezu auf seinem Stuhl, bewegte aber nicht den Fuß. Albert rief nach einer der Schwestern, die im Nebenraum gerade eine Schnittwunde gereinigt und verbunden hatten, und ließ sich Sublimat, eine kleine Menge Borsäure sowie saubere Verbandstoffe bringen. Vorsichtig wusch er die ausgebohrte Stelle aus und füllte sie mit etwas Borsäurepulver.

»Das wär's, mein Freund«, beruhigte er den Mann aus dem

Korbmacherdorf, während die Krankenschwester einen Verband anlegte. »Du bekommst einen Platz in der Krankenbaracke, bis du wieder gehen kannst. In etwa zehn Tagen können wir den Verband abnehmen.«

Die Schwester, eine ältere, kraushaarige Frau, die aus Belgien stammte, lächelte Albert glücklich an. »Ich bin froh, dass Sie wieder da sind, Dr. Schweitzer.«

»Und sogleich bekomme ich den ersten Fall von Craw-Craw zu Gesicht. Jetzt fehlt nur noch die Himbeerkrankheit.«

Die Schwester nickte teilnahmsvoll. Gegen die gefürchtete Infektionskrankheit, deren Ausschläge auf dem menschlichen Körper wie Himbeeren aussahen, waren die Bisse des Sandflohs noch vergleichsweise harmlos. Albert hatte endlose Nächte in seiner Apotheke hinter dem Mikroskop verbracht, um der Wurzel dieses Übels auf die Spur zu kommen. Einmal war ihm ein Säugling ins Hospital gebracht worden, der sich an der Brust seiner Mutter mit der Himbeerkrankheit angesteckt hatte. Der bedauernswerte Wurm sah aus, als wäre er mit einer klebrigen Masse bestrichen und dann mit Himbeeren besetzt worden. Damals hatte Helene das Kind zu sich ins Haus genommen und aufopferungsvoll gepflegt. Es hatte noch einmal Glück gehabt. Dank einer gewissenhaften Behandlung mit Arsenbenzol verschwanden die Geschwüre bald wie von Zauberhand. Dennoch hatte der Kampf gegen die Geschwüre bis heute nicht aufgehört.

Nachdem Albert an seinem Schreibtisch einige Berichte gelesen und Briefe beantwortet hatte, verließ er das Behandlungshaus und begab sich zu der kleinen Einfriedung, wo seine Pelikane lebten. Einer der Vögel, der einen geschienten Flügel hatte, hatte offenbar bereits sehnsuchtsvoll auf Albert gewartet.

»Guten Tag, alter Freund. Ich weiß, ich bin spät dran, aber ich hatte noch einen Patienten zu behandeln, dem es schlechter ging als dir.« Aufmerksam betrachtete er sich den Flügel des Tieres. »Nun, ich will dir nichts versprechen, aber wenn ich mir deinen Flügel so ansehe, kann ich mir gut vorstellen, dass du dich bald wieder in die Lüfte erheben wirst.«

»Ich habe Parsifals Verband gewechselt, Doktor.« Quabi, der unter einer Palme ein Nickerchen gemacht hatte, rieb sich verschlafen die Augen. Alberts Unterhaltung mit dem Pelikan hatte ihn geweckt. Nun aber sprang der Junge sogleich auf die Füße. Er trug ein knallrotes Hemd und über den Knien abgeschnittene Männerhosen, die er mit einem Hanfstrick zusammengeschnürt hatte, um sie beim Laufen nicht zu verlieren. Furchtlos streckte er die Hand nach Parsifal aus und berührte seinen Schnabel. Der Junge schien das Tier ins Herz geschlossen zu haben, worüber sich Albert freute, denn solange Quabi im Dorf war, würde er sich um seine geliebten Tiere keine Sorgen machen müssen. Allerdings hoffte er auch, dass das aufgeweckte Kind eines Tages die Gelegenheit bekam, eine Schule zu besuchen. In Libreville oder einer anderen Stadt, die fleißigen Menschen eine gewisse Chance boten.

»Du hast meinen Parsifal ausgezeichnet behandelt, mein Junge«, lobte Albert ihn schließlich. »Vielleicht wird aus dir ja eines Tages ein richtiger Arzt?«

Geschwind nahm er einen Fisch aus dem Futtereimer, den Quabi bereits gefüllt und an die Einfriedung gestellt hatte, und schwenkte ihn vor dem Schnabel des Pelikans lockend auf und ab.

»Siehst du, Quabi, so macht man das … Au, verflixt!« Hastig zog er die Hand zurück, auf der eine rote Schramme zu sehen war. Parsifal hatte ihm in die Hand gezwickt.

Quabi wollte Albert nicht auslachen, konnte jedoch nicht an sich halten. Belustigt prustete er los. Eine Schar Kinder, die am Zaun aufgetaucht waren, um sich die Fütterung anzusehen, stimmten lauthals in das Gelächter mit ein.

»Hör mal zu, du kleines Ungeheuer!« Albert ergriff Parsifals Schnabel und hielt ihn zu. Das Tier versuchte angestrengt, sich aus der misslichen Lage zu befreien.

»Wirst du wohl ruhig halten?«, rief Albert lachend. »Wir haben hier eine ganz besondere Philosophie, sie heißt Ehrfurcht vor dem Leben. Du weißt schon, genauso wie es schon in der Bibel steht: Der Löwe legt sich neben das Lamm; der kleine Junge steckt seine Hand in das Loch der Viper. Und diese Idee schließt auch aufmüpfige Pelikane mit ein, die vernünftig werden müssen.«

Unter dem Beifall der Kinderschar am Gatter ließ er den Schnabel los und holte einen weiteren Fisch aus dem Holzeimer, um ihn Parsifal elegant in den Schnabel gleiten zu lassen.

»Au … Das darf doch nicht wahr sein.« Kopfschüttelnd blickte Albert auf seine Hand. »Schon wieder fällst du deinem Herrn und Meister in den Rücken? Hast du dich etwa mit dem Truthahn gegen mich verschworen?« Die Kinder kugelten sich auf dem Boden vor Lachen. Albert hatte ihre Herzen im Sturm erobert.

»Parsifal, die Ehrfurcht vor dem Leben sollte eigentlich auch deinen alten Doktor einschließen, oder?«

Der Vogel gab sich gleichmütig; zufrieden und gesättigt stolzierte er davon.

12. Kapitel

Königsfeld, August 1949

»Ich danke Ihnen, dass Sie so schnell kommen konnten, Herr Doktor!«

Rhena führte den Arzt in den Garten, wo sie ihre Mutter in Decken gehüllt im Liegestuhl zurückgelassen hatte, um die Tür zu öffnen. Helene ging es nicht gut. Seit ihrer Ankunft in dem kleinen Kurort im Schwarzwald suchten sie Schmerzen im Rücken heim, die ihr jede Bewegung zur Qual werden ließen. Rhena hatte Vera-Monique aufgetragen, sich um ihre jüngeren Geschwister zu kümmern. Sie wusste, dass sie sich auf das

Mädchen verlassen konnte. Dessen ungeachtet war sie ein wenig verstimmt, weil ihre Mutter sich die Fahrt in den Schwarzwald einfach nicht hatte ausreden lassen.

»Ich musste kommen und nach dem Rechten sehen«, sagte sie zu dem Arzt, einem älteren Herrn mit schlohweißem Haar und Nickelbrille, der ihr geduldig den Puls fühlte. Er gehörte zu den Ärzten der nahen Kurklinik und kannte Helene seit Jahren.

»Albert wird wissen wollen, wie es um das Haus bestellt ist. Er hat momentan so viele Sorgen, da möchte ich ihm keine zusätzlichen Lasten aufbürden, wenn ich zu ihm nach Lambarene reise.« Sie ließ ihre Blicke durch den blühenden Garten schweifen. In den Beeten wuchsen gelbe und rote Rosen sowie duftender wilder Thymian, den sie selbst vor Jahren gepflanzt hatte. Oder war es Albert gewesen? Sie erinnerte sich nicht mehr genau. Genau wie sie hatte Albert die Gartenarbeit geliebt, auch wenn ihm nie viel Zeit geblieben war, um dieser Leidenschaft zu frönen.

»Mutter, was redest du da schon wieder von Afrika?« Rhena, die ein Tablett mit Teekanne, Tassen und Konfekt auf den Gartentisch gestellt hatte, war Helenes letzte Bemerkung nicht entgangen. Mit besorgter Miene wandte sie sich an den alten Arzt. »Herr Doktor, meine Mutter hat es sich in den Kopf gesetzt, zu meinem Vater nach Afrika zu reisen. Vielleicht können Sie ihr ja beibringen, dass sie in ihrem Zustand nicht einmal in den Schwarzwald hätte fahren sollen. Zu Hause in Günsbach wäre es nie zu diesem Schwächeanfall und den Rückenschmerzen gekommen!«

Der Arzt zwinkerte hilflos. Er kannte Rhena noch als kleines Mädchen, das hier im Ort in der Schule der frommen Herrnhuter Brüdergemeinde unterrichtet worden war, bis ihre Mutter nach der Machtergreifung der Nationalsozialisten das Land hatte verlassen müssen. Ein kleines Mädchen in einer Klasse voller Jungen. Doch wie man sich erzählte, hatte Albert

Schweitzers Tochter rasch gelernt, wie man sich verteidigte. Sie schien das kämpferische Blut ihres Vaters und ihrer Mutter geerbt zu haben, auch wenn sie jetzt ein wenig überängstlich daherkam.

»Zu Hause, zu Hause«, murmelte Helene vom Liegestuhl aus. »Bin ich denn in Günsbach jemals zu Hause gewesen? Zugegeben, ich genieße es, in deiner Nähe zu sein, Rhena. Und in der Nähe der Kinder. Aber ...« Sie dachte einen Augenblick lang nach, ehe sie hinzufügte: »Als meine Eltern damals, gleich nach dem Ersten Weltkrieg, als unerwünschte Ausländer aus dem Elsass vertrieben wurden, hörte das Land auf, mir eine Heimat zu sein. Und Deutschland?« Sie wandte sich zu dem Haus um, das Albert im Jahre 1923 für sie und Rhena hatte bauen lassen. Es war groß, stattlich und keine Spur verwahrlost, wofür gute Freunde der Familie gesorgt hatten.

»Ich bin von Herzen froh, dass uns das Haus wieder zugesprochen wurde, denn es war nicht richtig, es zu beschlagnahmen. Ich habe Albert gebeten, es nach meinem Tod den Herrnhutern zu schenken. Sie waren immer so gut zu uns, auch in finsterster Zeit.«

»Frau Schweitzer, wir sind alle sehr stolz auf den Herrn Gemahl«, sagte der Arzt, nachdem er seine Untersuchung abgeschlossen und ein Rezept ausgestellt hatte. »Es wäre jedem im Ort ein Vergnügen und eine Ehre, ihn einmal wiederzusehen.«

Helene lächelte. Das hörte sie gern. »Ich werde es meinem Mann bestellen, wenn ich ihn in Lambarene treffe.«

Rhena seufzte. »Du lässt dich also wirklich nicht davon abbringen, Mutter?«, fragte sie. »Du bist erst aus Amerika zurückgekommen, und nun möchtest du schon wieder aufs Schiff?«

Helene winkte ab. »Aber nein. Nicht aufs Schiff. Wozu noch Zeit vergeuden, die ich nicht habe? Diesmal werde ich fliegen. Ich halte es nicht mehr aus, untätig hier herumzusitzen und darüber nachzugrübeln, ob dein Vater inzwischen das Problem mit den verschwundenen Arzneimitteln lösen konnte oder ob neue Schwierigkeiten aufgetreten sind. Ich spüre, dass er mich braucht.«

Der alte Arzt nahm Rhena an der Gartenpforte, die hinaus zur Straße führte, am Arm und blickte sie eindringlich an. »Was Ihre Mutter aufrecht hält, ist ihr eiserner Wille, nach Afrika zurückzukehren. Zu Ihrem Vater, Rhena.«

»Ich weiß, dass sie sich das von Herzen wünscht, aber ich habe doch Angst um sie. Sie weigert sich, einzusehen, dass sie krank ist. In Lambarene ist es heiß und feucht, das Klima ist das reinste Gift für sie.«

»Europa ist Ihrer Mutter aber auch fremd geworden, Rhena. Ich vermute, dass sich ihr Zustand in Afrika bessern wird, auch wenn ich nicht empfehlen kann, dass sie allzu lange dort bleibt.«

Rhena nickte energisch. »Dafür werde ich schon sorgen.«

Im Haus griff sie zum Telefonhörer und wählte die Nummer, die ihr Thérèse zur Sicherheit gegeben hatte. Die Fotografin war mit Figgis für ein paar Tage nach Paris gefahren, wo sie einen alten Freund besuchen wollte. Rhena war erleichtert, als sich die Französin schon nach wenigen Augenblicken meldete.

»Thérèse, ich wollte Sie nur darüber informieren, dass sich die Pläne meiner Mutter geändert haben. Könnten Sie und Mr. Figgis nach Deutschland reisen? Ich müsste mich dringend mit Ihnen beraten.«

»Gift – sagen Sie?«

Albert arbeitete gerade an einer Bachkantate, als David Fuller mit der nächsten Hiobsbotschaft hereinplatzte. Entsetzt legte er das Notenpapier beiseite und musterte den jungen Mann. Den ganzen Tag über hatte er wie in alten Zeiten im Hospital verbracht. Nicht einmal eine Mittagspause hatte er sich gegönnt; Anna hatte ihm den Teller Eintopf mit Brot förmlich aufdrängen müssen. Aber ihm stand der Sinn ohnehin nicht nach Essen. Er hatte sich den Kopf darüber zerbrochen, was er dem Regierungsvertreter sagen sollte, wenn er nach Libreville fuhr. Die jungen Ärzte hielten ihn für einen Despoten. Vielleicht fehlte es ihm ja wirklich an diplomatischem Geschick. Dann war es womöglich auch besser, die Verantwortung für das Hospital in jüngere Hände zu legen und sich zurückzuziehen. Helene würde es begrüßen, wenn er sich öfter zu Hause blicken ließ. Und Rhena auch, selbst wenn es unmöglich war, das Rad der Zeit zurückzudrehen und Versäumnisse nachzuholen.

Und mitten in diese Überlegungen hinein platzte Dr. Fuller und erzählte ihm etwas von Vergiftungserscheinungen, die er bei zweien seiner Patienten festgestellt zu haben glaubte.

Albert schlug sogleich sein Notenbuch zu und kam hinter der Tropenorgel hervor. »Schildern Sie mir die Symptome, Dr. Fuller. Wie viele Ihrer Patienten sind davon betroffen? Ach, am besten wird es sein, Sie führen mich gleich in die Station, in der die Kranken liegen!«

Wenig später beugte sich Albert über den ersten Patienten, den Fuller für vergiftet hielt. Es handelte sich um einen kaum vierzehn Jahre alten Knaben, der aufrecht auf der Pritsche saß und sich schwer atmend gegen die Bretterwand lehnte. Er klagte über quälenden Durst und starke Schmerzen im Leib. Erbrochen hatte er jedoch nicht, auch wenn von seiner Haut ein merkwürdiger süßlicher Geruch ausging. Zu Füßen des Jungen jaulte ein Hund, der die Habseligkeiten des Jungen bewachte – zwei Hirtendecken aus grobgewebter Schafwolle, eine Umhängetasche aus abgegriffenem Leder und einen Speer.

»Er kam gestern mit einer schriftlichen Botschaft für Dr. Hals ins Hospital, die ihm offensichtlich jemand zugesteckt hatte, als er mit seinem Hund am Fuß des Hügels herumstreifte, um ein paar ausgebüxte Ziegen zu suchen«, sagte

Dr. Fuller, während Albert behutsam das Augenlid des Jungen hochschob, um seine Pupille zu betrachten. Sie war geweitet und schimmerte gelblich. Auf seiner Stirn stand kalter Schweiß.

»Da war der Kleine noch kerngesund. Aber kurz bevor er aufbrechen wollte, fing er an zu torkeln und zu halluzinieren.«

»Was hat Dr. Hals dazu gesagt? Haben Sie schon mit ihm gesprochen?«

Fuller blickte Albert irritiert an. »Wozu das denn?«

»Nun, von wem stammte denn die Botschaft, die der Junge überbrachte?«

»Ach so. Nun, das ist seltsam. Hals behauptet nämlich, der Zettel sei leer gewesen; es stand überhaupt nichts drauf. Und an den Mann, der ihn aushändigte, kann sich der Hirte nicht mehr erinnern. Was meinen Sie, Dr. Schweitzer? Könnte er vorsätzlich vergiftet worden sein?«

Albert antwortete ihm nicht gleich. Zuerst wollte er den zweiten Mann untersuchen, der Vergiftungserscheinungen aufwies, einen etwa dreißig Jahre alten Holzhändler, den Albert flüchtig kannte. Der Mann galt als überaus geschäftstüchtig; er kannte die ertragreichsten Holzplätze des Urwalds und hatte bereits mehrere Lieferungen Holz nach Lambarene gebracht, das für Erweiterungsarbeiten bestimmt war. Zuletzt für das Lepradorf auf dem Hügel, dessen Hütten dann von den Soldaten der Regierung niedergerissen worden waren.

Albert runzelte fragend die Stirn. Ein halbwüchsiger Junge, der in der Nähe Ziegen gesucht hatte, und ein Holzhändler, der gelegentlich das Hospital belieferte. Auch dem Mann ging es nicht gut. Er konnte kaum sprechen, und das Schlucken fiel ihm schwer. Nicht einmal Milch konnte sein Körper bei sich behalten. Still lag er da, während seine Finger gegen das Holz der Pritsche klopften. Als er jedoch Albert erkannte, hellte sich seine Miene einen Herzschlag lang auf. Mit Gesten bat er um Papier und einen Stift, um etwas aufzuschreiben, doch seine Hände zitterten so stark, dass er es schließlich aufgab. Mit einem leisen Stöhnen schüttelte er den Kopf und sank in die Kissen zurück.

»Sie hatten recht mit Ihrer Einschätzung, Dr. Fuller«, sagte Albert bekümmert. Er rief eine der Pflegerinnen herbei und bat sie, ihm Wasser zum Waschen der Hände zu bringen. »Die beiden Männer wurden in der Tat vergiftet.«

»Aber wieso? Wer könnte so etwas Schreckliches tun?«

Albert wusste es nicht. Dass Patienten mit Vergiftungen zu ihm gebracht wurden, war an sich nichts Ungewöhnliches. Das erlebte er nicht zum ersten Mal. Manchmal waren verdorbene Lebensmittel daran schuld, manchmal Pilze, die von Kindern gesammelt und gegessen wurden, obwohl sie essbaren Arten bestenfalls ähnlich sahen. In letzteren Fällen hatte er zu Beginn seiner Praxis hin und wieder zerstoßene und in Wasser geschüttelte Holzkohle verordnet, was als altbewährtes Heilmittel galt. Hier glaubte er jedoch nicht, dass Hausmittel noch helfen konnten. Ebenso wenig wie er an einen Unfall aufgrund von Unachtsamkeit glaubte. Die sonderbare Muskelstarre des Holzhändlers gab ihm zu denken. Fuller sprach aus, was er befürchtete.

»Wenn die Herren von der sogenannten Übergangsregierung erfahren, dass ein gesunder Junge aus einem der Hirtendörfer bei uns in Lambarene vergiftet wurde, und wenige Stunden später ein weiterer ... Nicht auszudenken! Allerdings kommt mir der Zeitpunkt schon merkwürdig vor. Wir hatten schon lange keine Vergiftungen mehr zu behandeln.«

Albert schluckte schwer. Was Fuller da andeutete, erschreckte ihn. »Sie denken an eine beabsichtigte Anklage gegen uns, nicht wahr? Sabotage! Nun, wenn sich das bestätigen sollte, wird Lambarene bald nur noch eine Erinnerung sein. Wie sollten wir uns gegen einen derartigen Verdacht verteidigen?« Er überlegte kurz. »Wer außer uns weiß über den Zustand der beiden Kranken Bescheid?«

»Nur die Pflegerin und ... möglicherweise Dr. Hals. Ich habe ihn befragt, bevor ich zu Ihnen kam, weil ich wissen wollte, ob er den jungen Hirten schon einmal bei uns gesehen hatte. War das ein Fehler?«

»Machen Sie sich darüber keine Gedanken«, beruhigte ihn Albert. »Beauftragen Sie Joseph, die beiden Vergiftungsopfer von den anderen Patienten in der Baracke zu isolieren. Bis ich herausgefunden habe, was das für ein Gift ist und woher es stammt, darf außer uns niemand zu ihnen.«

Fuller begriff, dass Alberts Entscheidung vernünftig war, doch ganz wohl war ihm bei der Sache nicht. Schon deshalb nicht, weil er sich nun auch noch eine Ausrede für Schwester Susan einfallen lassen musste, zu deren Zuständigkeit die Betreuung der Patienten in dieser Baracke gehörte. Er wollte Albert gerade mitteilen, dass er die Patienten in eine näher am Fluss gelegene Hütte zu bringen gedachte, als dieser plötzlich wie von der Tarantel gestochen kehrtmachte und wieder in der Krankenbaracke verschwand. Dort fand Fuller ihn wenig später, wie er die bunten Decken des kranken Hirtenjungen Zentimeter für Zentimeter untersuchte.

»Habe ich es mir doch gedacht«, sagte er. Triumphierend reichte er seinem jüngeren Kollegen eine der Decken. Der Hirtenjunge bekam davon nichts mit. Er war in einen unruhigen Fieberschlaf geglitten; nur hin und wieder krümmte er sich, wobei sich sein Gesicht verzog.

»Riechen Sie an der Wolle! Und dann fühlen Sie. Aber vorsichtig, wenn ich bitten darf!«

»Könnte Honig sein«, sagte Fuller, nachdem er der Aufforderung nachgekommen war. »Vermutlich hat der Junge ein wenig genascht, bevor er ins Hospital kam. Aber ich verstehe nicht, wie uns das weiterhelfen kann.«

Albert strich sich über den Bart. »Zumindest weiß ich jetzt, welches Gift verwendet wurde, um den Jungen und vermutlich auch den Holzhändler außer Gefecht zu setzen. Wer auch immer es ihnen gegeben hat, kennt sich in den Wäldern, wo das Bauholz geschlagen wird, gut aus. Er wollte nicht, dass uns noch einmal Bauholz geliefert wird oder neugierige Kinder um den Hügel herumstreifen. Im Gegenteil, er wollte uns schaden.«

»Und an welches Gift denken Sie?«

Albert atmete tief durch. »Ich habe ein Weilchen gebraucht, bis ich wusste, woran mich der Geruch erinnert, der von dieser Decke ausgeht. In der Nähe der Holzplätze von Makalo gibt es Bienen, die gern in verlassenen Nestern von Waldameisen hausen. Ihr Honig ist sehr giftig, weil er Ameisensäure enthält. Der Junge bekam vermutlich mehrere Waben als Bezahlung für seinen Botendienst, die er sofort hinunterschlang.«

»Und der Holzhändler?«

Albert schüttelte den Kopf. Der Mann kannte sich in dem Gelände seit Jahren aus, wusste gewiss auch den vergifteten Honig von reinem zu unterscheiden, der viel heller aussah. Doch auch er schien damit in Berührung gekommen sein. Möglicherweise nicht freiwillig.

»Ich hoffe, die beiden kommen durch, damit sie uns sagen können, wer ihnen das angetan hat«, sagte Fuller. »Wenn sie aussagen, wer hinter diesem feigen Anschlag steckt, haben wir vermutlich auch diejenigen, die in Libreville unsere Medikamente stehlen wollten ...«

Albert trocknete sich die Hände, die er erneut gewaschen und von den klebrigen Honigspuren befreit hatte. »Sie sind noch nicht lange genug in Afrika, um zu wissen, wie die Dinge hier laufen, mein Freund.« Er bedachte seinen jungen Kollegen mit einem eindringlichen Blick, der diesen mahnte, den Rat des Älteren anzunehmen. »Die beiden werden nichts sagen, und ich werde sie auch nicht dazu zwingen.«

»Sie wollen nicht?«

»Unsere Aufgabe besteht darin, ihnen mit unserem medizinischen Wissen zu helfen, damit sie mit dem Leben davonkommen. Sollen wir es erst retten, nur um es anschließend zu zerstören? Ihr Überleben hängt ganz von uns ab. Auch von Ihnen, Dr. Fuller.«

Einen Moment lang sah es so aus, als würde Fuller empört aufbegehren, dann aber nickte er. »Also schön, dann machen wir eben gute Miene zum bösen Spiel. Ich werde sogleich dafür sorgen, dass Joseph die Männer woanders unterbringt. Er kann den Leuten in ihrer Baracke ja erzählen, sie würden von Stammesangehörigen aufgenommen, die sie gern pflegen würden.«

»Geben Sie ihnen Chlorhydrat und intravenöse Injektionen«, rief Albert dem jungen Arzt nach, der davonstapfte, ohne sich noch einmal umzublicken.

Und beten Sie zu Gott, dass sie die kritische Phase überstehen, bevor die Soldaten zurückkehren und Erkundigungen einholen, fügte er in Gedanken hinzu. Vermutlich musste er die Reise nach Libreville nun gar nicht mehr antreten, denn eine innere Stimme flüsterte ihm zu, dass er in Kürze Besuch von offizieller Seite erhalten würde.

Tief in Gedanken versunken trat er den Rückweg zum Doktorhaus an. Er musste Helene unverzüglich schreiben und sie noch einmal davor warnen, nach Lambarene zu kommen. Am Ufer des Ogowe braute sich etwas zusammen, das spürte er in jedem einzelnen Knochen.

Am nächsten Morgen nahm Albert an der Visite teil, als ob nichts vorgefallen wäre. Hals und Anna begleiteten ihn, während Fuller bereits seit der Morgendämmerung bei einem schwerkranken Patienten wachte.

Als er die Teilnehmer der Visite durch die Tür treten sah, sprang der junge Mann jedoch sogleich auf und wischte sich kurz über das bleiche Gesicht. Albert vermutete, dass er die ganze Nacht kein Auge zugemacht hatte, denn zu seinen üblichen Pflichten gehörte ja nun auch noch die Behandlung zweier Vergifteter, von denen niemand im Hospital etwas wissen durfte. Albert selbst hatte den Männern ihre Pappscheiben weggenommen und bei Dunkelheit heimlich in den Fluss geworfen. Die Eintragung in die Krankenlisten hatte er jedoch noch nicht löschen können, da der Vermerk über die Neuzugänge von einem schwedischen Helfer vorgenommen worden war, der die Papiere erst im Laufe des Tages weitergeben würde. Albert konnte nur hoffen, dass sich der Mann nicht mehr an die Gesichter der Kranken erinnerte. Er nahm sich vor, die Eintragung unleserlich zu machen, sobald die Listen auf seinem Schreibtisch ankamen. Dies widerstrebte ihm, der auf Ordnung im Hospital bedacht war, zwar zutiefst, doch er sah ein, dass es nötig war. Schließlich ging es darum, Lambarene vor Feinden zu schützen, die sich ihm noch nicht einmal zu erkennen gegeben hatten.

»Nun, wen haben wir hier?«, richtete er das Wort zunächst an Fuller, der sich leise mit der Ehefrau seines Patienten auf Französisch unterhielt. Fuller wandte sich ihm mit einem nervösen Augenzwinkern zu.

»Der Zustand dieses Mannes hat sich leider seit Dienstag nicht sehr verbessert. Er ist jetzt seit fast drei Wochen auf Melarsoprol, eine steht noch aus, aber …«

Albert ließ seine Blicke fragend zu Dr. Hals wandern. Aber Hals gab sich unbeteiligt. Daher studierte Albert das Klemmbrett, das am Bettende angebracht war. Er erkannte die saubere Handschrift von Schwester Susan, die den Krankheitsverlauf des Mannes gewissenhaft festgehalten hatte.

»Und Sie sind sich sicher, dass wir es hier nur mit einem Fall von Schlafkrankheit zu tun haben, meine Herren?«, fragte er. »Der Mann hätte doch inzwischen auf die Behandlung reagieren müssen, meinen Sie nicht auch?« Plötzlich wurde ihm heiß unter seinem Hemd, obwohl eine erfrischende Brise durch das geöffnete Fenster drang.

»Wer verabreicht dem Patienten seine Medikamente? Eine Krankenschwester oder die Ehefrau?«

»Ich vermute, dass Schwester Susan sich darum kümmert«, sagte Fuller leise. »Ich habe ihre Handschrift erkannt.«

Anna räusperte sich. Wie immer war sie schon zu dieser frühen Morgenstunde vorschriftsmäßig gekleidet und frisiert. Ihr Haar saß heute sogar so straff, als hätte sie es mit Kleister an den Kopf geklebt. »Leider herrscht schon seit einiger Zeit ein großer Mangel an gut ausgebildeten und vor allem gehorsamen Krankenschwestern«, sagte sie. Der Wink war eindeutig.

Albert überging die versteckte Beschwerde der Frau. Nachdenklich fixierte er den Mann auf dem Bett, der nur unter äußerster Anstrengung seine Augen offen halten konnte. Seine Frau, eine überaus korpulente Person, die ein buntes Tuch um den Kopf geschlungen hatte, beobachtete die Ärzte derweil argwöhnisch. Sie hatte sich in einem hellen Winkel des Raumes häuslich eingerichtet. Um in der Zeit, die ihr Ehemann im Hospital liegen musste, nicht auf mildtätige Gaben der Dorfleute angewiesen zu sein, schleppte sie ihren halben Hausrat mit sich herum. Albert sah einen Fußschemel, Decken, Wasserkessel und mehrere Schüsseln auf dem Boden herumstehen, in denen Reis, Bohnen und getrocknete Maniokwurzeln lagerten.

»Dr. Fuller, sagen Sie bitte der Frau des Patienten, dass wir die Pillen ihres Mannes sehen wollen. Seine Medikamente. Alles, was er einnimmt.«

»Aber wozu …«

Albert setzte eine strenge Miene auf, die dem jungen Mann das Wort im Satz abschnitt. »Bitte diskutieren Sie nicht mit mir. Tun Sie einfach, worum ich Sie gebeten habe.«

Fuller kniete sich neben die dicke Frau und redete mit gesenkter Stimme auf sie ein. Offensichtlich hatte sie zu dem jungen Mann ein wenig Vertrauen gefasst, denn Albert konnte beobachten, wie sie einige Male heftig nickte, bevor sie in eine ihrer Schüsseln griff, einen Lappen herauszog und ein Häuflein großer Pillen auswickelte. Mit einem schuldbewussten Blick händigte sie Fuller die Arznei aus.

Anna kniff verblüfft die Augen zusammen. »Aber … das ist kein Melarsoprol!«

Fuller stand auf und drückte Albert den Lappen samt Inhalt in die Hand. »Ich stehe vor einem Rätsel, Dr. Schweitzer«, sagte der Arzt. »Ich habe ihm das Medikament persönlich verordnet, und die Schwester hat es ihm gegeben. Mein Gott, was geht hier eigentlich vor?«

»Sie meinen, von der Tatsache abgesehen, dass Sie unfähig sind, eine einfache Behandlung durchzuführen, Fuller?«, rief Hals hämisch. Der dürre Chirurg rümpfte die Nase. »Sie hätten dem Kerl das Zeug in den Mund stopfen und mit Wasser nachspülen sollen.«

Albert ging nun selbst neben der Frau des Kranken in die Hocke und nahm ihre Hand. »Pourquoi?«, fragte er sie ruhig, denn er hatte bemerkt, dass der Wortwechsel der Ärzte sie eingeschüchtert hatte. Die Frau sah Albert mit großen Augen an, in denen Tränen schimmerten. Doch schließlich ließ sie sich überreden, ihm ins Ohr zu flüstern. Ihre Ketten und Armreife klirrten, als sie sich gegen seine Schulter lehnte.

Nachdem er die Frau getröstet hatte, stand Albert auf und trat ans Fenster. Zuerst der vergiftete Waldhonig und nun das hier. Konnte es noch schlimmer kommen? Allmählich hatte er das bedrückende Gefühl, gegen Windmühlenflügel zu kämpfen. Zum ersten Mal seit langer Zeit fühlte er sich müde. Entsetzlich müde. Er spürte die Blicke seiner Mitarbeiter, die ebenso ratlos waren wie er, jedoch auf seine Antwort gespannt waren. Allen voran Fuller.

»Dr. Schweitzer?«

»Sie sagt, diese Pillen seien größer. Nur sie haben die Macht, ihren Mann zu heilen. Die Pillen, die wir ihrem Mann verordnet haben, seien dagegen klein und schlecht.«

»Wo hat sie das Zeug nur her, und wo zum Kuckuck ist das Melarsoprol geblieben, das ich ihm gegeben habe?« Verstört wischte sich Fuller mit einem Taschentuch den Schweiß von der Stirn. Dann nahm er Albert eine der Pillen aus der Hand und besah sie von allen Seiten.

»Sehen Sie denn nun endlich ein, dass das Hospital ein strengeres Regime dringend benötigt?«, ließ sich die Stimme des leitenden Chirurgen vernehmen. Dr. Hals war an das Bett des Schlafkranken getreten, der leise Seufzer von sich gab.

»Übermüdete Ärzte, die nicht bei der Sache sind. Abwesende Krankenschwestern und nun noch fehlerhafte Medikationen. Es tut mir wirklich leid, Dr. Schweitzer. Sie wissen, wie sehr ich Sie immer bewundert habe. Aber wenn in Lambarene nicht bald etwas geändert wird, könnte sich die Übergangsregierung von Gabun in der Annahme bestätigt fühlen, dass Ordnung und Sicherheit im Hospital nicht mehr länger gewährleistet sind.«

»Das nehmen Sie auf der Stelle zurück!«, fauchte Fuller. »Hier war alles in Ordnung, bevor ...« Er winkte ab, erschrocken über seinen unbedachten Vorstoß. »Lassen wir das besser. Vielleicht haben Sie recht, und ich war einfach übermüdet.«

Albert nickte Fuller zu. Er war stolz auf ihn, weil er sich nicht dazu hatte hinreißen lassen, auf Hals' provozierende Äußerung einzugehen. Was sie alle nun brauchten, war kühles Blut und einen klaren Kopf.

»Möglicherweise bin auch ich schuld, Doktor«, jammerte Anna, die ebenfalls ein wenig Verantwortung auf sich nehmen wollte. »Ich hätte das mit dem Melarsoprol längst überprüfen sollen. Schwester Susan hat genug zu tun, aber ...«

»Wir vergessen das, Anna«, beruhigte sie Albert. Zu ihrer Freude legte er kurz den Arm um ihre Schultern, was in zwanzig Jahren nicht einmal vorgekommen war, da sowohl Albert als auch Anna Wert darauf legten, als Mitarbeiter förmlichen Abstand zu wahren.

»Wir teilen das Gefühl, schon seit hundert Jahren hier zusammen im Urwald zu leben und zu arbeiten, aber die meisten dieser Menschen haben noch nie ein Hospital gesehen, von

Medikamenten ganz zu schweigen. Machen Sie sich keine Vorwürfe! Ich weiß, Sie sind alle überarbeitet. Dazu kommen die merkwürdigen Vorfälle, die uns aufgeschreckt haben. Ich werde meiner Frau umgehend schreiben und sie bitten, in Europa weiteres Personal für Lambarene anzuwerben. Sie ist sehr geschickt in diesen Dingen.«

Alberts Arm glitt von Annas Schulter, woraufhin sich die Krankenschwester wieder versteifte. Insgeheim musste Albert darüber lächeln. Anna und Helene waren sich stets aus dem Weg gegangen, er vermutete sogar, dass seine engste Mitarbeiterin eifersüchtig auf seine Frau war. Ein Umstand, über den halb Lambarene spottete, den die korrekte Anna aber niemals zugegeben hätte.

Sie setzten die Visite fort.

Im übernächsten Bett lag ein junger Mann, dessen Bein erhöht auf einem Stapel Decken lag. Auf den ersten Blick sah Albert, dass es schrecklich entzündet war und sehr wehtun musste. Auf seine Frage nach der Art der Behandlung gab ihm Dr. Hals die Auskunft, er habe es mit Penicillin versucht, gleich nachdem der junge Mann von Stammesangehörigen auf seine Station gebracht worden war. Unglücklicherweise sei die Infektion bereits zu weit fortgeschritten.

»Das Knie kann ich möglicherweise retten«, sagte Dr. Hals. »Allerdings glaube ich nicht, dass wir genug Penicillin haben, um jeden, der welches braucht, volle zehn Tage damit zu versorgen.«

Albert schüttelte den Kopf. An Penicillin mangelte es also auch. Wie konnte das geschehen? Hatte er nicht vor seiner Abreise in die Vereinigten Staaten persönlich die Vorräte der Apotheke überprüft? Damals war er die Liste gemeinsam mit Anna und Joseph durchgegangen. Die wichtigsten Medikamente waren in ausreichender Menge vorhanden gewesen. Außerdem Verbandsstoffe, Spritzen und Kanülen sowie Mittel zum Sterilisieren. Schlüssel besaßen nur wenige Vertraute. Albert nahm sich vor, nach der Visite noch einmal die Bestände durchzugehen, bevor er gemeinsam mit Fuller nach den Vergiftungsopfern sah.

13. Kapitel

Die letzte Station ihrer Runde führte die kleine Gruppe den Hügel hinauf in die provisorische Siedlung der Leprakranken. Dort wurden sie von Minköe herzlich begrüßt, der sich freute, Albert und Fuller schon so bald wieder zu sehen. Dr. Hals und Anna gegenüber blieb er dagegen auf Distanz, was Albert zeigte, dass sich die beiden offenbar nicht öfter als unbedingt nötig auf dem Hügel aufhielten. Anna jedoch machte beim Anblick der zerstörten Gebäude ein betroffenes Gesicht und schimpfte lautstark auf die Soldaten, die den Frieden von Lambarene durch diese sinnlose Tat erheblich gestört hatten.

Inzwischen hatten sich auch einige andere Bewohner der Siedlung um Minköe geschart. Im Unterschied zu Alberts letztem Besuch traten sie ihm nun offen entgegen, und obwohl die Frauen ihre von der Krankheit entstellten Gesichter unter Tüchern und Schleiern verbargen, war von Angst oder Scheu keine Spur mehr zu entdecken. In freudiger Aufregung wiesen sie auf einige der Hütten, die zwar noch keine Dächer hatten, inzwischen jedoch schon wieder halbwegs bewohnbar aussahen.

Minköe strahlte über das ganze Gesicht. Trotz der Behinderungen, die ihm sein Leiden auferlegte, sprühte er geradezu vor Energie. Mit unverhohlenem Stolz führte er vor Albert und den Ärzten eine Art Pantomime auf, indem er mit einem unsichtbaren Hammer ebenso unsichtbare Nägel in einen Balken schlug.

»Ich habe mit meinen Leuten gesprochen, Dr. Schweitzer«, erklärte er schließlich. »Zuerst hatten sie Angst, mir überhaupt zuzuhören, doch zuletzt konnte ich sie doch noch überzeugen, die Arbeit an den Häusern wieder aufzunehmen.« Er machte eine Pause, damit Albert und seine Begleiter den Baustellenlärm hören konnten, der zu ihnen herüberdrang.

Dr. Hals schnappte nach Luft. »Vielleicht kann dir Dr. Schweitzer ja auch ein paar unsichtbare Waffen beschaffen, mit denen du dich zur Wehr setzen kannst, wenn die Regierungstruppen wieder anrücken. Ich meine die Soldaten, die euch gewarnt haben, hier wieder etwas aufzubauen.«

»Haben Sie denn etwas dagegen, dass die Leute ihr Schicksal in die eigene Hand nehmen?«, fragte Fuller, der sich über den plötzlichen Sarkasmus seines Kollegen nur wundern konnte.

Hals schüttelte den Kopf. »Natürlich nicht, Sie Besserwisser. Aber ich glaube, Sie verkennen den Ernst der Lage. Diese Soldaten …«

Der Chirurg kam nicht dazu, seine Klage zu Ende zu bringen, denn im nächsten Moment bog Schwester Susan um die Ecke einer der Hütten. Sie blickte sich suchend um, doch als sie Albert im Kreis der Männer sah, stürmte sie winkend auf ihn zu.

»Da sind Sie ja, Doktor«, rief die junge Engländerin. »Ich habe schon überall nach Ihnen gesucht.«

»Versäumen Sie nächstes Mal einfach die Visite nicht, dann haben Sie auch keinen Grund, den Doktor zu suchen«, knurrte Anna. Einen Atemzug lang sah es so aus, als würde Schwester Susan der älteren Frau an die Kehle gehen, dann aber besann sie sich und wandte sich Albert zu.

»Ich wollte Ihnen nur einmal zeigen, wie erbärmlich die Kinder hier oben behandelt werden. Kommen Sie bitte mit und sehen Sie sich das an.«

»Dr. Schweitzer hat jetzt keine Zeit mehr. Wir müssen …«

»Er wird sich die Zeit nehmen müssen, Madam!« Susans drohendem Blick gelang es tatsächlich, Anna zum Schweigen zu bringen. »Ich bin schließlich auch nicht zu meinem Vergnügen hier. Ich versuche zu arbeiten, Menschen zu pflegen. Aber die

Vorkehrungen, die aufgrund Ihres starren Regelwerks in Lambarene getroffen werden, machen es mir beinahe unmöglich.«

Noch bevor Albert sie fragen konnte, was sie damit meinte, führte Susan ihn zu einer Gruppe von Kindern, die hinter einem der Zelte auf dem Boden hockten und mit Stecken spielten. Die Kleider der Jungen und Mädchen waren zerlumpt, ihre kleinen Körper aufgetrieben.

»Sehen Sie sich nur ihre aufgeschürften Knöchel an«, sagte Schwester Susan. »Es ist eine Schande.«

Albert musste ihr beipflichten. Um die Knöchel der Kinder, von denen das jüngste höchstens vier Jahre zählte, waren Käfige aus Drahtgeflecht gelegt worden. Sie sollten offensichtlich verhindern, dass die Kleinen die entzündeten Stellen mit ihren Fingernägeln aufkratzten. Doch die Drahtkäfige waren keine große Hilfe gewesen. Albert sah sofort, dass die Knöchel der Kinder wundgescheuert waren. Sie humpelten mehr schlecht als recht herum.

»Bringen Sie die Kinder nachher hinunter in die Auffangstation, dann werden wir die Wunden versorgen«, sagte Anna. Der Anblick der Kleinen entsetzte sie nicht weniger als Albert.

»Vielleicht könnte Minköe die Drahtgeflechte ein wenig polstern?«

»Polstern?« Schwester Susan hob angriffslustig die Augenbrauen. So leicht ließ sie sich nicht besänftigen. »Warum können wir das ganze Palaver nicht vermeiden und einfach etwas Rattengift einsetzen. Hier oben wimmelt es vor Ungeziefer.« Sie verzog das Gesicht zu einem ironischen Lächeln. »Oh, ich vergaß. Rattengift ist zu einfach für Herrn Dr. Schweitzer.«

Albert seufzte. Bei allem Verständnis für die momentan heikle Lage, allmählich begann die aufsässige Krankenschwester ihm auf die Nerven zu gehen. »Tote Ratten ziehen Ungeziefer an, Susan«, sagte er so ruhig er konnte. »Töten ist nicht immer eine Lösung.«

Susan presste die Lippen aufeinander, aber auch Dr. Hals' mürrische Miene verriet, dass er Alberts Ansicht nicht teilte.

»Ich weiß, was Sie meinen«, sagte die Krankenschwester sarkastisch. Sie schüttelte den Kopf. »Es geht mal wieder um Ihre wunderbare Philosophie von der ›Ehrfurcht vor dem Leben‹, nicht wahr? Sie würden nicht einmal eine Kakerlake zerquetschen, die nachts über ihr Laken marschiert!«

»Wenn ich schlafe, stört sie mich ja auch nicht. Und wenn ich wach bin, sollte mir das Leben der kleinen Kreatur die Anstrengung wert sein, sie an die frische Luft zu befördern.« Albert wischte sich den Schweiß von der Stirn. Er befürchtete, langsam doch alt zu werden. Noch vor wenigen Monaten hätte es ihm nichts ausgemacht, mit Menschen, die seine Ansichten nicht verstanden, zu diskutieren. Nun aber strengte ihn das ebenso an wie Annas unüberhörbares Schnauben. »Für Sie bedeutet die ›Ehrfurcht vor dem Leben‹ vermutlich nur die verrückte Vorstellung eines alten Mannes«, sagte er.

»Wenn man es so weit treibt, dass man die Augen vor der Wirklichkeit verschließt, kann ich mich des Eindrucks zumindest nicht erwehren«, gab Susan unverblümt zu.

»Und was schlagen Sie vor? Wo sollen wir die Grenze ziehen? Kreaturen mit acht Beinen? Jawohl, umbringen. Mit vier Beinen? Im Zweifelsfall. Aber wenn sie zwei Beine haben oder vielleicht sogar noch weniger?« Er stützte das Kinn auf die Hand und spielte den Grübler. Dabei fixierte er einen einbeinigen Leprakranken, der sich mit Hilfe zweier Krücken schwerfällig vorwärts bewegte. »Gar nicht so leicht, sich zum Herrn über Leben und Tod zu machen.«

Susan stemmte die Fäuste in die Taille. »Sie machen sich offensichtlich über mich lustig, Doktor.«

»Nicht die Spur. Mal angenommen, wir würden jede einzelne Ratte töten, die über den Hügel läuft. Würden dann nicht andere Tiere verhungern, die es gewohnt sind, Jagd auf die Nager zu machen?«

»Ach so, wenn die großen Tiere die kleineren töten, ist es Ihrer Meinung nach in Ordnung?«

»Es kommt darauf an, warum sie das tun, meine Liebe!« Albert sank auf den Holzschemel, den ihm Minköe gebracht hatte. »Es steht dem Menschen frei, alle Tiere zu töten, die er essen kann. So ist nun einmal das Leben. Es hat seine eigenen Gesetze hervorgebracht, an denen kein Mensch und kein Tier etwas ändern können. Wir können hier keine Schilder anbringen, welche die Ziegen oder Kühe, die von den Hirtenjungen um den Hügel getrieben werden, vor dem Verzehr von Rattengift warnen. Ich will damit nicht sagen, unsere Ziegen seien dumm. Nur können nicht alle von ihnen lesen.«

Minköe war der Einzige in der Gruppe, der über Alberts Scherz lachte. »Ich werde dem Oganga eine Ziege schenken«, rief er, während ihm vor Vergnügen die Tränen über die Wangen rollten. »Vielleicht gelingt es ihm ja durch einen Zauber, dem Tier das Lesen beizubringen.«

»Durch einen Zauber, meinst du?« Susan rollte entgeistert mit den Augen. Dann sagte sie an Albert gewandt: »Allmählich fange ich an zu verstehen, warum Sie in den Vereinigten Staaten einen gefährlichen Verdacht auf sich gezogen haben, Dr. Schweitzer. Sie haben auf alles eine Antwort. Dabei bleiben Sie stets charmant und höflich. Aber Sie lassen niemanden hinter die Fassade blicken, die Sie errichtet haben, um die Menschen auf Distanz zu halten.« Sie holte tief Luft. »Sie haben nicht immer recht, und manchmal gehen Sie einfach zu weit.«

»Das Gleiche könnte man von Ihnen auch behaupten, Susan«, gab Albert zurück. Er spürte ein leichtes Schwindelgefühl. Vielleicht war die Sonne heute zu viel für ihn. Nein, stellte er erstaunt fest. Es lag nicht an der Sonne, dass er sich schlecht fühlte. Vielmehr brannte die Kritik der jungen Frau auf seiner Haut, als hätte er sich geradewegs in einen Busch mit Brennnesseln gesetzt.

Und was, wenn sie die Wahrheit sagte? Wenn er sich wie ein Tyrann aufführte, der in Lambarene allein seine Meinung gelten ließ. Menschen wie Anna und er waren zu einer Zeit aufgewachsen, in der die jeweilige Obrigkeit strikten Gehorsam verlangt hatte, ob sie durch einen Kaiser, einen Schullehrer oder einen Geistlichen repräsentiert wurde. Aber diese jungen Leute stellten Fragen. Sie kritisierten und erwarteten nicht nur Antworten, sondern auch Rechenschaft.

Aus den Augenwinkeln sah Albert, wie Fuller Schwester Susan an der Schulter berührte und auf sie einredete, doch die junge Frau hatte sich in Rage geredet und war nicht bereit, auf ihn zu hören.

»Ich versuche doch nur, meine Leprapatienten zu versorgen. Aber Sie und Dr. Schweitzer kommen mir mit klugen Sprüchen, die meine Einwände so klingen lassen, als …«

»*Ihre* Leprapatienten?« Albert fuhr gereizt auf. »Ich bitte vielmals um Verzeihung, Schwester Susan, aber ich dachte, alle Patienten in Lambarene seien unsere Patienten – eine Verantwortung, die wir miteinander teilen. Genauso wie wir die Medikamente teilen. Ganz besonders das Penicillin!«

Susan wurde bleich. Unsicher geworden starrte sie Albert an. »Wollen Sie mir etwas unterstellen?«

Albert schüttelte mit ernster Miene den Kopf. Er durfte nun keinen Fehler machen und Beschuldigungen am falschen Ort und zur falschen Zeit ausstoßen. Daraus konnte ihm nur Übles erwachsen. Wie richtig er mit dieser Einschätzung lag, bemerkte er, als er Joseph laut rufen hörte. Er wandte sich zu den zerstörten Hütten des Lepradorfes um und erkannte Joseph, der eilig den schmalen Pfad entlanggeeilt kam.

»Dr. Schweitzer«, keuchte der Heilgehilfe atemlos. »Ich soll Ihnen ausrichten, dass Sie Besuch haben. Ein Mann … Er sagt, er komme aus Libreville …«

»Vielleicht ein Vertreter der Übergangsregierung«, meinte Fuller. Besorgt legte er die Stirn in Falten. »Sie sollten mit Minköe reden und ihm erklären, dass seine Leute sofort aufhören sollen, sich an den Hütten zu schaffen zu machen.«

Doch für Warnungen war es zu spät. Als Albert an den abschüssigen Hang trat, sah er schon zwei Männer, die mit großen Schritten auf die Leprasiedlung zuhielten. Albert hatte keinen der beiden schon einmal gesehen, fand aber, dass Schwester Susan ihm den Regierungsvertreter aus Libreville exakt beschrieben hatte. Der Mann war groß, von hagerer Gestalt und besaß ein intelligentes Gesicht. Das sanfte Lächeln, das auf seinen Lippen lag, wirkte auf Albert selbstsicher, beinahe ein wenig arrogant. Dazu kam, dass der Afrikaner trotz der sengenden Hitze einen eleganten Zweiteiler aus Leinen trug, der im Unterschied zur Kleidung der Ärzte weder verschwitzt noch zerknittert aussah. Der Beamte machte den Eindruck, als habe er noch vor kurzem einen kühlen Cocktail in einer Bar in Libreville genossen, bevor er sich auf den Weg nach Lambarene gemacht hatte. Sein Begleiter stellte indessen das genaue Gegenteil des schlanken Beamten dar. Er war klein, untersetzt und unrasiert. Mürrisch blinzelte er in die Sonne. Seine Uniform saß schlecht, vermutlich hatte sie eigentlich einem weitaus größerem Mann gehört. Das Einzige, was an dem Soldaten imposant wirkte, war sein Gewehr.

Der Hagere hielt sich nicht mit langen Vorreden auf. Ohne Umschweife ging er auf Albert zu. »Dr. Schweitzer, nicht wahr? Ich freue mich, Sie endlich kennenzulernen. Aber entschuldigen Sie, ich wollte Sie nicht unterbrechen. Mir scheint, Sie führen gerade wichtige Gespräche mit Ihren Mitarbeitern.« Er machte eine entschuldigende Handbewegung in die Runde. Die Ärzte und Schwestern blieben stumm.

»Im Hospital traf ich nur Ihren Diener an«, sprach der Mann weiter. »Er war so freundlich, uns hier hinaufzuführen.«

Albert zuckte mit den Schultern. »Wenn Sie meinen guten Joseph meinen, so ist er keineswegs ein Dienstbote«, sagte er vorsichtig. »Er arbeitet bereits seit vielen Jahren für das

Hospital. Ich würde sogar behaupten, dass er zu meinen engsten Mitarbeitern gehört und sich in Lambarene fast besser auskennt als ich.«

Der Mann zwinkerte spöttisch. »Ich wollte ihren Gehilfen keineswegs beleidigen, Dr. Schweitzer. Im Gegenteil, es freut mich sogar zu hören, dass Sie auch mit Bürgern dieses Staates gut zusammenarbeiten. Mein Name ist Louis N'Gouta. Vermutlich wurden Sie bereits über unseren Besuch unterrichtet.« Er deutete auf seinen Begleiter, der Albert und seine Mitarbeiter mit einem finsteren Blick musterte. »Das ist Sergeant Moses Achebe. Er ist für meine Sicherheit zuständig.« Der Sergeant salutierte, aber er lächelte nicht. Alberts ausgestreckte Hand ignorierte er geflissentlich.

»Fürchten Sie denn in Lambarene um Ihre Sicherheit?«, platzte Dr. Fuller heraus. Er wirkte mehr als nervös. Albert ahnte, dass er an die Maßnahmen gegen seine Schützlinge und die vergifteten Männer dachte, die in einer abgeschiedenen Hütte kaum mehr als hundert Schritte vom Hügel entfernt lagen. Kein Wunder, dass es ihm schwerfiel, dem Beamten gegenüber höflich zu bleiben.

Nur nicht die Nerven verlieren, mein Junge, mahnte Albert den Arzt in Gedanken. Doch seine Befürchtung erwies sich als unbegründet; der Regierungsvertreter achtete nicht weiter auf Fuller. Stattdessen erklärte er, dass es einem Mann in seiner Position von offizieller Seite untersagt sei, ohne bewaffneten Schutz durch das Land zu reisen. Nicht einmal, wenn es sich um einen Freundschaftsbesuch wie diesen handele.

»Auch wir haben unsere Regeln, Dr. Schweitzer«, sagte er lächelnd. »Ich denke, wir verstehen uns.«

Albert nickte knapp. Rasch verabschiedete er sich von Minköe, nicht ohne dem Leprapatienten einen verschwörerischen Blick zuzuwerfen. Aber Minköe begriff auch ohne diesen Wink, was der Doktor ihm sagen wollte. Er hatte längst Anweisung gegeben, die Aufbauarbeiten einzustellen. Als Sergeant Achebe durch die Siedlung stapfte, saßen deren Bewohner schon um den dampfenden Kessel herum und tauchten Brotstücke in ihre Suppe. Die Werkzeuge hatten sie verschwinden lassen.

Wenig später spazierten Albert und N'Gouta gemeinsam über die Dorfstraße, wo das übliche bunte Treiben herrschte. Fröhlich winkten Männer und Frauen Albert zu und grüßten. Als sie den Regierungsvertreter erkannten, wurden sie jedoch still und das Lächeln auf ihren Gesichtern erstarb. Viele blickten zu Boden oder verschwanden eilig in ihren Hütten.

»Ihre Leute scheinen nicht viel von der Übergangsregierung in Libreville zu halten, Dr. Schweitzer«, sagte N'Gouta, als wäre es für ihn völlig normal, auf Ablehnung zu stoßen.

»Nun, die meisten Menschen, die in Lambarene leben, wussten bis vor wenigen Wochen nicht einmal, dass es so etwas wie eine Übergangsregierung gibt. Meine Wenigkeit eingeschlossen«, erwiderte Schweitzer.

N'Gouta hob die Augenbrauen, was den Anschein erweckte, als machte er im Geist Notizen. »Ach wirklich? Das ist ja interessant.« Einen Moment lang ließ er seine Blicke über die Dächer der Gebäude wandern, die zur Hospitalanlage gehörten. »Sie haben hier Erstaunliches geleistet, das muss ich zugeben.«

»Oh, danke für das Kompliment.«

N'Gouta blieb stehen, um seine Krawatte geradezurücken. »Mir ist aber auch klar, dass Sie die Handlungsweise meiner Abteilung verurteilen. Nein, widersprechen Sie nicht! Ich lese es von Ihren Augen ab, verehrter Dr. Schweitzer. Zugegeben, es mag anmaßend erscheinen, dass wir in Aktion getreten sind, während Sie sich im Ausland befanden. Aber schließlich konnten wir nicht wissen, dass Sie abwesend sind, um anderweitigen Pflichten nachzugehen.«

Albert unterdrückte den Ärger, der in ihm aufstieg. Anderweitige Pflichten. Das klang ja fast so, als hätte er Lambarene verlassen, um sich irgendwo auf der Welt faul in die Sonne zu legen.

»Ich hatte zu arbeiten«, sagte er nach einer Weile. Dabei sah er an N'Gouta vorbei zu Joseph, der unten am Fluss auf dem schmalen Landungssteg stand und mit wilden Gesten einen mit etlichen Kisten beladenen Lastkahn heranwinkte. Es schien so, als habe der Steuermann wegen der Sandbänke Schwierigkeiten mit dem Landemanöver. Das kam zuweilen vor, insbesondere, wenn es außerdem galt, einer Herde von Flusspferden auszuweichen, die sich ausgerechnet vor den Kähnen bewegten.

»Meine Behörde hat leider einige besorgniserregende Berichte über die Zustände in Lambarene erhalten«, fuhr N'Gouta fort. Wieder setzte er sein undurchdringliches Lächeln auf. »Sie werden gewiss verstehen, dass wir diesen Beschwerden auch in Ihrer Abwesenheit nachgehen mussten.«

»Beschwerden? Beschwerden von wem? Und war es wirklich notwendig, unsere armen Leprakranken in helle Aufregung zu versetzen und ihre Hütten niederzureißen? Patienten des Hospitals, die sich hier sicher fühlten, wurden von Männern wie ihrem Sergeant brutal geschlagen, Monsieur N'Gouta!«

Albert deutete auf den Soldaten, der mittlerweile neben Joseph auf dem Steg stand. Die beiden Männer schienen miteinander zu streiten, während der Bootsführer noch immer mit seiner vollbeladenen, schwankenden Barkasse kämpfte.

»Das war in der Tat eine Entgleisung, die meine Behörde zutiefst bedauert«, sagte N'Gouta. »Mir persönlich tut es auch leid. Aber vielleicht wurden die Soldaten auch provoziert.«

»Provoziert?« Albert glaubte, sich verhört zu haben. Wie konnte dieser Mann annehmen, eine Schar hilfloser Invaliden habe der bewaffneten Staatsmacht getrotzt? Hatte er nicht gesehen, in welch erbarmungswürdigem Zustand sich Minköe und die anderen Kranken befanden? In welchem Schmutz sie vor sich hinvegetierten? Oder verdrängte er bewusst Tatsachen, die ihm unangenehm waren?

»Wie dem auch sein, was wir dort oben auf dem Hügel vorgefunden haben, hat mir nicht gefallen, Dr. Schweitzer!« N'Goutas Stimme klang nicht einmal mehr annähernd so liebenswürdig wie zuvor.

»Drücken Sie sich doch bitte etwas klarer aus.«

»Nun, wenn Sie es wünschen. In die Baracken, die Sie von kranken Menschen bauen lassen wollten, würde kein Europäer auch nur einen Fuß setzen. Aber das ist inzwischen belanglos geworden. Sobald das staatliche Hospital, das stromaufwärts gebaut wird, fertig ist, wird ein solcher Anblick ein für allemal der Vergangenheit angehören. Wir repräsentieren das neue Afrika.«

Albert schluckte schwer. »Und was verkörpere ich Ihrer Meinung nach?«

N'Gouta antwortete ihm nicht gleich, sondern wählte die Worte, die er zu benutzen gedachte, mit Sorgfalt aus. »Sie haben Maßstäbe gesetzt, Doktor. Sollte das einem ehrgeizigen Menschen nicht genügen?«

Bevor Albert etwas darauf erwidern konnte, mischte sich Dr. Hals in das Gespräch ein. Er war mit Fuller und Anna ein Stück hinter dem Regierungsvertreter geblieben, hatte jedoch die ganze Zeit die Ohren gespitzt. Insbesondere N'Goutas Bemerkung über das staatliche Hospital schien nun aber seine Neugier geweckt zu haben.

»Plant Ihre Behörde in dem neuen Krankenhaus auch angemessene Einrichtungen für Leprakranke, Monsieur?«

Albert schaute den Chirurgen fragend an, doch dieser wich seinem Blick aus. Erst auf Annas und Fullers Drängen gab er zu, dass er von den Plänen, Lambarene durch ein neues Hospital unter Regierungsverwaltung zu ersetzen, gehört hatte.

»Als Monsieur N'Gouta vorige Woche hier war, wurde das Thema angesprochen«, verteidigte sich Hals. Es war ihm peinlich, mit der Sprache herauszurücken. »Warum starren Sie mich alle an, als sei ich ein Verräter, nur weil mich das Bauvorhaben der Regierung interessiert? Dr. Schweitzer hat doch selbst immer gepredigt, dass es uns Tropenärzten vor allem um das Wohl unserer Patienten gehen muss. Und dieses Wohl sehe ich nun einmal gefährdet, solange wir hier arbeiten wie in vorsintflutlicher Zeit. Die Übergangsregierung von Gabun wird den Bau einer neuen Krankenstation mit finanziellen Mitteln unterstützen und auch moderne Instrumente und Arzneimittel zur Verfügung stellen.«

Das glaubst du, dachte Albert grimmig. Zunächst sorgt sie dafür, dass bestellte Medikamente nie in Lambarene eintreffen, dann springt sie großzügig in die Bresche.

»Ich wusste bestimmt nichts davon, Doktor«, rief Anna, die Hals' Erklärung mit fassungsloser Miene zugehört hatte. Sie kämpfte mit den Tränen. »Albert ... Ich hoffe, Sie glauben mir, dass ich niemals etwas tun würde, das dem Hospital schaden könnte. Mir ist die zugesagte Unterstützung gleichgültig.«

»Unterstützung?« Albert schüttelte verständnislos den Kopf. »Wer unterstützt das?«

»Ich bin leider nicht befugt, Regierungsgeheimnisse auszuplaudern«, sagte Louis N'Gouta. Der Regierungsvertreter wirkte plötzlich nicht mehr gelassen. Offensichtlich war er auch nicht einverstanden damit, dass Dr. Hals über die Pläne seiner Behörde so freimütig geplaudert hatte. Er warf dem Chirurgen einen tadelnden Blick zu.

»Ich muss Ihnen das Versprechen abnehmen, alles, was Sie gehört haben, zunächst vertraulich zu behandeln«, forderte er schließlich. »In Ihrem eigenen Interesse und zu Ihrer Sicherheit. Auf Vertraulichkeit kommt es an, wenn unser Land endlich den wohlverdienten Fortschritt machen soll. Wir haben eine Möglichkeit gefunden, bald unsere gesamte Infrastruktur zu verändern. Neben Krankenhäusern und Schulen werden auch Kraftwerke und Fabriken entstehen.«

»Und da bekanntlich jede Investition ihre Opfer fordert, wollen Sie Lambarene dem Erdboden gleichmachen, nicht wahr?«, schimpfte Albert, der sich nicht mehr zurückhalten konnte. Er kochte vor Wut über den geschniegelten Beamten aus Libreville, der sein Gift versprühte und Zwietracht säte, ohne dass selbst kluge Männer wie Hals es bemerkten. Wie aber kam N'Gouta auf den Gedanken, Handel und Wirtschaft könnten so plötzlich einen Aufschwung nehmen? Ohne ausländisches Kapital war das Land kaum fähig, eigenmächtige Ziele anzustreben.

Albert atmete tief durch. Die Worte seines Freundes Einstein, der ihn beschworen hatte, seinen Einfluss gegen die Gefahr der atomaren Aufrüstung geltend zu machen, fielen ihm wieder ein. Einstein hatte recht gehabt. Wer schwieg, hatte bereits verloren. Was aber konnte er tun, um sich gegen N'Gouta zur Wehr zu setzen? Alles, was ihm einfiel, war, die offensichtliche Eitelkeit des Beamten gegen ihn zu verwenden. Wenn es ihm gelang, N'Gouta weitere Informationen zu entlocken, konnte er womöglich kostbare Zeit gewinnen. Zeit, die Lambarene dringend brauchte.

»Verzeihen Sie, aber ich muss Sie nun verlassen«, sagte er schließlich. »Die Pflicht ruft. Noch sind wir das einzige Hospital im ganzen Gebiet des Ogowe. Werden Sie über Nacht hier bleiben? Unsere Gästequartiere sind einfach, aber sauber. Sie stehen Ihnen und Ihrem Sergeanten jederzeit zur Verfügung.«

Der hagere Mann hob die Augenbrauen; vermutlich hatte er nicht mit einer Einladung gerechnet. Einen Moment lang schien er ernsthaft in Betracht zu ziehen, sie anzunehmen, doch dann schüttelte er den Kopf. »Das ist wirklich sehr liebenswürdig von Ihnen, Dr. Schweitzer. Ich bin froh, Ihre Bekanntschaft gemacht zu haben, denn bislang hörte ich nur, dass Sie ein ganz besonderer Mensch sind. Nun darf ich mir endlich ein eigenes Bild erlauben.« Sein Lächeln verschwand. »Zu meinem Bedauern muss ich ablehnen. Wir müssen noch einige Dörfer stromaufwärts besuchen, deshalb sind wir auch mit der

Barkasse gekommen. Ich würde sie nicht gerade komfortabel nennen, aber für unsere Zwecke genügt sie.«

»Wie Sie meinen«, sagte Albert, der insgeheim froh war, dass er N'Gouta nicht beherbergen musste.

»Wenn Sie gestatten, können wir uns morgen wieder treffen. Ich würde mir gerne sämtliche Gebäude, die zum Hospital gehören, ansehen, auch die Hütten am Fluss, in denen Sie Schwerkranke versorgen.«

Albert bemerkte, wie Fuller aufhorchte. Er sah erschrocken aus, und Albert konnte sich auch denken, warum. Wenn die Männer in der Isolationshütte den falschen Honig in N'Goutas Auftrag verabreicht bekommen hatten, würde dieser vermutlich jeden Stein in Lambarene umdrehen, um die beiden zu finden. Nur wenn er ihrer habhaft wurde, hatte er ein Druckmittel, um gegen das Hospital vorzugehen, während Albert gegen ihn nichts in der Hand hatte.

»Wenn Sie das Hospital unbedingt inspizieren wollen, nur zu«, sagte Albert. Er spielte den Gelangweilten, bemühte sich aber, dennoch höflich zu bleiben. »Vielleicht essen Sie ja morgen mit uns, nachdem Sie sich alles angesehen haben. Es gibt nichts Besonderes, aber bislang hat sich noch keiner über die Mahlzeiten beschwert.«

N'Gouta tippte sich an den Rand seines Hutes. »Vielleicht haben Sie aber auch noch niemanden danach gefragt.«

Dr. Fuller schien einer Ohnmacht nahe, doch um ihn konnte sich Albert jetzt nicht kümmern. Mit einem distanzierten Nicken schüttelte er Louis N'Goutas ausgestreckte Hand, der erklärte, wie entzückt er über die Einladung war. Damit ließ er Albert und seine Mitarbeiter stehen und schlug den Weg zum Fluss ein, wo sein Sergeant auf ihn wartete.

14. Kapitel

New York, August 1949

Das Telefon läutete schon zwanzig Mal, bevor sich Professor Einstein endlich dazu durchrang, den Hörer von der Gabel zu nehmen. Schwerfällig trottete er um seinen Schreibtisch herum, der sich unter der Last zahlreicher Bücher und Papiere bog. Sein Blick fiel auf das Glas, in dem eine Kopfschmerztablette langsam in ihre Bestandteile zerfiel. Er hatte es nicht angerührt.

»Albert, sind Sie es?«, tönte es durch die Muschel. »Mein Gott, und ich dachte schon, ich erreiche Sie nicht.«

Einstein runzelte die Stirn. Die Stimme der Frau am anderen Ende der Leitung klang besorgt, das konnte er hören. Dennoch hätte er am liebsten wieder aufgelegt. Er fühlte sich zu erschöpft, um mit ihr zu reden. Abwesend starrte er in das Licht der brennenden Schreibtischlampe, hinter der sich ein Schatten bewegte.

»Ja, ich bin noch dran«, sagte er, weil er schließlich irgendetwas sagen musste. »Ich kann Sie nur leider sehr schlecht verstehen. Außerdem ist es in New York mitten in der Nacht. Ich … habe schon geschlafen.«

Einstein klemmte den Hörer zwischen Ohr und Schulter. Mit der linken Hand nahm er das Glas und betrachtete die milchig weiße Flüssigkeit. Herunter damit, befahl er sich. Aber er konnte nicht.

»Helene?«, fragte er, als ihm das Schweigen zu lange dauerte. »Wie kann ich Ihnen helfen?«

Sie erzählte etwas von einem Telegramm, das sie von ihrem Mann erhalten hatte. In diesem Telegramm bat er sie, nicht zu ihm nach Afrika zu kommen, schwieg sich aber über die Gründe für seine Haltung aus. Entweder war irgendetwas Schreckliches in Lambarene vorgefallen, oder Albert befürchtete, dass es noch geschehen würde.

»Ich kann ihn nicht einmal erreichen, Professor Einstein!«, sagte Helene. »Nun sitze ich hier auf gepackten Koffern und …«

»Heißt das, Sie haben vor, entgegen den Wünschen Ihres Mannes nach Gabun zu fliegen?«, unterbrach sie Einstein. Er trank einen Schluck und verzog das Gesicht, als er den bitteren Geschmack des Medikaments im Mund spürte. Widerlich. Er hasste Schmerzmittel wie die Pest. Aber manchmal waren sie auch ganz nützlich. Draußen war ein heftiger Wind aufgezogen; er rüttelte an den Spalieren seines Gartens, an dem gepflegte Rosen hingen.

»Nun ja, ich kann verstehen, dass Sie sich Sorgen machen, Helene, aber ich wüsste nicht, wie ich Ihnen von New York aus helfen könnte«, sagte er schließlich langsam.

Er hörte sie atmen, schwer und ungleichmäßig, als litte sie unter einem harten Husten. Gleichzeitig wuchs der Schatten jenseits seines Schreibtisches. Er durchdrang den Lichtschein der Lampe. Schien auf ihn zuzukommen. Sein Mund wurde trocken, obwohl er noch immer die bittere Flüssigkeit auf seiner Zunge spürte.

»Helene, bleiben Sie in Europa!«

Schweigen. Dann, eine halbe Ewigkeit später hörte er sie wieder atmen. Weinte sie? Wenn ja, so hatte er ihr vielleicht schroffer als es seine Art war klargemacht, dass sie sich keineswegs in Gefahr begeben sollte. Niemandem war gedient, wenn sie etwas unternahm, das über ihre Kräfte ging. Warum zum Kuckuck hatte sie auch ausgerechnet ihn angerufen.

Ausgerechnet in dieser Nacht?

»Sie verheimlichen mir etwas, Professor Einstein, habe ich recht?«, rief Helene in den Hörer. »Sie … wissen, was dort unten in Lambarene vor sich geht. Warum Albert mir abrät, zu ihm zu kommen.«

Er schüttelte heftig den Kopf, was unsinnig war, da sie ihn ja nicht sehen konnte. »Nein, Helene, Sie befinden sich im Irrtum. Ich habe von Albert seit Ihrem Besuch in New York nichts mehr gehört. Er hat mir auch nicht geschrieben. Ich kann mir daher nur vorstellen, dass die Verdächtigungen, die man gegen ihn ausgestreut hat …« Er hielt inne, sprach nicht weiter, sondern besann sich. Gerade noch rechtzeitig, um den Schatten im Lichtkegel der Lampe nicht weiter wachsen zu lassen.

»Hören Sie, es ist spät, Helene«, sagte er schließlich. »Lassen Sie mich zunächst ein paar Anrufe erledigen. Ich verspreche Ihnen, Sie so bald wie möglich zurückzurufen. Spätestens übermorgen.«

»Wir reisen aber morgen ab, Professor …« Helenes Stimme rauschte immer stärker, sie war kaum noch zu verstehen.

Vielleicht ist es besser so, dachte Einstein und legte auf. Gedankenverloren blieb er stehen, wo er war. Er rührte sich nicht einmal von der Stelle, als es in seinen Ohren zu rauschen begann. Erst als jenseits seines Schreibtisches ein Feuerzeug aufblitzte, hob er den Kopf und rümpfte die Nase.

Eine Wolke beißenden Zigarrenqualms schlug ihm entgegen.

»Schauen Sie mich nur nicht so an. Ich hatte nicht vor, das Gespräch anzunehmen.« Einstein warf dem teuer gekleideten Mann, der mit übereinandergeschlagenen Beinen lässig in seinem Ledersessel saß, einen scharfen Blick zu. Wenn der Kerl glaubte, er ließe sich von ihm einschüchtern, war er schief gewickelt.

»Es waren auch gewiss keine meiner angeblichen Genossen, falls Sie mir das unterstellen wollen. Deswegen sind Sie doch in mein Haus eingedrungen, nicht wahr? Wegen dieser törichten Gerüchte, die in New York über mich und Dr. Schweitzer die Runde machen. Es ist eine Schande, dass Sie mich nicht einmal mitten in der Nacht in Ruhe lassen können!« Noch schlimmer finde ich es, dass ich nicht einmal die Polizei rufen darf, fügte er in Gedanken hinzu.

Der Mann zog genüsslich an seiner Zigarre; dass die Asche auf den Teppich des Professors fiel, kümmerte ihn nicht. »Mir scheint aber, Sie erhalten gerade zu dieser Zeit die interessantesten Anrufe, Professor. Da sollte es Sie nicht verwundern, wenn ich Sie besuchen komme, wenn andere schlafen. Außerdem stehen Sie doch überall in dem Ruf, zu später Stunde am kreativsten zu sein. Ich hoffe also, Sie sind wirklich ein Nachtmensch und enttäuschen mich nicht.«

Einstein murmelte verärgert vor sich hin. Er schlurfte zum Fenster und öffnete es, um den Rauchschwaden zu entgehen. Dann drehte er sich jäh zu seinem ungebetenen Gast um. »Ich werde mich bei Ihrem Vorgesetzten über Sie beschweren. Alles brauche ich mir als unbescholtener Bürger nicht gefallen zu lassen.«

Der Mann lachte laut auf, als hätte Einstein gescherzt. »Versuchen Sie es doch, Herr Professor. Und wenn es Ihnen tatsächlich gelingen sollte, meinen Vorgesetzten ausfindig zu machen, wäre es nett, wenn Sie ihn mir vorstellen würden. Ich habe ihn nämlich noch nie gesehen.« Plötzlich wurde er ernst. »Aber nun sollten wir uns wieder Ihrem Freund, Dr. Albert Schweitzer, und seiner Arbeit zuwenden.«

Er erhob sich behände aus dem Sessel des Professors und kam drohend auf ihn zu; das glühende Auge seiner Zigarre ließ Einstein erschrocken an das Fensterbrett zurückweichen. Er hielt den Atem an.

»Mrs. Helene Schweitzer ist also so gut wie unterwegs nach Lambarene, obwohl ihr Mann sie davor gewarnt hat, ihn zu besuchen. Das heißt, der alte Fuchs ahnt etwas.«

Einstein stieß den angehaltenen Atem aus. Er hatte keine Ahnung, wovon dieser Kerl eigentlich redete. Was sollte Albert ahnen? Er war doch kein Kommunist, hatte sich immer von allen politischen Aktivitäten distanziert. Nicht einmal bei seinem Besuch in New York hatte er sich überzeugen lassen, den Kampf gegen die Bombe mitzutragen. Benommen tastete Einstein nach seinem Schreibtischstuhl und ließ sich darauf nieder. Er brauchte Ruhe, um wieder Herr seiner Gedanken zu werden. Leider schien sein Besucher ihm diese Ruhe nicht gönnen zu wollen.

»Was haben Sie, Professor? Kann ich Ihnen helfen?«

»Gehen Sie einfach zum Teufel!« Mit den Fingern tastete der Professor nach dem Glas mit dem Kopfschmerzmittel, das sein ungebetener Gast ihm großzügigerweise erlaubt hatte.

Doch das Glas war leer.

In Alberts Hütte brannte das Licht noch nach Mitternacht. Er hatte seine Mitarbeiter zu sich gebeten, um mit ihnen die Ereignisse des Tages noch einmal durchzugehen. Joseph und Fuller standen mit einem Glas Wasser in der Hand vor Alberts Bett, Anna hatte sich widerstrebend zu Dr. Hals auf das Sofa gesetzt. Albert nahm sich einen Hocker.

Eine Weile brütete jeder vor sich hin, bis Albert seinem Kollegen Hals einen forschenden Blick zuwarf, der den Chirurgen erröten ließ. »Das ist eine ernste Sache, mein Lieber«, sagte er. Seine Stimme klang ungewohnt scharf.

»Dr. Schweitzer, ich ...«

»Ich muss sicher sein, auf wessen Seite Sie stehen«, fiel ihm Albert brüsk ins Wort.

Hals beugte sich vor. »Es geht hier nicht darum, sich auf eine Seite zu schlagen, oder? Nach allem, was ich schon in Lambarene geleistet habe, sollten Sie eigentlich wissen, auf wessen Seite ich stehe. Vielleicht haben wir aber gerade deshalb ein Problem miteinander. Man muss kein Gegner sein, um zu sehen, dass es Dinge gibt, die wir dringend brauchen, die wir ändern könnten.«

Albert schüttelte nachdenklich den Kopf; sein weißes Haar glänzte im Licht der Kerzen, die er angezündet hatte, um Strom zu sparen. »Ich habe N'Gouta aufmerksam zugehört, auch wenn es mir schwerfiel, ihn und seinen Sergeanten nicht zum Teufel zu jagen. Seither frage ich mich, woher sie das Geld nehmen wollen, das zum Aufbau eines Hospitals erforderlich ist.

Schauen Sie sich um!« Er streckte die Hand aus. »Als meine Frau und ich anfingen, im Urwald zu praktizieren, mussten wir bei der damaligen Pariser Missionsgesellschaft hohe Schulden machen. Wir bekamen nichts geschenkt. Erst im Lauf vieler Jahre gelang es uns, Grund und Boden zu bestellen, das Hospital zu erweitern und dringend benötigte Anschaffungen vorzunehmen. Wissen dieser Monsieur N'Gouta und die Beamten seiner Übergangsregierung überhaupt, woher das Geld kommt, das sie so sehnsuchtsvoll erwarten, und in wessen Tasche es wandert? Glauben Sie, Hals, dass unsere Patienten und ihre Familien, die zumeist von der Hand in den Mund leben, auch nur ahnen, was aus ihnen werden wird? Sie sind wie Kinder. Niemand wird sich so um sie kümmern wie wir.«

Hals runzelte missmutig die Stirn. »Es wäre mir lieber, wenn Sie aufhören würden, diese Menschen als Kinder zu bezeichnen. Es wird höchste Zeit, dass Sie die Leute mündig werden lassen.«

»Vielleicht wollen diese Menschen uns darauf hinweisen, dass sie nicht länger als unsere kleinen Geschwister betrachtet werden wollen«, stimmte nun auch Fuller zu. »Ich möchte nicht unhöflich sein, Dr. Schweitzer, aber ich denke auch, dass ein Teil unserer momentanen Schwierigkeiten mit der Regierung darauf zurückzuführen ist, dass sie uns nicht mehr vertraut. Jedermann, der sein eigenes Süppchen kocht, dem anderen aber auf die Finger klopft, wenn er versucht, den Deckel abzunehmen, muss mit Argwohn rechnen.«

Albert sah den jungen Arzt überrascht an. Seit wann vertrat Fuller diese Meinung? Nun, möglicherweise hatte er sich nie die Zeit genommen, mit ihm und den anderen Mitarbeitern darüber zu reden, welchen Kurs das Hospital einschlagen musste, um nicht unterzugehen.

»Nun, die Sache ist die, mein Junge«, sagte er schließlich. »Glauben Sie denn, dass unsere Schützlinge schon bereit sind, sich zu emanzipieren? Würden Sie oder Hals ihnen morgen früh eine Spritze und ein paar Nadeln in die Hand drücken und ihnen mit einem Lächeln auf den Lippen erklären, dass sie sich von nun an selbst helfen sollen? Ich schätze, Sie haben schon vergessen, dass es einer Ihrer Patienten war, der seine Pillen über Wochen abgesetzt und gegen andere eingetauscht hat, weil seiner Frau die großen violetten besser gefielen.«

Betretenes Schweigen zog durch den kleinen Raum; es war so fühlbar wie die Berührung einer kalten Hand. Alberts Mitarbeiter blickten zu Boden; keiner von ihnen war gewillt, etwas auf seine Worte zu entgegnen. Als Albert jedoch Josephs enttäuschten Blick auffing, kam ihn die Erkenntnis, dass er diesmal wohl wirklich zu weit gegangen war. Wie es aussah, hatte er mit seiner leichtfertig in die Runde geworfenen Bemerkung auch einen seiner ältesten Freunde beleidigt. Das tat ihm von Herzen leid. Welcher Teufel hatte ihn bloß geritten? Er verdiente es, dass sich seine Kollegen gegen ihn wandten.

»Ich … diese Bemerkung war taktlos«, stotterte er leise. »Unverzeihlich. Und töricht außerdem. Vielleicht lebe ich tatsächlich im falschen Jahrhundert, wie Schwester Susan behauptet. Aber sehen Sie, als ich jung war, gab es Regeln, denen man sich fügen musste, und heute … Vielleicht habe ich hier im Urwald den Beginn der modernen Zeit verschlafen.« Er strich sich mit einer fahrigen Bewegung die widerspenstigen Haare aus der Stirn. »Bitte sagen Sie mir, was ich zu tun habe.«

Anna stand von dem Sofa auf, ging zu ihm und legte ihm tröstend eine Hand auf die Schulter. »Wir wissen doch, dass Sie es nicht so gemeint haben. Keiner von uns zweifelt Ihre bedingungslose Liebe für die Menschen von Lambarene an. Wo wären wir nur heute ohne Sie und … Frau Schweitzer? Lassen Sie sich nicht entmutigen. Wir sind Ihre Freunde.« Sie wandte den Kopf. »So ist es doch, nicht wahr, Dr. Hals?«

Der Chirurg biss sich auf die dünnen Lippen. Einen Moment lang sah es so aus, als würde sich Widerspruch in ihm regen, doch schließlich ließ er sich zu einem unverbindlichen Nicken herab.

In leicht gedrückter Stimmung löste sich die kleine Runde auf. Die Ärzte und Anna begaben sich leise plaudernd zu ihrer Unterkunft. Joseph war der Einzige, der im Doktorhaus blieb, um Albert noch ein wenig zur Hand zu gehen. Schweigend half er, einige Papiere zu ordnen und Fachbücher, mit denen Albert gearbeitet hatte, wieder zurück in den Schrank zu räumen.

»Wenn das alles war, werde ich gehen, Doktor«, sagte er nach einer Weile. »Wir sehen uns dann morgen früh.«

»Joseph, ich hoffe, du nimmst mir meine Worte von vorhin nicht übel?«

Der Heilgehilfe stutzte kurz, doch dann huschte ein Lächeln über sein Gesicht. »Sie sind doch der Oganga, der Meister der Heilkunst, Doktor. Ein guter Oganga betrachtet die übrigen Stammesangehörigen immer als dumm und hilflos. Meistens sind sie es auch. Wären sie so klug wie er, würden sie sich mit ihm über seine Anweisungen streiten und niemals zur Ruhe kommen.«

»Ich bin aber kein Oganga, kein Fetischmann, Joseph«, sagte Albert. »Nur ein dummer alter Mann, der Angst davor hat, allmählich alle hier in den Wahnsinn zu treiben, weil er versäumt hat zu lernen, wie man Menschen so nimmt, wie sie sind.« Er machte eine Pause, um Luft zu holen. »Wenn Dr. Hals der Meinung ist, dass ein neues staatliches Hospital für die Kranken am Ogowe besser geeignet wäre als unser bescheidenes Haus …«

Joseph hob abwehrend beide Hände über den Kopf. »Besser geeignet als unser Lambarene?«, fragte er verblüfft. »Ein Hospital, das von Leuten wie Sergeant Moses Achebe kontrolliert wird, ist nicht besser als die Warze auf dem Hinterteil eines Wasserbüffels.«

Albert setzte sich in die Nische, in der er seine Orgel geschoben hatte. Abwesend betrachtete er die Klaviatur, dann schlug er eine Taste an. Ein dumpfer Ton erklang.

»Brauchen Sie mich noch, Doktor?«, fragte Joseph.

Albert klappte den Deckel zu. Er dachte kurz nach, dann nickte er. »Kannst du mir helfen, zwei Patienten aus dem Dorf zu schaffen, Joseph?«

»Zwei Patienten? Heute Nacht?« Joseph stieß die Luft aus, aber er begriff auf Anhieb, von welchen Patienten sein Chef sprach. »Sie meinen die Männer, die Dr. Fuller und ich neulich in die Isolationshütte gebracht haben, nicht wahr? Die Männer, die den giftigen Honig gegessen haben.«

»Dieser N'Gouta darf sie auf keinen Fall aufstöbern. Denn wenn er sie entdeckt und uns unterstellt, wir hätten ihnen hier in Lambarene Gift gegeben oder auch nur falsch behandelt, wird ihm das den willkommenen Vorwand liefern, das Hospital zu schließen.«

Joseph schüttelte verwirrt den Kopf. »Aber Vergiftungen kommen doch oft vor.«

»Gewiss, nur im Augenblick dürfen wir es einfach nicht riskieren, Lambarene mit einem Verbrechen in Verbindung bringen zu lassen. Und was wird aus den Patienten, wenn der Anschlag auf sie wirklich von der Regierung gesteuert wurde? Wie ich diesen N'Gouta und seinen Leibwächter Achebe einschätze, werden sie dafür sorgen, dass die Männer nicht mehr lange genug am Leben bleiben, um N'Goutas Anklage zu entkräften. Darauf wird es hinauslaufen, das spüre ich.«

Albert und Joseph warteten noch, bis es im Dorf still geworden war, dann begaben sie sich zu der Isolationshütte, in der Fuller den Hirtenjungen und den Holzhändler hatte unterbringen lassen. Fuller wollte Albert nicht verständigen; der junge Arzt war am Ende seiner Kräfte angelangt und brauchte seinen Schlaf. Davon abgesehen war sich Albert nicht mehr sicher, ob Fuller die geeigneten Nerven für dieses Unternehmen hatte. Joseph hingegen hatte sofort verstanden, um was es Albert ging. Er fühlte sich geschmeichelt, weil Albert ihn ins Vertrauen zog, und teilte seine Meinung, dass es besser war, die beiden Männer aus dem Hospital zu schaffen, damit sie N'Gouta nicht in die Hände fielen.

Albert nahm sich genügend Zeit, die beiden Männer ein letztes Mal zu untersuchen. Glücklicherweise ging es beiden schon ein wenig besser. Die Muskelstarre, die den Holzhändler befallen hatte, hatte sich erfreulicherweise durch Fullers intravenöse Injektionen so weit gelöst, dass er sich wieder bewegen konnte. Der Junge wirkte dagegen immer noch apathisch. Er war kurzatmig und fieberte, was Alberts Plan, ihn über den Fluss aus Lambarene fortzubringen, ins Wanken brachte.

»Ich fahre die Männer nach Inionga«, beruhigte ihn Joseph, dem Alberts Zweifel nicht entgangen waren. »Mit dem Boot sind das keine zwei Stunden. Wir werden es schon schaffen.«

»Aber in Inionga kann ich unmöglich für sie sorgen«, widersprach Albert. »Ich muss hier sein, wenn N'Gouta zurückkommt und alles auf den Kopf stellt.« Er rang nach Atem; die Angst um seine Patienten schnürte ihm die Kehle zu.

»Sie brauchen weiterhin Medikamente und ...«

Auf Josephs Gesicht legte sich ein nachsichtiges Lächeln. »Keine Bange, ich werde bei ihnen in Inionga bleiben, bis dieser N'Gouta wieder nach Libreville abgereist ist. Mich wird er bestimmt nicht vermissen. Und die Leute von Inionga werden schweigen, dafür verbürge ich mich. Mit den meisten von ihnen bin ich verwandt oder verschwägert. Außerdem würden sie ihren Oganga niemals verraten.«

Als Albert immer noch schwieg, fügte er mit Nachdruck hinzu: »Doktor, Sie haben mir beigebracht, wie man Spritzen gibt und Fieber misst ...«

»Schon gut, mein Freund. Du hast ja recht. Ich werde dir helfen, die Patienten zum Boot zu bringen. Zum Glück ist es nicht allzu weit, und der Mond scheint recht hell heute Nacht.«

Vorsichtig brachten Albert und Joseph zuerst den Holzhändler, danach den jungen Hirtenburschen hinunter zum Fluss. Niemand bemerkte sie. In den Hütten und den Gebäuden, die dem Pflegepersonal als Unterkunft dienten, blieb alles still. Als die Männer in dem Boot unter ihren Decken lagen, machte sich Albert zur Apotheke auf, um die Medikamente aus dem Schrank zu holen, die Joseph für die weiterführende Behandlung der Patienten benötigen würde. Er zweifelte keinen Moment daran, dass sie bei seinem Heilgehilfen in guten Händen waren.

»Hier, du weißt, was du zu tun hast«, sagte er, als er Joseph die prallgefüllte Tasche überreichte. Joseph nickte eifrig, dann sprang er behände auf das schaukelnde Boot und ergriff die Stange, um den Kahn behutsam vom Steg abzustoßen. Es war ein gefährliches Unterfangen, sich noch so spät in der Nacht auf den Fluss hinauszuwagen. Albert musste daran denken, wie er und Helene vor Jahren einmal nahe dem Dorf Inionga in eine hinterhältige Stromschnelle geraten und gekentert waren. Fischer vom Stamm der Galoa hatten sie unter Einsatz ihres eigenen Lebens herausgefischt.

»Gott behüte dich, Joseph!« Albert nahm seinen Hut ab und schwenkte ihn zum Gruß.

»Machen Sie sich um mich bitte keine Sorgen, Doktor. Ich werde mich um unsere Kranken kümmern. Aber was werden Sie sagen, wenn Dr. Fuller oder Mademoiselle Anna wissen wollen, wo ich abgeblieben bin?«

»Ich hasse es, meine Mitarbeiter anzulügen«, sagte Albert. »Dr. Fuller werde ich notgedrungen reinen Wein einschenken müssen. Schließlich war er es, der mit dem Verdacht zu mir kam, die Männer könnten Opfer einer Vergiftung geworden sein. Für die anderen besuchst du einfach deine Verwandten.«

Albert begleitete den Kahn noch ein Stück stromaufwärts, denn Joseph war klug genug, nahe am Ufer zu bleiben, wo er im Schutz der Palmen, deren Blattwerk fast bis hinunter ins

Wasser reichte, nahezu unsichtbar war. Erst als das Langboot in der Dunkelheit nicht mehr auszumachen war, trat er den Heimweg an. Nun musste er nur noch die Krankenunterlagen verschwinden lassen und die Isolationshütte aufräumen, bevor er sich hinlegen konnte.

Als Albert am nächsten Morgen das Haus verließ, um sich zur Visite ins Hospital zu begeben, regnete es in Strömen. Der Wolkenbruch verwandelte den roten Sand der Dorfstraße innerhalb kürzester Zeit in einen Sumpf. Doch die Dorfbewohner hatten ihre Freude an dem Regen. Gut gelaunt liefen sie über die Straße, um zum Trocknen aufgehängte Wäsche sowie im Freien stehende Schüsseln mit Nahrungsmitteln vor dem Regen in Sicherheit zu bringen. Unter hastig errichteten Schutzdächern aus dichten Palmblättern saßen Frauen und Mädchen beisammen und plauderten vergnügt, während über ihren Köpfen dicke Tropfen auf die Dächer prasselten. Die Handwerker, die Leder und Ton bearbeiteten oder Eisen schmiedeten, hatten sich ebenso wie die Hirten und Fischer in ihre Hütten zurückgezogen.

Vor dem Eingang zum Behandlungshaus kam Albert eine Schar Kinder entgegen, die mit fröhlichen Gesichtern und bloßen Füßen durch Pfützen sprangen.

»Le petit facteur est arrivé«, rief ein Mädchen. Sie trug ein geblümtes Kleidchen, das bereits völlig durchnässt war. »Das Boot ist da! Der kleine Postbote ist endlich eingetroffen.«

»Ja, aber heute hat er Regen mitgebracht«, platzte ein kleiner Bursche übermütig heraus.

Albert warf einen Blick auf den Anlegeplatz am Fluss, von dem aus Joseph seine gefahrvolle Reise nach Inionga angetreten hatte. Ob Fuller bereits bemerkt hatte, dass seine beiden Patienten mitten in der Nacht verschwunden waren?

»Le petit facteur est arrivé«, wiederholte eines der Kinder. Es hielt beide Hände vor den Mund und imitierte das Posthorn, das der Bote aus der Stadt für gewöhnlich zur Freude der Dorfleute erschallen ließ, wenn er auf seiner Route entlang dem Ogowe an Lambarene und den benachbarten Dörfern vorbeikam.

Albert, der eigentlich vorgehabt hatte, sogleich an seine Arbeit zu gehen, spürte, wie sich eine kleine Kinderhand in die seine schob. Im nächsten Moment fand er sich auch schon von einer ganzen Schar barfüßiger Mädchen und Jungen umringt, die ihn jubelnd und schreiend den Weg hinunter zum Fluss zogen.

»Langsam, langsam, ihr wilden Burschen«, erhob Albert scherzhaft Einspruch. »Ich bin ein alter Mann und kann nicht mehr rennen wie ein Vogel Strauß.«

Gutmütig ließ Albert das Gelächter der Kinder über sich ergehen. Vielleicht war es gar nicht so unklug, mit dem Boten zu sprechen. Für gewöhnlich war der *petit facteur* über die Entwicklungen und Ereignisse, die sich in der Hauptstadt zutrugen, genau im Bilde. Vielleicht wusste er ja sogar etwas über N'Gouta und die Pläne, welche die Regierung gerade für Lambarene ausheckte. Es schadete daher keineswegs, mit dem Postillion ins Gespräch zu kommen.

Am Steg sah sich Albert um und stellte fest, dass er und die Kinder nicht die Ersten waren. Zahlreiche Dorfbewohner und Patienten des Hospitals hatten sich eingefunden, um der Ankunft des Postschiffs beizuwohnen. Dieses war insbesondere an einem verregneten Morgen eine willkommene Abwechslung. Jeder wollte erfahren, welche Neuigkeiten die Kuriere aus der Stadt nach Lambarene brachten. Ganz vorne an der Anlegestelle sah Albert Dr. Fuller. Er stand neben Schwester Susan und verfolgte aufmerksam, wie zwei afrikanische Gehilfen die Barkasse unter dem Kommando des *petit facteur* vorsichtig am Anleger festmachten. Der Skipper erkannte Fuller und bat ihn, einen Postsack in Empfang zu nehmen, der offensichtlich Briefe und Päckchen enthielt, die für die weiße Belegschaft des

Hospitals bestimmt waren. Aber nicht nur die Post wurde überbracht; der Kahn beförderte auch einige Passagiere, deren Koffer als Nächstes ausgeladen wurden.

Albert musste sich auf die Zehenspitzen stellen, um die Reisenden über die Köpfe der Menschen, die vor ihm standen, zu sehen. Er beobachtete, wie Fuller einem Mann und einer jungen Frau die Hand reichte. Als die Frau ihren Sonnenhut aus der Stirn schob, stellte Albert fest, dass er sie kannte. Es war Thérèse, die junge Französin, die Helene und ihn in New York betreut hatte. Richtig, nun fiel es ihm wieder ein. Er hatte sie und ihren Begleiter, diesen Werbefachmann, eingeladen, ihn in Lambarene zu besuchen.

»Die beiden hätten sich keinen schlechteren Zeitpunkt aussuchen können«, murmelte er, unschlüssig, ob er sich über die Ankunft der unerwarteten Gäste freuen oder ärgern sollte. Hastig suchten seine Augen das Postschiff ab, auf dessen Deck ein gewaltiges Dach aus gespanntem Zeltstoff Schutz vor der brütenden Sonne bot. Von Helene war entgegen seiner Befürchtung, sie könnte die Französin und den Amerikaner begleitet haben, nichts zu sehen.

Erleichtert machte Albert kehrt und ging zum Hospital zurück. Fuller und Susan würden sich um die Besucher kümmern, bis er Zeit fand, sich ihnen zu widmen.

15. Kapitel

»Wir haben schon viel von Ihnen gehört, Miss Boudin.«

Thérèse erwiderte das Lächeln des jungen Arztes, der sich ihr und Figgis als Dr. Fuller vorgestellt hatte, mit vorsichtiger Zurückhaltung. Der Mann wirkte umgänglich, machte auf sie aber nicht den Eindruck, als wäre er über ihren Besuch in Lambarene unterrichtet worden. Folglich hatte er überhaupt noch nicht von ihr gehört und rätselte nun, zu welcher Sorte Besucher sie zählte. Den Reichen, die Lambarene finanziell unter die Arme greifen sollten, oder den Neugierigen, die nach ihrer Rückkehr im Freundeskreis damit angeben wollten, den berühmten Tropenarzt Schweitzer unter einer Kokospalme getroffen zu haben.

Aber nicht nur der Arzt, auch das blondgelockte junge Mädchen, das in der vom Regen schon fast durchnässten Tracht einer Tropenkrankenschwester neben ihm stand und die Besucher einer abschätzenden Musterung unterzog, schien weder mit ihr noch mit Figgis gerechnet zu haben.

Thérèse beschloss, die Blicke der Blonden zu ignorieren. Bei ihrem Beruf, der sie oft in Krisengebiete geführt hatte, hatte sie sich rasch daran gewöhnen müssen, nicht überall und zu jeder Zeit mit offenen Armen empfangen zu werden, insbesondere dann, wenn sie mit ihrer Kamera auftauchte und Aufnahmen von Soldaten, Rebellen und den Opfern des Krieges machte.

Thérèse wartete geduldig, bis der Arzt seine Unterhaltung mit dem Postboten und dem Skipper beendet hatte und Zeit für sie fand. Zu ihrer Überraschung war es jedoch die Krankenschwester, die das Wort an sie und Figgis richtete.

»Offen gestanden hatte ich nicht die leiseste Ahnung, dass Dr. Schweitzer ausgerechnet jetzt Journalisten eingeladen hat«, sagte sie in einem Ton, der nicht verbarg, dass sie dieser Umstand irritierte. Herausfordernd blickte sie von Thérèse zu Figgis, der sich um das Gepäck kümmerte.

»Ausgerechnet jetzt?« Thérèse mimte die Ahnungslose. Das mürrische Mädchen brauchte nicht zu wissen, dass sie und Figgis von den verschwundenen Medikamenten und Alberts Sorgen wussten.

Susan schien einen Moment lang nachzudenken, entschied sich aber offensichtlich dafür, Thérèse den unschuldigen Blick abzukaufen. Ein wenig freundlicher erklärte sie: »Nun ja, ich meine doch nur wegen der Regenzeit.« Sie hob ihren englischen Schirm, der jedoch zu viele Risse und Löcher aufwies, um wirklich vor dem Regen Schutz zu bieten. »Sehen Sie, Miss, für gewöhnlich lädt der Doktor im Herbst keine offiziellen Gäste zu einer Hospitalführung ein.«

»Wir sind keine offiziellen Gäste, sondern Freunde der Schweitzers«, schaltete sich Figgis ein, der Susans abweisende Bemerkung aufgeschnappt hatte. Er klang ein wenig beleidigt. »Wir waren schon in New York des Öfteren zusammen. Und später besuchten wir Mrs. Schweitzer in ihrer Heimat.«

Thérèse funkelte Figgis wütend an; am liebsten hätte sie das Plappermaul mit dem Ellenbogen gestoßen. Merkte er denn nicht, dass diese Frau sie beargwöhnte, ja am liebsten loswerden wollte? Warum dies der Fall war, konnte sich Thérèse zu diesem Zeitpunkt nicht erklären, aber sie würde es schon noch herausfinden. Zeit hatte sie dafür zweifellos, denn nach der strapaziösen Fahrt durch den Busch und über den Strom hielten sie keine zehn Pferde davon ab, Lambarene zu besichtigen und sich vom Wohlbefinden des Doktors zu überzeugen. Sie fand, dass sie Helene das schuldig war, nachdem sie ihr und Figgis so viel Vertrauen geschenkt hatte.

Dr. Fuller, der flüchtig die Post durchgesehen hatte, hob zerstreut den Kopf. »Wenn Sie Freunde von Dr. Schweitzer sind, wird er sich gewiss freuen, Sie wiederzusehen, nicht wahr, Susan?«

»Wie Sie meinen.« Ohne Begeisterung hielt Susan den jungen Quabi an, der mit einem Freund über den Steg balancierte, und trug ihm auf, ein paar von Thérèses und Figgis' Gepäckstücken zu den Gästequartieren des Hospitals zu bringen.

Figgis fuhr Quabi freundlich über das kurze Haar. »Danke, Sportsfreund. Das ist sehr nett von dir und deinem Freund …«

Quabi nickte. »Er heißt Wambua und wohnt auf dem Hügel.«

»Auf dem Hügel, sagst du?«

Fuller klatschte ungeduldig in die Hände. »Ja, ja, in einem der Zelte auf dem Hügel, wo unsere Leprapatienten wohnen.«

»Wollen Sie damit sagen, dass der arme kleine Kerl die ... Lepra hat?« Figgis wurde bleich wie ein Laken. Erschrocken starrte er auf seine Hand, mit der er den Jungen auf die Schulter geklopft hatte. Dann schüttelte er den Kopf. »Das ist wirklich hart.«

»Wenn Sie sehen würden, unter welchen Bedingungen diese Menschen hier leben, wüssten Sie, was wirklich hart ist«, sagte Susan spitz. »Vielleicht lassen Sie ja Ihre eigenen Eindrücke in Ihre Reportage einfließen.«

Fuller errötete. »Susan, das gehört jetzt nicht hierher. Miss Boudin und Mr. Figgis werden müde und hungrig sein. Wenn Sie erlauben, werde ich sie zunächst einmal zu ihren Quartieren bringen und dann Dr. Schweitzer verständigen.«

Susan zuckte gelangweilt mit den Schultern, womit sie zu verstehen gab, dass sie nicht vorhatte, sich von den unerwarteten Besuchern in ihrer Arbeit stören zu lassen.

Thérèse und Figgis stapften schließlich, lediglich von Fuller begleitet, durch den Morast der Dorfstraße; Thérèse sank dabei bis zu den Knöcheln ein und verwünschte die modernen, dafür aber fürchterlich unpraktischen Sommerschuhe, die sie sich in Paris hatte aufschwatzen lassen. Sie kamen durch eine Allee, die bei Sonnenschein Schatten spendete, und folgten ihr, bis sie die ersten Hütten erreichten. Am Dorfrand wurden die Neuankömmlinge bereits von einer Menschenmenge erwartet, die sich ihnen unter freundlichen Rufen anschloss. Thérèse blickte sich neugierig um. Obwohl sie sehr müde war, war sie begierig darauf, erste Eindrücke aufzunehmen. Gerne hätte sie schon jetzt ihre Kamera gezückt und ein paar Aufnahmen vom Dorf Lambarene, der mit Palmen, blühenden Sträuchern und Büschen bewachsenen Anhöhe und natürlich von den Menschen gemacht, die neben ihr herliefen. Aber entgegen ihrer sonst so forschen Art wagte sie es nicht, Dr. Fuller darum zu bitten. Der Arzt schritt zügig aus, vermutlich weilte er in Gedanken längst wieder bei einigen komplizierten Fällen, die ihn im Hospital forderten. Auf jeden Fall sah Thérèse ein, dass er Wichtigeres zu tun hatte, als für sie und Figgis den Fremdenführer zu spielen.

Schade, dachte sie. Dann mussten die Fotos eben bis nach dem Abendessen warten. Mit einem kundigen Blick überprüfte sie die Lichtverhältnisse und lächelte zufrieden.

»Ich bezweifle, dass wir dem Doktor und seinen Leuten gelegen kommen«, sagte Figgis nach einer Weile stirnrunzelnd. Obwohl der Amerikaner nicht gerade langsam ging, hatte er doch Mühe, Fuller in dem Gedränge von Menschen und Tieren, die sich über die Dorfstraße bewegten, nicht aus den Augen zu verlieren.

»Wie kommst du darauf?«, gab Thérèse mit einem gereizten Blick auf ihr ruiniertes Schuhwerk zurück. Sie hätte es besser wissen müssen; schließlich unternahm sie nicht zum ersten Mal eine Reportagereise dieser Art.

»Die kleine Blonde, die am Fluss so von oben herab mit uns geredet hat …«

»Schwester Susan?«

Figgis schnaubte erbost. »Ja, die Engländerin. Sie machte ein Gesicht, als wollte sie uns an die nächstbesten Krokodile verfüttern. Nein, glaub mir. Ich kenne mich mit solchen Mädchen aus. Die will uns nicht hier haben.«

Figgis hatte es auf den Punkt gebracht. Thérèse konnte nur hoffen, dass sich Albert hier, am Ort seines Wirkens, umgänglicher zeigte als seine Mitarbeiter.

Der Regen ließ nach; bis Thérèse die Dächer der Hospitalanlage durch die Zweige der Bäume aufragen sah, erinnerten nur noch einige Schlammlöcher an den kurzen Wolkenbruch. In Windeseile verlagerte sich das Leben im Dorf wieder zurück auf die Straße. Thérèse beobachtete, wie Männer mit Stangen das Regenwasser von den aus Palmblättern erbauten Vordächern klopften. Ihre Frauen fingen es in bunt bemalten Krügen auf. Selbst wenn man in der Nähe eines Flusses lebte, war Wasser zu kostbar, um es einfach zu vergeuden. Am Tor des Hospitals saß ein quirliges Äffchen auf einer aus Lehm gefertigten Säule; es trug einen turbanähnlichen Hut, den es artig lüpfte, als Fuller mit seinen Gästen durch das Tor in einen kühlen Innenhof trat.

Fuller hielt ein pausbackiges Mädchen von etwa zwanzig Jahren an, das mit einem Wäschekorb aus der Tür trat, und bat es, Thérèse und Figgis zu den Gästequartieren zu bringen. Dann verabschiedete er sich, versäumte es jedoch nicht, ihnen einzuschärfen, sich spätestens zum zweiten Läuten im Speisesaal einzufinden. Er deutete auf ein Gebäude, dessen weißgetünchte Fassade im Sonnenschein glitzerte, dann verschwand er durch die Tür, aus der das Mädchen gekommen war.

»Willkommen in Lambarene, mein Name ist Martha Argwyler«, sagte die junge Frau mit einem fröhlichen Lächeln. Ihr voller Wäschekorb hinderte sie daran, Thérèse und Figgis die Hand zu reichen. Dafür zwinkerte sie ihnen vergnügt zu. Während Martha sie zum Gästehaus führte, das sich am anderen Ende des schattigen Innenhofs befand, erfuhr Thérèse, dass sie zu den Schweizerinnen gehörte, die Helene zur Unterstützung der altgedienten Garde von Krankenschwestern in Europa angeworben hatte. Thérèse, die sich erinnerte, dass Helene selbst einige Zeit in der Schweiz gewohnt hatte und offensichtlich nach wie vor Verbindungen dorthin unterhielt, nickte höflich.

»Der Doktor nennt uns manchmal seine Schweizer Garde«, plauderte das Mädchen weiter. »Hört sich doch fast so an wie Schweitzers Garde.« Sie lachte über das Wortspiel, das vermutlich jeder Besucher zu hören bekam, der das Vergnügen hatte, von ihr durch die Anlage geführt zu werden. »Gut, dass wir ihn nicht wirklich bewachen müssen, so wie die Schweizer Garde den Papst in Rom. Manchmal verschwindet der Doktor nämlich, ohne jemandem zu sagen, wohin er geht.«

»Ich dachte, er spaziert jeden Tag durch Lambarene und schüttelt den Eingeborenen die Hand«, sagte Figgis, dem anzusehen war, dass ihm das Geplapper der Schweizerin gehörig auf die Nerven ging. Er schien unter der Schwüle noch mehr zu leiden als Thérèse, was allerdings kein Wunder war, denn im Vergleich zu ihr, die nur falsche Schuhe trug, war er für einen Ausflug in die Tropen völlig unpassend gekleidet. Der graue Anzug, den er auf dem Boot entgegen Thérèses Warnung angezogen hatte, wies bereits dunkle Schweißflecken auf.

»Dieser Bursche … Fuller … ist doch auch Arzt, nicht wahr? Aber die Anrede ›Doktor‹ scheint in Lambarene nur für Schweitzer reserviert zu sein«, nörgelte Figgis schlecht gelaunt.

Die Pflegerin warf Figgis einen tadelnden Blick zu, bevor sie vor einem aus Holz gezimmerten Gebäude stehen blieb. Dessen Längsseite bestand aus überkreuzten Holzbalken und war mit Fliegendraht bespannt. Eine Eidechse huschte den Balken hinauf und verschwand unter dem Dach. Thérèse fand es hübsch.

»Der Draht«, erklärte die Schweizerin, als sie Figgis' fragenden Blick auffing, »macht Moskitonetze vor den Betten der Gäste überflüssig. Aber wenn Sie auf Netzen bestehen …«

Thérèse winkte ab. Anders als Figgis, der in regelmäßigen Abständen mit seinem Hut um sich schlug, um sich die winzigen Quälgeister vom Leib zu halten, blieb sie für gewöhnlich von den Attacken der Stechfliegen verschont. Aufmerksam betrachtete sie sich ihre Unterkunft für die nächsten Tage. Hinter dem Fliegendraht gab es keine Türen; lange Baumwollvorhänge, die vom Wind aufgebläht wurden wie große Segel, schützten vor der Sonne.

Das Zimmer, das die Schweizerin Thérèse zuwies, lag nur wenige Schritte von dem Gebäude entfernt, in dem sich der große Speisesaal für Ärzte und Pflegepersonal befand. Es war etwas kärglich, dafür aber durchaus praktisch eingerichtet. Mit Luxus hatte Thérèse in Lambarene auch keinen Moment gerechnet. Im Gegenteil, sie wäre enttäuscht gewesen, hätte Albert sie anders untergebracht als alle anderen Besucher des Urwaldhospitals.

Als sie sich in dem kleinen Raum umschaute, glaubte sie Helenes Handschrift zu erkennen. Sie konnte sich gut vorstellen, dass Alberts Frau die Räume nach ihrem Geschmack eingerichtet hatte. Das bedeutete: kein überflüssiger Zierrat, dafür stabile Möbel und peinliche Sauberkeit.

Figgis räusperte sich. »Nun ja, das Ritz ist es nicht gerade, aber …«

»Es wird unseren Ansprüchen genügen. Schließlich sind wir nicht zum Vergnügen hier.«

»Das nicht gerade«, sagte Figgis grinsend. »Habe ich das mit ›unseren Ansprüchen‹ so verstanden, dass wir dieses Zimmer gemeinsam …«

»Bis später, Mr. Figgis.« Thérèse gab der Tür einen sanften Stoß, der sie elegant ins Schloss beförderte. Sie hörte Figgis auf dem Flur protestieren, was ihr ein schadenfrohes Lächeln entlockte. Es war schön, ihn dabei zu haben. Trotz seiner dauernden Nörgelei. Aber vermutlich fühlten sich Amerikaner nirgendwo außerhalb der Staaten wirklich wohl.

Sie wartete noch einen Moment, bis Figgis, bewacht von Alberts Schweizer Garde, weitergegangen war, dann warf sie Reise- und Fototasche mit einem erleichterten Seufzer auf das frischbezogene Bett. Als Nächstes streifte sie sich die verschmutzten Schuhe von den Knöcheln und stakste auf Zehenspitzen zu dem Waschtisch hinüber, um sich zu erfrischen. Zu ihrer Freude fand sie dort neben einer hübschen Porzellanschüssel und zwei handlichen Petroleumlampen auch noch eine große Kanne mit gefiltertem Flusswasser. In Windeseile flog auch noch der Rest ihrer Kleidung auf den Fußboden. Immer wieder tauchte sie ihre Hände in das kühle Wasser, benetzte sich Hals und Schläfen. Sie hörte erst auf, als unter ihrem Fenster ein Kind zu singen begann.

Überrascht lauschte sie. Das Lied, in einem afrikanischen Dialekt vorgetragen, klang hübsch, wenngleich auch ein wenig traurig. Einem ersten Impuls folgend wollte Thérèse den Vorhang zur Seite schlagen, um dem kleinen Sänger ein paar Süßigkeiten zu schenken. Doch dann besann sie sich auf ihre spärliche Bekleidung und nahm sich vor, den kleinen Sänger später ausfindig zu machen.

Albert hatte damit gerechnet, dass Louis N'Gouta seine Einladung zum Essen nicht ausschlagen würde. Tatsächlich fand sich der Abgesandte der Übergangsregierung in Begleitung seines Sergeanten am späten Vormittag in Lambarene ein.

Im Speisesaal nahm er den Platz zu Alberts rechter Seite ein; Sergeant Achebe gab er mit einer Handbewegung zu verstehen, dass er sich neben ihn setzen sollte. Achebe kam der Aufforderung ohne große Begeisterung nach. Er schien es nicht als Ehre, sondern vielmehr als Zumutung zu empfinden, in Gesellschaft der weißen Ärzte zu essen. Um zu zeigen, wie sehr ihm die Einladung gegen den Strich ging, weigerte er sich trotz Alberts Bitte, seine Waffe vor dem Tisch abzulegen. Erst als Achebe die jungen afrikanischen Küchenhilfen bemerkte, die das Essen auftrugen, hoben sich seine Mundwinkel. Allerdings war es kein freundliches Lächeln, das sich über das Gesicht des Soldaten legte. Er rief den Mädchen, die alle noch halbe Kinder waren, etwas zu, das Albert nicht verstehen konnte, N'Gouta jedoch zu missbilligen schien, denn er zischte seinem Sergeanten einige Worte ins Ohr. Achebe hob gelangweilt die Schultern. Sein anzügliches Grinsen verfolgte die eingeschüchterten Mädchen, bis sie wieder hinter der Küchentür verschwunden waren.

Albert schob seinen Teller von sich und stieß empört die Luft aus. »Nun, Monsieur N'Gouta. Wenn Ihre sogenannte Übergangsregierung es nötig hat, auf diese Weise ihre Macht zu demonstrieren, freue ich mich nicht gerade auf das, was geschehen wird, wenn Ihr Land seine Unabhängigkeit bekommt.«

»Falls das überhaupt jemals geschehen wird«, fügte Fuller, dem das provozierende Gehabe des Sergeanten nicht entgangen war, sarkastisch hinzu.

N'Gouta ignorierte den Protest seines Gastgebers. Ohne mit der Wimper zu zucken, schenkte er sich Wasser nach, was Albert nun erst richtig erzürnte. Er wollte gerade zu einer weiteren Bemerkung ansetzen, als er Thérèse und Figgis den Speisesaal betreten sah. Einen Moment lang zögerte er. Natürlich hatte er damit gerechnet, dass die beiden zum Mittagessen kommen würden, doch hätte er es vorgezogen, sie ohne N'Gouta zu begrüßen. Hastig verließ er seinen Platz am Kopfende des Tisches und lief mit ausgestreckten Händen auf seine Gäste zu.

»Liebe Thérèse«, rief er, während er der jungen Fotografin einen Kuss auf jede Wange hauchte, »ich kann gar nicht glauben, dass Sie es wirklich geschafft haben, nach Lambarene zu kommen. Und Sie natürlich auch, mein Freund!« Er schüttelte Figgis die Hand. Dann machte er einen Schritt zurück und kniff prüfend ein Auge zu. »Wer hat Sie denn so ausstaffiert, Junge? Und das bei unserer feuchten Hitze.«

Verständnislos hob Figgis die Schultern, während sich Thérèse nur mühsam das Lachen verkniff. Wie bei ihrer Ankunft war Figgis auch jetzt so gekleidet, als befände er sich mitten auf dem New Yorker Time Square und nicht irgendwo im Urwald von Äquatorialafrika. Lediglich die schmale dunkelbraune Krawatte, die er zu seinem leicht zerknitterten Zweireiher gewählt hatte, saß ein wenig lockerer als sonst.

»Wir werden etwas für Sie zum Anziehen finden müssen«, sagte Albert. Amüsiert klopfte er Figgis auf die Schulter. Dann wandte er sich wieder Thérèse zu. In seinen Blicken brannten tausend Fragen. Vor allem, was Helene und Rhena betraf, die allem Anschein nach noch in Europa waren. Aber er stellte keine einzige. Stattdessen gab er Thérèse mit den Augen zu verstehen, dass er in Gegenwart der Personen an seinem Tisch keine vertraulichen Gespräche wünschte.

Thérèse neigte knapp den Kopf. Aber auch Figgis hatte verstanden.

Während Albert die beiden zu seinem Tisch führte, stellte er ihnen in aller Eile einige Männer und Frauen vor, die sich höflich erhoben, um die Besucher aus den Vereinigten Staaten zu begrüßen.

»Nun haben Sie schon den Großteil meines Personals kennengelernt«, sagte Albert. »Fehlt eigentlich nur noch mein guter Joseph, ohne den wir hier alle hilflos wären. Leider muss ich ihn entschuldigen.«

Thérèse hob die Augenbrauen. »Das ist schade, nach all ihren Erzählungen wäre es mir ein besonderes Vergnügen gewesen, ihn zu fotografieren. Ein herber Verlust für Mr. Figgis' Broschüre. Nicht wahr, Phil?«

»Ein außerordentlicher Verlust«, bestätigte Figgis mit schleppender Stimme, wobei er die Afrikaner an Alberts Tisch musterte. Seine Miene spiegelte Verwirrung wider.

»Phil, alles in Ordnung mit dir?«, fragte Thérèse. Sie hatte den Verdacht, dass Figgis weder Albert noch ihr zugehört hatte. Dafür schien ihn der Regierungsvertreter zu faszinieren, zumindest konnte er den Blick kaum von ihm abwenden.

»Phil?«

»Keine Sorge, Kollegin«, sagte er lässig. »Vermutlich nur diese verfluchte Hitze. Ich sollte zusehen, dass ich etwas in den Magen bekomme, das zur Abwechslung auch drin bleibt.«

»Geht es Ihnen wirklich gut, Sir?«, wollte nun auch Albert wissen. »Ich kann Ihnen etwas auf Ihr Zimmer bringen lassen …«

»Kommt überhaupt nicht in Frage, Doktor. Würden Sie mich Ihren übrigen Gästen vorstellen? Die Herren sehen ja ziemlich interessant aus, vor allem der Kerl mit der Pistole, der uns anstarrt, als würde er jeden Moment das Feuer eröffnen.« Er lächelte spöttisch. »Muss ich mir etwa Sorgen machen?«

Die Afrikaner erhoben sich, als Albert mit seinen Gästen zum Tisch kam. »Darf ich vorstellen: Monsieur Louis N'Gouta und Sergeant Moses Achebe«, sagte Albert kühl. »Sie vertreten die neue Übergangsregierung und möchten das Hospital einer genauen Inspektion unterziehen.«

Thérèse öffnete ihre Fototasche und entnahm dieser ihre Kamera. »Erlauben Sie mir, dass ich ein paar Aufnahmen von Ihrem Speisesaal mache? Diese afrikanischen Kunstwerke an den Wänden sind einfach herrlich.«

Albert hatte nichts dagegen. »Nur zu, meine Liebe. Fotografieren Sie, was Ihnen gefällt. Und veröffentlichen Sie die Aufnahmen in den Vereinigten Staaten. Jeder soll sehen, dass wir in Lambarene nichts zu verbergen haben, sondern die Ehrfurcht vor dem Leben praktizieren. Meine Lehre ist kein leeres Gewäsch, insbesondere dann nicht, wenn sie mich und all diese Menschen hier anspornt, den Ärmsten der Armen zu dienen. Ihnen ein Helfer und ein Freund zu sein.«

N'Gouta sah auf. Seine Augen blitzten zornig. »Wir brauchen Sie nicht als Freund, Dr. Schweitzer. Sollte sich in Lambarene ein nach unseren Maßstäben ordentlich geführtes Hospital befinden, in dem keine Sicherheitsrisiken bestehen, so werde ich nicht zögern, das in meinem Bericht zu vermerken.« Er stand auf und glättete sein Jackett. »Falls wir aber zu dem Schluss kommen, dass Sie uns etwas verheimlichen oder vorenthalten, wäre es besser, Sie und Ihre europäischen Freunde besorgten sich schon einmal Plätze auf dem nächsten Schiff, das Libreville Richtung Europa verlässt.«

»Und Sie glauben wirklich, Sie seien bereit ...«

»Bereit wofür?«, rief Sergeant Achebe, der dem Beispiel seines Vorgesetzten gefolgt und ebenfalls aufgestanden war. Während er noch kaute, spielten seine Finger mit dem Abzug seines Gewehrs.

»Nun, für die Unabhängigkeit dieses Landes.«

Im Saal war nun aufgeregtes Getuschel zu hören. Einige der jungen Pflegerinnen schlugen ängstlich die Hand vor den Mund, und selbst Thérèse fragte sich in diesem klammen Augenblick, ob es klug von Albert war, den Regierungsvertreter und dessen Handlanger öffentlich zu brüskieren. Wer auch immer diese Männer in ihre Position gehievt hatte, schien über eine gehörige Portion an Einfluss zu verfügen. Einfluss, den Albert unglücklicherweise nicht mehr besaß.

N'Gouta schwieg eine Weile, während er seine bösen kleinen Augen unentwegt über die Köpfe der Anwesenden wandern ließ.

»Sie scheinen außer uns keine anderen Afrikaner zum Essen eingeladen zu haben, Dr. Schweitzer. Muss ich annehmen, dass Sie den Raum zwar mit afrikanischen Masken und Skulpturen schmücken, den Menschen, die sie geschaffen haben, jedoch den Zutritt verwehren?«

»In keiner Weise, und das wissen Sie genau.«

N'Gouta lächelte kalt. »Ich weiß nur, was ich beobachten kann. Wo steckt zum Beispiel dieser Joseph, den Sie als Ihren Heilgehilfen bezeichnen? Soviel ich gehört habe, durfte er Ihnen früher bei Operationen assistieren, als außer Ihnen und Ihrer Frau noch keine weiteren weißen Ärzte in Lambarene weilten.«

Anna, die weiter unten am Tisch Platz genommen hatte, sprang nun empört auf, bereit, sich wie eine Löwin vor Albert zu stellen und seinen guten Ruf zu verteidigen. Ehe Albert sie aufhalten konnte, stapfte die ältere Frau mit hochrotem Kopf durch den Speisesaal und baute sich forsch vor N'Gouta auf. Dass sie der Regierungsbeamte um Haupteslänge überragte, schien sie nicht wahrzunehmen. Dafür war Sergeant Achebe hellhörig geworden. Der Soldat stieß einen knurrenden Laut aus, schob den Tisch zur Seite und nahm seine Waffe in Anschlag. Thérèse hielt den Atem an. Vor Aufregung umklammerten ihre Finger die Kamera, die sie unter den drohenden Blicken der Afrikaner nicht zu benutzen wagte. Auch Figgis rührte sich nicht von der Stelle. Sein Blick hing nach wie vor wie gebannt an N'Gouta.

Thérèse fragte sich, ob ihm der Afrikaner bekannt vorkam.

»Wie können Sie es wagen, so mit Dr. Schweitzer zu sprechen«, fauchte Anna nun den Regierungsbeamten an. »Er ist ein Ehrenmann, der auf der ganzen Welt hohes Ansehen genießt.«

»Das bezweifelt auch niemand, Madame«, sagte N'Gouta betont höflich. »Ich bin lediglich verwundert darüber, dass nicht einmal der erste Heilgehilfe von Lambarene hier seinen Platz zu haben scheint.«

Anna verdrehte erzürnt die Augen. »Joseph hat weiß Gott Besseres zu tun, als sich mit Ihnen zu unterhalten. Aber wenn Sie es wünschen, werde ich ihn rufen lassen.«

»Anna, bitte ...«, keuchte Albert, dem ein jäher Schrecken durch die Knochen fuhr. N'Gouta weiß, dass Joseph nicht in Lambarene ist, schoss es ihm durch den Kopf. Und er weiß, dass die Männer, die er vergiften und zu uns schicken ließ, ebenfalls nicht mehr hier sind. Was wird er also tun?

Anna stand noch immer in abwartender Pose vor ihm. Während er überlegte, was er ihr antworten sollte, winkte sie N'Zeng, der seinen Kopf aus der Küchentür streckte, mit einer energischen Geste herbei. »Würdest du uns bitte Joseph rufen, N'Zeng? Ihr dürft auch gern noch ein paar eurer Freunde einladen, sich zu uns zu gesellen.«

»Wer ist dieser Mann?«, rief Achebe. Er warf N'Zeng, der sich die Hände an einem Spüllappen abtrocknete, einen giftigen Blick zu. »Einer eurer billigen Handlanger?«

Albert schüttelte den Kopf. »N'Zeng ist ein alter Freund und einer meiner ersten Patienten, der uns einen Augenblick der Pflege mit seinen lebenslangen Diensten vergilt. Ohne ihn und Joseph hätten meine Frau und ich kaum ein Jahr im Urwald überstanden.«

N'Zeng hob unsicher die Schultern. Er hatte längst erraten, dass die Anwesenheit der Fremden Ärger bedeutete.

»Worauf warten Sie noch?«, herrschte Sergeant Achebe N'Zeng an. »Rufen Sie jetzt endlich diesen Joseph herein. Oder hat er am Ende Lambarene verlassen?«

»Nein, hat er nicht!«

Alle Köpfe wandten sich dem Eingang zu; überraschtes Gemurmel drang durch den Speisesaal, als Joseph ihn mit raschen Schritten durchquerte. Er wirkte ein wenig abgehetzt, und sein Hemd war an einigen Stellen staubig, sonst schien es ihm gut zu gehen. Albert schloss die Augen und sandte ein kurzes Dankgebet gen Himmel. Joseph musste wahrhaftig mit den Engeln reden; er war gerade zur rechten Zeit aus Inionga zurückgekehrt.

»Sie wollten mich sprechen, Monsieur?«, fragte Joseph. Seine Lippen umspielte ein spöttisches Lächeln, als er dem verdutzten N'Gouta die Hand hinstreckte.

»Leider konnte ich nicht früher kommen. Sehen Sie, ich habe viele Pflichten hier. Vor allem muss ich mich um das Essen im Hospital kümmern, denn die Leute von Lambarene würden den Speisesaal der Weißen nie freiwillig betreten, nicht einmal, wenn sie eingeladen würden. Sie essen nur, was von einem Familienmitglied gekocht wurde. Haben Sie das nicht gewusst?«

N'Gouta presste die Lippen aufeinander und schwieg.

»Offensichtlich haben sie Angst davor, ihre eigenen Nachbarn könnten sie vergiften«, fuhr Joseph fort. »Eine merkwürdige Vorstellung, nicht wahr, Monsieur? Aber es gibt solche Sachen. Ich hoffe, *Ihr* Essen war in Ordnung.«

Unwillkürlich griff sich Sergeant Achebe an den Hals, aber auch N'Gouta schien sich plötzlich unwohl in seinem eleganten Anzug zu fühlen. »Dann ... waren Sie überhaupt nicht fort, Joseph?«, wollte er wissen.

»Joseph hat Verwandte besucht«, kam Albert ihm zu Hilfe.

»In einigen abgelegenen Dörfern. Aber ich glaube, das tut hier nichts zur Sache. Sie wollten wissen, warum die afrikanischen Helfer den Speisesaal meiden, nun haben Sie ihre Antwort erhalten.«

Im Saal brach Gelächter aus; die Mitglieder der Schweizer Garde von Lambarene klatschten Beifall, doch N'Gouta dachte nicht daran, sich so leicht geschlagen zu geben.

»Ach, Doktor«, sagte er in einem beinahe mitleidigen Ton. »Wenn es nur das wäre, woran ihr Hospital krankt, wäre mir wohler.«

Albert lief rot an. »Was wollen Sie damit sagen?«

»Nun, ich sehe keinen einzigen afrikanischen Arzt, der von der Übergangsregierung in Libreville bevollmächtigt wurde, Arzneien zu verwenden, Kranke zu behandeln und gar Operationen durchzuführen. Das ist ein bedauerliches Versäumnis.«

»Vielleicht wollen Sie sich ja zum Dienst melden. Wir können jede helfende Hand gebrauchen.«

»Ich habe in Oxford Politik und Wirtschaftswissenschaften studiert. Von Medizin verstehe ich nichts.«

Das brauchen Sie nicht zu betonen, dachte Albert. Er machte eine Handbewegung, die seine in der Nähe stehenden Mitarbeiter einschloss. »Meine Ärzte und Schwestern sind jedenfalls alle aus freien Stücken in Ihr Land gekommen, um zu helfen. Niemand hat ihnen viel Geld oder eine glänzende Karriere versprochen. Keiner von uns kann sich hier im Urwald bereichern, keiner fährt einen Rolls Royce.« Er dachte einen Augenblick lang nach, bevor er fortfuhr. »Es ist noch gar nicht so lange her, da stellte mir ein junger Mediziner in New York dieselbe Frage wie Sie. Der Mann war schwarz und arbeitete in einem Harlemer Krankenhaus. Ich habe keine Ahnung, welche Schwierigkeiten er überwinden musste, bis er sein Studium beenden und praktizieren konnte, denn in den Vereinigten Staaten ist dies heute für einen jungen Schwarzen gewiss auch noch keine Selbstverständlichkeit.«

»Was haben Sie ihm geantwortet?« Die Frage kam von Fuller, der interessiert die Augenbrauen hob.

»Es tat mir leid, ihn darüber aufklären zu müssen, dass in all den Jahren nicht ein qualifizierter afrikanischer Arzt sich je als freiwilliger Helfer für Lambarene bei mir gemeldet hat. Das enttäuscht mich auch.«

»Sie scheinen ja intensiv gesucht zu haben«, wandte N'Gouta in einem Ton ein, der das Gegenteil unterstellte. Offensichtlich ärgerte er sich darüber, dass das Gespräch zunehmend seiner Kontrolle zu entgleiten drohte. Umso überraschter war er, als Albert sagte: »Ich wollte, es hätten sich schon Dutzende afrikanischer Ärzte freiwillig gemeldet, denn ich hätte zu gern von ihnen gelernt. So wie ich in den Anfangsjahren von unserem guten Joseph lernen konnte. Dessen ungeachtet bin ich der Meinung, dass Afrikaner nicht in der Schuld stehen wie wir Weißen.«

N'Gouta runzelte entnervt die Stirn. »Von welcher Schuld sprechen Sie denn jetzt, Doktor?«

»Wir haben Afrika in Besitz genommen und in Kolonien aufgeteilt. Wir haben uns Erdöl, Kupfer und Diamanten angeeignet ... Zuletzt sogar noch die Menschen, die hier lebten. Was war die Gegenleistung? Sklaverei, Alkohol und Krankheiten, die wir mitbrachten. Es ist eine alte Geschichte, aber das heißt nicht, dass sie nicht wahr ist. Die letzten Jahre haben mich gelehrt, dass Geschichten dieser Art nur allzu leicht in Vergessenheit geraten. Wir Europäer, aber auch die Amerikaner sind ziemlich gut darin zu verdrängen, nicht wahr, Mr. Figgis?«

»Was redet der alte Mann da?«, polterte Sergeant Achebe los. Er hatte längst keine Geduld mehr, und seine Miene verriet, dass er endlich damit beginnen wollte, das zu tun, weswegen er die lange Fahrt auf dem schaukelnden Kahn angetreten hatte: nämlich das unliebsame Urwaldspital auszuräuchern und das hochnäsige weiße Pack in den Ogowe zu treiben.

Achebe wartete auf ein Zeichen loszuschlagen, das allerdings ausblieb. N'Gouta bedeutete ihm mit einem strengen Blick, sich wieder zu setzen. Schimpfend kam der Soldat der Aufforderung seines Vorgesetzten nach.

»Sie können doch nicht weiterhin die alten Schulden aus der Kolonialzeit abzahlen, Doktor«, sagte N'Gouta schließlich. »Haben Sie vergessen, dass wir inzwischen die zweite Hälfte des 20. Jahrhunderts schreiben?« Er blickte von Albert zu Anna, die nach wie vor kampfbereit wie eine Amazone dastand. »Ihr Weißen seid eigenartige Menschen, das muss ich schon sagen. Die einzige vernünftige Person unter Ihnen scheint mir dieses englische Mädchen zu sein. Wie war noch ihr Name, Achebe?«

»Schwester Susan, Monsieur.«

»Befürchtet sie etwa auch, dass ihr Essen vergiftet wird, Dr. Schweitzer? Nun, falls es Ihnen gelingen sollte, sie noch heute aus Ihrem Hut zu zaubern, wie vorhin Ihren Joseph, wäre es nett, wenn Sie ihr ausrichten würden, dass ich mich mit ihr über ihr Lepradorf unterhalten möchte. Mir scheint, als vertrete sie diesbezüglich eine ganz ähnliche Ansicht wie ich.«

Davon müssen wir ausgehen, dachte Albert. Leider.

»Wie kommt diese Person dazu, von *ihrem* Lepradorf zu sprechen«, rief Anna ungehalten. Die Engländerin war für sie nach wie vor ein rotes Tuch. Aber auch die Ärzte sahen ein wenig verstört aus. Kaum einer von ihnen hatte damit gerechnet, dass der Regierungsbeamte sich unter der Belegschaft des Hospitals nach Verbündeten umsehen könnte. Aber allem Anschien nach war genau das seine Absicht, und Helfer wie Susan oder Hals, die unzufrieden waren und sich rascheren Fortschritt wünschten, liefen ihm geradewegs in die Arme.

»Keine Ahnung, wo Schwester Susan sich gerade herumtreibt«, sagte Albert, dem es schwerfiel, seinen Ärger zu unterdrücken. »Aber ich werde ihr natürlich sagen, dass Sie nach ihr fragten. Vielleicht hört sie mir sogar zu, denn leider haben *wir* nur wenige gemeinsame Ansichten. Das Problem ist, dass sie in der zweiten Hälfte des Jahrhunderts lebt, während ich anscheinend noch nicht da angekommen bin.«

16. Kapitel

Obwohl Thérèse die Auseinandersetzung zwischen Albert und dem afrikanischen Regierungsvertreter mit Spannung verfolgte, war sie doch froh, als sich ihr eine Gelegenheit bot, der bedrückenden Atmosphäre des Speisesaals zu entfliehen. Figgis, dem es ganz ähnlich zu gehen schien, folgte ihr bereitwillig.

»Ich hatte schon Angst, die beiden gehen aufeinander los«, sagte er kopfschüttelnd. »Der arme Doktor! Jetzt wissen wir zumindest, warum er so erpicht darauf war, so schnell wie möglich nach Lambarene zurückzukehren. Wie es aussieht, ist er nicht mehr Herr der Lage.«

Thérèse blieb stehen und sah ihn überrascht an. »Wie meinst du das?«

»Nun, dieser N'Gouta hat sich in die Idee verbissen, Ausländer, die ihm nicht genehm sind, aus dem Land zu drängen.«

»Aber Albert Schweitzer ist auf der ganzen Welt bekannt. Wenn er gehen muss, werden ihm Hunderte Europäer folgen. Was das für ein Land wie Gabun bedeuten kann, wage ich mir gar nicht vorzustellen.«

Sie schlenderten durch den Garten, dessen Pflanzen und Sträucher einen betörenden Duft verströmten. Obwohl Thérèse sich für Blumen nicht sonderlich interessierte, machte sie ein paar Aufnahmen. Danach fotografierte sie die Hütten entlang der Dorfstraße, die Zisterne, an der einige Frauen mit Krügen standen und schwatzten, sowie die Uferniederung. Auf dem Ogowe, dessen Wellen im Schein der Sonne träge an die

Böschung schlugen, tummelte sich zu dieser Tageszeit eine Vielzahl kleiner Boote, die vermutlich Fischern gehörten.

Als sie wieder zum Hospital zurückkehrten, spürte Thérèse den erfrischenden Wind in ihren Haaren. Dies verriet ihr, dass die Sonne bald untergehen würde. Figgis hatte seinen Arm um ihre Schultern gelegt, eine Geste, derer sie sich nicht erwehrte. Als sie vor ihrem Zimmer im Gästehaus angekommen war, zog er sie fest an sich. Ein wenig überrumpelt blickte sie den jungen Werbefachmann an. Sein Atem, der leicht nach amerikanischen Kaugummis roch, schlug ihr warm entgegen, während sein Mund ihre Lippen suchte.

»Willst du mich nicht hereinbitten?«, flüsterte er ihr ins Ohr. »Wir sollten die guten Leute nicht schockieren.«

Nein, das sollten wir wirklich nicht, dachte sie aufgeregt. Durch ihren Körper eilte ein Prickeln, das sie beinahe lähmte. Etwas in ihr wollte, dass Phil sie über die Schwelle stieß und aufs Bett schleuderte. Sie glaubte, von fern Trommeln zu hören, die im Rhythmus ihres aufgepeitschten Herzens schlugen. Nie zuvor hatte sie sich so nach einem Mann gesehnt wie in diesem Augenblick.

Doch bevor sie auch nur einen Laut von sich geben konnte, regte sich Furcht in ihr. Sie spürte das Lederband ihrer Kamera, das ihr ins Handgelenk schnitt, und verspürte auf einmal nichts als Müdigkeit. Sachte schob sie Figgis von sich, während eine Träne über ihre Wange rann.

Bestürzt strich ihr Figgis eine Strähne ihres dunklen Haars aus der Stirn. »Habe ich etwas falsch gemacht?«

Sie schüttelte den Kopf. »Nein, es ist nur … Ich kann dich jetzt nicht hereinbitten. Nicht heute.«

»Warum? Ich dachte …«

Es fiel ihr schwer, ihm zu erklären, was sie selbst nicht einmal verstand. Sie wusste nur, dass sie allein sein musste. Wenn sie sich in dieser Gemütsverfassung befand, konnte sie es nicht ertragen, jemanden in ihrer Nähe zu spüren. Auch wenn sie sich dafür ohrfeigen konnte, blieb ihr nichts anderes übrig, als Figgis wegzuschicken. Er küsste sie noch einmal, diesmal sanft, was sie mit geschlossenen Augen über sich ergehen ließ.

Die Trommelgeräusche wurden schwächer, klangen schließlich ab, bis sich ihr Blut abgekühlt hatte und sie wieder Herrin ihrer Sinne war.

»Ich glaube, ich habe mich in dich verliebt«, hörte sie Figgis flüstern. Sie lächelte nur. Dann, bevor er sich umdrehte und sie verließ, stellte sie hastig ihre Kamera ein und machte ein Foto von ihm.

Er lachte. »Ich glaube nicht, dass du mich gut getroffen hast. Hier ist es doch viel zu dunkel.«

Abwarten, dachte Thérèse.

Am nächsten Morgen nahm Thérèse an der Besichtigung des Hospitals teil, zu der Albert seine amerikanischen Gäste persönlich eingeladen hatte. Figgis hatte einen dicken Notizblock mitgebracht und schrieb unentwegt, während er Thérèse und Albert von Haus zu Haus folgte. Zuerst sahen sie sich den Operationssaal an, der über einen Generator mit elektrischem Licht versorgt wurde, danach folgten der Sterilisierraum, die Röntgenstation, das zahnärztliche Behandlungszimmer und die Apotheke, in der sich auch Alberts mit Papieren, Akten und Büchern beladener Schreibtisch befand. Thérèse fand es praktisch, dass Albert seinen Arbeitsplatz hier eingerichtet hatte, bildete die Apotheke doch den Mittelpunkt, quasi das Herz des Hospitals. Jeder, der Medikamente oder Narkosemittel benötigte, musste an Albert vorbei, der, wie er selbst sagte, die Arzneien sehr genau kontrollierte.

»Nun umso mehr, da ich ja weiß, wie leicht Medikamente für Lambarene abhanden kommen können«, meinte er, als Thérèse ihn auf die Versorgung mit Arzneimitteln ansprach.

Nach einem kurzen Imbiss, den Joseph auf der Veranda des

Doktorhauses servierte, setzte Albert seine Führung fort. Es lag ihm offensichtlich viel daran, dass Thérèse und Figgis auch Krankenzimmer und Behandlungsräume zu sehen bekamen, damit sie sich ein Bild von der Arbeit mit den Patienten machen konnten.

»Verstehen denn alle Ihre Ärzte die afrikanischen Sprachen?«, fragte Figgis. »Es ist doch bestimmt unmöglich, sich mit jedem Patienten unterhalten zu können.«

Albert öffnete die Tür zu einem kleinen Raum. Auf einem Behandlungsstuhl saß ein bereits betagter Stammeskrieger, dessen Schienbein eine heftig blutende Wunde aufwies. Neben dem Stuhl lag eine ebenfalls mit Blut beschmierte Axt. Vermutlich hatte der Krieger einen Baum fällen wollen, anstatt des Stammes jedoch sein Bein getroffen. Der Mann stöhnte erbarmungswürdig. Dr. Hals und die blonde Schwester, die Thérèse an der Bootsanlegestelle gesehen hatte, kümmerten sich gemeinsam mit einem afrikanischen Helfer um den Verletzten. Albert stellte den jungen Mann vor und erklärte: »Mbato ist einer unserer Übersetzer. Jeder Arzt hat einen Übersetzer bei sich, der die wichtigsten Dialekte beherrscht. Joseph springt natürlich auch ein, wenn Not am Mann ist. Auf diese Weise klappt es mit der Verständigung recht gut.«

Figgis nickte anerkennend, dann machte er eine Notiz in seinem Block.

Sie verließen den Behandlungsraum, als Dr. Hals begann, die Wunde des Mannes zu klammern, und begaben sich ans andere Ende der Krankenstation. Dort beugte sich Albert mit sorgenvoller Miene über eine Bahre, auf der ein zitterndes junges Mädchen lag. Obwohl sie in Decken gehüllt war, schien ihr kalt zu sein. Thérèse näherte sich zögerlich, weil sie merkte, dass die Kamera, die sie wie immer mit sich führte, der kleinen Patientin Angst einjagte. Rasch drückte sie den Apparat Figgis in die Hand, der beschlossen hatte, an der Tür zu warten.

»Das arme Kind«, sagte Thérèse, während sie dem kranken

Mädchen freundlich zulächelte, um sie ein wenig zu beruhigen. »Darf ich fragen, was ihr fehlt?«

Albert zog die Hand des Mädchens, die sie unter der Decke versteckte, hervor und fühlte ihren Puls. Er schien nicht zufrieden mit dem Ergebnis. In der Tat wirkte die Kleine äußerst geschwächt; ihr Brustkorb hob und senkte sich beim Atmen kaum. »Ihre zweite Schwangerschaft ist schief gelaufen. Sie hätte so schnell kein Kind mehr bekommen dürfen. Ist doch selbst noch ein Kind.«

»Wie alt ist sie?«

»Zwölf Jahre, schätze ich. Genau kann man das natürlich nicht sagen. Sie stammt aus einem Dorf stromaufwärts, wo noch Sitten und Gebräuche gepflegt werden, die Sie in Libreville oder in den Städten entlang der Westküste heute kaum noch finden.«

Thérèse nickte düster. Sie hatte dergleichen bereits auf früheren Reportagereisen gesehen und wusste daher, wovon Albert sprach. In Mali war sie einmal einem Mädchen begegnet, das ohne viel Aufhebens verheiratet worden war, kaum dass sie das neunte Lebensjahr vollendet hatte. Auch sie wäre bei der Geburt ihres Kindes beinahe gestorben, weil die Frauen ihres Stammes sie falsch behandelt hatten.

Als Thérèse Albert davon erzählte, zuckte er mit den Schultern und sagte: »Nun, das eigentliche Problem ist nicht die Schwangerschaft, sondern der Umstand, dass sich das Mädchen mit Gonorrhö infiziert hat. Die Geschlechtskrankheiten sind hier leider weit verbreitet.«

Von Figgis war ein Geräusch zu vernehmen, das anklingen ließ, dass er jetzt gern ganz weit weg gewesen wäre. Als der junge Mann die Tür zum Flur öffnen wollte, stieß er fast mit Schwester Susan zusammen, die mit wütendem Blick in die Station fegte und auf Albert zuhielt.

»Was zum Teufel haben Sie mit meinem Patienten gemacht, Dr. Schweitzer?«, keifte sie erbost drauflos, ohne sich um die

Zeugen ihres Ausbruchs zu scheren. Thérèse wich vorsichtshalber einen Schritt zurück.

Albert wurde blass. Er zuckte sogar zusammen, als befürchtete er, von Susan geohrfeigt zu werden. Erst als er den ersten Schrecken überwunden hatte, straffte er die Schultern. »Von welchem Patienten sprechen Sie eigentlich? Ich habe gewiss nichts …«

Er brach unvermittelt ab, fasste Schwester Susan am Ellenbogen und beförderte sie ohne Umschweife aus der Krankenstation. Thérèse trat ans Fenster, denn sie wollte beobachten, wohin die beiden gingen. Figgis gesellte sich zu ihr.

»Na bitte«, sagte der Amerikaner. »Nun kommt Leben in die Bude. Ich fühle mich fast so wie an einem Samstagabend im Madison Square Garden.«

Thérèse warf ihm einen gereizten Blick zu. »Das finde ich nicht lustig, Phil. Zumal wir nicht die Einzigen sind, die zusehen, wie diese Susan mit Albert in den Ring steigt.«

»Wie meinst du das?«

»Na schau doch!« Sie wies auf einen hageren Mann, der ein Stück weiter auf einer Bank neben einem Rhododendron saß und sich mit seinem Hut Luft zufächelte. Die Auseinandersetzung zwischen Susan und dem Doktor schien er mit sichtlicher Genugtuung zu verfolgen.

Figgis pfiff überrascht durch die Zähne. »Das ist doch dieser N'Gouta, nicht wahr? Junge, Junge, der Kerl ist anhänglich wie ein Schwarm Schmeißfliegen.«

»Psst!« Thérèse legte einen Finger über die Lippen. »Ich möchte hören, was Albert zu der Frau sagt.«

»Ich habe nichts mit Ihrem Patienten gemacht, Susan«, hallte da auch schon Alberts Stimme durch den Innenhof. »Um welchen Patienten geht es überhaupt? Und mäßigen Sie gefälligst Ihren Ton, junge Dame, wenn Sie mit mir reden. Wir sind hier nicht in einem Frontlazarett, und Sie sind nicht Florence Nightingale. Jedenfalls haben Sie keinerlei Ähnlichkeit mit ihr.«

Susans Wut schien wie Feuer zu brennen; sie hinterließ rote Flecken auf ihrem hübschen Gesicht. »Ich werde meinen Ton ganz bestimmt nicht mäßigen. Wissen Sie überhaupt, dass Minköe einen schweren Fieberanfall erlitten hat, nachdem er heute Morgen zu hart auf der Baustelle arbeiten musste? Aber kaum hatte er sich ein wenig ausgeruht, da rauschte auch schon einer Ihrer Schweizer Drachen an und schleifte ihn aus dem Bett, damit er Reparaturen durchführt. Sie tragen die Verantwortung dafür. Schließlich muss ich doch seit meiner Ankunft immer wieder hören, dass im Hospital nichts ohne Ihre Einwilligung geschieht.«

»Schwester Susan, Sie lassen es deutlich an Respekt fehlen …«

Susan lachte. »Respekt! Respekt dem großen Doktor gegenüber, dem Oganga, dem man gehorchen muss, falls man keinen bösen Fluch auf sein Haupt ziehen will.« Sie machte einen Schritt auf Albert zu. »Ich sage Ihnen eines, Dr. Schweitzer: Bei mir wirkt der faule Zauber nicht, mit dem Sie die Narren hier zu beeindrucken versuchen. Meine Patienten brauchen mich, damit ich sie vor Ihnen und Ihrer dämlichen Schweizer Garde beschütze. Sie wären besser dran, wenn die Schwestern, die Ihre Frau eingestellt hat, sich mehr um die Kranken kümmern würden und weniger darum, ihren Herrn und Gebieter zufriedenzustellen.«

Susan gab Albert keine Gelegenheit, auf ihren Vorwurf einzugehen. Ohne ihn noch eines Blickes zu würdigen, machte sie kehrt und eilte den Gartenweg hinunter, der die Hospitalanlage mit den Hütten des Dorfes verband. N'Gouta, der sich von seiner Bank erhob, beachtete sie ebenso wenig wie den kleinen Quabi, der im Schatten des Tores saß und mit einem Stöckchen Kreise in den zerfurchten roten Sand malte.

Albert blickte ihr nach, bis sich die Staubwolke hinter der Krankenschwester gelegt hatte. Dann wandte er sich um und ging zur Krankenstation zurück. Als er Thérèse und Figgis am offenen Fenster stehen sah, hob er entschuldigend die Hand.

Thérèse erwiderte seinen Gruß, doch es war ihr peinlich, dass er sie bemerkt hatte. Er muss ja denken, ich sei eine sensationsgierige Ziege, dachte sie. Figgis hingegen schien keine Gewissensbisse zu haben. Eifrig schrieb er in sein Notizbuch. Dann hielt er plötzlich inne und schüttelte den Kopf. Für Thérèse sah es fast so aus, als sei ihm ein plötzlicher Einfall gekommen, dem er sofort nachgehen musste.

»Was hast du denn für Geheimnisse, Phil?«

»Bin gleich wieder da«, murmelte er und verließ den Raum.

Figgis überquerte rasch den zu dieser Tageszeit menschenleeren Innenhof und schlug dann den schmalen Pfad ein, der hinter dem Hauptgebäude des Hospitals zum Hügel hinaufführte. Dabei blieb er mehrmals stehen und warf abschätzende Blicke über die Schulter. Unten, bei den Hütten war einiges los, das konnte er sogar mit bloßem Auge erkennen. Doch hier in der Nähe der Leprasiedlung war kein Mensch zu erblicken. Das beruhigte ihn, doch erst als er sich vergewissert hatte, dass weder Thérèse mit ihrer verflixten Kamera noch der alte Schweitzer ihm folgten, wagte er es, seinen Weg fortzusetzen. Die Sonne stach wie mit glühenden Nadeln in seine bereits geröteten Arme, als er die Anhöhe erklomm. Er musste indessen nicht weit laufen. Bereits nach wenigen Schritten hatte er die Engländerin eingeholt. Er hatte sich gedacht, dass sie nach ihrer Auseinandersetzung mit dem Doktor wieder zur Siedlung zurückkehren würde, um nach ihren Patienten zu sehen. Obgleich es Figgis widerstrebte, sich in die Nähe dieser Erkrankten zu begeben, deren Körper unter freiem Himmel dahinfaulten, unterdrückte er seinen Abscheu und beeilte sich, die Schwester aufzuhalten.

»Warten Sie!«, keuchte er mit vor Anstrengung gerötetem Gesicht. »Ich möchte mit Ihnen reden!«

Susan blieb stehen. Ihre Miene war nicht freundlicher geworden. Im Gegenteil, ihre Augen sprühten förmlich Funken, als sie erkannte, wer nach ihr rief.

Ein heißes Biest, dachte Figgis bei sich. Nicht schlecht. Ohne Scheu tasteten seine Blicke den schlanken Körper des blonden Mädchens ab, das unwillig am Rande der Zeltsiedlung auf ihn wartete.

»Was wollen Sie?« Sie empfing ihn mit einem mürrischen Gesichtsausdruck, in dem jedoch auch eine Spur von Neugier lag. »Ich habe meine Zeit nicht gestohlen.«

Figgis bettelte mit einem Lächeln um Milde und Nachsicht. Mit dem Handrücken wischte er sich den Schweiß von der Stirn

»Sie sind Susan, nicht wahr? Mein Name ist Phil Figgis aus New York, wir haben uns gestern an der Anlegestelle gesehen, aber leider versäumte es dieser Bursche, der bei Ihnen stand …«

»Sie meinen Dr. Fuller«, fiel sie ihm grob ins Wort.

»Richtig, den meine ich. Wir wurden uns gestern nicht offiziell vorgestellt. Ich begleite Thérèse Boudin, die Fotografin. Wir machen eine Reportage über den Doktor und die gute Arbeit, die Sie hier leisten.«

Hatte Figgis gehofft, Susan eine Reaktion zu entlocken, so wurde er enttäuscht, denn das Mädchen verzog keine Miene. Unbeeindruckt wandte sie sich dem Zeltdorf zu und trat zu einem ihrer Schützlinge, einem etwa fünfjährigen Jungen, dessen Körper von Kopf bis Fuß mit eitrigen Schwären bedeckt war. Streng blickte sie die Frau an, die neben dem Jungen unter dem Zeltdach saß, während sie mit den Händen eine unsichtbare Tube nachformte.

»Hast du die Salbe aufgetragen, wie ich es dir gezeigt habe?«, wollte sie wissen. Die Frau nickte stumm.

Figgis war inzwischen neben dem Jungen in die Hocke gegangen. Er zwang sich zu einem aufmunternden Lächeln.

»Sie stehen mir im Licht, Mr. Figgis«, sagte Susan. Sie schien der apathischen Frau, vermutlich die Mutter des kleinen Jungen, nicht recht zu trauen, denn sie begann, hektisch in den geflochtenen Körbchen und Schüsseln zu wühlen. Ihr Gespür ließ sie offensichtlich nicht im Stich, denn nach kurzer Suche fand sie eine fast unbenutzte Tube. Seufzend begann sie, den Körper des Jungen mit der stark riechenden Salbe einzureiben. Dieser ließ die Prozedur klaglos über sich ergehen, erst als Susan seine Arme berührte, verzog er schmerzhaft das Gesicht.

»Ich möchte ja nicht neugierig sein, aber mir ist nicht entgangen, dass Sie da unten ein wenig verärgert wirkten«, sagte Figgis, nachdem Susan ihre Behandlung beendet hatte. »Das Lepradorf scheint Ihnen am Herzen zu liegen.«

Susan hob den Blick. Nach kurzem Zögern entschied sie sich für ein schwaches Lächeln. »Bei mir brennt schnell mal eine Sicherung durch.«

»Na ja, bei Ihrem Stress kann ich das verstehen.« Er verzog das Gesicht zu einer Grimasse. »Ich habe in meinem Job auch manchmal mit sturen alten Hitzköpfen zu tun, die keinen Rat annehmen wollen. Allerdings kann ich meinen Beruf schwerlich mit der Arbeit vergleichen, die Sie hier verrichten. Noch dazu unter den erschwerten Bedingungen.«

»Und was ist Ihr Job, Mr. Figgis?«, erkundigte sich Susan, während sie die Tube mit der kostbaren Hautsalbe des Jungen sorgfältig zuschraubte und anschließend in dem Körbchen verstaute. Sie stand auf und klopfte sich den Staub vom Kleid. »Sind Sie etwa auch Fotograf?«

Er machte eine abschätzige Handbewegung. »Ich bin nur ein schlechtbezahlter PR-Mann. Wissen Sie, was das ist? Man erzählt den Leuten, wie großartig manche Menschen sind, von denen sie vorher nie gehört haben oder die sie bislang vielleicht übersehen haben …«

Susan unterbrach ihn mit der Bemerkung, dass sie auch noch nach ihren anderen Schützlingen sehen wolle. Nach kurzem

Zögern lud sie Figgis ein, sich ihrer Runde durch das Lager anzuschließen. »Sie machen also Menschen bekannter«, griff sie das Thema wieder auf.

Figgis nickte lächelnd. »Nun, so könnte man es nennen. Wissen Sie, wenn Sie Ihr ganzes Leben lang im afrikanischen Urwald saßen und großartige Dinge bewirkten, von denen der Rest der Welt kaum etwas mitbekam ...«

»Mit anderen Worten, Sie sind hier, um Reklame für Schweitzer zu machen?«

»Thérèse vielleicht. Sie scheint von Ihrem Chef geblendet zu sein. Ich habe sogar den Eindruck, dass sie nachts in ihrem Schlafzimmer von ihm träumt. Aber lassen wir das. Ich bin hierher gekommen, um den Menschen in den USA die Wahrheit über Ihren guten Doktor zu erzählen.«

Susan schaute ihn forschend an. Ihr schien plötzlich unbehaglich zumute zu sein, denn sie beschleunigte ihren Schritt, als versuchte sie, Figgis abzuschütteln wie eine Stechmücke, die sich auf ihre Ferse gesetzt hatte. Der Blick, mit dem sie sich vom Zustand der Kranken überzeugte, die heute ermattet und kaum einer Bewegung fähig unter zerlumpten, vor Dreck starrenden Sonnensegeln hockten, wurde von Minute zu Minute oberflächlicher; am Ende schien sie die Patienten kaum noch wahrzunehmen. Als sie schließlich am Ende der Siedlung angekommen waren, blieb sie abrupt stehen und reckte das Kinn.

»Ihre Reportage wird gewiss ein Erfolg, Mr. Figgis«, verkündete sie im Brustton der Überzeugung. »Dr. Schweitzer ist ein großartiger Mensch, der die Bewunderung Ihrer Leser zweifellos verdient.«

»Aber das verstehe ich nicht. Sagten Sie nicht soeben ...«

»Was ich sagte, spielt keine Rolle. Schauen Sie sich um und entscheiden Sie selbst, was Sie schreiben werden. Ich kann Ihnen nicht helfen.«

Damit ließ sie Figgis stehen und sprang leichtfüßig wie eine Gazelle die Anhöhe hinunter.

Mürrisch machte sich Figgis an den Abstieg. Das Gespräch mit der unwirschen Schwester hätte er sich wahrhaftig sparen können. Der Rundgang durch das Lepradorf hatte ihm mehr geschadet als genützt. Tief in Gedanken versunken, bemerkte er die kleinen afrikanischen Jungen, die ihm entgegenkamen, erst, als der größere von beiden ihn mit einigen Worten begrüßte. Figgis hob die Augenbrauen. Er bemerkte, dass der Junge ein Tablett mit Reagenzgläsern, Kolben und gläsernen Schalen trug.

»Hallo, kleiner Mann«, sprach er den Jungen an, wobei er sich bemühte, seine schlechte Laune zu überspielen.

»Mein Name ist Quabi, und das ist mein Freund Wambua.«

»Natürlich, natürlich.« Figgis machte eine Geste, die aussah, als donnerte er einen Football über ein Spielfeld. Danach reichte er dem Jungen die Hand und forderte ihn grinsend auf einzuschlagen. »Wie läuft es so, Quabi?«

Die beiden Jungen sahen Figgis verständnislos an.

»In New York begrüßen sich so gute Freunde untereinander. Soll ich es euch noch einmal zeigen?«

Quabi blickte auf sein Tablett, machte aber einen Schritt auf Figgis zu, während Wambua noch zögerte. Seine rechte Hand versteckte der Junge schüchtern hinter dem Rücken.

»Okay«, sagte Figgis, der versuchen wollte, das Zutrauen der beiden zu gewinnen. »Streck deine Hand hoch, Quabi. Oh, das ist schwierig mit all dem Zeug, das du mit dir herumträgst. Das ist wohl für Dr. Schweitzer bestimmt, habe ich recht? Für das Hospital.«

Der Junge nickte. Da er sein Tablett nicht abstellen konnte, forderte er Wambua durch ein Zeichen auf, Figgis die Hand zu geben. Figgis lächelte amüsiert, doch im nächsten Moment erstarrte er.

Die Hand des kleinen Jungen war dick verbunden, dennoch waren die Spuren der Leprakrankheit, die das Körperteil befallen hatte, nicht zu übersehen. Der Amerikaner schnappte nach Luft, fing sich aber nach wenigen Augenblicken wieder.

»Oh, Kleiner, wenn du wüsstest, wie leid mir das tut. Ich hoffe, du erhältst hier die beste medizinische Versorgung.«

Quabi übernahm es, für seinen Freund zu antworten.

»Dr. Schweitzer kümmert sich sehr gut um uns. Er ist ein wunderbarer Mensch.« Er schaute sich um, als müsste er sich davon überzeugen, nicht belauscht zu werden. »Er möchte sich sogar dafür einsetzen, dass ich eine richtige Schule besuchen darf, damit ich später auch Arzt werden kann.«

Figgis horchte auf. »Das hat er dir versprochen? Großartig. Aber im Moment sieht es doch eher so aus, als ob er dich zwingen würde, jeden Tag zu arbeiten, Instrumente herumzutragen oder Botendienste zu verrichten.«

Quabi schob die Unterlippe vor; aus der Antwort, die er Figgis gab, klang Trotz heraus.

»Niemand zwingt mich, Monsieur. Ich arbeite gern für das Hospital. So kann ich viele Dinge lernen, die mir in meinem Dorf niemand beibringen könnte.«

»Schon in Ordnung, Kumpel. Ich wollte dich nicht beleidigen.« Figgis überlegte kurz. Die Leute im Dorf waren schwierig, das hatte er sofort gerochen.

»Hört mal, Jungs, hat einer von euch diesen Soldaten und seinen Boss, Monsieur N'Gouta, irgendwo gesehen?«, fragte er die Kinder.

»Was wollen Sie denn von dem?«

»Meine Sache.«

Als Figgis Quabis misstrauische Miene bemerkte, wurde ihm klar, dass er einen Fehler gemacht hatte. Diese kleinen Bengel hatten ihre Augen und Ohren überall in Lambarene. Sie hätten ihm gewiss ebenso nützlich sein können wie Schwester Susan, aber er musste es ja vermasseln wie ein Anfänger. Auf wertvolle Informationen von dieser Seite brauchte er folglich nicht mehr zu warten.

»Wir müssen gehen, Monsieur«, sagte Quabi einsilbig. Er

wich langsam zurück, als hätte er Figgis' Gedanken gelesen. »Dr. Fuller und Schwester Anna warten auf die Reagenzgläser im Sterilisierraum.«

Dann macht schon, dass ihr verschwindet! dachte Figgis wütend. Ich brauche euch nicht. Aber keine Angst, wir sehen uns bald wieder.

Er machte sich allein auf die Suche nach N'Gouta. Der Regierungsvertreter durfte Lambarene nicht verlassen, ohne dass er mit ihm gesprochen hatte. Als er durch das Kräutergärtchen mit seinem stechenden Geruch von Zwiebeln und Thymian lief, sah er Thérèse an der Tür zur Krankenstation der Männer stehen. Sie hatte sich umgezogen. Statt der weiten Männerhosen, in die sie so gern schlüpfte, trug sie nun ein luftiges himmelblaues Kleid mit weißem Kragen und dazu einen passenden Strohhut, der ihr längliches, sonnengebräuntes Gesicht in tiefen Schatten tauchte.

»Verflucht noch mal«, murmelte er leise, als er sah, dass sie ihm zuwinkte. Sie sah einfach umwerfend aus. Zögerlich hob er die Hand, um den Gruß der jungen Frau mit einem verkrampften Lächeln zu erwidern.

»Wo hast du nur die ganze Zeit gesteckt, Phil?«, fragte Thérèse, als er in Hörweite war. Ihr ungeduldiger Tonfall ließ ihn zusammenzucken. »Während du dich herumgetrieben hast, habe ich mit Albert an unserer Broschüre gearbeitet.«

»Na, das ist doch wunderbar!«

Thérèse tat Figgis' Spott mit einem Achselzucken ab. »Albert hat mir erlaubt, im Hospital eine ganze Serie von Aufnahmen zu machen. Weißt du, nicht die richtig traurigen Fälle, die man nicht drucken kann, dafür aber andere, die genau zeigen, welchen Herausforderungen er und seine Mitarbeiter sich in Lambarene jeden Tag stellen müssen.« Sie nahm ihren leichten Strohhut ab und fächelte sich damit etwas Luft zu. Die Sonne schien am Himmel festgeschraubt wie eine Deckenlampe. Nicht das leiseste Lüftchen regte sich. Figgis blickte sich um. Das Zirpen der Zikaden im Kräutergarten schien ihm immer lauter zu werden.

»Hörst du mir überhaupt zu, Phil?« Besorgt ergriff Thérèse seine Hand. Sie spürte, dass er nicht bei der Sache war.

Reiß dich gefälligst zusammen, Figgis, befahl er sich streng. Nicht, dass du noch alles verdirbst, weil die Kleine Verdacht schöpft.

»Ich freue mich, dass du so erfolgreich warst«, sagte er schließlich. »Entschuldige, dass ich dich einfach stehen ließ. Mir war nicht gut. Diese Hitze ...«

Thérèse nickte verständnisvoll. »Macht ja nichts. Ich werde mal sehen, ob ich heute Abend noch ein paar von den Filmen entwickeln kann, damit du die Bilder zu Gesicht bekommst. Natürlich müssen wir mit den Aufnahmen vorsichtig umgehen und uns gut überlegen, welche für die Broschüre geeignet sind und welche wir besser vernichten.« Sie lachte nervös. »Nicht auszudenken, wenn sie diesem merkwürdigen Mann aus Libreville in die Hände fielen.«

»Monsieur N'Gouta? Nun ja, er scheint unseren lieben Doktor nicht gerade ins Herz geschlossen zu haben. Also halte heute Nacht besser deine Tür verschlossen.«

Thérèse schob sich den Hut in den Nacken und verwirrte Figgis unvermittelt mit einem koketten Augenaufschlag. »Und wenn ich das gar nicht möchte?«

»Wie darf ich das verstehen?«

Ihr Kuss kam für Figgis ebenso überraschend wie ihre Frage, verhieß jedoch eine Leidenschaft, derer er sie gar nicht für fähig gehalten hatte. Einen Moment lang war ihm, als müsse er vor ihr zurückschrecken, dann aber zog er sie, überwältigt von seinen eigenen Wünschen, stürmisch an sich und erwiderte ihren Kuss mit einer Wildheit, die sie nach Luft schnappen ließ.

Der heisere Schrei, den sie ausstieß, als er sie kurz darauf gegen die Wand drückte, versöhnte ihn mit dem Misserfolg bei Schwester Susan auf angenehme Weise.

»Was hast du denn? Du wirkst so niedergeschlagen«, fragte Thérèse später, als sie erhitzt auf dem Bett ihres Zimmers lagen. Hoch über ihren Köpfen hörte sie ein paar der Plagegeister summen, nach denen Figgis im Fünfminutentakt zu schlagen pflegte, und hoffte inständig, dass sie nicht zu den gefürchteten Überträgern der Schlafkrankheit gehörten. Vermutlich hatte sie oder Figgis vergessen, die Tür mit dem Fliegengitter zu schließen, was den Eindringlingen die willkommene Gelegenheit bot, sich auf sie zu stürzen. Sie musste wohl oder übel die Schweizer Garde um ein zusätzliches Netz für ihr Bett bitten.

Figgis zuckte nur mit den Achseln. Er sah weder Thérèse an, noch regte er sich über die Moskitos auf. Stattdessen hielt er den Blick starr auf das Palmblattgeflecht des Daches gerichtet, als versuchte er, es durch die Kraft seiner Gedanken einzureißen. Als sie weiter in ihn drang, wälzte er sich mitsamt der dünnen Leinendecke zur Seite und küsste sie grob auf Mund, Augen und Hals. Seine kräftigen Finger spielten mit ihrem langen Haar wie ein Kind mit seiner Puppe; sie ließ es geschehen, obwohl sie es eigentlich nicht leiden mochte, wenn ein Fremder sie auf diese unsensible Weise berührte. Das Gefühl, etwas Verbotenes zu tun, traf sie wie ein Keulenschlag. Es ließ sie in ihrer Phantasie über den Fluss schwimmen, obwohl ihr das Rauschen eines nahenden Wasserfalls schon in den Ohren dröhnte. Doch zum ersten Mal in ihrem Leben verlachte sie die starre Vernunft, die sie stets zwang, gegen jedermann kühl und geschäftsmäßig aufzutreten, nur um ernstgenommen zu werden. Nein, sie hatte kein Verlangen danach, für die spröde Fotografin gehalten zu werden, der eine gute Aufnahme wichtiger war als ihr persönliches Glück.

Hier, in Figgis' Gegenwart schrumpfte ihr Ehrgeiz auf die Größe einer Walnuss.

Nach einer Weile stand sie auf, weil sie fror. Ein wenig beschämt suchte sie ihre Kleider zusammen und zog sich hastig an.

»Möchtest du noch ausgehen?«, fragte Figgis spöttisch. »Die Kneipen sollen hier hervorragend sein.«

»Es könnte doch nicht schaden, sich ein wenig umzusehen.« Mit einigen geübten Handgriffen brachte Thérèse ihre Frisur wieder in Ordnung, nur um ihr Haar kurz darauf wieder unter dem ausladenden Strohhut verschwinden zu lassen. Als sie sich vom Spiegel abwandte, knöpfte Figgis gerade sein Hemd zu. Thérèse spürte genau, dass ihm etwas schwer auf dem Magen lag, denn in seinem Gesicht erkannte sie denselben verschlossenen Ausdruck, der sie bereits in Straßburg erschreckt hatte. Was war nur mit ihm los? fragte sie sich verwirrt. Konnte es sein, dass er …

Nein, unmöglich, schalt sie sich und rang den Gedanken nieder. Du siehst mal wieder Gespenster, vielleicht bekommt dir Afrika doch nicht.

Um sich abzulenken, legte sie einen neuen Film in ihre Kamera ein und bediente danach einige Male den Auslöser, um ihn weiterzutransportieren. Das vertraute Geräusch schaffte es zumindest ansatzweise, sie zu beruhigen.

Kurz darauf verließen Thérèse und Figgis das Gästehaus, um sich den zum Fluss neigenden Teil der Hospitalgärten anzusehen. Anders als im Kräutergarten machten sich hier zahlreiche Dorfbewohner und Patienten an den Beeten zu schaffen. Kinder sprangen durch das Gemüse, bis sie von Frauen, die mit Hacken und Rechen bewaffnet waren, davongejagt wurden.

Die Sonne versank bereits einem goldgelben Honigball gleich hinter der dichten grünen Wand aus Bananenstauden und Kaffeesträuchern, doch die feuchte Hitze war bis jetzt noch kaum abgeklungen. Thérèse sah zwei Männer, die breitbeinig und mit bloßen Füßen zwischen einer Reihe kümmerlicher Setzlinge standen; sie mühten sich damit ab, Dung von einem Karren in die rote Erde einzugraben. Ein scharfer Gestank legte sich über die Gärten.

»Ekelerregend.« Figgis rümpfte voller Abscheu die Nase.

»Zu Hause würde ein Hospital, auf dessen Grundstück Mist verscharrt wird, schneller geschlossen als ein Nachtclub, der illegal Alkohol ausschenkt.« Er grinste, als er Thérèses Betroffenheit bemerkte. »War nicht so gemeint, ich finde einfach ...«

»Oh, Phil, du bist wirklich unmöglich. Hast du dich einmal jenseits der 52. Straße umgesehen? Wusstest du, dass im Central Park auch Düngemittel eingesetzt wird?«

Ihre Kritik ärgerte ihn, doch er gab sich gelassen. »Als Nächstes willst du mir wohl weismachen, dass Leprakranke im Central Park Kohl pflanzen.«

»Ich bin auf einem Bauernhof in Frankreich aufgewachsen, wo es kaum zivilisierter zuging als hier. Aber manchmal glaube ich, du stammst aus dem Mittelalter. Lepra wird nicht auf die Weise übertragen, an die du denkst.«

»So?«

Thérèse ließ ihre Blicke über die spielenden Kinder schweifen. Etwa die Hälfte von ihnen trug Verbände und schaffte es nur schwerfällig, sich fortzubewegen. Dennoch schienen die Kinder sich ihrer Krankheit nicht völlig auszuliefern, sondern ihr durch Fröhlichkeit und die Lust am Leben zu trotzen.

Vielleicht war das der Zauber, der Lambarene umgab und der so viele Menschen fasziniert aufhorchen ließ, wenn auch nur der Name des kleinen Fleckens irgendwo im Urwald Äquatorialafrikas fiel.

»Die meisten dieser Menschen leiden an ganz anderen Dingen«, meinte Thérèse schließlich, als sie den ausgetretenen Weg zum nahen Waldrand einschlug. »Albert hat mir heute erklärt, dass Lepra das Immunsystem angreift und ...« Sie hielt inne, spähte durch das Objektiv ihrer Kamera und machte einige Bilder von einem dünnen Ziegenhirten, der soeben mit seiner kleinen Herde aus dem Wald auftauchte. Mit einem Stöckchen und schrillen Pfiffen trieb er die Tiere einen leicht ansteigenden Pfad hinauf.

Thérèse wartete, bis die letzte Ziege an ihr vorbeigelaufen

war, dann verschwand sie zwischen zwei Bäumen mit ausladenden Zweigen, die den Pfad, der in den Urwald hineinführte, wie zwei verkrüppelte Wächter markierten.

Figgis folgte ihr lustlos, hoffte aber insgeheim doch noch, am Dorfrand auf N'Gouta zu stoßen. Irgendwo mussten der hagere Kerl und sein schießwütiger Begleiter ja stecken. Die Barkasse hatten sie jedenfalls nicht genommen, zumindest soviel stand fest, denn das Boot lag noch immer unten am Fluss vertäut. Vorsichtig umherspähend ging Figgis weiter, dabei bemerkte erst nach einer Weile, dass er Thérèse inzwischen ganz aus den Augen verloren hatte. Das war nicht seine Absicht gewesen. Ein leiser Fluch löste sich von seinen Lippen.

Die Geräusche, die aus dem Unterholz aufstiegen, quälten seine Ohren fast ebenso sehr wie die verfluchte feuchte Hitze, die sein Hemd innerhalb weniger Augenblicke klamm und schwer auf der Haut kleben ließ.

»Thérèse?«

Er beschleunigte seinen Gang und sprang dabei über verdorrtes Strauchwerk, das selbst die Ziegen verschmäht hatten.

»Verdammt, Thérèse, das ist nicht lustig«, rief er. Mit grimmiger Miene blieb er stehen und lauschte, doch alles, was er vernahm, war das Gekreische eines Vogels, der über ihm aus den Zweigen eines mammutartigen Baumes brach und dem grünen Dach entgegenflatterte, das sich beschirmend über das dichte Waldstück und seine Bewohner legte.

»Thérèse? Zum letzten Mal. Wenn du nicht bei drei …«

Ihr Schrei kam ohne Warnung und erschreckte ihn daher so sehr, dass er zusammenzuckte. Verstört blickte er sich um. Er fand sie schließlich nur wenig mehr als hundert Schritte weiter östlich auf einer kleinen Lichtung. Während es überall sonst im Wald selbst tagsüber duster war, bahnten sich hier Sonnenstrahlen ihren Weg durch die Blätter der hohen Bäume und fielen auf den Waldboden. Thérèse stand mit fassungsloser Miene vor einem Zaun aus Maschendraht, hinter dem eine riesige, jedoch bereits an nahezu allen Ecken und Enden verrostete Apparatur befand. Figgis kam keuchend näher. »Hol mich der Teufel«, knurrte er entgeistert. »Was soll das für eine Apparatur sein?«

Thérèse schüttelte den Kopf. »Was auch immer es ist, es wird gesichert, als befände es sich nicht mitten im Urwald, sondern in einem wissenschaftlichen Versuchslabor.« Sie zeigte auf den Zaun. »Hast du die Strahlen-Warnschilder gesehen, die hier überall aufgehängt wurden?«

»Es könnte ein Röntgengerät sein«, mutmaßte Figgis. »Besser gesagt, gewesen sein, denn mit dem ganzen Rost dürfte schwerlich noch etwas damit anzufangen sein. Ein ziemlich teures Spielzeug, um einfach so im Urwald entsorgt zu werden.«

Er marschierte den Zaun ab, fand aber nirgendwo einen Durchschlupf, der es ihm erlaubte, sich das Gerät aus nächster Nähe anzusehen. Während er versuchsweise am Draht zog, machte Thérèse einige Aufnahmen von der sonderbaren Apparatur, wobei sie sich bemühte, vor allem den Zustand festzuhalten, in dem sie sich befand.

»Wir sollten von hier verschwinden«, sagte Figgis. Er ergriff Thérèses Arm und zog sie mit sanfter Gewalt mit sich. »Wer auch immer das Ding abgeladen und einen Zaun gezogen hat, möchte bestimmt nicht, dass wir hier herumschnüffeln.«

»Aber dafür muss es einen Grund geben.«

Figgis stieß ein kehliges Lachen aus. »Vielleicht sollten wir Dr. Schweitzer fragen. Wie wir inzwischen wissen, ist er doch der unangefochtene Herrscher von Lambarene, nicht wahr?«

Unangefochten stimmt nicht ganz, dachte Thérèse, fühlte sich aber zu verwirrt, um mit Figgis darüber zu diskutieren. Es war ihr nicht entgangen, dass es in Lambarene Strömungen gab, die gegen den Einfluss des Doktors arbeiteten. Obwohl Albert auch ihrer Meinung nach nicht zu den aufgeschlossensten Vertretern der modernen Medizin gehörte, kam es ihr abwegig vor, dass er ein Röntgengerät hinaus in den Urwald hatte schaffen lassen, nur um es dort der Witterung preiszugeben. So etwas war im höchsten Grade unvernünftig.

»Wirst du dem Alten deine Fotos unter die Nase halten?«, fragte Figgis, als sie sich ein Stück von der Lichtung entfernt hatten.

Thérèse schüttelte den Kopf. Es ärgerte sie ein wenig, dass Figgis mit einemmal so respektlos über ihren Gastgeber sprach, doch sie musste sich eingestehen, dass auch ihr Vertrauen in den Arzt einige Sprünge bekommen hatte.

»Ich bin mir nicht sicher, ob das die beste Werbung für Lambarene wäre«, gab sie zu. »Albert braucht viel Geld für das Hospital – für neue Instrumente und Arzneimittel. Wenn aber seine Förderer erfahren, dass in Lambarene modernstes technisches Gerät einfach auf den Schrott geworfen wird …«

»… bliebe ihnen nichts anderes übrig, als die Sache noch einmal zu überdenken«, ergänzte Figgis. Er dachte einen Augenblick nach, ehe er Thérèse fragte: »Hast du heute eigentlich schon N'Gouta und seinen Spießgesellen, diesen Sergeant, gesehen?«

»Wieso fragst du ausgerechnet mich das?«, gab sie spitz zurück. »Glaubst du, mich interessiert dieser schreckliche Mensch?«

»Wir wollen doch seriösen Journalismus betreiben, Herzchen.« Figgis schürzte die Lippen. »Und dazu gehört, dass wir uns umfassend informieren. Vielleicht sollten wir diesem Regierungsvertreter ein wenig auf den Zahn fühlen, um herauszufinden, ob er etwas gegen Albert in der Hand hat. Könnte doch hilfreich sein.«

Thérèse hustete geräuschvoll, wobei sie ironisch die Augenbrauen hob. »Ja, sicher. Und noch dazu so seriös.«

17. Kapitel

Günsbach, September 1949

Nur widerwillig hatte sich Helene von Rhena dazu bewegen lassen, die Reise nach Afrika aufzuschieben, damit sie sich noch etwas länger schonen konnte. Umso größer war ihre Freude, als sich ihr Zustand in den letzten warmen Tagen des Septembers tatsächlich besserte. Sie spürte, dass der Wunsch, nach Lambarene zurückzukehren, in ihrem Körper Kraftreserven freisetzte, die sie dankbar annahm. Albert hatte sie zwar mehrfach in seinen Telegrammen gewarnt, die Reise anzutreten, aber sie war davon überzeugt, dass er es eigentlich nicht so meinte. Er brauchte sie doch nicht weniger, als sie ihn brauchte.

Rhena hatte sie dabei unterstützt, ihre Angelegenheiten in Königsfeld zu regeln. Gemeinsam hatten sie einen Verwalter gefunden, der sich in ihrer Abwesenheit um das Haus und den Garten kümmern wollte. Als sie in den Zug gestiegen war, der sie zurück ins Elsass bringen sollte, war ihr klar geworden, dass sie den Luftkurort im Schwarzwald vermutlich zum letzten Mal gesehen hatte.

Die ersten Tage des Frühherbsts zeigten sich Helene von ihrer angenehmen Seite. Die Sonne brannte nicht mehr so heiß wie im August, daher wagte sie es, ausgiebige Spaziergänge über die Wiesen und Felder zu unternehmen, die Günsbach umgaben. Immer wieder zog es sie zu dem Felsbrocken, den Albert von der Dorfgemeinschaft erworben hatte, um auf ihm jederzeit rasten und meditieren zu können. Sie war so oft unterwegs, dass sie nicht einmal mehr dazu kam, ein Buch zu lesen oder sich mit den Briefen zu beschäftigen, die nach wie vor fast täglich für Albert eingingen. Jahrelang hatte sich Helene gewissenhaft um die Post gekümmert, denn sie wusste, dass Albert zu wenig Zeit hatte, um alle Briefe zu lesen, zum anderen aber auch nicht wie sie über die Gabe verfügte, auf die Bedürfnisse der Schreiber einzugehen. Er schrieb einem neunjährigen

Schulkind, das Fragen zu Afrika hatte, mit denselben Worten, die er auch an einen Universitätsprofessor gerichtet hätte.

Helene verstand es, die passenden Nuancen zu setzen, um keinen der Briefschreiber zu enttäuschen. Doch inzwischen stapelte sich auf ihrem Schreibtisch im Haus der unerledigte Schriftverkehr. Rhena, die wegen der Kinder auch nur über wenig Zeit verfügte, überlegte bereits, ob sie nicht ein Mädchen aus dem Dorf bitten sollte, ihrer Mutter zur Hand zu gehen. Doch dagegen begehrte diese energisch auf. Es war, als wünschte sie, mit ihren Träumen von einer Rückkehr nach Lambarene allein gelassen zu werden.

Eines Tages saß Helene wieder einmal auf Alberts Felsen und blickte hinunter ins Münstertal. Sie bemerkte ihre Tochter und die kleine Enkelin, die Rhena an der Hand führte, erst, als die sie sanft am Arm berührte. Überrascht sah sie auf.

Rhena schüttelte den Kopf. Sie konnte nicht verstehen, warum sich ihre Mutter so gehen ließ. Ihr inzwischen fast weißes Haar war nachlässig aufgesteckt, der leichte Regenmantel, den Helene sich über die Schultern geworfen hatte, sah aus, als gehörte er einer wesentlich dickeren Frau. Hilda vielleicht.

»Mutter …«

Helene runzelte die Stirn; sie schien über die Störung nicht besonders erfreut zu sein. Dessen ungeachtet rückte sie ein Stückchen zur Seite, um ihrer kleinen Enkelin, die sich zu ihr setzen wollte, Platz zu machen. »Was gibt's denn?«

»Du solltest dir mal diesen Bericht ansehen!« Rhena reichte ihrer Mutter das zerknitterte Exemplar einer Tageszeitung und wartete, bis diese den mit Bleistift markierten Artikel überflogen hatte.

Helene stieß verärgert die Luft aus. »Wo hast du diese Zeitung her, Rhena?«

»Einer von Jeans Freunden hat sie am Straßburger Hauptbahnhof gekauft und schon auf der Titelseite Vaters Namen entdeckt. Wie du siehst, ist es eine amerikanische Zeitung.«

Helene nickte. Einen Moment sah es so aus, als würde sie schwanken, doch bevor Rhena ihr die Hand reichen konnte, hatte sie sich wieder gefangen und setzte die Lektüre des Zeitungsartikels fort. Währenddessen lief Rhena ungeduldig um den Stein ihres Vaters herum.

»Sie behaupten, die amerikanische Regierung hätte Vaters Briefe an Albert Einstein sichergestellt, in denen er ihm verspricht, ihn bei seinem Kampf zu unterstützen«, jammerte Rhena. »Aber wie kann das sein? Wie sollte die Regierung der Vereinigten Staaten an Vaters Briefe kommen?«

Helene erhob sich; die Zeitung entglitt ihren zittrigen Fingern und wurde vom Wind ein Stück weit über die Wiese getragen. Jauchzend jagte Rhenas Tochter den Seiten nach, bis ihre Mutter sie mit energischer Stimme zurückrief. Im Dorf begann eine Glocke des Kirchturms zu läuten.

Helene schwirrte der Kopf. Sie versuchte, sich das Telefonat mit Einstein ins Gedächtnis zurückzurufen. Es lag erst wenige Wochen zurück. Irgend etwas war ihr damals doch gleich eigenartig vorgekommen. Einstein, den sie als äußerst höflich und sensibel kennengelernt hatte, war ihr gegenüber kühl, ja beinahe schroff aufgetreten. Ihre Sorge um Albert hatte er zur Kenntnis, aber nicht besonders ernst genommen. Auch wenn sie ihn in seinem New Yorker Haus zu nachtschlafender Zeit aus dem Bett geholt hatte, sah ihm ein solches Benehmen nicht ähnlich. Davon abgesehen hatte er sich nicht angehört, als ob er geschlafen hätte. Er hatte sich am Telefon gewunden, als empfände er namenlose Angst.

Helene hatte die nächsten Tage auf seinen Rückruf gewartet, doch nie hatte sie ein solcher erreicht. Dafür musste sie nun aus einer amerikanischen Zeitung erfahren, dass die Regierung offene Vorwürfe gegen ihren Mann erhob.

Briefe. Es ging um eine Anzahl von Briefen, die offensichtlich belastendes Material gegen Albert enthielten. Doch von Briefen hatte Einstein nicht gesprochen.

Er konnte dir nichts sagen, weil er selbst in höchster Gefahr schwebt, schoss es ihr durch den Kopf, während ihre Angst um Albert von Moment zu Moment wuchs. Was konnte er an Einstein geschrieben haben, von dem sie keine Kenntnis hatte?

Das kleine Mädchen riss sie mit ihrem heiteren Lachen aus ihren Gedanken.

»Ich habe sie gefunden, Großmutter«, rief sie, während sie Helene voller Stolz die zerknitterte Zeitung reichte. Doch ihre Mutter war schneller und nahm ihr die Seiten aus der Hand. »Ich glaube, die ist bei mir besser aufgehoben, mein Schatz.« Mit einer Geste bedeutete Rhena dem Kind, sich wieder auf den Felsen zu setzen, während sie sich erneut in die anklagenden Zeilen vertiefte.

»Natürlich geht es wieder um die Geschichte mit der Bombe«, erklärte sie resolut. »Da steht es doch schwarz auf weiß: Großer Humanist und Gelehrter als Kommunist entlarvt. Albert Schweitzer unterstützt die nukleare Abrüstung. Und hier ... Moment.« Sie errötete vor Wut, als sie umblätterte und auf weitere Kommentare stieß. Einen Augenblick überlegte sie, ob sie die unverschämtesten Ausführungen vor ihrer Mutter verbergen sollte, doch sie wusste, dass Helene das nicht zulassen würde.

»Was noch?« Helene schloss die Augen und überließ ihren geschwächten Körper dem Wind, der inzwischen stärker geworden war.

»Das wird ja immer unverfrorener. Offensichtlich stimmen die Skandalblätter in die Hetze gegen Vater mit ein. Sie schreiben, in Lambarene gäbe es heute nicht mehr nur Ratten, sondern auch Rote unter den Betten.«

Helene verzog den Mund zu einem verkrampften Lächeln. »Damit spielen sie auf das Hospital an.«

»Der Heilige von Lambarene steht auf tönernen Füßen«, fügte Rhena hinzu. »Die antikommunistische Welt fordert, die Brutstätte des Verrats augenblicklich dichtzumachen.« Rhena ließ die Zeitung sinken, sie wollte kein Wort mehr lesen. Obwohl sie mit ihrem Vater nicht immer einer Meinung war, verspürte sie in diesem Augenblick eine ungeheure Wut über die Sensationsreporter, die das Leben der Menschen, die sie liebte, mit ihren Lügen und Vorverurteilungen zu zerstören drohten. Sie empfand aber auch Mitleid für ihre Mutter, welche die Neuigkeiten noch stärker getroffen hatten. Vielleicht hätte sie warten und nicht gleich mit der Zeitung in der Hand losstürmen sollen. Aber ungeachtet der Tränen, die in ihren Augen schimmerten, wirkte Helene gefasst, als sie sich schließlich jäh erhob und ihre Enkelin an die Hand nahm.

»Ich habe lange genug gezögert. Es ist Zeit, dass ich zu ihm fahre.«

Rhena schlug die Augen nieder. Ihr war klar, dass es keinen Einwand gab, den sie nicht mindestens einmal vorgebracht, keine Warnung, die sie nicht schon längst ausgesprochen hatte. Noch einmal würde ihre Mutter nicht auf sie hören. Aber was war gewonnen, wenn sie sich jetzt ins Flugzeug setzte? Es ging ihr auch nach der Erholung, die sie im Schwarzwald gefunden hatte, nicht gut genug. Rhena fasste einen Entschluss.

»Ihr habt die Sache gemeinsam angefangen«, sagte sie ruhig. »Ich verstehe, dass du sie nicht von Lügen zugrunde richten lassen willst.«

Helene lächelte melancholisch. »Dann lässt du mich gehen, Kind?«

»Tja, das muss ich ja wohl. Ich halte es zwar noch immer für eine verrückte Idee, aber wenigstens wirst du nicht allein nach Lambarene reisen. Ich komme mit dir.«

Helene öffnete den Mund, um ihrer Tochter diese Idee auszureden, doch dann ließ sie es bleiben. Rhena hatte den Dickkopf ihres Vaters sowie ihre eigene Verbissenheit geerbt. Sie würde nicht nachgeben. Ende der Debatte.

»Und nun gehen wir nach Hause und packen unsere Koffer«, sagte Rhena, die sich freute, einen überflüssigen Wortwechsel mit ihrer Mutter im Keim erstickt zu haben. »Jean ist zwar immer noch in Paris, aber Hilda wird sich freuen, die Kinder für ein oder zwei Wochen nach Strich und Faden verwöhnen zu können.«

Während Helene und Rhena den Zug bestiegen, der sie quer durch Frankreich ans Meer befördern sollte, stahl sich Figgis im Schutz der Nacht mit einer Taschenlampe bewaffnet aus dem Gästehaus. In geduckter Haltung und nur von seinem eigenen Schatten begleitet, schlich er an den Außengebäuden des Hospitals vorbei.

Als er durch den Heilkräutergarten lief, warf er einen verstohlenen Blick über die Schulter und stellte fest, dass in Thérèses Schlafzimmer kein Licht mehr brannte. Vermutlich schlief sie schon. Erleichtert atmete er auf. Dann setzte er seinen Weg zielstrebig fort. Er mied die Hütten des schlafenden Dorfes und schlug stattdessen den schmalen Trampelpfad ein, der in den Urwald führte.

Da er unbewaffnet und nur mit einer Taschenlampe ausgerüstet war, stellte sein Ausflug ein waghalsiges Unternehmen dar, doch er war sich des Risikos durchaus bewusst. In kurzen Abständen blieb er stehen und lauschte mit heftig pochendem Herzen in die tintenschwarze Dunkelheit des Waldes hinein. Mit wachsender Panik verzeichnete sein Verstand jedes Geräusch, das aus dem Unterholz an sein Ohr drang. Es fehlte gerade noch, dass er von einem Raubtier angefallen und verschleppt wurde. Allmählich aber gewöhnte er sich an die Laute, die von überallher zu kommen schienen, und seine Nerven entspannten sich so weit, dass er seinen Weg fortsetzen konnte.

Umsichtig leuchtete er den Boden ab, platzierte jeden Schritt mit Bedacht, um nicht an Schlingpflanzen hängen zu bleiben oder über Baumwurzeln zu stolpern. Als er wenig später die Lichtung mit der Umzäunung erreichte, wischte er sich befreit den Schweiß von der Stirn.

Er hatte absichtlich gewartet, bis im Dorf und im Hospital Ruhe eingekehrt war, um sich das im Wald entsorgte Gerät noch einmal in Ruhe und von Thérèses neugierigen Blicken unbemerkt anschauen zu können. Gerade wollte er sich der Apparatur nähern und sie anleuchten, als er flüsternde Stimmen wahrnahm.

Leise fluchend löschte Figgis seine Lampe und sah sich nach einem Versteck um, denn er hatte keine Lust, zu dieser Stunde im Urwald beim Spionieren ertappt zu werden. Gerade noch rechtzeitig gelang es ihm, hinter einer mit Schlingpflanzen überwucherten Baumgruppe in Deckung zu gehen. Dort verharrte er lauschend, aber es war nichts mehr zu hören. Figgis glaubte schon, seine Phantasie habe ihm einen Streich gespielt, als er einige schwarze Gestalten sah, die in gebückter Haltung über die Lichtung huschten.

Es waren insgesamt drei Männer, darunter zweifellos auch ein Afrikaner, der sich mit der Gewandtheit eines Einheimischen über den lockeren Waldboden bewegte. Jenseits des Drahtzauns blieben die Männer stehen. Sie steckten die Köpfe zusammen und berieten sich kurz mit gesenkten Stimmen. Figgis verstand kein Wort von dem, was sie besprachen. Dafür konnte er kurz darauf beobachten, wie einer der Männer einen großen, sperrigen Gegenstand aus einem Versteck im Dickicht hob und ihn sich ächzend auf die Schultern lud. Nun verschwanden auch seine Begleiter im Unterholz. Jeder von ihnen kam mit einer Kiste oder einem Koffer wieder zum Vorschein.

Figgis presste die Lippen aufeinander, als er zusah, wie die drei mitsamt den Kisten im Wald verschwanden. So leise er konnte folgte er den Männern. Er musste sehen, was die Unbekannten mit ihrer merkwürdigen Fracht vorhatten.

Ihr Ziel, so fand er rasch heraus, war nicht das Hospital, sondern der Fluss, wo an einer niedrigen Stelle nahe den Sandbänken eine Pirogue mit Ruder auf sie wartete. Figgis pirschte sich näher an die Böschung heran. Dabei erspähte er einen Mann, der am Ufer auf einem Baumstumpf saß und eine Zigarette rauchte. Als die Männer mit den Kisten auf ihn zukamen, warf er sogleich seine Zigarette ins Wasser, ergriff eine Laterne und lief ihnen ein Stück entgegen.

Der Mann war ein Weißer, soviel konnte Figgis im hellen Mondschein unschwer erkennen. Mit hoher Wahrscheinlichkeit gehörte er zur Belegschaft des Hospitals. Aber was hatte er dort am Fluss zu suchen?

Figgis beobachtete weiter, wie sich die Träger hinunter zur Pirogue begaben, wobei einige von ihnen ihre Blicke argwöhnisch über die Uferböschung, den Waldrand und die Hütten schweifen ließen. Figgis schloss die Augen und duckte sich tiefer.

Als er es wieder wagte aufzublicken, waren die Afrikaner verschwunden. Statt ihrer beluden der Mann mit der Laterne und ein weiterer Weißer das Boot. Als alle Kisten verstaut waren, kletterten auch die beiden hinein und stießen die Pirogue ab. Dabei hatten sie Mühe, ihr Gleichgewicht zu halten, denn unter der Last all der Kisten und Pakete, die sie geladen hatten, schwankte der Einbaum gefährlich.

Als sich die Pirogue der Mitte des Flusses näherte, begannen die beiden Männer, ihre Ladung über Bord zu werfen.

Figgis hielt den Atem an, als er das leise Aufklatschen der Kisten im Wasser hörte. Einige der größeren Kisten versanken sofort, andere hingegen wurden von der leichten Strömung gemächlich flussabwärts getrieben.

Es verging noch eine ganze Weile, bevor die Männer zum Ufer zurückruderten und ihr Boot mit vereinten Kräften an Land zogen. Noch immer blieben ihre Gesichter vor Figgis verborgen, zu tief hatten sie ihre Hüte in die Stirn gezogen. Als sie sich jedoch vom Fluss abwandten und einander die Hände schüttelten, erkannte Figgis, wen er vor sich hatte. Verblüfft biss er sich auf die Unterlippe.

Keine zehn Schritte vor ihm standen Dr. Schweitzer und sein Kollege Fuller.

Figgis verharrte, bis die Schritte der Männer verklungen waren. Dann eilte er lautlos wie ein Schatten hinunter zum Wasser und suchte den Ort, von dem aus die Pirogue abgelegt hatte. Dabei gingen ihm tausend Gedanken durch den Kopf. Er brauchte eine ganze Weile, bis es ihm gelang, über die Sache nachzudenken. Dabei gestand er sich ein, dass er selbst zu lange gezweifelt und mit seinem Auftrag gehadert hatte. Und das nicht allein wegen Thérèse, die es ihm ermöglicht hatte, in Lambarene unverdächtig zu agieren. Während der letzten Wochen hatte es Momente gegeben, in denen er sich überlegt hatte, die Mission abzubrechen und nach Hause zurückzukehren. Zurück zu seinen Auftraggebern, die er insgeheim für Idioten hielt. Er hatte sich mehr als einmal die Frage gestellt, ob diejenigen, die ihn um die halbe Welt hetzten, nicht allmählich einem Wahn zum Opfer fielen und Phantome jagten.

Nun aber schien sich das Blatt gewendet zu haben. Der angeblich so harmlose Dr. Schweitzer, der feingeistig über Philosophie und Ethik sprach und dem die Herzen der Krüppel und Aussätzigen in diesem gottverlassenen Dorf zuflogen, hatte etwas zu verbergen.

Er und sein Mitarbeiter, der ihm wie ein Schatten über den Fluss gefolgt war, um sich irgendwelcher Beweise zu entledigen.

Ein bitteres Lächeln umspielte Figgis' Lippen, als er an Thérèse dachte. Das Mädchen hatte nicht die geringste Ahnung, mit wem sie es hier zu tun hatte. Aber er würde ihr schon noch die Augen öffnen.

Als Figgis endlich sein Unbehagen niedergekämpft hatte und in das knietiefe Wasser des Ogowe stieg, waren schon fast alle Kisten untergegangen. Das war schlecht, denn ohne einen Beweis waren seine Beobachtungen gegenstandslos. Nach einigem Umherspähen entdeckte er jedoch einen Schimmer, der sich deutlich von der dunklen Wasseroberfläche abhob. Es war ein Paket, das allem Anschein nach von der leichten Strömung auf einen weit in den Fluss hineinragenden Baum zugetrieben worden war und nun zwischen dessen ausladenden Zweigen hing.

Figgis durchfuhr ein Schauder, als seine Füße glitschige Pflanzen berührten. Hastig ergriff er einen morschen Ast, der gemächlich an ihm vorübertrieb, und angelte mit ihm nach dem Paket, bis es ihm gelang, es den Zweigen zu entreißen.

Erschöpft kehrte er mit seiner Beute ans Ufer zurück und ließ sich in den erkalteten Sand fallen. Einen Herzschlag lang musterte er das Paket argwöhnisch, als befürchtete er, es könnte eine Sprengbombe enthalten, die ihm gleich um die Ohren flog. Dann aber nahm er seine Taschenlampe zur Hand und richtete ihren warmen Strahl auf das durchweichte Papier. Er erkannte einen Aufkleber, der sich im Wasser zwar schon fast gelöst hatte, doch noch immer lesbar war.

»Medikamente«, brummte Figgis. »Der Alte versenkt die Medikamente, die ihm angeblich gestohlen werden, hier im Fluss.« Er schaltete seine Taschenlampe aus. Danach nahm er das Paket, brachte es ans Ufer und warf es schwungvoll zurück ins Wasser.

Während das Paket versank, fragte sich Figgis, welchen Grund der Doktor wohl haben mochte, so vorzugehen. Täuschte er wirklich alle, die er um Arzneimittel und Geld für sein Hospital bat? Figgis vergrub seine Hände in den ausgebeulten Hosentaschen. Nun musste er umso dringender mit diesem N'Gouta sprechen. Die Zeit lief ihm davon.

Die folgenden Tage vergingen in Lambarene, ohne dass sich etwas Ungewöhnliches ereignete. Thérèse spürte zwar die feine, beinahe knisternde Spannung, die zwischen den Mitarbeitern des Hospitals herrschte, doch kam es zu keinen weiteren Ausbrüchen von Schwester Susan. Auch die Oberschwester verhielt sich ruhig und versah ihre Arbeit ebenso konzentriert wie die Ärzte und Pfleger.

Allein die Anwesenheit N'Goutas, dessen Barkasse regelmäßig am Steg festmachte, störte die Idylle ein wenig. Thérèse war überzeugt davon, dass der Regierungsvertreter noch immer nach einem Vorwand für die Schließung des Hospitals suchte. Während sie mit ihrer Kamera durch das Dorf ging und das bunte Treiben der Einheimischen ablichtete, entdeckte sie ihn und seinen Sergeant zuweilen im Gespräch mit Patienten, die ihn jedoch nur furchtsam anblickten und sich aus dem Staub machten, sobald sich ihnen eine günstige Gelegenheit bot.

An manchen Abenden wurde Thérèse eingeladen, Albert Gesellschaft zu leisten. Das freute sie, denn sie liebte es, wenn er ihr auf der Orgel vorspielte oder von seinen Erfahrungen in Afrika berichtete. Figgis nahm an diesen Zusammenkünften nur selten teil; überhaupt schien er Thérèse seit dem Fund des Röntgengeräts wie verwandelt. Zu ihrer Verwunderung hatte er ihr das Versprechen abgerungen, einstweilen noch mit niemandem darüber zu reden, und auch Albert nicht mit ihrer Entdeckung zu konfrontieren, solange nicht eindeutig feststand, dass er mit der Sache etwas zu tun hatte. Thérèse, die den für gewöhnlich lässigen Amerikaner nie zuvor so entschlossen erlebt hatte, fügte sich schweren Herzens, auch wenn die Neugier an ihrem Herzen nagte.

Doch vermutlich hatte Figgis recht. Ihr Auftrag bestand nicht darin, sich in Alberts Angelegenheiten einzumischen. Auch wenn sie den alten Mann inzwischen als Freund betrachtete, durfte sie nicht vergessen, warum sie die weite Reise eigentlich angetreten hatte. Ihr Gewissen regte sich, als sie an Rhena und ihr Versprechen dachte, sie zu informieren, wenn ihr in Alberts Umfeld etwas merkwürdig vorkam. Doch seit ihrer Ankunft in Afrika hatte sie Alberts Tochter weder geschrieben noch telegrafiert. Sie hatte nur Fotos gemacht.

Fotos von Albert und Fotos, die der Welt zeigen sollten, unter welchen Bedingungen die Menschen von Lambarene lebten.

Im Gegensatz zu Thérèse, die nur auf ihre Eindrücke vertraute, setzte sich Albert häufig an den Schreibtisch, um Briefe zu schreiben. Eines Abends – Thérèse hatte sich gerade ins Gästehaus begeben, um ein Buch zu lesen – überbrachte ihr der kleine Quabi eine Einladung des Doktors. Er wollte sie in seinem Zimmer im Doktorhaus sprechen.

»Um diese Zeit?« Thérèse wunderte sich, denn sie hatte Albert doch erst beim Abendessen im Speisesaal gesehen, und dort hatte er kein Wort davon gesagt, dass er sich noch mit ihr zu unterhalten wünschte.

Nachdenklich klappte sie das Buch wieder zu, das sie gerade aus ihrem Koffer geholt hatte. Dann schlüpfte sie in ihre Sandalen und folgte Quabi, der höflich auf dem Flur gewartet hatte.

Als sie das Doktorhaus erreichte, hörte sie leise Musik, die durch das weit geöffnete Fenster drang. Bach. Aber wie das Stück hieß, fiel ihr nicht ein.

»Der Doktor spielt wieder«, rief Quabi fröhlich. Er hüpfte vor Thérèse auf und ab wie ein Tennisspieler, der den Aufschlag erwartet. »Dann geht es ihm bestimmt gut. Immer, wenn er Musik macht, freut sich ganz Lambarene.«

Zumindest kann ihn ganz Lambarene hören, dachte Thérèse. Schmunzelnd fuhr sie dem kleinen Jungen über den Kopf.

»Da sind Sie ja endlich, Thérèse«, empfing sie Albert. Er wirkte nachdenklich und müde, als er ihr ein Glas Wein einschenkte. Obwohl sie eigentlich nicht vorhatte, zu dieser späten Stunde noch Alkohol zu trinken, nahm sie es entgegen. Dann hob sie fragend die Augenbrauen.

Albert nahm einen Brief zur Hand, den er offensichtlich kurz vor ihrer Ankunft zu Papier gebracht hatte. »Der hier geht noch heute mit dem Postschiff raus«, sagte er geheimnisvoll. »Ich wollte, dass Sie das wissen, mein Kind. Er ist an die *Wa-*

shington Post gerichtet, deren Chefredakteur ich im Sommer kennengelernt habe. Lesen Sie!«

Thérèse spürte mit einemmal einen bitteren Geschmack auf der Zunge. Die jäh erwachte Furcht, Albert könnte sie gegen ihren Willen zur Zeugin einer Handlung machen, mit der sie nicht einverstanden war, rang ihre Neugier nieder.

»Was haben Sie denn?« Albert schüttelte den Kopf. »Sie trinken ja gar nichts.«

Thérèse starrte auf das noch unberührte Glas in ihrer Hand; schwungvoll setzte sie es auf dem Tisch ab. »Ich möchte nichts trinken, Albert. Vielmehr wünschte ich, Sie würden mir sagen, warum Sie mich noch kommen ließen. Und warum ich Ihre Briefe lesen soll!«

»Ich habe eine Entscheidung getroffen«, erklärte Albert. »Aber ich fühle mich so allein mit meinen Gedanken, dass ich glaubte, ich müsste ... Nein, Sie haben recht. Es war albern von mir, albern und vor allem gefährlich. Auf keinen Fall darf ich Sie in diese Sache mit hineinziehen, das würde Helene mir niemals verzeihen. Und ich mir selbst auch nicht.«

Thérèse hob die Arme, um ihn zu beruhigen, konnte jedoch nicht verhindern, dass Albert den Brief vor ihren Augen zerknüllte und in den Papierkorb beförderte. Trotz der widerstreitenden Gefühle in ihrer Brust, holte sie das Schreiben wieder von dort heraus, glättete es und vertiefte sich in die Zeilen.

»Schweren Herzens und mit einiger Furcht vor den Konsequenzen – nicht für mich, aber für andere, die mir nahestehen – schreibe ich Ihnen, um meine Besorgnis über die große Gefahr der unkontrollierten Atomwaffenversuche zum Ausdruck zu bringen ...« Thérèse atmete tief durch, dann legte sie den Brief auf Alberts Schreibunterlage.

»Was denken Sie nun von mir?«, fragte Albert.

Thérèse neigte voller Anerkennung den Kopf. Sie war froh, dass Albert bereit war, seinem Gewissen zu folgen. Er würde sich nicht länger hinter einem Wall aus Bäumen verbergen, sondern seinem Freund Einstein und dessen Mitstreitern volle Unterstützung anbieten. Als sie sein Gesicht betrachtete, erkannte sie eine unsagbare Erleichterung in ihm, als hätte er soeben unsichtbare Ketten abgestreift. Sie selbst verspürte neben der Freude auch noch Stolz, dass Albert ihr seinen Entschluss als Erster mitgeteilt hatte.

»Sie sollten den Brief noch einmal abschreiben, bevor das Postschiff anlegt«, sagte sie vergnügt. »Sonst glaubt der Chefredakteur der *Washington Post* am Ende noch, irgendein Spaßvogel habe sich einen Scherz erlaubt.«

Thérèse verließ Alberts Zimmer und schlenderte beschwingten Schrittes durch den Kräutergarten. Dabei dachte sie über ihre eigene Zukunft nach. Sie lebte gerne in den Vereinigten Staaten und hatte auch den Wunsch, dorthin zurückzukehren, denn das weltoffene New York hatte ihr die Karriere ermöglicht, von der sie schon als junges Mädchen geträumt hatte. Doch ihr wurde klar, dass sie trotz ihres Erfolgs, ohne mit der Wimper zu zucken, nach Frankreich zurückkehren würde, falls man Menschen wie Albert ihrer Ansichten wegen in den USA verurteilte. Gewiss war es kein Geheimnis, dass auch kalte Kriege in der Lage waren, Katastrophen heraufzubeschwören, doch noch blieb ihnen Zeit, etwas dagegen zu unternehmen.

Menschen wie sie und Figgis, deren Arbeiten in die Öffentlichkeit drangen, konnten etwas unternehmen. Wenn sie das nur wollten.

Figgis sah, wie Thérèse aus Alberts Haus lief. Sie kam ihm ein wenig durcheinander vor. In ihm keimte der Verdacht, sie könnte ihre Vereinbarung gebrochen und mit Albert über das Röntgengerät gesprochen haben. Zumindest konnte er sich keinen anderen Grund vorstellen, der Thérèse zu dieser Stunde noch zum Doktor geführt haben sollte.

Während er noch überlegte, ob er Thérèse ins Gästehaus folgen sollte, bemerkte er, wie Louis N'Gouta mit unheilverkündender Miene aus einer engen Seitengasse trat, in der ein paar jüngere afrikanische Krankenpfleger untergebracht waren – in der Hauptsache ehemalige Patienten, die aus Anhänglichkeit oder Dankbarkeit in Lambarene geblieben waren und nun in den verschiedenen Krankenstationen aushalfen. Figgis konnte sich gut vorstellen, dass N'Goutas Vorhaben, sie in ihren Hütten auszuhorchen, um belastendes Material gegen Schweitzer zu sammeln, nicht erfolgreich gewesen war.

N'Gouta überquerte mit langen Schritten die Dorfstraße, sein Sergeant folgte ihm mit verbissener Miene.

»Monsieur N'Gouta, kann ich Sie einen Moment sprechen?«

Entschlossen trat Figgis den Männern in den Weg. Der Regierungsbeamte musterte ihn wie ein lästiges Insekt, ließ sich aber zu einem halbherzigen Nicken herab.

Figgis zweifelte plötzlich daran, dass es klug war, mit den beiden Afrikanern hier zu reden, und wünschte sich, er hätte sie an einem weniger verfänglichen Ort getroffen, doch wenigstens befanden sie sich mittlerweile außer Sichtweite der Hospitalgebäude. Auch von Thérèse war weit und breit nichts mehr zu sehen.

»Meine Güte, Monsieur, es ist wirklich schwerer, an Sie heranzukommen als an die Königin von England.« Sein Scherz prallte an den eisigen Blicken der Männer ab. Auch die Zigaretten, die er ihnen anbot, wurden abgelehnt. Mit ungeduldiger Miene schaute N'Gouta auf seine Armbanduhr. »Sie wollen mit mir sprechen, Mr. Figgis?«

Figgis atmete tief durch. Er kannte arrogante Wichtigtuer wie diesen Beamten zu Genüge und hasste es, freundlich zu ihnen sein zu müssen. Doch in seinem Job galt es, Emotionen herunterzuschrauben und zu jedem Spiel die passende Miene aufzusetzen.

»Monsieur N'Gouta, ich will ehrlich zu Ihnen sein. Ich habe gehört, dass Sie und Ihre Behörde gerne das Hospital in Lambarene schließen lassen würden.«

N'Goutas Gesicht blieb weiterhin ausdruckslos. »So, das haben Sie gehört?«

»Und dass Ihnen möglicherweise finanzielle Unterstützung für ein neues, von Ihrer Behörde kontrolliertes Krankenhaus nach westlichem Vorbild zugesichert wurde. Eine Einrichtung, die des neuen Gabuns würdig ist. Das sehe ich doch richtig?«

»Ich kann mir nicht vorstellen, dass wir beide in die selbe Richtung sehen«, sagte er. Es klang verächtlich. »Wenn Sie uns nun bitte entschuldigen würden ...«

Aus Figgis' Gesicht verschwand das Lächeln. Verflucht, dachte er, wenn ich es nicht geschickter anstelle, verpulvere ich kostbare Munition, ohne diesen Laffen auch nur ansatzweise zu beeindrucken.

»Aber wenn Sie den Laden dichtmachen«, startete er einen letzten Versuch, sich Gehör zu verschaffen. »Was geschieht dann mit all den Menschen, die hier leben? Mit dem Personal und den afrikanischen Helfern?«

N'Gouta öffnete den Mund, um etwas zu entgegnen, doch dieses Mal kam ihm sein Sergeant zuvor. »Der alte Schweitzer kann von mir aus hier bleiben und zuschauen, wie wir dem Rest die Kehle aufschlitzen.« Er stieß ein martialisches Gelächter aus, das Figgis das Blut in den Adern gefrieren ließ.

»Am liebsten würde ich diese erbärmlichen Hütten gleich heute Nacht abfackeln, aber morgen ist auch noch ein Tag.«

Figgis verschlug es die Sprache. Mit einem Ausdruck blanken Entsetzens wich er vor dem Mann zurück, dessen Gelächter in ein wildes Kreischen überging.

»Aber ... das wusste ich nicht«, keuchte er. »Damit machen Sie sich zu Mördern!«

N'Gouta zuckte mit den Schultern, doch seine kalten Augen drückten aus, dass er Achebes Drohung nicht zurücknehmen würde. »Sie sollten zu Ihren Freunden nach Amerika zurückkehren, Mr. Figgis, solange es Ihnen noch möglich ist«, riet er ohne jegliche Gemütsregung. »Sie haben Ihren Job, und ich habe meinen.«

»Und wenn ich mich weigere? Ich kann Ihnen die Suppe hier gehörig versalzen. Ein Anruf ...«

Sergeant Achebe schien auf Figgis' Protest nur gewartet zu haben, denn er schnitt ihm mit einer einzigen Drohgebärde das Wort ab. Während seine boshaften kleinen Augen die Straße nach etwaigen Zeugen absuchte, zog er seinen Revolver aus dem Halfter. »Wir sollten den amerikanischen Schnüffler gleich hier vor Ort erledigen und die Leiche in den Ogowe werfen«, schlug er in rüdem Ton vor.

N'Gouta hüllte sich in Schweigen, was Figgis wie einen Schlag in die Magengrube traf. Starr vor Angst taumelte er ein paar Schritte über die Dorfstraße, wobei er sich nach einer Fluchtmöglichkeit umsah. Auf seine Stirn trat kalter Schweiß.

Ich muss um Hilfe rufen, schoss es ihm durch den Kopf. Aber wenn ich es tue, werde ich nicht der Einzige sein, der stirbt.

Während Achebe drohend auf ihn zukam, erklang plötzlich ein aufgeregter Schrei von der Anlegestelle her. Verwirrt drehte sich der Sergeant zu seinem Vorgesetzten um, der mit gerunzelter Stirn zum Fluss hinunterblickte. Der kurz darauf einsetzende Tumult im Dorf rettete Figgis vermutlich das Leben, denn kaum hatte der Sergeant seinen Revolver weggesteckt, verließen auch schon Männer und Frauen schlaftrunken ihre Hütten, um den Grund für den Aufruhr zu erfahren.

Figgis verlor keine Zeit. Grob drängte sich er sich an Achebe vorbei und tauchte in der Menge unter.

»Le petit facteur est arrivé!«

Der Ruf der Kinder, die sich wegen der Hitze am Fluss auf ihre Matten gelegt und das Postschiff als Erste erspäht hatten, lockte die Menschen zum Fluss. Wie jedes Mal, wenn der Postbote mit Neuigkeiten, Handelsware oder Gästen an Bord in Lambarene anlegte. Warum er ausgerechnet heute erst zu so später Stunde eintraf, lag an den unerwarteten Passagieren, zwei Frauen, die dem armen Mann arg zugesetzt hatten, damit er sie noch vor Tagesanbruch zum Hospital beförderte.

18. Kapitel

Helene war heilfroh, als sie das Postschiff verlassen und ihren Fuß endlich wieder auf festen Boden setzen konnte.

Während der Fahrt über den Fluss hatte sie auf Rhenas Drängen versucht, ein wenig zu schlafen, doch ihre Aufregung erlaubte es ihr nicht, die Augen zuzumachen. All die Geräusche und Düfte, die der Wind ihr entgegentrieb, brachten ihr Herz zum Stolpern. Doch es war ein angenehmes Gefühl, das sie an ihren ersten Ball als junges Mädchen in Straßburg erinnerte.

Endlich zu Hause, ging es ihr durch den Kopf, als ihr der Skipper behutsam auf den Steg hinaufhalf. Auch Rhena sah sich beeindruckt um. Ihr erster und einziger Besuch in Lambarene lag schon einige Jahre zurück, doch als sie ihre Mutter in dem feschen dunkelgrünen Tropenkleid vor sich sah, zerstoben ihre Bedenken wie Seifenblasen. Das erwartungsvolle Gesicht ihrer Mutter, die dem Skipper ein Trinkgeld in die Hand drückte, ließ sie wissen, dass ihre Entscheidung, mit ihr nach Afrika zu reisen, richtig gewesen war.

»Meine Güte, kennst du alle diese Leute?« Rhena beobachtete überrascht, wie sich ganze Scharen von Menschen lachend und winkend um ihre Mutter scharten. Kinder zupften an ihrem Rocksaum, Frauen schnalzten jubelnd mit der Zunge und warfen die Hände in die Luft, um die Ehefrau ihres Doktors zu begrüßen.

Helene musste an sich halten, um nicht die Fassung zu verlieren und vor Rührung in Tränen auszubrechen. Noch immer schwankte sie leicht auf dem Steg und war daher dankbar, als sie Dr. Fuller erkannte, der mit einem distanzierten, aber höflichen Lächeln auf sie zutrat und ihr die Hand reichte. Was er sagte, konnten in dem anhaltenden Getöse jedoch weder Helene noch Rhena verstehen.

Während der *petit facteur* sich einen Postsack über die Schulter warf und von Bord trug, balgten sich einige kleine Jungen um die Ehre, die Taschen und Koffer der beiden Frauen die Anhöhe hinauf zum Hospital zu tragen. Rhena fuhr energisch dazwischen, doch da sie sich über den begeisterten Empfang, den ihnen die Bewohner von Lambarene bereiteten, nicht weniger freute als ihre Mutter, drückte sie schließlich jedem Kind ein kleines Gepäckstück nebst einem Pfefferminzbonbon in die Hand und gab durch ein Nicken ihr Einverständnis, dass die Jungen damit loszogen.

Sie hatten jedoch kaum drei Schritte zurückgelegt, als sich plötzlich die Menge vor ihnen teilte. Respektvoll traten die Dorfbewohner und Patienten zurück, als sie ihren Doktor erkannten. Der alte Mann erfasste die Situation mit einem Blick, wirkte jedoch verwirrt und besorgt.

»Helene, du … bist also doch gekommen?« Obwohl Albert nichts davon hielt, seine Gefühle öffentlich zur Schau zu stellen, zog er seine Frau in die Arme. Dann hauchte er Rhena, die das Wiedersehen ihrer Eltern nicht stören wollte, und daher ein wenig befangen hinter Helene stand, einen flüchtigen Kuss auf die Wange.

»Rhena, … also, ich muss sagen, mir fehlen die Worte«, stotterte er zum Vergnügen der Umstehenden, während ihm die Verlegenheit die Wangen rot färbte. Dann aber strafften sich seine Schultern, und er bedeutete Dr. Fuller mit fester Stimme, Joseph zu beauftragen, für Rhena ein passendes Gästequartier im Doktorhaus vorzubereiten. Helene würde selbstverständlich bei ihm einziehen.

»Und wo sind die Kinder?«, fragte er auf dem Weg zum Hospital. Entgegen seiner Gewohnheit hatte er Helenes Hand genommen, denn er bemerkte, dass sich seine Frau nur mühsam auf den Beinen hielt. Ihr fröhliches Geplauder und die freundlichen Blicke, mit denen sie die Grüße der Dorfbewohner beantwortete, an die sie sich noch erinnerte, konnten ihn nicht darüber hinwegtäuschen, dass es Helene nicht gutging. Einem ersten Impuls folgend nahm er sich vor, später mit Rhena ein ernstes Wort zu reden, doch dann verwarf er den Gedanken, denn ihm war klar, dass sie gewiss versucht hatte, ihre Mutter von der anstrengenden Reise abzubringen. Nun aber war sie hier. Das machte die Angelegenheit, für die er eine Lösung finden musste, nicht einfacher. Doch möglicherweise gab ihm Helenes und Rhenas Gegenwart auch die Stärke zurück, die er brauchte, um N'Gouta und dessen Schergen die Stirn zu bieten.

»Um die Kinder brauchst du dir keine Sorgen zu machen«, riss ihn Rhenas Stimme aus seinen Überlegungen. »Sie sind in Hildas Obhut bestens aufgehoben.«

Albert nickte. Gott sei gedankt, dass wenigstens sie in Sicherheit sind, dachte er, obwohl ihn eine seltsame Unruhe überkam, als er sich das einsam gelegene Haus der Schweitzers in Erinnerung rief, in dem seine Enkelkinder nur von einer älteren Frau beaufsichtigt auf die Rückkehr ihrer Mutter und Großmutter warteten. Als Albert mit Frau und Tochter auf das Hospital zuschritt, bemerkte er plötzlich Thérèse, die am offenen Fenster stand und die Kamera hob. Natürlich hatte es sich die Französin nicht nehmen lassen, die Ankunft der beiden Frauen fotografisch festzuhalten. Als sich ihre und Rhenas Blicke kreuzten, winkte sie ihr zu. Auch Rhena hob die Hand.

»Ich freue mich, Thérèse und Mr. Figgis wiederzusehen«, raunte sie ihrer Mutter zu, als sie die staubige Dorfstraße hinter sich gelassen hatten. »Bestimmt haben wir uns umsonst Sorgen gemacht. Thérèse hätte uns doch informiert, falls sich hier etwas Bedrohliches ereignet hätte.« Sie schaute über die Schulter, glaubte einen Atemzug lang unter den Dorfbewohnern, die ihnen das Geleit zur Hospitalanlage gaben, Figgis zu erkennen, doch vermutlich hatte sie sich geirrt. Der Mann verschwand nämlich, noch bevor sie ihre Mutter auf ihn aufmerksam machen konnte.

»Nun, jedenfalls erscheint mir Lambarene voller Leben, voller Musik zu sein«, fuhr sie fort. Normalerweise neigte sie nicht zur Tagträumerei, doch die Schönheit Afrikas begann sie in ihren Bann zu ziehen. »All diese fröhlichen Menschen, die Vater voller Dankbarkeit ansehen. Die lachenden Kinder. Nein, ich kann mir nicht vorstellen, dass jemand daran denken könnte, all dies zum Stillstand zu bringen.«

Helene antwortete ihr nicht, denn im nächsten Moment tauchte Joseph vor ihnen auf, der vor Freude über die Rückkehr seiner Madame in die Hände klatschte.

»Joseph, Gott sei Dank«, sagte Helene mit einem Lächeln. »Von hier ab trägt jemand Vernünftiges die Verantwortung.«

Joseph grinste. »Frau Doktor kann sich auf mich verlassen. Gute Geister müssen Sie zu uns getragen haben. Jetzt wird alles gut.«

»Lässt mein Mann dich noch immer arbeiten?«

Joseph nickte eifrig. Ihm war anzusehen, dass eine schwere Last von seiner Seele gefallen war, was Helene einerseits freute, andererseits aber auch mit Unruhe erfüllte. Gerne wollte sie wie Rhena glauben, dass sich Lambarene die Idylle bewahrt hatte, die sie von früher kannte. Doch es gelang ihr nicht.

»Rhena, mein Kind«, wandte sie sich schließlich an ihre Tochter, »erinnerst du dich noch an unseren guten Freund Joseph Azowani?«

Rhena gab dem Heilgehilfen ihres Vaters die Hand. »Ist lange her, aber ich erinnere mich an sein gutes Essen.«

Joseph begleitete die Schweitzers durch den Kräutergarten zum Doktorhaus, wo bereits die Jungen von der Anlegestelle mit dem Gepäck der Frauen warteten. Dann verscheuchte er die Schaulustigen, indem er hektisch mit beiden Händen wedelte, als jagte er ein paar Hühner vom Hof.

In Alberts Arbeitszimmer sank Helene mit einem leisen Seufzer auf das kleine, bereits fast durchgesessene Sofa ihres Mannes. Dankbar ließ sie es zu, dass Rhena eine Wolldecke über ihre Knie ausbreitete, bevor sie sich in dem kleinen Raum voller Bücher, Schreibhefte und Notenblätter umblickte. Hier hatte sich nichts verändert. Ihre Gedanken eilten zurück zu der ersten Behausung, die sie mit Albert nach ihrer Ankunft in Afrika geteilt und die vor Spinnen, Schaben und anderem Getier geradezu gewimmelt hatte.

Ein kühler Luftzug strich über ihre glühenden Wangen. Abrupt richtete sich Helene auf und streckte benommen die verspannten Glieder. Sie musste eingenickt sein, denn als ihr Blick zur Tür wanderte, erkannte sie Thérèse, die sich flüsternd mit Albert und Rhena unterhielt. Als die Französin bemerkte, dass Helene aufgewacht war, trat sie mit einem fröhlichen Lächeln auf sie zu und streckte die Hand aus.

Helene streifte sich geschwind die Decke von den Knien und stand auf, um Thérèse zu begrüßen. Ihre Beine fühlten sich noch ein wenig schwach an, doch sie versagten ihr den Dienst nicht.

»Sie sind also gesund und munter hier angekommen«, sagte sie zufrieden. »Ich hoffe nur, mein guter Albert hat Sie und Mr. Figgis nicht angeschnauzt, weil Sie ihn beim Wort genommen haben.«

»Dachten Sie, das würde er tun?« Thérèse verzog amüsiert den Mund. Dann öffnete sie ihre Umhängetasche und entnahm ihr einen braunen Umschlag. »Nein, alle waren sehr nett und zuvorkommend zu uns, Helene. Ich habe bereits ein paar großartige Motive gefunden. Hier sind übrigens die Aufnahmen, die ich in meinem New Yorker Atelier von Ihnen und Albert machen durfte.« Sie überreichte Helene das Kuvert, doch noch ehe diese es öffnen konnte, wurde sie von einem zaghaften

Klopfen an der Tür abgelenkt. Es war Minköe, den die Nachricht von Helenes Ankunft in Lambarene von seinem Hügel gelockt hatte. Schwester Susan war bei ihm, doch ihre und Helenes Versuche, ihn zum Eintreten zu bewegen, stießen auf taube Ohren. Minköe verbeugte sich zuerst vor Albert, dann vor Helene, der die Freude über sein Kommen ins Gesicht geschrieben stand.

»Ich möchte Sie im Namen meiner Brüder und Schwestern vom Hügel willkommen heißen, Frau Doktor«, sagte Minköe. Es klang ein wenig geziert, aber aufrichtig. »Wir freuen uns sehr, dass Sie wieder da sind.«

»Danke, mein Lieber. Das ist sehr nett von dir und deinen Freunden. Richte Ihnen bitte meine Grüße aus.«

Schwester Susan räusperte sich. »Vermutlich hat Ihr Mann Ihnen bereits berichtet, dass die Soldaten der sogenannten Übergangsregierung wie die Teufel auf dem Hügel gehaust haben. Sämtliche Hütten wurden zerstört, und eigentlich dürfte Minköe sich im Dorf gar nicht blicken lassen.« Die Augen der jungen Frau blitzten angriffslustig, als sie den Zeigefinger erhob. »Mir jagen N'Gouta und seine Burschen keine Angst ein. Die sollen es nur wagen, uns noch einmal zu behelligen …«

»Danke, Schwester Susan, wir haben verstanden!« Albert beeilte sich, die junge Frau zu bremsen, bevor sie sich in Rage reden konnte, denn er wollte es vermeiden, dass sich Helene in ihrem erschöpften Zustand aufregte.

Helene nahm die Stimmungsänderung jedoch gelassen hin. Ohne auf Susans Worte einzugehen, schüttelte sie Minköes Hand und versprach ihm, die Leprasiedlung gleich am nächsten Morgen zu besuchen.

Eine Stunde später verkündete Rhena, dass ihre Eltern nun Ruhe brauchten, und hob das gesellige Beisammensein kurzerhand auf. Niemand widersprach ihr. Helene küsste ihre Tochter auf die Wangen und wünschte ihr eine gute Nacht.

»Die werde ich sicher haben«, erklärte Rhena beinahe fröhlich. Sie hatte vor, noch einen kleinen Spaziergang durch die Gärten zu unternehmen und sich dann schlafen zu legen. Helene lief im Raum umher und löschte die Lichter. Lediglich zwei kleine Kerzen, die eine auf Alberts Orgel, die andere neben ihrem Feldbett, ließ sie brennen. Dann schlug sie die leichte Decke ihres Lagers zurück und löste im schummrigen Licht langsam ihr Haar.

Obwohl sie Albert den Rücken zukehrte, spürte sie, dass er sie aus dem dunklen Winkel des Raumes, in dem er saß, beobachtete. Ihre Bewegungen wurden graziler. Ein samtenes Lächeln stahl sich auf ihre Lippen, als ihr klarwurde, dass sie es trotz ihres Alters nicht verlernt hatte, ihn allein durch ihre Gegenwart zu fesseln. Dieses Gefühl tat ihr in der Seele wohl wie Balsam, dennoch gelang es ihm nicht, den Hauch von Schwermut zu vertreiben, der sich nach Rhenas Abschiedsgruß wie ein wallender Vorhang über den kleinen Raum gelegt hatte.

»Warum bist du wirklich gekommen, Helene?«, drang Alberts Stimme aus dem Schatten zu ihr herüber. Zu ihrer Überraschung beantwortete er sich die Frage selbst. »Du bist der Meinung, es steht schlecht um Lambarene, nicht wahr? Und um mich. Da wolltest du nicht zu Hause sitzen und warten.«

Sie drehte sich zu ihm um, konnte im Zwielicht jedoch nicht mehr als seine Silhouette neben der Orgel ausmachen.

»Erinnerst du dich an die Leute in New York, Albert? An die Fragen, die sie dir gestellt haben?«

Er seufzte. »Wie um alles in der Welt haben sie meine Briefe an Einstein in die Finger gekriegt. Ich verstehe das nicht. Ich war immer so vorsichtig, habe auf jedes überflüssige Wort verzichtet, das möglicherweise Verdacht hätte erregen können.«

»Wir reden hier nicht von einem Bridgeclub, sondern von der Regierung eines der mächtigsten Staaten der Welt.« Sie schlüpfte unter die Decke, weil ihre Füße kalt wurden. »Glaub mir, die finden Möglichkeiten, deine geheimsten Gedanken zwischen den Zeilen herauszufiltern«. Sie zögerte, bevor sie hinzufügte: »Was hast du Einstein wirklich geschrieben in deinen Briefen?«

In seinen Blicken lag Verwunderung, und sie schämte sich, die Frage überhaupt gestellt zu haben. Im Grunde lag es auf der Hand, nur hatte sie es nicht wahrhaben wollen, weil sie befürchtet hatte, er könnte sein Lebenswerk in ein paar Augenblicken der Unachtsamkeit und des übertriebenen Heldenmuts aufs Spiel setzen.

»Was alle denken, darf man auch getrost aussprechen«, sagte Albert mit Nachdruck. »Die Atombombe ist eine Katastrophe für die ganze Welt. Ein Damoklesschwert, das an einem dünnen Rosshaar über unseren Köpfen schwebt. *Das* habe ich Professor Einstein geschrieben.«

»Und was wollt ihr nun anstellen? Die Entdeckung der Atomenergie rückgängig machen? Das dürfte selbst einem Genie wie Einstein schwerfallen. Schließlich wurde die Erfindung von Pfeil und Bogen auch niemals rückgängig gemacht.«

»Das ist etwas anderes, Helene«, sagte Albert. »Und es ist auch noch nicht zu spät, den Menschen reinen Wein einzuschenken und an ihr Gewissen zu appellieren. Die Politiker wollen die Wahrheit nicht sagen. Also bleiben nur wir Wissenschaftler. Uns wird man glauben, wenn wir die nötigen Beweise liefern.«

Helenes Hals wurde plötzlich so trocken, dass sie husten musste. Sogleich sprang Albert auf und schenkte ihr ein Glas Wasser ein. Helene trank in gierigen Zügen. Sie schwankte zwischen Angst und Verständnis.

»Merkst du denn nicht, was deine Gegner vorhaben«, keuchte sie, als sie Albert das Glas zurückgab. »In Amerika können sie dir nur schaden, wenn sie die öffentliche Meinung gegen dich aufbringen. Aber hier, in Lambarene, brauchen sie keinen Hinterhalt. Sie greifen dich direkt an. Meinst du, ich hätte nicht gehört, was diese Schwester Susan vorhin gesagt hat? Über die

Soldaten, die Minköes Dorf angegriffen haben? Über kurz oder lang werden die Spenden versiegen, wir werden das Hospital verlieren.«

»Lass uns morgen weiterreden, Helene. Ich sehe doch, dass du zu Tode erschöpft bist.« Albert setzte sich neben seine Frau auf das wackelige Bett und tastete nach ihrer Hand, um sie zu beruhigen. Wortlos bettete er ihren Kopf an seiner Brust und wartete, bis sich ihr Atem gleichmäßig anhörte. Erst dann stand er vorsichtig auf, deckte sie zu und verließ auf Zehenspitzen den Raum. Er musste jetzt nachdenken und hoffte, unten am Fluss eine Stelle zu finden, an der ihn niemand dabei stören konnte.

»Kann mir mal jemand erklären, was dieser Unsinn mit der Übergangsregierung zu bedeuten hat?«, fragte Rhena am nächsten Morgen.

Gemeinsam mit ihren Eltern saß sie auf der Veranda und ließ sich die Auswahl von Früchten schmecken, die Joseph ihr zur Feier ihrer Ankunft in einer ausgehöhlten Kokosnuss serviert hatte. Für gewöhnlich verbat sich Albert, der Wert auf einfache Kost legte, Spielereien dieser Art. Doch heute hatte er nichts dagegen. Vielmehr freute es ihn, dass Rhena mit herzhaftem Appetit zugriff. Überhaupt schien es der jungen Frau in Lambarene besser zu gefallen als bei ihrem ersten Besuch im Jahr 1938. Für Albert ein Wink des Schicksals, der ihm Hoffnung gab, denn obwohl er Rhena in der Vergangenheit nicht ermutigt hatte, sich mit seinem Werk zu beschäftigen, zeigte sie doch Interesse und legte seiner Meinung nach die Charaktereigenschaften an den Tag, die notwendig waren, um sich in einem Hospital mitten im afrikanischen Urwald zu behaupten.

Helene, die zu ihrem Bedauern ihre erste Nacht im Dorf in einem unruhigen, wenig entspannenden Dämmerschlaf zugebracht hatte, unterdrückte ein Gähnen. Ihre Augen waren gerötet.

»Dein Vater und ich sind der Ansicht, dass die Aktionen der Regierungsvertreter nur ein Vorwand sind«, sagte sie.

»Ein Vorwand, wofür?« Rhena ließ erstaunt den Löffel sinken, mit dem sie ihre Kokosschale vom süßen Fruchtfleisch befreit hatte. »Ihr meint, in Wahrheit steckt der Geheimdienst dahinter? Aber was um Himmels willen sollte ausgerechnet ein kleiner medizinischer Vorposten an einem schlammigen Fluss in Afrika so interessant für diese Leute machen? Vaters Leprapatienten könnten morgen schon sterben, und die CIA würde nicht mal Notiz davon nehmen.«

Albert wartete einen Moment, ehe er bestätigend nickte. »David hat auch so etwas angedeutet.«

»David?«

»Er meint seinen Adepten, Dr. Fuller«, klärte Helene ihre Tochter mit feinem Spott auf. »Ein sehr fähiger Junge, der deinem Vater im OP die Hand führen darf, wenn sie zu zittern beginnt.«

»Aber Helene, also wirklich ...« Albert schob die Unterlippe vor und spielte den Gekränkten. Dabei zwinkerte er seiner Tochter jedoch vielsagend zu, was ihr verriet, dass sie die Bemerkung ihrer Mutter nicht allzu ernst nehmen durfte.

»Nun ja, Dr. Fuller scheint wirklich ein netter Kerl zu sein«, sagte Rhena. »Er ist also auch der Meinung, dass deine Schwierigkeiten in Lambarene mit deiner Haltung zur Atombombe zu tun haben?«

Albert schob seinen Teller von sich; plötzlich lag ihm der Haferbrei, den er zu sich genommen hatte, wie ein Klumpen Lehm im Magen. Ein schmerzhaftes Ziehen fuhr durch seine linke Körperhälfte. In letzter Zeit spürte er das öfters. Schwerfällig stand er auf und lehnte sich gegen das Geländer. Zum ersten Mal in seinem Leben fühlte er sich so verbraucht, dass er keine Ahnung hatte, ob er den anstrengenden Tag auf der Krankenstation überstehen würde.

»Wenn ich schon einiger Briefe wegen in Schwierigkeiten

stecke, wie mag es dann erst Professor Einstein, Robert Oppenheimer und den anderen Menschen gehen, die ihre Meinung offen vertreten? Ich fühle mich schuldig, weil ich sie von Lambarene aus nicht richtig unterstützen kann.«

Helene griff nach ihrer Tasche, die über der Stuhllehne hing, und entnahm ihr ein zerknittertes Stück Papier, das sie Rhena reichte.

»Das ist ja mein Brief an die *Washington Post*!«, rief Albert verwundert aus. »Wie machst du das, Helene? Hast du eine Spezialausbildung vom FBI erhalten?«

»Sei bitte nicht kindisch, Albert. Thérèse hat mich darauf hingewiesen, dass sie dich ermutigt hat, an die Zeitung zu schreiben.« Sie neigte abschätzend den Kopf. »So viel Risikobereitschaft hätte ich unserer kleinen Fotografin gar nicht zugetraut.«

Albert musste ihr beipflichten. Nachdenklich starrte er auf die staubige Dorfstraße, die Hütten und Krankenbaracken, die er selbst errichtet hatte. Eine Schar Hühner lief gackernd über die Straße.

»Du bringst das Mädchen in Gefahr, Albert«, sagte Helene. »Bitte sag ihr, sie soll sich aus der Sache heraushalten.«

Albert hob die Schultern. Thérèse hatte ihm wertvolle Denkanstöße gegeben, aber vermutlich hatte Helene recht. Auch er machte sich Sorgen um sie.

Thérèse war früh aufgestanden, um den Sonnenaufgang am Ogowe zu fotografieren, was ihr Dank der vorteilhaften Lichtverhältnisse auch gelungen war. Sie freute sich bereits darauf, die Bilder zu entwickeln, und hoffte, den zarten Dunstschleier, der über dem Fluss geschwebt war, ausdrucksstark eingefangen zu haben. Da sie für ihre Dokumentation auch noch einige Eindrücke vom Dorfleben brauchte, begab sie sich zu den Hütten hinunter. Sie fotografierte Frauen in farbenfrohen Gewändern, die vor ihren Hütten Teig für Fladen kneteten, Wasserträger und Hirtenjungen mit den ihnen anvertrauten Tieren. Den Abschluss ihrer Fotoreihe sollte eine Gruppe von Kindern bilden, die jenseits der Straße auf einem unbebauten Feldstück Fußball spielten.

Der Boden war dort uneben, von der Sonne verdorrte Grasbüschel, die sich wie Pilze aus dem sandigen Grund schoben, behinderten das Spiel. Doch das schien den Spaß der Jungen am Kicken nicht zu mindern. Als sie sahen, wie Thérèse sie durch ihr Objektiv fixierte, hob einer der größeren die Hand und rief seinen Freunden etwas zu, das Thérèse nicht verstehen konnte. Sogleich unterbrachen die übrigen Kinder ihr Spiel, um sich im nächsten Moment misstrauisch um ihren Anführer zu scharen. Thérèse stutzte betroffen. Sofort ließ sie die Kamera sinken und schritt auf die Kinder zu.

»*Bonjour, mes amis*«, sprach sie die Fußballspieler auf Französisch an. »Es macht euch doch gewiss nichts aus, wenn ich ein paar Bilder von euch mache, oder?« Ihr Blick fiel auf den Gegenstand, den die Kinder über das Grasfeld gekickt hatten. »Darf ich mir euren Ball einmal aus der Nähe ansehen?«

Auf einen Wink des Anführers nahm ein kleiner Junge den Ball auf und verbarg ihn hinter seinem Rücken. Er mochte ihn ihr nicht zeigen, doch Thérèse ließ nicht locker. Sie hatte einen Verdacht, und dem würde sie auch nachgehen. Fordernd streckte sie die Hand aus, wobei sie dem abweisenden Blick des halbwüchsigen Jungen, der sich als Anführer aufspielte, keinen Moment auswich.

»Tut mir leid, Jungs, aber ich muss darauf bestehen, dass ihr mir euren Fußball zeigt. Aber wenn ihr nicht wollt, rufe ich Dr. Schweitzer, dann kann er …«

Noch bevor sie ihren Satz beenden konnte, zog der kleine Junge die Kugel hinter seinem Rücken hervor und warf sie Thérèse mit mürrischer Miene zu. Da Thérèse ihre Kamera in der Hand hielt und somit schlecht fangen konnte, landete der Ball vor ihren Füßen auf dem Boden. Vorsichtig ging Thérèse in die

Hocke, um ihn aufzuheben – und erstarrte vor Schreck. Auf der oberen Hälfte des mehr oder minder kugelförmigen Gebildes, mit dem die Kindern gespielt hatten, war deutlich das Symbol zu sehen, das vor Strahlung warnte. Zweifellos hatte das Teil einst zu dem Röntgenapparat gehört, den sie und Figgis im Urwald gefunden hatten.

Thérèse ließ die Kugel fallen, als hätte sie einen Skorpion angefasst, dann schaute sie sich hilfesuchend um.

Wo zum Teufel steckt Figgis schon wieder? war ihr erster Gedanke. Sie musste ihn, aber auch Albert benachrichtigen. Auf der Stelle. Doch zunächst galt es, die Kinder, die unruhig miteinander zu tuscheln anfingen und sie aus großen, furchtsamen Augen anblickten, nicht in noch größere Aufregung zu versetzen. Thérèse zwang sich zu einem Lächeln und hoffte, dass die Kinder ihre Panik nicht bemerkten.

»Okay, okay, alle mal herhören«, sagte sie schließlich so ruhig sie nur konnte. »Ich muss euch bitten, von dem Ding da wegzubleiben. Fasst es nicht mehr an! Jede Berührung könnte euch krank machen. Habt ihr mich verstanden?«

Nur wenige Minuten später waren Albert und Dr. Fuller verständigt. Betroffen starrten die Ärzte auf das leicht verrostete Stück Metall, das vor ihnen auf dem Gras lag, dann reichte Joseph seinem Chef eine lange Zange. Albert nahm die Kugel auf und hielt sie so auf Abstand, bis einer der Krankenpfleger einen Eimer mit Sand gefüllt hatte, in dem es versenkt werden konnte.

Einige Mitarbeiter hatten sich ebenfalls auf dem Grasfeld eingefunden. Thérèse sah in finstere Mienen, die Angst und Verwirrung preisgaben.

»Ich bin Ihnen dankbar, dass Sie uns sogleich verständigt haben, Thérèse«, erklärte Albert. Besorgt sah er dem jungen Pfleger nach, der den Sandeimer vorsichtig zum Hospital hinübertrug.

Thérèses Gesicht war vor Aufregung gerötet. »Und was geschieht mit den Kindern? Wir müssen davon ausgehen, dass jeder von ihnen dieses Ding angefasst hat. Hat die Strahlung sie schon geschädigt?«

»Wir werden sie sofort unter Beobachtung nehmen. Es kommt darauf an, wie lange sie damit gespielt haben, verstehen Sie?«

»Und wie oft sie es tatsächlich berührt haben«, ergänzte Fuller.

Thérèse zuckte mit den Achseln. Sie spürte, dass die beiden Ärzte sie um jeden Preis beruhigen wollten, doch so leicht ließ sie sich nicht beschwichtigen. Sie fragte sich, wie die Dorfkinder überhaupt an Überreste des Röntgengeräts gekommen waren. Dass sie als Einheimische, die den ganzen Tag in der Gegend herumstreunten, den Apparat im Wald längst entdeckt hatten, verwunderte sie nicht. Aber hatte Figgis sich nicht noch persönlich davon überzeugt, dass der Drahtzaun stabil war?

Thérèse holte Luft, bevor sie das Wort an Albert und Fuller richtete. »Ich denke, meine Herren, es ist an der Zeit, dass ich Ihnen im Interesse der Allgemeinheit ein paar ernsthafte Fragen stelle!«

Diesmal machten sie sich alle gemeinsam in den Wald auf. Außer Albert, Fuller und Thérèse schlossen sich auch Dr. Hals, Joseph und sogar Minköe der Gruppe an, die das Röntgengerät begutachten wollten. Thérèse hatte versucht, auch Figgis zu benachrichtigen, doch der war nicht aufzufinden gewesen. Sein Zimmer war leer, das Bett unbenutzt. Allmählich machte sie sich Sorgen. Ob sein Verschwinden etwas mit dem verborgenen Gerät im Wald zu tun hatte?

Sie waren kaum auf der Lichtung angekommen, als Dr. Fuller auch schon einen ärgerlichen Schrei ausstieß. Im Nu war Albert an seiner Seite. Er erbleichte, als er den Grund für Fullers Aufregung sah.

Der Zaun, hinter dem das verrostete Röntgengerät stand,

war beschädigt worden. Irgendjemand hatte ein Loch von nahezu einem halben Meter Durchmesser in den Draht gerissen, groß genug, um auf die andere Seite zu steigen. Auch die ausrangierte Apparatur selbst zeigte Spuren der Zerstörung. Über den Waldboden verstreut lagen Schrauben, Metallteile, Knöpfe und Drähte.

»Das haben doch niemals diese Knirpse angerichtet«, rief Fuller. Der junge Arzt ballte die Fäuste, als er das Ausmaß der Zerstörung erkannte. »Da muss jemand mit einem Stahlschneider am Werk gewesen sein.«

Albert bat seine Mitarbeiter um Ruhe; energisch forderte er sie auf, sich vom Zaun fernzuhalten. Auch Thérèse, die unentwegt fotografierte, wich unter den scharfen Blicken des alten Arztes bis zum Rand der Lichtung zurück. Mit halbem Ohr hörte sie zu, wie Albert Minköe und Joseph damit beauftragte, den Zaun so rasch wie möglich zu reparieren.

»Sorgt bitte auch dafür, dass im Dorf bekannt wird, welche Gefahr von diesem Ort ausgeht. Ruft den Leuten ins Gedächtnis, was das Zeichen auf dem Gerät bedeutet. Es warnt vor dem allerschlimmsten Wurm. Einem, den nicht einmal wir herausschneiden können.«

»Also haben wirklich Sie das Gerät im Wald versteckt, Albert?« Thérèse versperrte dem alten Mann kühn den Weg, als dieser mit Fuller die Lichtung verlassen wollte. Noch hatte sie nicht die Antworten erhalten, die sie zufrieden gestellt hätten.

»Was wollen Sie von uns?«, polterte Fuller an Alberts Stelle los. Der Arzt bedachte Thérèse mit einem Blick, der auch einer Küchenschabe in einem Reissack hätte gelten können. »Das blöde Ding fing bereits zwei Wochen, nachdem wir es in Betrieb genommen hatten, zu rosten an. Wir bekommen nämlich eine Menge Kram, die in einer schönen, großen, strahlend sauberen Klinik in Zürich gewiss *die* Sensation wäre. Aber in Lambarene mit all den Insekten, Ratten, der Feuchtigkeit, ohne genügend Strom und ohne technische Hilfestellung …«

Thérèse unterbrach ihn. »Es gibt aber auch Stimmen, die behaupten, der Fehler läge weniger an Lambarene als vielmehr an der mangelnden Bereitschaft einiger, sich den Herausforderungen der Gegenwart zu stellen.«

»Ach, Sie haben ja keine Ahnung«, schimpfte Fuller. Wütend schob er Thérèse zur Seite und stapfte auf den Pfad zu, der hinauf ins Dorf führte. Albert, der seinen engsten Mitarbeiter nie zuvor so aufgebracht erlebt hatte, machte eine entschuldigende Handbewegung, aber sie fiel eher halbherzig aus.

Als sie ins Dorf kamen, war Joseph gerade damit beschäftigt, die Familien aus ihren Hütten, die Patienten aus ihren Baracken zu rufen und auf dem großen Platz vor dem Hospital zu versammeln.

Obwohl ihr eigentlich nicht zum Lachen zumute war, konnte sich Thérèse eines Schmunzelns nicht erwehren. Mit seiner dröhnenden Stimme und dem energischen Gefuchtel seiner Arme hätte Joseph zweifellos Karriere beim Militär machen können. Sogar die Hühner schienen seinen Anordnungen zu folgen, denn sie unterbrachen ihr Picken und schauten beeindruckt auf den schlanken Afrikaner, dessen Anweisungen gleich Pfeilen über den Platz schnellten.

Fuller, der sich offensichtlich wieder ein wenig gefangen hatte, gesellte sich mit verschränkten Armen zu ihr. Neben ihm tauchte Dr. Hals auf, der noch länger und dürrer wirkte als sonst; ein Stück weiter vorne erkannte Thérèse Rhena. Alberts Tochter hob die Hand und winkte ihr kurz zu.

Fuller räusperte sich geräuschvoll. Er sah zerknirscht aus. »Ich wollte Sie nicht so anfahren, Mademoiselle Boudin …«

»Thérèse, wenn Sie möchten.«

Der junge Arzt lächelte schief, schien sich aber über Thérèses Entgegenkommen zu freuen. »Vielleicht haben Sie nicht ganz unrecht mit dem, was Sie sagten. Und Sie gehören immerhin zu Dr. Schweitzers Freunden. Wissen Sie, der alte Knabe hat eine Art Balance gefunden zwischen dem, was wir den

Menschen hier geben können, und dem, womit sie sich wohlfühlen. Es ist eine Gemeinschaft … Nur ihretwegen habe ich mich entschlossen, hier in Afrika zu bleiben.«

»Wie sentimental«, mischte sich Dr. Hals mit spöttischem Gesichtsausdruck in das Gespräch ein. »Meinst du nicht, die Gemeinschaft, die du beschwörst, könnte sich allmählich an bessere Toiletten und an Waschbecken mit reinem Wasser gewöhnen?«

»Dr. Schweitzer reist um die ganze Welt, um dafür Geld aufzutreiben. Du könntest ja auch etwas versuchen.«

Dr. Hals' Augen blitzten gefährlich auf. »Wir bräuchten nur auf N'Goutas Angebot einzugehen Er serviert es uns auf dem Silbertablett …«

»Ach, und du meinst, dem könnten wir trauen? Willst du dich von Roche oder Beechams aus einem Büro in Libreville dirigieren und dir vorschreiben lassen, welche Medikamente du benutzen solltest, weil sie die nämlich herstellen?«

»Immer noch besser, als um Medikamente zu betteln und später herauszufinden, dass sie längst abgelaufen sind.« Dr. Hals lachte höhnisch auf, als er seinen jüngeren Kollegen erröten sah. »Meinst du, ich wäre der Einzige, der mitbekommt, wie du und Schweitzer mitten in der Nacht auf den Fluss hinausfahrt und alte Arzneimittel entsorgt?«

Thérèse sperrte die Ohren auf. »Ist das wahr, was Dr. Hals behauptet?«, fragte sie verwirrt.

»Es muss sein«, sagte Fuller. »Wir können nicht riskieren, dass die Einheimischen abgelaufene Medikamente stehlen und weiter verkaufen. Lieber versenken wir sie gut verpackt auf dem Grund des Ogowe.«

»Ich verstehe, was Sie meinen.« Thérèse blickte auf ihre Kamera. Plötzlich kamen ihr die Aufnahmen von Fladenbrot backenden Frauen und kickenden Jungen, die sie gemacht hatte, um das Leben in Lambarene zu dokumentieren, leer und ausdruckslos vor.

19. Kapitel

Mit wachsender Unruhe sah Helene zu, wie Albert an seinem Schreibtisch die Briefe schrieb, die er im Geiste immer wieder formuliert, aber doch nie zu Papier gebracht hatte.

Sie hatte von der Aufregung über die Zerstörung des Zauns und des Röntgengeräts erst spät erfahren, nachdem Albert nach Hause zurückgekehrt war. Wohl war ihr nicht entgangen, dass Joseph unten bei den Hütten eine flammende Rede gehalten und seine Landsleute immer wieder zur Vorsicht gemahnt hatte, doch ihre schmerzenden Füße hatten ihr nicht erlaubt, sich noch einmal zu den anderen hinaus zu begeben. Sie hatte den Vormittag damit zugebracht, das Versprechen einzulösen, das sie Minköe gegeben hatte, und das Lepradorf besucht. Die Bilder des Elends, das auf dem Hügel herrschte, brannten noch immer in ihrem Gedächtnis wie lodernde Fackeln. Allmählich verstand sie, was Schwester Susans anklagende Worte zu bedeuten hatten. In Lambarene musste sich dringend etwas ändern.

Aber Albert arbeitete doch beinahe Tag und Nacht dafür, die Wünsche seiner Patienten und des Personals zufriedenzustellen. Bis jetzt waren weder Spendengelder noch Hilfsgüter jemals vom Himmel gefallen. Es tat Helene weh, dass einige seiner Mitarbeiter Albert für die Mängel verantwortlich machten.

Albert war zu sehr in seine eigenen Gedanken vertieft, als dass er sich mit den ihren hätte befassen können. Doch daran war sie gewöhnt. Sie lehnte sich in ihrem Sessel zurück und zog den mit braunem Leder bespannten Fußschemel, der mit afrikanischen Symbolen reich verziert war, ein Stückchen näher. Sie konnte hören, wie Albert leise vor sich hinmurmelte. Nach dem Brief an die *Washington Post* richteten sich seine Zeilen nun an den Chefredakteur des Londoner *Daily Herald*.

»… Aus diesem Grund tue ich mich mit meinem lieben Freund Albert Einstein und anderen zusammen, um die Wissenschaftler dieser Welt anzuflehen, sich unverzüglich zu Wort zu melden und in aller Öffentlichkeit zu bekennen, was für schreckliche Gefahren die Atombombe mit sich bringt. Wir haben das Recht, über Atomversuche informiert zu werden, und wir haben das Recht, Druck auf die Menschen auszuüben, die in der Regierung an verantwortlicher Stelle sitzen. Ich sage Ihnen meine Meinung unter seelischen Qualen, Qualen, unter denen ich Tag für Tag leide.«

Er hielt kurz inne, bevor er den Füllfederhalter aus der Hand legte und das Schreiben kurzentschlossen in ein Kuvert steckte. Dann drehte er sich mit einem müden Lächeln zu Helene um.

»Ich muss gestehen, nun fühle ich mich besser. Fast so, als hätte mir jemand eine Zentnerlast von den Schultern genommen.«

»Ich nehme an, das war nicht dein letzter Brief?« Helene deutete auf das Kuvert. »Dir fallen doch bestimmt noch ein paar andere bedeutende Zeitungen ein.«

»Wer weiß, ob sie das Gefasel eines alten Mannes aus dem Urwald überhaupt ernst nehmen.«

Helene zog das leichte Tuch, das sie für gewöhnlich nur an kühlen Abenden trug, enger um die Schultern. »Sie werden, mein Lieber. Sie werden.«

Eine Weile arbeitete Albert noch weiter, während Helene in einem Buch las. Doch als die Glocke zum Mittagessen rief, sprang er plötzlich auf, trat zu seiner erstaunten Frau und ergriff ihre Hände. »Lass uns das Essen ausfallen lassen und einen kleinen Ausflug unternehmen. Wie damals, als wir zum ersten Mal nach Lambarene kamen. Joseph kann uns einen Imbiss zubereiten.«

»Aber 1913 hatten wir keine Zeit für Ausflüge«, bremste sie seinen Eifer lachend. »Wir mussten zusehen, dass wir unseren Hühnerstall so weit herrichteten, damit du in ihm behandeln und operieren konntest. Albert …« Sie warf ihm einen prüfenden Blick zu. Wenn sein Lächeln tausend Fältchen ins Gesicht warf und die Augen zum Funkeln brachte, hieß das für sie, auf der Hut zu sein, schließlich waren sie beide keine Jungspunde mehr. Trotzdem schien Alberts Eifer ansteckend zu wirken, denn auch Helene verspürte plötzlich eine Unternehmungslust, die ihre Müdigkeit bezwang.

Sie nahmen sich einen Einbaum und ruderten darin gemächlich auf den Strom hinaus. Zu Helenes Überraschung war Albert noch immer recht geschickt darin, eine Pirogue zu dirigieren. Nach nur wenigen Stößen zog er das Ruder ein und überließ ihre weitere Beförderung der sanften Strömung des Ogowe.

Helene spürte, wie der Schmerz in ihren Füßen allmählich nachließ, und ihr Herz hüpfte vor Freude wie bei einem kleinen Mädchen vor dem ersten Schultag. Aufgeregt ließ sie ihre Blicke über die langsam vorübergleitende Landschaft schweifen und genoss die würzigen Düfte, die in der warmen, feuchten Luft lagen. Vor ihr tauchten Nilpferde auf, für die der Fluss die Grundlage ihres Daseins bildete. Kleine bunte Vögel hüpften ohne Furcht auf den Köpfen der Riesen umher.

Stärker als je zuvor begriff Helene, was Albert vor vielen Jahren während einer ähnlichen Fahrt dazu bewogen hatte, die Ehrfurcht vor dem Leben über alle Wünsche und Bedürfnisse zu stellen, die an ihm rüttelten. Obwohl sie die Bootsfahrt mit Albert herrlich fand, bedauerte sie, dass Rhena nicht hier war, um zu empfinden, was gerade ihr eigenes Inneres erwärmte.

Die Sonne versank schon mit einem majestätischen Farbenspiel hinter den dichten Bäumen des Urwalds, als Albert die Pirogue am Ufer festmachte und Helene an der Hand nahm. Gemeinsam schritten sie dann den steinigen Weg entlang, den sie vor vielen Jahren so oft genommen hatten.

Sie mussten nicht lange laufen. Nach wenigen Schritten teilte sich der Wald, und sie standen mit Herzklopfen vor dem ersten Haus, das sie nach ihrer Ankunft in Afrika bewohnt hatten. Es war nicht zusammengefallen, auch den alten, umgebauten

Hühnerstall gab es noch, doch an beiden Gebäuden hatte der Zahn der Zeit genagt. Das Dach des Doktorhauses war längst zusammengebrochen, aus den leeren Fensterhöhlen wucherte blühendes Unkraut in gewaltigen Büscheln.

Der Urwald hatte sich über die Handvoll Baracken, in denen die ersten Patienten des Schweitzer-Hospitals gelegen hatten, mit der Gier eines gefräßigen Raubtiers hergemacht. Nun war kaum noch etwas von ihnen zu sehen.

Helene schob ihren Hut ein wenig aus der Stirn. Ein beinahe ehrfürchtiges Lächeln umspielte ihre Lippen, als sie die Stelle erkannte, an der sie einst einen Tisch aufgestellt und die Kranken der Umgebung zur ersten Befragung empfangen hatte. Zwischen dem Gestrüpp entdeckte sie ein altes hölzernes Armband, das mit seinem rot-schwarzen Muster jedoch noch immer hübsch anzusehen war. Ohne zu zögern, hob sie es auf. »Einiges hier ist noch mehr gealtert als wir«, sagte sie leise.

Albert war weitergegangen. Mit einem Messer schob er das Gestrüpp beiseite, dann winkte er Helene herbei. Als sie zu ihm trat, erkannte sie, dass er die Bank gefunden hatte, die früher ihren Platz direkt vor dem Behandlungsraum gehabt hatte. Vorsichtig probierte er sie aus und strahlte, als sie seinem Gewicht standhielt. Mit einer einladenden Geste bedeutete er Helene, sich zu ihm zu setzen.

»Was meinst du, um welche Uhrzeit beginnt hier die Sprechstunde?«

»Nun ja, immerhin ist der Doktor jetzt da«, antwortete Helene. »Allerdings fürchte ich, dass er kein Hospital mehr hat, in dem er seine Patienten empfangen kann. Der Urwald hat sich schließlich zurückgeholt, was rechtmäßig ihm gehört.« Sie seufzte. »Vielleicht sieht so das Schicksal von Lambarene aus. Wolltest du deshalb hierher?«

Nachdenklich blickte Albert seine Frau an. Hatte er einen Fehler gemacht, sie hierher zurückzubringen? Nach alldem, was sie durchgemacht hatte, wollte er sie gewiss nicht betrüben.

Doch zu seiner Überraschung wirkte Helene alles andere als traurig, sie sah entspannt aus, schien die ruhige Stunde mit ihm auf der Bank zu genießen. Plötzlich schämte er sich. Wie lange war es her, dass er alle Sorgen ausgeblendet und sich ganz und gar dieser bemerkenswerten Frau gewidmet hatte, die selbst dann noch an seiner Seite weilte, wenn Ozeane sie voneinander trennten?

»Albert«, sagte sie plötzlich in die Stille hinein. »Ich weiß, das wird dir nicht gefallen, aber mir täte es nicht leid, wenn du nach Hause kämst. Dir hin und wieder einen Tag freinähmst. Vielleicht nicht so oft wie der liebe Gott, der bekanntlich wöchentlich ruht. Aber sagen wir … einmal pro Monat?«

Albert zuckte mit den Achseln, doch er versprach ihr, darüber nachzudenken.

Es war schon spät, als sie die kurze Heimfahrt nach Lambarene antraten. Obwohl nicht ganz befreit von bedrückenden Gedanken, hatte der Ausflug Helene gutgetan; sie blickte nicht mehr ganz so sorgenvoll in die Zukunft. Allerdings schlug die Stimmung rasch wieder um, als sie sich dem Hospital näherten und Helene Rhena mit vor Wut geröteten Wangen auf sich zu stürmen sah.

Helene, die gehofft hatte, das Verhältnis zwischen Vater und Tochter hätte sich während der letzten Tage gebessert, zuckte zusammen. O nein, dachte sie. Nicht schon wieder.

»Warum erfahre ich als Letzte, dass du politische Briefe in alle Welt verschickst?«, fuhr die junge Frau Albert ungestüm an. »Briefe, die dir das Genick brechen können? Willst du alle Brücken hinter dir abbrechen? Und was ist mit uns, deiner Familie? Ist es dir einmal in den Sinn gekommen, mich zu fragen? Nicht, dass ich zählen würde, aber es wäre wenigstens höflich gewesen. Aber so … Es ändert sich wohl gar nichts.«

Albert öffnete den Mund, um sich zu rechtfertigen, doch Rhenas Temperament wusste er nichts entgegenzusetzen. So fuhr sie fort.

»Und was geschieht nun? Warten wir, bis die Illustrierten neue Anklagen gegen dich vorbringen? Oder dass uns das FBI Fahrkarten schickt?«

»Rhena, bitte sei fair«, mahnte Helene, deren Kopf- und Gliederschmerzen sich wieder heftig zurückmeldeten. »Dein Vater weiß genau, was er zu tun hat.« Das hoffe ich zumindest, fügte sie in Gedanken hinzu.

Albert atmete tief durch. »Ich fürchte, so einfach ist das nicht. Natürlich wünsche ich mir nichts sehnlicher, als Lambarene zu retten und zu erhalten. Aber wie die Dinge momentan liegen, glaube ich nicht daran, dass wir noch Spenden sammeln können, wenn man mich ausgerechnet in den Vereinigten Staaten für einen Aufrührer hält. Um ehrlich zu sein, fühle ich mich zum ersten Mal im Leben ratlos.« Es gelang ihm, Rhena den Arm um die Schultern zu legen. Dabei flüsterte er ihr ins Ohr: »Sie schaffen es vielleicht, das Hospital zu schließen, aber zumindest haben sie mir nicht das Maul stopfen können.«

Rhena entzog sich der Umarmung ihres Vaters. Sie wirkte nun wie das kleine Mädchen, das an seinem Geburtstag in Günsbach vergeblich auf die Ankunft ihres Vaters gewartet und stattdessen einen Brief und ein unpassendes Geschenk bekommen hatte. Enttäuscht. Und verstört.

»Schön für dich«, sagte sie mit tonloser Stimme. »Aber was ist mit uns? Darf ich dich daran erinnern, dass deine Frau Jahr für Jahr ohne Ehemann auskommen musste, damit du diese Sache weiterbetreiben konntest? Ich bin meine ganze Kindheit lang ohne Vater ausgekommen, damit du hier in Lambarene den Menschen helfen konntest. Wir waren ja auch so verdammt stolz auf dich. Wir waren nicht glücklich darüber, aber wir waren zumindest bereit, dich zu unterstützen und Opfer zu bringen. Wenn ich nur daran denke, wie Mutter allein auf sich gestellt vor den Nazis durch ganz Frankreich geflohen ist. Oder gegen all ihre Krankheiten gekämpft hat. Und jetzt willst du alles wegwerfen, was du aufgebaut hast, wegen eines Haufens lügnerischer, paranoider Spione in Washington, die nichts Besseres zu tun haben, als Künstler, Wissenschaftler und andere Menschen zu verdächtigen?«

»Glaubst du, darüber hätte ich mir niemals Gedanken gemacht?«, wagte Albert einzuwenden. Allmählich hatte er genug davon, die Last der Verantwortung allein zu tragen und von allen Seiten für Versäumnisse verantwortlich gemacht zu werden. »Glaubst du, ich hätte in jener Zeit nicht jede Nacht wach gelegen und überlegt, wie ich euch helfen könnte? Aber wie hätte ich denn von hier fortkommen sollen, wo sich die Anhänger de Gaulles und Vichys bekriegten und Schiffe torpediert wurden? Wenn es egoistisch von mir war, in Lambarene zu bleiben, dann darum, weil ich der Meinung war, es sei noch egoistischer, davonzulaufen.«

Eine Träne stahl sich aus Rhenas Augenwinkeln; sie war aufgewühlt, weil sie tief in ihrem Innern spürte, dass ihr Vater recht hatte. Einen Augenblick lang bedauerte sie ihn sogar, denn während sie in ihrem Leben bereits viele Entscheidungen getroffen hatte, kam es ihr nun so vor, als habe irgendeine höhere Macht ihren Vater als Werkzeug ausersehen, ihr zu dienen, ohne sich groß um dessen eigenen Willen zu scheren. Seine Äußerungen formulierte er in der Sprache des Philosophen, und das beeindruckte sie kaum. Doch da war auch ein Leuchten in seinen Augen, das ihre Vermutung zu bestätigen schien.

Ihr Vater war ein Getriebener. Ein Getriebener des Guten, zweifellos. Doch letzten Endes ein Getriebener.

Helenes Schluchzen zerbrach die Mauer des Schweigens zwischen den beiden, die mit jedem ungnädigen Wort ein Stück gewachsen war. »Hört auf ihr zwei, hört auf mit diesem unseligen Streit! Ich kann das nicht mehr ertragen.«

Rhena sah, wie ihre Mutter die Hand vor den Mund schlug, und ging zu ihr, um sie zu trösten. Sie begriff, dass sie über das Ziel hinausgeschossen war, und rettete sich in ein bittendes Lächeln.

»Es tut mir leid, Mama«, sagte sie, während ihre und Alberts Blicke sich kreuzten. »Es tut mir wirklich leid. Ich bin nicht nach Lambarene gekommen, um alte Wunden aufzureißen. Sie verheilen dann nämlich schlecht, das weiß ich als Tochter eines guten Arztes.«

Rhena kniete sich neben ihre Mutter in den roten Staub und nahm ihre Hände zwischen die ihren. So verharrte sie schweigend eine ganze Weile, dann stand sie auf und ging zum Gästehaus zurück.

»Das Mädchen hat mir gehörig die Leviten gelesen«, sagte Albert. Seine Stimme klang kämpferisch und gar nicht mehr müde. »Vielleicht war aber gerade das nötig, um mich aufzurütteln. Ich glaube, ich weiß nun, wie ich vorgehen muss, um wenigstens den Untergang von Lambarene aufzuhalten.«

»Was hast du vor, Albert?« Helene blickte ihn voller Unruhe an. »Ich bitte dich, begib dich nicht in Gefahr!«

20. Kapitel

Die Schläge des Glockenturms riefen die Leute von Lambarene heute eine Stunde vor der Zeit in den Speisesaal. Joseph stand am Eingang und passte mit wichtiger Miene auf, dass Alberts Mitarbeiter und Gäste ohne größeres Durcheinanderreden ihre Plätze einnahmen. Verwundert schauten sich die Ärzte, Krankenschwestern, Pfleger und Köchinnen in dem großen Raum um. Das Unbehagen, das dieses außerplanmäßige Zusammentreffen in ihnen auslöste, war spürbar. Auch Josephs munteres Pfeifen vermochte die böse Vorahnung nicht aus den Köpfen der Anwesenden zu vertreiben. Die Mitglieder der Schweizer Garde, die nur ungern von Joseph Anweisungen entgegennahmen, blieben demonstrativ hinter ihren Stühlen stehen. Gekränkt, weil sie nicht früher informiert worden waren, setzten sie sich erst, als der Klang des Gongs erstarb und Albert den Raum betrat.

Albert atmete tief durch, bevor er gemessenen Schrittes zu seinem Tisch ging, der wie gewöhnlich von einem bodenlangen weißen Tafeltuch bedeckt wurde. Helene und Rhena folgten ihm und nahmen die Plätze zu Alberts rechter und linker Seite ein. Als Joseph und einer der Helfer die Eingangstür schließen wollten, zwängte sich Thérèse mit einem entschuldigenden Lächeln an ihm vorbei. Joseph wollte ihr einen Platz zuweisen, doch Thérèse winkte ab, denn sie hatte in der Menge Figgis entdeckt, der ihr ein verstohlenes Zeichen gab, sich zu ihm zu setzen.

Thérèse erschrak, als sie sich dem jungen Amerikaner näherte. Er sah schlecht aus, befand sie nach einem kurzen prüfenden Blick. Seine Haut wirkte grau, unter seinen glasigen Augen lagen dunkle Ringe, als habe er nächtelang nicht geschlafen. Er war ihr aus dem Weg gegangen und wagte auch jetzt kaum den Blick zu heben, doch Thérèse bemerkte, dass durch seine Hände ein leichtes Zittern ging. Noch immer trug er das Hemd und die Hose, die Albert ihm geliehen hatte, doch waren beide Kleidungsstücke inzwischen zerknittert und sahen aus, als hätte er sich mit ihnen im Staub gewälzt. War er krank, oder hatte sein sonderbares Verhalten andere Gründe?

Thérèse kam nicht mehr dazu, Figgis um eine Erklärung zu bitten, denn im nächsten Moment erhob sich Albert und bat die Versammelten um Ruhe.

»Meine lieben Freunde, ich habe Ihnen heute etwas mitzuteilen, was mich traurig stimmt«, begann er in gefasstem Ton. »Ich glaube, dass mein weiteres Wirken in Lambarene dem Hospital eher schadet, als dass es ihm nutzt. Wir scheinen hier inzwischen viele Feinde zu haben. Oder vielleicht sollte ich sagen – ich habe viele Feinde.« Albert ließ seine Blicke langsam durch den Saal wandern. Auf dem einen oder anderen schienen sie einen Herzschlag länger zu verweilen. Dann aber straffte er seine Schultern und fuhr fort.

»Manche dieser Feinde sind hier, unter den Menschen, von denen wir dachten, dass sie uns helfen. Mit ihnen können wir zumindest reden, um zu verstehen, warum sie gegen uns arbeiten. Andere jedoch scheinen im Ausland zu sitzen, und sie sind namen- und gesichtslos. Es sind Feinde von meinen Freunden und von euren. Es sind Menschen, die von Angst und Argwohn getrieben werden. Sie haben Angst vor eingebildeten Gefahren, und daher schaffen sie echte. Meine Frau, unsere Tochter Rhena und ich haben lange und quälende Diskussionen darüber geführt, wie dieses Problem zum Wohle von Lambarene und unserer Arbeit, die wir lieben, zu lösen ist. Aber ich fürchte, die Lösung ist ganz einfach und naheliegend. Der alte Baum muss gefällt werden, das heißt …« Er stockte, da seine Gefühle ihn für einen Augenblick zu übermannen drohten. »Wenn ich gehe, besteht zumindest eine Chance, dass diese Feinde und ihre gekauften Handlanger unser Hospital künftig wieder in Frieden lassen. Ich hoffe so sehr, dass Sie, liebe Kollegen und Mitarbeiter, alle bleiben und darum kämpfen, dass Lambarene nicht untergeht. Sie waren großartige Weggefährten und Freunde für mich, insbesondere diejenigen, die mich angeschrien haben, um mich zu mahnen, dass es Zeit für den alten Knaben wird, im 20. Jahrhundert anzukommen. Ich weiß gar nicht, warum nun alle Schwester Susan ansehen.«

Zaghaftes Gelächter erklang.

»Aber jetzt, liebe Freunde, muss ich Abschied nehmen.«

Ohne weitere Worte stand Albert auf und schritt auf die Tür zu, die Joseph eilfertig öffnete. Helene wartete einen Moment, dann erhob sie sich ebenfalls, wobei sie sich Mühe gab, in keines der fassungslosen Gesichter zu sehen. Als sie jedoch an Anna vorbeikam, deren Tränen ungehindert über ihre Wangen liefen, blieb sie kurz stehen, um die Frau begütigend am Arm zu berühren.

»Ich kann es nicht glauben«, flüsterte Thérèse. Sie machte Anstalten, aufzuspringen und den Schweitzers nachzulaufen, wurde jedoch von Figgis unsanft zurückgehalten. Irritiert drehte sie sich um, brachte aber keinen Ton über die Lippen, als sie den kalten Blick des Amerikaners wahrnahm.

»Bleib hier, Herzchen«, raunte er ihr bar jeder Emotion zu. »Ich will nicht, dass du dir eine Kugel einfängst.«

»Eine Kugel ...« Thérèse schnappte nach Luft, aber noch bevor sie Figgis anbrüllen konnte, hörte sie aufgeregte Stimmen, ja sogar vereinzelte Schreie, die aus dem Dorf zu kommen schienen. Sie erstarrte, als eine herrische Stimme über ein Megafon die Bewohner von Lambarene aufforderte, sich ruhig zu verhalten.

Thérèse riss sich von Figgis los und stieß mit beiden Fäusten die große Schwingtür auf. Dann stürmte sie die Treppe hinunter, um Albert und Helene aufzuhalten. Blind vor Angst stolperte sie an verängstigten Patienten vorbei, die von Milizsoldaten brutal aus den Unterkünften gezerrt und auf der Dorfstraße zusammengetrieben wurden. Thérèse wandte sich wieder dem Speisesaal zu, in dem noch die meisten von Alberts Mitarbeitern beisammen saßen. Vermutlich war sie im Innern des Gebäudes sicherer als hier draußen, wo der Aufruhr allmählich gefährliche Züge annahm.

Noch ehe Thérèse die Tür erreichte, stürmten mehrere Soldaten mit Gewehren an ihr vorbei. Einer der Männer drängte sie mit dem Kolben seiner Waffe grob zur Seite und bedeutete ihr mit einem drohenden Blick, sich ebenfalls zu den Dorfbewohnern zu begeben, die verängstigt beisammen standen. Unter den Menschen herrschte große Verwirrung; das Geschrei der Menge übertönte beinahe den Mann mit dem Megafon. Nun erkannte Thérèse ihn. Es war Sergeant Achebe, der mit dem Regierungsbeamten aus Libreville nach Lambarene gekommen war.

Die Übergangsregierung, dachte sie und presste die Lippen aufeinander. Ihr Herz trommelte gegen die Rippen, als wollte es aus dem Leib springen. Vorsichtig stellte sie ihre Kamera ein.

»Ruhe, verdammt!«, donnerte Achebes verzerrte Stimme über die Straße. Er gab einigen seiner Soldaten den Befehl, auf die Menschen anzulegen. »Verhaltet euch ruhig. Beim kleinsten Widerstand gebe ich den Befehl, das Feuer zu eröffnen!«

»Was wollt ihr von uns?«, kreischte eine Frau. Furchtlos schüttelte sie die Faust gegen die Soldaten, die nun daran gingen, die zusammengetriebenen Dorfbewohner sowie die Patienten des Hospitals und ihre afrikanischen Pfleger zu umzingeln.

»Euer Grand Docteur geht jetzt nach Hause«, antwortete Achebe nicht ohne Häme. »Wir haben Befehl erhalten, dieses schmutzige Hospital zu schließen. Monsieur Albert Schweitzer und seine weißen Ärzte, die im Speisesaal festgehalten werden, müssen das Gebiet bis zum Morgengrauen verlassen haben. Die Kranken werden von unseren Soldaten fortgeschafft.«

»Aber einige von uns sind schwer krank, ihr dürft sie nicht einfach davonjagen wie Hunde«, keuchte ein alter Mann, der sich nur mit Hilfe zweier jüngerer Frauen, die offensichtlich zu seiner Sippe gehörten, auf den Beinen halten konnte. Die Schramme auf seiner Stirn zeugte davon, dass die Bewaffneten, die ihn aus der Krankenstation geholt und auf die Straße gezerrt hatten, nicht gerade sanft mit ihm umgesprungen waren. Dennoch nahm der Alte seinen Mut zusammen und wagte es, dem Sergeant empört zu widersprechen.

Achebe kniff die Augen zusammen und fixierte den Mann und die beiden Frauen bei ihm mit einem eisigen Blick. Dann setzte er zu einer Erwiderung an.

»Ihr braucht Lambarene nicht mehr! Mag der Urwald es sich doch zurückholen. Bald wird ganz in der Nähe ein staatliches Krankenhaus entstehen, in dem diejenigen behandelt werden, die treu zur Regierung des Staates Gabun stehen. Geht jetzt, Leute! Verschwindet von hier! Es hat keinen Sinn, länger zu bleiben. Es gibt keine Ärzte, keine Schwestern und keine Medizin mehr für euch.«

Die letzten Worte des Sergeanten verschwammen im Getöse der Panik, die nun offen ausbrach. Frauen weinten ungehemmt, Männer stampften wütend mit den Füßen auf oder gaben ihrem Unmut durch Geschrei und Beschimpfung der Milizsoldaten Ausdruck, die auf beiden Seiten der Dorfstraße Aufstellung nahmen, als wollten sie die Menschen Spießruten laufen lassen.

Wie auf einer Welle aus Leibern wurde Thérèse von der aufgebrachten Menge hin und her geschoben. Während sie sich aus Leibeskräften bemühte, dem Getümmel zu entkommen, nahm sie wahr, wie die afrikanischen Krankenpfleger vergeblich versuchten, ihre Patienten zu beruhigen.

Allmählich zeigte die Ansprache des Sergeanten Wirkung. Ein Kampf gegen bewaffnete Soldaten der Regierung erschien selbst den größten Hitzköpfen aussichtslos. Daher fügten sich viele der Dorfbewohner und zogen sich zurück, um Vorkehrungen für ihre kranken Verwandten zu treffen. Als es dunkel wurde, verließen die ersten Familien schweigend ihre Hütten. Einige der Kranken mussten gestützt oder gar getragen werden, doch wer gehen konnte, wurde von Soldaten im Laufschritt zum Dorfrand begleitet. Thérèse sah, wie die Familien einen letzten traurigen Blick auf die Hospitalanlage warfen, bevor sie im Urwald verschwanden.

Thérèse versah ihre Kamera gerade mit einem frischen Blitzlicht, um den Auszug der Menschen von Lambarene festzuhalten, als ein vierschrötiger Milizsoldat auf sie aufmerksam wurde. Mit schnellen Schritten überquerte er die Straße, stellte sich ihr in den Weg und streckte die Hand aus.

»Keine Fotos!«, schnauzte er sie an. »Sofort her mit der Kamera!«

Thérèse erschrak; der Mann sah nicht so aus, als ließe sich mit ihm über die Rechte der freien Presse verhandeln. Dennoch hatte sie nicht die Absicht, ihm ausgerechnet diese Kamera zu überlassen. Langsam schüttelte sie den Kopf, wobei sie vorsichtig Schritt um Schritt zurückwich. Der Soldat machte eine Drohgebärde. »Wird's bald?«

Thérèse blickte starr an dem Vierschrötigen vorbei, der immer näher auf sie zukam. Tausend Gedanken stürmten ihr durch den Kopf. Die Rufe und das Schluchzen der vertriebenen Dorfbewohner und der Patienten, die in endlos aussehenden Zügen zum Waldrand oder hinunter zum Ogowe marschierten, mischten sich in ihren Ohren mit dem Klopfen ihres eigenen Herzens. Wenige Schritte vor ihr tauchten Fuller, Hals und Anna auf. Sie redeten auf einen hochgewachsenen Stammeskrieger ein, der ein junges, offenbar schwerkrankes Mädchen auf dem Arm trug. Thérèse erkannte in ihr die Kleine wieder, die sich während ihrer Schwangerschaft infiziert hatte. Sie durfte Lambarene nicht verlassen; wenn sie jetzt fortgebracht wurde, war das ihr Tod.

»Glaub bitte nicht, was der Mann mit dem Megafon gesagt hat«, hörte Thérèse Dr. Fullers Stimme. Sie klang mehr flehentlich als zornig. »Er lügt, weil er Dr. Schweitzer vernichten will.«

Der hochgewachsene Mann zögerte kurz, schüttelte dann aber den Kopf und folgte der Gruppe von Menschen, die den Weg zum Fluss einschlug. »Die Männer von der Regierung sagen, die weißen Krankenschwestern hätten schon begonnen, unsere Kranken von Tropf zu nehmen«, rief er über die Schulter zurück. »Der Grand Docteur geht weg. Nur er kann meine Kleine gesundmachen.«

»Das ist ebenfalls gelogen«, gab Fuller zurück. »Wir Ärzte gehen nicht weg, auch die Schwestern bleiben. Da müssen sie uns schon töten.«

Thérèse begann vor Aufregung zu beben. Ihre Angst vor dem Soldat, der ihr die Kamera entreißen wollte, schlug um in lodernden Zorn. Mit welchem Recht wurde den Menschen hier so übel mitgespielt? Wo war Albert? Lebten er und Helene überhaupt noch?

»Du gibst mir jetzt sofort deine verdammte Kamera, oder soll ich sie mir von dir holen?«

»Von mir aus, komm doch«, fauchte Thérèse. »Wenn das alles ist, was ihr könnt …« Ohne zu zögern, hielt sie dem Mann den Fotoapparat entgegen, doch in dem Moment, als er nach ihm greifen wollte, löste sie den Blitz aus. Mit einem derben Fluch sprang der Milizsoldat zurück und schlug, geblendet von dem grellen Licht, schützend einen Arm vors Gesicht. Thérèse nutzte die Gelegenheit, um sich an ihm vorbeizudrängen und sogleich ihr Heil in der Flucht zu suchen. Ohne sich noch einmal nach dem brüllenden Soldaten umzusehen, stürzte sie die Straße hinauf und hielt erst an, als sie am anderen Ende in einer kleinen Schar von Afrikanern Joseph, seinen Freund N'Zeng und Minköe erkannte.

Sie winkte den Männern zu. »Joseph, N'Zeng, was bin ich froh, euch zu sehen«, rief sie atemlos. »Wo sind die Schweitzers? Was haben die mit ihnen gemacht?«

»Kommen Sie erst einmal mit uns, Mademoiselle! Hier draußen ist es gefährlich in dieser Nacht!« Joseph nickte zuerst Thérèse, dann seinen Freunden mit ernster Miene zu, dann bedeutete er ihnen, ihm in den Hospitalgarten zu folgen. Thérèse atmete tief durch, fasste aber neuen Mut. Wie es aussah, hatten Alberts afrikanische Vertraute sich einen bestimmten Plan zurechtgelegt. Ob sie allerdings etwas ausrichten konnten, war fraglich. Vor dem großen Speisesaal, dessen Tür weit offen stand, trennte sich die Gruppe. Die Männer gingen in verschiedene Richtungen davon. Thérèse sah das Licht zahlreicher Fackeln und Laternen durch die Nacht tanzen und schließlich im Urwald verschwinden.

Mechanisch glitten ihre Fingerspitzen über das kühle Metall ihrer Kamera.

Helene saß reglos auf ihrem Bett und starrte abwesend ins Licht der Laterne, die an einem Haken über dem Fenster hing. Nur hin und wieder, wenn von draußen Schreie oder barsche

Kommandos zu hören waren, zuckte sie zusammen, als würde sie geschlagen. Da sie unfähig war, auch nur einen klaren Gedanken zu fassen, überließ sie es Albert und Rhena, die Koffer zu packen. Dabei ging Rhena sorgfältiger vor als ihr Vater, dessen Versuch, seinen Schreibtisch aufzuräumen, damit endete, dass sich die beiden gegenseitig anfauchten. Gekränkt legte Albert Papiere und Bücher, von denen er sich trotz Rhenas Vorwurf, er nehme zu viele Dinge mit, nicht trennen wollte, in eine Schublade. Dann nahm er sie wieder heraus und stopfte sie schließlich in seine alte Aktentasche.

»Mit siebzig Kisten kam ich damals nach Afrika«, sagte Albert, als er und Rhena die wenigen Koffer und Taschen, die sie tragen konnten, neben der Tür stapelten. »Aber nun kann ich nicht einmal alle meine wertvollen Bücher mitnehmen. Das ist schon bitter.«

Rhena seufzte, legte aber unvermindert tatkräftig Hand an, um ihren Eltern zu helfen. Mit vor Anstrengung geröteten Wangen schleppte sie auch noch den alten Reisekoffer ihrer Mutter zu den übrigen Gepäckstücken. »Wenigstens lässt man uns unbehelligt abreisen«, sagte sie, als sie den verbitterten Blick ihres Vaters auffing. »Dieser N'Gouta hat versprochen, dass dir niemand ein Haar krümmen wird. Ich habe selbst gehört, wie er seinen Sergeanten zurückgepfiffen hat, der uns unter Arrest stellen wollte. Klar, dass er allmählich Angst vor der eigenen Courage bekommt. Wenn dir etwas passiert, gibt es einen Aufschrei, der die ganze Welt erzittern lässt.«

Albert hob die Schultern; was Rhena sagte, klang einleuchtend, doch es überzeugte ihn nicht. Die Welle des Verrats, der Missgunst und politischen Ränke, die er immer gefürchtet hatte, war über ihren Köpfen zusammengeschlagen.

»Ich werde mal nachsehen, ob ich Joseph in dem ganzen Durcheinander finden kann«, sagte Rhena und öffnete die Tür. Vorsichtig spähte sie hinaus. »Er wird uns bestimmt helfen, das Gepäck hinunter zur Bootsanlegestelle zu tragen.«

Albert und Helene blieben allein zurück. Wortlos und eng aneinandergeschmiegt warteten sie darauf, dass die Sonne über dem grünen Dach aus Blättern aufging, das ihr Haus beschirmte. Irgendwann erhoben sich beide wie auf ein unsichtbares Kommando hin, um sich anzukleiden und frisch zu machen.

Helene trat vor den Spiegel und steckte sich mit Hilfe einiger Kämme das Haar im Nacken hoch. Sie wollte ordentlich aussehen, wenn man sie abholte und durch das Dorf trieb.

»Man sollte meinen, dass ich nach all den Jahren in der Lage sein würde, ein vollständiges Paar Socken zu finden«, murmelte Albert. Mit ratloser Miene stand er vor den bereits gepackten Koffern und überlegte, in welchen von ihnen er seine Wäsche gepackt hatte. Er erinnerte sich nicht mehr. Nun gut, dachte er. Dann müssen eben die Socken von gestern herhalten.

Helene setzte gerade ihren Sonnenhut auf, als das Geräusch von Schritten an ihr Ohr drang. Jemand eilte die Treppe hinauf. Im nächsten Moment polterte es gegen die Tür.

»Es ist soweit!« Helene nickte Albert zu, der die Tür anstarrte, als befürchtete er, sie würde jeden Augenblick explodieren.

Doch entgegen ihrer Befürchtung waren es keine Milizsoldaten, die in den Raum stürmten, um die beiden abzuführen. Es war Rhena. Erregt schoss sie auf ihre Eltern zu. In ihren Augen standen Tränen.

»Vater, ich glaube, du solltest mitkommen und dir das ansehen.«

Helene stieß scharf die Luft aus. Der Schreck war ihr in die Glieder gefahren. Auf neue unheilvolle Meldungen gefasst, ließ sie Alberts Hand los und begab sich zum Fenster, um nach draußen zu sehen. »Mein Gott, das ist doch nicht möglich …«

Zögerlich folgte Albert seiner Tochter ins Freie. Auch er erwartete, von einem Pulk Soldaten oder zumindest von Louis N'Gouta und seinem Handlanger empfangen zu werden, doch er konnte den Regierungsbeamten nirgendwo ausmachen. Dafür sah er nur wenige Schritte entfernt etwas Unglaubliches.

Auf der Dorfstraße, in den abzweigenden Seitengassen, dem Weg, der hinauf zum Hügel der Leprakranken führte, und auf dem Platz vor den Hütten drängte sich eine schweigende Menschenmenge Schulter an Schulter. Männer und Frauen standen einfach da. Sie sahen aus wie eine lebendige Mauer, ein Schutzwall aus schwer atmenden, bebenden, aber nichtsdestotrotz standhaften Körpern, die ihre Absicht, nicht zu weichen, stumm ausdrückten. Von nah und fern strömten weitere Menschen herbei und schlossen sich der versammelten Menge an.

Als sie Albert auf der Veranda des Doktorhauses erkannten, ging ein befreiendes Aufseufzen durch die Reihen. Im nächsten Moment rief ein Junge: »Mais il est lá. Le docteur est lá. Er ist gar nicht weggegangen!«

Das konfuse Stimmengewirr, das auf den Ausruf des Kindes folgte, zerbrach das Schweigen der Menschen nun endgültig. Ehe Albert auch nur ein Wort sagen konnte, um die Menge zu zerstreuen, begann ein ohrenbetäubender Radau. Einige Männer, unter ihnen auch solche, die das Dorf am Vortag verlassen hatten, schlugen die Trommeln und bewegten sich tanzend über den roten Sand. Frauen sangen, klatschten in die Hände, weinten oder winkten mit bunten Tüchern, wie es schon ihre Ahnen zu besonderen Gelegenheiten getan hatten.

Albert stand da wie angewurzelt. Es fiel ihm schwer, in dem Gewimmel von tanzenden, trommelnden und singenden Menschen einzelne Stimmen auszumachen, doch die Botschaft, welche die nicht genehmigte Versammlung wie ein Buschfeuer durch Lambarene trug, war eindeutig. Sie waren gekommen, weil sie Lambarene nicht aufgaben.

Sie würden nicht weichen. Nicht einmal vor N'Goutas bewaffneten Soldaten. Am Fuß des Hügels stand Joseph und feuerte die Umstehenden an, die voller Begeisterung nach Albert riefen.

Albert spürte Rhenas Hand auf seiner Schulter. »Ich denke, du solltest deinen und Mutters Koffer nicht zum Boot bringen lassen«, meinte die junge Frau schmunzelnd. »Noch nicht. Und nun geh hinunter und zeig dich. Die Menschen wollen dich sehen. Du bist ihr Doktor, der einzige, dem sie wirklich vertrauen!«

Albert kam der Aufforderung nach, langsam, denn er befürchtete, dass seine Füße ihm vor Aufregung vielleicht nicht gehorchten. Doch seine Angst war unbegründet; ihm war, als schwebte er über ein Meer von weicher Watte durch die ihn feiernde Menge. Eine Frau hielt ihr Baby in die Höhe, als er an ihr vorbeischritt, und bat ihn, das Kind einen Augenblick auf den Arm zu nehmen.

»Nun ist aber Schluss damit!« Stirnrunzelnd wehrte er Joseph ab, der sich durch die Menge gekämpft hatte, um seinen langjährigen Chef zu umarmen. »Wofür haltet ihr mich, Leute? Ich bin doch kein Politiker auf Stimmenfang. Ich habe ein Hospital zu leiten.«

Rasch legte er der erfreut auflachenden Frau ihr Baby in den Arm und forderte sie dann mit strenger Miene auf, sich mit ihm zurückzuziehen. Schließlich habe das Kind vor zwei Tagen noch gefiebert, womit schließlich zu dieser Jahreszeit nicht zu spaßen sei.

Während Albert zum Haus zurückging, begann jemand in seinem Rücken ein französisches Lied zu singen.

Qui aimons-nous? Le petit facteur?
Non! Non! Non! Le Grand Docteur!
Et qui est-ce qui nous aime? Le petit facteur?
Non! Non! Non! Le Grand Docteur.

Die Menge geriet in Begeisterung und stimmte in den Gesang mit ein. Der Takt dazu wurde auf Töpfen, Pfannen und Fässern geschlagen, manch einer der älteren Patienten stampfte mit seiner Krücke auf.

Der Rhythmus des Liedes ging Albert durch Mark und Bein, so dass er am liebsten mitgetanzt hätte. Ihm war plötzlich, als würde das Echo der hundert Stimmen zum Himmel emporsteigen wie eine Säule aus weißem Rauch oder sich in den Wipfeln der riesigen Bäume verfangen und von den dort nistenden Vögeln bis weit über den Fluss getragen werden.

Auf der Veranda empfingen ihn Rhena und eine überglückliche Helene, die nur mühsam die Tränen zurückhielt.

»Ist das zu fassen?«, murmelte sie leise. Ihr Gesicht strahlte vor Freude. »Solch eine Demonstration der Eintracht hat Lambarene gewiss noch nie erlebt.«

Albert nickte, während er seiner Tochter liebevoll die Wange tätschelte. »Ich hätte auf dich hören sollen, Mädchen, was? Tja, manche Dinge ändern sich schneller als wir erwarten.«

Rhena stützte sich auf das hölzerne Geländer und ließ ihre Blicke über die Köpfe der tanzenden und singenden Menschen schweifen. Es war wie ein Traum, nein eher wie ein Zauber, der sie wie eine wärmende Decke umgab. Hatte ihre Mutter ihr nicht schon als Kind von diesem Zauber vorgeschwärmt und behauptet, er ließe ihr Herz in ungestümer Sehnsucht brennen, sobald sie wieder Abschied von Afrika nehmen musste? Rhena war, als verstünde sie nun, da sie es selbst erlebte, erst die wahre Bedeutung dieser Worte. Ihr Vater musste diese Magie schon früh in seinem Leben gespürt haben. Wie oft hatte er behauptet, er käme so gut mit den Nilpferden unten am Fluss zurecht, weil er über die gleiche dicke Haut verfügte wie sie. Doch war es nicht vielmehr das Herz eines Täubchens, das in seiner Brust schlug?

Ein Herz, das sie endlich berührt hatte?

Rhena lächelte versonnen; der Gedanke gefiel ihr.

Das Lied der Afrikaner war noch nicht zu Ende, als sich plötzlich die Menge teilte und ein wütender Sergeant Achebe auf das Doktorhaus zuhielt. Brutal stieß er mit seinem Megafon zwei Mädchen zur Seite, die ihm nicht rechtzeitig aus dem

Weg gingen. Hinter Achebe bahnten sich mehrere Milizsoldaten ihren Weg durch das Getümmel. Sie wurden von Louis N'Gouta begleitet, der eine dicke Mappe mit Akten unter dem Arm trug, die vermutlich dazu beitragen sollte, seinem Auftrag eine hochoffizielle Note zu verleihen.

Verängstigt wichen die Männer, Frauen und Kinder vor den bewaffneten Männern zurück. Auf ihren Lippen erstarb jede Spur des fröhlichen Gesangs. Viele ließen sich zu Boden sinken und neigten die Köpfe, doch sie ließen die Gewehre nicht aus den Augen.

Achebe genoss die hilflose Stille, die ihm einer Welle gleich entgegenschlug, denn er ließ einige Augenblicke vergehen, bevor er zur Veranda stapfte und sich breitbeinig vor den Schweitzers aufbaute. Helene und Rhena ignorierte er, doch Albert bedachte er mit einem feindseligen Blick.

Dann führte er das Megafon zu seinen Lippen und fing an zu reden.

Albert ballte seine Fäuste. Zwar verstand er kein Wort von dem, was Achebe auf seinem Vorplatz in die Menge brüllte, doch unter den gegebenen Umständen rechnete er damit, dass der Sergeant seinen Männern gerade den Befehl erteilte, die Dorfbewohner und Hospitalinsassen mit Waffengewalt von den Straßen zu treiben. Umso größer war sein Erstaunen, als der Sergeant plötzlich im Satz abbrach und das Megafon sinken ließ. Er sah, wie Achebe verärgert zu seinem Vorgesetzten schaute, der ihm offensichtlich ein Signal gegeben hatte innezuhalten.

»Monsieur ...?«, dröhnte es über den Platz.

N'Gouta schüttelte den Kopf, würdigte Achebe jedoch kaum eines Blickes. Er gab ihm lediglich durch eine Geste zu verstehen, dass er sich unverzüglich davonmachen sollte.

Der Sergeant verharrte lauernd, jeder Muskel seines kräftigen Leibes schien sich zu spannen, wie bei einem Gepard, der zum Sprung ansetzt. Wut und Hass ließen seine Mundpartie unkontrolliert zucken, doch offensichtlich wagte er es nicht, im Beisein seiner Männer N'Goutas Befehl zu verweigern. Schließlich spuckte er in den Sand, um seine Verachtung für den Beamten auszudrücken, dann ließ er seine Untergebenen antreten und verschwand mit ihnen im Laufschritt Richtung Fluss.

N'Gouta wartete ein Weilchen, bis sich die Unruhe der versammelten Menge ein wenig gelegt hatte, dann schlenderte er zu Albert hinüber. »Eine durchaus imposante Versammlung, die Sie hier einberufen haben«, sagte der Regierungsbeamte mit einem undurchsichtigen Lächeln.

»Sie wissen, dass ich dafür nicht verantwortlich bin. Die Menschen von Lambarene sind gekommen, weil sie das Hospital behalten wollen.«

N'Gouta verzog das Gesicht. »Das Hospital und Sie auch, wie ich annehme.«

Albert öffnete den Mund, um N'Gouta klarzumachen, dass das Hospital auch ohne ihn auskommen konnte, weil es über das beste Personal verfügte, und dass er niemals um den Preis des Aufruhrs und Blutvergießens bleiben würde. Vom ersten Tag an hatte er die Gesetze des Landes respektiert und das auch von seinen Mitarbeitern gefordert. Doch der hagere Afrikaner winkte ab.

»Scheint so, als hätten Sie heute fraglos gewonnen, Doktor Schweitzer«, sagte er. Diesmal lag keine Spur von Spott in seiner Stimme. »Ich müsste ein schlechter Verlierer sein, wenn ich Ihnen nicht gratulieren würde. Aber ich hoffe, Sie wissen auch, warum ich heute klein beigebe.«

»Ich kann es mir denken, Monsieur. Wie immer geht es Ihnen um Politik.«

N'Gouta neigte abschätzend den Kopf. »Ein Feld, von dem Sie mehr verstehen, als Sie vielleicht momentan ahnen. Ich für meinen Teil habe dabei aber stets das große Ganze im Auge, verstehen Sie? Wir brauchen einen neuen Staat Gabun, der in seiner Selbständigkeit erst noch stärker werden muss, um gegen seine Feinde im In- und Ausland zu bestehen. Es wäre daher mehr als unvernünftig, die Wählerstimmen all dieser Menschen hier zu verlieren, die sich so freudig für Sie einsetzen. Schon allein aus diesem Grunde – und ich bin ganz sicher, es gibt auch noch andere – wäre die Übergangsregierung von Gabun Ihnen dankbar, wenn Sie sich fürs Erste weiterhin um die Kranken am Ogowe kümmern würden.«

»Fürs Erste?«

»Nun, gewiss wird es noch eine Weile dauern, bevor unser neues Hospital fertig ist. Wir müssen Prioritäten setzen, den Staat auf ein starkes Fundament stellen.« N'Gouta knöpfte seinen Zweireiher zu, um anzudeuten, dass er sich nun ebenfalls auf den Weg machen und das Gespräch beenden musste.

»Nur Risiken führen zu dauerhaftem Erfolg«, rief er Albert zum Abschied zu. »Es ist eine neue Welt, Dr. Schweitzer.«

Albert sagte nichts. Nachdenklich sah er dem Regierungsbeamten nach, bis dieser hinter einer der Hütten seinen Blicken entschwand. Er konnte kaum glauben, was er soeben gehört hatte, doch wie es aussah, hatten N'Gouta und seine Leute sich wirklich zurückgezogen und würden sie nicht mehr behelligen. Es war wie ein Wunder.

Ein Wunder, für das seine Freunde gesorgt hatten.

Erst als Albert Josephs Stimme erkannte, der die Anwesenden lautstark informierte, dass das Hospital gerettet sei und der Doktor in Lambarene bleibe, hatte er sich wieder so weit gefangen, dass er all die Hände – schwarze und weiße, runzlige und kindliche – schütteln konnte, die ihm aus allen Richtungen entgegengestreckt wurden. Vor ihm tauchte Anna auf; resolut wies sie eine Kinderschar zurecht, die an seinem Hemd und seiner Hose zupfte, als beabsichtigte jeder von den Kleinen, ein Stück davon mit nach Hause zu nehmen.

»Es ist noch nicht zu spät für die erste Visite, Dr. Schweitzer«, sagte Anna mit einem Blick auf ihre Armbanduhr. Sie bemühte sich, vor ihm so gefasst wie möglich zu klingen, aber er bemerkte, dass ihre Stimme nach dem ausgestandenen Schrecken zitterte. »Haben Sie für heute besondere Anweisungen?«

Albert seufzte, innerlich wurde ihm jedoch warm ums Herz. Mit Menschen wie Anna und Joseph an seiner Seite würde es ihm leichtfallen, den Betrieb des Hospitals wieder aufzunehmen und die Kranken zu versorgen. Sie würden ihm auch helfen, ihn dort zu verbessern, wo es erforderlich war.

Behutsam, natürlich. Wem nutzte es, die Dinge zu überstürzen?

»Also Anna, meine Anweisungen lauten …« Er dachte nach. »Weitermachen … oh, und wo steckt Quabi?« Er reckte suchend den Hals nach dem Jungen, der nur wenige Schritte von der Veranda entfernt mit seinen Freunden tanzte.

Albert winkte ihn zu sich. »Quabi, suche bitte Minköe. Sag ihm, dass ich zum Hügel hinaufgehe und ihn dort treffen möchte.«

Ohne zu zögern, setzte sich der Junge in Bewegung und stob mit wehendem Hemd davon.

N'Gouta eilte mit langen Schritten auf die Barkasse zu, die am Anleger zum Auslaufen bereit lag. Seine Stimmung befand sich auf dem Tiefpunkt, und er wollte nur noch eines: fort von hier, damit er das Jubelgeschrei und den Gesang dieser rückständigen Wilden nicht mehr hören musste. Er begriff noch immer nicht, wie es dem alten Mann gelungen war, ihn zu überrumpeln. Und das ausgerechnet jetzt, wo sein Ziel doch schon in greifbarer Nähe gewesen war. Aber was hätte er tun sollen? Hätte er diesem schießwütigen Trottel Achebe erlauben sollen, ein Gemetzel unter alten, kranken Menschen, unter Frauen und sogar Kindern seines eigenen Volkes zu veranstalten?

Er seufzte schwer. Seine Auftraggeber und Vorgesetzten würden ihm peinigende Fragen stellen, darauf musste er sich gefasst machen. Und dann war da außerdem Achebe, der sich gewiss in seinem Ehrgefühl beleidigt sah und nach Rache sann.

Als N'Goutas Blick auf die Milizsoldaten in der Barkasse fiel, die sich um ihren Sergeanten scharten und mit unbewegten Mienen darauf warteten, dass er zu ihnen an Bord kam, hätte er am liebsten kehrtgemacht. Doch das war ausgeschlossen; er durfte nicht zurückbleiben. Seine Behörde in Libreville erwartete seinen Bericht. Er würde sich etwas einfallen lassen müssen, das die Behörde zufriedenstellte. Dafür war es unabdingbar, noch einmal gründlich über die Sache nachzudenken, was indes nicht einfach war, wenn er während der ganzen Fahrt auf dem Fluss das beleidigte Gesicht des Sergeanten ertragen musste.

Er konnte nur hoffen, dass sich die Kerle nicht wirklich an ihm vergriffen. Der Ogowe war tief, und bei dem Gedanken daran, was sich alles im Fluss tummelte, spürte er eine entsetzliche Angst in sich aufsteigen.

N'Gouta hatte den Steg bereits fast erreicht, als er eine Stimme hörte, die ihn leise rief. Vorsichtig blickte er sich um – und stieß einen verstimmten Laut aus, denn er erkannte Figgis, der hinter einem Baum hervortrat. Der Amerikaner schaute sich nach allen Seiten um, bevor er es wagte, auf ihn zuzugehen.

Vermutlich fürchtet er, Achebe könnte in einem Wutanfall von Bord springen und ihm den Hals umdrehen, dachte N'Gouta. Gegönnt hätte er es ihm fraglos.

»Nun, Mr. Figgis?«

»Was zum Teufel ist hier eigentlich los?«, herrschte Figgis den Regierungsbeamten an. Er klang nicht gerade verzagt, stattdessen klopfte er auf sein Leinenjackett, in dessen Innentasche er etwas zu verbergen schien. »Warum rücken Ihre Leute ab wie ein Haufen geprügelter Hunde? Ich habe hier ein dickes Dossier mit Beobachtungen, die dafür sorgen könnten, dass Schweitzers Hospital schon morgen geschlossen wird. Soll ich Ihnen sagen, was ich herausgefunden habe?«

»Oh, Mr. Figgis …«

»Medikamente werden nachts von Schweitzer und seinem Helfershelfer Fuller heimlich in den Fluss gekippt. Kinder werden ausgenutzt und ohne Entgelt zur Arbeit im Hospital herangezogen. Und Sie spazieren davon, nur weil ein Haufen Wilder anfängt zu tanzen und zu grölen? Ich dachte …« Er runzelte die Stirn. »Hören Sie mal, langweile ich Sie etwa?«

N'Gouta schnitt ihm mit einer einzigen scharfen Handbewegung das Wort ab. Die Augen des Afrikaners blitzten dabei gefährlich auf. »Mr. Figgis, ich denke, Sie sollten jetzt den Mund halten und verschwinden. Ich werde nicht zulassen, dass Sie meine Landsleute beleidigen.«

Figgis schnappte nach Luft. »Aber klar doch, Sir. Verstehe, was Sie meinen. Da ist wohl mein Temperament mit mir durchgegangen. Ich vergesse immer wieder, wie empfindlich ihr seid. Aber unter uns … Ungeachtet des schlechten Benehmens Ihres Handlangers Achebe dachte ich, wir seien auf derselben Seite.«

»Und welche Seite soll das sein?«

Figgis war einen Moment lang sprachlos, fing sich jedoch schnell genug, um zu kontern. »Jetzt verstehe ich«, sagte er gedehnt. »Es ist nicht von Bedeutung für Sie, ob dieses Hospital hier dichtmacht oder nicht, was? Sie und Ihre Regierung haben ja Ihre *Zusicherungen.*« Er lachte nervös auf. »Kamen die vielleicht in einem kleinen braunen Umschlag?«

»Mir scheint, Sie haben tatsächlich die Absicht, mich zu beleidigen, Mr. Figgis«, sagte N'Gouta eisig. Dabei blickte er an Figgis vorbei auf den Fluss, als empfände er es als unter seiner Würde, mit ihm von Angesicht zu Angesicht zu verhandeln. »Unsere Zusicherungen, wie Sie es nennen, haben mit Investitionen und Entwicklung zu tun. Und was Ihre … Organisation in den Staaten betrifft, auch wenn es mich nichts angeht – ich denke, Sie werden bald feststellen, dass man sich jetzt auf andere Weise mit dem Fall Albert Schweitzer befassen wird.«

»Also werden Sie nicht mehr gebraucht?«

N'Gouta verzog den Mund zu einem kaum wahrnehmbaren Lächeln. »Irrtum, Mr. Figgis, *Sie* werden nicht mehr gebraucht. Sie haben versagt. Seien Sie froh, dass Sie nicht meiner Regierung unterstehen, sonst würde Sergeant Achebe Sie wissen lassen, was hierzulande mit Versagern und Verrätern geschieht!«

Damit machte N'Gouta auf dem Absatz kehrt und lief zur Barkasse hinunter. Figgis blieb zurück. Als die Barkasse mit donnerndem Außenbordmotor ablegte, bückte er sich nach einem Stein, den er dem Boot mitsamt einer Flut derber Verwünschungen nachsandte.

»Phil?«

Thérèse stand nur wenige Schritte von ihm entfernt im Schatten eines ausladenden Mangrovenbaums und fixierte ihn durch das Objektiv ihrer Kamera. Er hatte nicht gehört, wie sie sich an ihn und N'Gouta herangeschlichen hatte, wusste jedoch sogleich, dass sie jedes Wort seines Gesprächs mit angehört hatte. Ehe er sie daran hindern konnte, drückte sie flink auf den Auslöser und hielt sein von Erschütterung, Enttäuschung und Zorn gezeichnetes Gesicht im Bild fest.

Figgis fauchte wie eine Raubkatze; er machte einen Satz auf sie zu, wollte sie zwingen, ihm die Kamera zu geben, doch sie stieß ihn mit einer Kraft von sich, die ihn in Erstaunen versetzte. Keuchend schlug er zu Boden.

»Ich wusste, wo ich dich finden würde, Phil«, erklärte Thérèse, während sie weitere Aufnahmen von ihm machte. »Es hat einige Zeit gedauert, und dafür könnte ich mich ohrfeigen, dass ich so töricht war, dir zu vertrauen. Aber dafür bin ich nun im Bilde. Dein dauerndes Verschwinden. Deine merkwürdigen Fragen und Andeutungen ...« Sie wies mit der Hand auf N'Goutas Barkasse, die sich eilends von Lambarene entfernte. »Tut es dir leid, dass deine Freunde abreisen, Phil? Bist du einsam ohne sie?«

»Hör mal, Thérèse, ich ... Du siehst das ganz falsch ...« Figgis kämpfte sich wieder auf die Beine. Mit gerümpfter Nase entfernte er Staub und ein paar Krabbeltiere von seinen Hosenbeinen. »Du solltest Verständnis für meine Situation aufbringen …«

Thérèse warf dem jungen Mann, der sich vor ihr wie ein Aal im Netz wand, einen vernichtenden Blick zu. Am liebsten hätte sie ausgespuckt, wollte jedoch nicht zu theatralisch wirken. Figgis verdiente es, kühl abserviert zu werden. Nicht, dass er sich noch einbildete, er habe sie verletzt.

Doch genau das hatte er getan. Er hatte ihr Vertrauen missbraucht und war schuld daran, dass sie von nun an vielleicht nie wieder einem Mann würde vertrauen können.

»Dein erbärmliches Gestammel kannst du dir sparen«, sagte sie schließlich. »Es erinnert mich zu sehr an die Abschiedsworte meines letzten Freundes, kurz bevor ich ihn mit einem Tritt auf die Straße beförderte. Und genau dorthin gehörst du auch.« Sie atmete tief durch, kämpfte gegen die Tränen an, die ihr in die Augen stiegen. »Es macht mir nicht allzu viel aus, dass du mich zum Narren gehalten hast. Gut, vielleicht habe ich es ja verdient, weil ich so dumm war, mich blenden zu lassen und wie ein Schulmädchen auf deine Masche hereinzufallen. Aber was ist mit den Menschen von Lambarene? Haben die es auch verdient, ausspioniert und verraten zu werden? Haben die Kinder es verdient, die Strahlenkrankheit zu bekommen? Gib wenigstens zu, dass du es warst, der den Zaun zerschnitten und den Röntgenapparat zerlegt hat, um Albert zu schaden.«

Figgis spitzte höhnisch die Lippen; aus seinem Gesicht verschwand jede Spur von Freundlichkeit, als er auf Thérèse zukam und sie anfuhr. »Ach, was bist du nur für ein armes, ausgenutztes Geschöpf! Ich habe euch mitleidsvolle, sentimentale Liberale so satt. Niemand auf der Welt hat Prinzipien, nur ihr allein. Ihr lehnt die Atombombe ab, kämpft gegen die einzige Regierung, die euch wahrhaftig Schutz und die Freiheit gewährt, eure intellektuellen Gedanken zu spinnen, aber hast du auch einmal daran gedacht, was geschehen wird, wenn unsere

Gegner die Atombombe haben und wir nicht? Wer rettet *unsere* Kinder, wenn unsere Feinde beschließen, einen militärischen Schlag gegen uns zu führen? Dein alter Dr. Schweitzer mit einer Horde Keulen schwingender Leprakranker vielleicht?«

»Du kannst die Konflikte zwischen Nationen nicht dadurch entschärfen, indem du über gute Menschen gemeine Lügen verbreitest«, wandte Thérèse ein. Es klang bitter, aber weniger hart als vielmehr traurig. Obwohl sie sich nun sicher war, dass Figgis ihr seit New York nur etwas vorgemacht und die ganze Zeit über mit ihr und den Schweitzers gespielt hatte, fühlte sie sich elend und verlassen. Ja, ihr war fast so, als ließe sie etwas Vertrautes im Urwald zurück.

»Verdammt, kapiert hier denn niemand, dass ich nur meinen Job gemacht habe?«, rief Figgis ihr nach, als sie sich von ihm abwandte und den Weg zum Dorf einschlug. »Wir sind dafür da, in aller Welt den Dreck wegzukehren, den andere machen. Und was erwartet uns als Dank? Eine kalte Abfuhr!«

Was anderes hast du auch nicht verdient, dachte sie und ging weiter, ohne sich noch einmal umzudrehen.

21. Kapitel

Minköe strahlte über das ganze Gesicht, als Albert ihm im Beisein seiner Freunde den Hammer aus seinem Zimmermannsgürtel überreichte. Feierliche Stille breitete sich aus, nicht einmal Quabi und sein Freund Wambua lachten.

Sie standen mitten auf dem Hügel, nur wenige Schritte von den behelfsmäßigen Unterkünften entfernt, in denen die Leprakranken hausten. Im Hintergrund waren noch immer die Überreste der Hütten zu sehen, die N'Goutas Männer auf Befehl der Übergangsregierung niedergerissen hatten. Sie hatten den Bewohnern des Hügels Befehl erteilt, alles so zu lassen, wie es war, doch Albert war sich sicher, dass N'Gouta nicht so rasch wieder auftauchen würde. Nein, es wurde Zeit, den Leprapatienten die Häuser und sanitären Anlagen zu bauen, die sie brauchten, um menschenwürdig untergebracht und behandelt werden zu können.

»Minköe, du wirst derjenige sein, der den ersten Nagel unseres neuen Dorfes einschlägt«, sagte er mit einem aufmunternden Nicken.

Minköe grinste. Er nahm eine Handvoll Nägel entgegen, die Quabi ihm reichte, und fing mit kräftigen Schlägen an zu hämmern. Der Junge flüsterte ihm etwas zu, was den älteren Mann zum Lachen brachte.

»Was hat er gesagt, Minköe?«, wollte Albert wissen. Scherzhaft drohte er dem kichernden Quabi mit dem Zeigefinger.

»Er hat sich daran erinnert, was Sie gesagt haben, bevor Sie nach Amerika reisten, Doktor. Wenn die Leute diese großartigen Häuser sehen, werden sie alle bei uns leben wollen. Wir werden sie empfangen.«

Ja, das werdet ihr, dachte Albert zufrieden. Und ich werde hier bei euch sein.

Einige Tage später stürmte Phil Figgis im zentralen Hauptquartier der CIA New York wutentbrannt ins Büro seines Vorgesetzten, ohne die empörten Rufe der Sekretärin zu beachten, die ihn am Eindringen ins Allerheiligste ihres Chefs hindern wollte.

Dieser hob nur kurz den Kopf, als er Figgis erkannte. In einer Briefmappe auf dem Schreibtisch vor ihm lag eine Auswahl amerikanischer und europäischer Zeitungen.

»Sir, ich habe ihm gesagt, dass er nicht einfach ohne Voranmeldung …«

»Schon gut, mein Kind!« Mit einer flüchtigen Handbewegung schickte der Mann seine Sekretärin, ein hübsches brünettes Mädchen, das ein wenig hilflos hinter Figgis stehen geblieben war, hinaus und forderte es auf, die Tür zu schließen.

»Nun, Phil, welch ein Vergnügen, Sie wiederzusehen«, sagte er schließlich in einem Ton, der dieser Behauptung spottete. »Ich schätze, da, wo Sie herkommen, macht man sich nicht die Mühe anzuklopfen.«

Figgis' Augen verengten sich vor Abneigung gegen den Mann, der es nicht einmal für nötig befand, ihn eines Blickes zu würdigen. Mit seinem eleganten dunkelblauen Nadelstreifenanzug, der silbergrauen, wappenbedruckten Krawatte und der mit Seide gefütterten Weste, die sich ein wenig zu stramm um den hervorquellenden Bauch spannte, glich sein Vorgesetzter einem jener durchschnittlichen Geschäftsmänner, von denen es in New York geradezu wimmelte. Es gab nur wenige Menschen in der Stadt, die es besser wussten oder zumindest ahnten, über welchen Einfluss der Mann hinter dem polierten Schreibtisch tatsächlich verfügte.

Endlose Momente verstrichen, bevor er die Papiere auf seinen Schreibtisch legte, die Hände faltete und seine Aufmerksamkeit Figgis zuwandte. Er bot ihm keinen Platz an, obwohl für Besucher zwei bequeme Ledersessel bereitstanden, noch bat er seine Sekretärin, ihm und seinem Gast Kaffe zu bringen.

Figgis war das egal; er kochte vor Wut und brannte darauf, seinem Vorgesetzten zu sagen, was er davon hielt, wegen nichts und wieder nichts um die halbe Welt gehetzt worden zu sein.

»Sie sehen ein wenig blass aus, Phil«, sagte der Mann hinter dem Schreibtisch kalt. »Hätte ich Ihre Spesenabrechnung nicht erhalten, würde ich nicht glauben, dass Sie unter der heißen Sonne Afrikas geweilt haben.«

»Verschonen Sie mich mit Ihren dämlichen Sprüchen, Sie gemeiner, verlogener Schweinehund«, platzte es aus Figgis heraus. Nie zuvor hatte er so mit einem Vorgesetzten gesprochen, doch momentan war er viel zu aufgewühlt, um an mögliche Konsequenzen für sich und seine Karriere zu denken. »Ich war in Afrika, darauf können Sie sich verlassen. Hundert Meilen fuhr ich den Okeyhokey hoch und ernährte mich eine Woche von nichts anderem als verdammtem Wurzelgemüse!«

Figgis' Vorgesetzter hob die buschigen Augenbrauen, was für gewöhnlich genügte, um seine jüngeren Agenten einzuschüchtern, all die bleichgesichtigen jungen Männer, die seiner Meinung nach noch Flausen im Kopf hatten und nicht begreifen wollten, wofür die CIA wirklich gebraucht wurde. Er dachte an die Nacht zurück, in der er sich persönlich Zutritt zu Professor Einsteins Haus verschafft hatte, was ihm ein boshaftes Lächeln entlockte. Eine kleine Weile war es ihm wahrhaftig gelungen, Druck auf den alten Mann auszuüben. Und er hatte es genossen. Doch nun lagen hier all diese Zeitungen vor ihm, in denen stand, dass Dr. Schweitzer öffentlich Partei ergriff und Einsteins Kampf unterstützte.

Damit war sein Vorhaben gescheitert, den lästigen Professor mit all seinen Flausen im Kopf endgültig mundtot zu machen. Zumindest vorerst, denn noch war die Schlacht nicht geschlagen. In einem letzten, aussichtslosen Versuch, wenigstens den jungen Mann zurückzugewinnen, der hektisch vor seinem Schreibtisch auf und ablief, hob er die Arme und rief: »Philip, Herrgott noch mal, haben Sie vergessen, in was für einem Geschäft wir tätig sind? Schon Ihr Vater war Geheimnisträger. Wissen Sie, was er sagte, wenn mich mal Gewissensbisse plagten? Crossley, erklärte er, wir sind hier nicht bei den Pfadfindern, uns wird die Sicherheit eines Staates, ja letztlich der ganzen Welt anvertraut.«

»Auf die klugen Sprüche meines alten Herrn pfeife ich«, brüllte Figgis. Er dachte gar nicht daran, sich zurückzunehmen. »Und wenn Sie es genau wissen wollen, Sir, auf *Sie* pfeife ich erst recht. Dank dieses kleinen internationalen Pfadfindertreffens, zu dem Sie mich geschickt haben, wurde ich beinahe von einem afrikanischen Revolverhelden gelyncht. Außerdem habe ich Sandflöhe zwischen den Zehen sowie chronische

Ruhr, und von dem zu urteilen, was ich erfahren habe, hätte ich meinen Bericht auch telefonisch aus Mick's Bar auf der East 14th erstatten können.«

Crossley lehnte sich zurück und vollführte eine gönnerhafte Handbewegung. »Sie waren eben eine Art Versicherungspolice für uns, Figgis, und es hätte durchaus sein können, dass wir Sie gebraucht hätten.«

»Ach, das ist ja nett zu hören!«

»Um Dr. Schweitzer und seinen Anhang brauchen Sie sich jedenfalls nicht mehr zu kümmern, diese Leute sind erledigt. Niemand wird dem Gefasel eines Kommunisten Beachtung schenken, der so vermessen ist, die Vereinigten Staaten vor der Gefahr der Atombombe zu warnen.«

Wenn Phil Figgis während seiner Zeit in der Armee und danach als Agent der CIA eines gelernt hatte, dann war das zu durchschauen, wenn er angelogen wurde. Und sein Vorgesetzter – davon war er überzeugt – log schamlos. Nicht, dass ihn das noch irgendetwas anging, schließlich hatte er keinen Auftrag mehr. Andererseits konnte er nicht verhehlen, dass er dem alten Arzt von Lambarene den kleinen Triumph gönnte, der Crossley so ärgerte, und er ertappte sich bei dem Wunsch, dass Thérèses gestochen scharfe Fotos, die er in einigen der Zeitungsexemplare auf Crossleys Schreibtisch wiedererkannt hatte, dazu beitrugen, einige Dinge richtigzustellen.

Der Wahrheit doch noch zum Sieg zu verhelfen.

Ohne ein weiteres Wort an seinen Vorgesetzten zu verschwenden, machte Figgis kehrt und warf die Tür des Büros hinter sich ins Schloss.

Epilog

Oslo, 1954

Das Rathaus der norwegischen Hauptstadt war an diesem kalten Novemberabend hell erleuchtet. Trotz des stürmischen Wetters strömten festlich gekleidete Herrschaften in den großen Saal, der für feierliche Anlässe genutzt wurde und auch heute prächtig mit Blumenarrangements und Flaggen dekoriert war. Ein Meer von Perlencolliers, Diamantringen und Smaragdbroschen funkelte um die Wette, als sich die Damen, die das Privileg genossen, zu den geladenen Gästen zu zählen, plaudernd zu ihren Plätzen begaben. Unterhalb des Podiums, das mit einem purpurfarbenen Teppich ausgelegt worden war, spielte ein Streichquartett. Doch die Musik ging in dem Stimmengewirr beinahe unter, insbesondere als die Kunde durch den Saal getragen wurde, dass die königliche Limousine soeben vorgefahren sei. In gespannter Erwartung wurden die Hälse gereckt; jedermann wollte einen Blick auf das Königspaar und den besonderen Gast erhaschen, dem am Nachmittag in der Aula der altehrwürdigen Universität der Nobelpreis verliehen wurde. Die Hoffnung, nun auch noch den berühmten Mann kennenzulernen, der den Preis in aller Bescheidenheit entgegengenommen hatte und nun in wenigen Augenblicken ans Rednerpult treten würde, erfüllte die Gäste mit Vorfreude und Neugier zugleich. Die Presse hatte sich in den vergangenen Tagen überschlagen, der Name Albert Schweitzer war sogar in die finstersten Winkel des Landes, ja des gesamten Kontinents gedrungen. Doch kaum einer der Anwesenden konnte behaupten, mit Bestimmtheit sagen zu können, was für ein Mensch dieser Arzt war, der fast sein gesamtes Leben in einem winzigen Dorf im afrikanischen Urwald verbracht hatte, um dort den Menschen ein Freund und Begleiter zu sein.

Als nach einer Weile die große Flügeltür geöffnet wurde und der Bürgermeister von Oslo in Begleitung eines weißhaarigen Mannes den Saal betrat, der sich verlegen umschaute, erhoben sich die Menschen von ihren Plätzen und spendeten anhaltenden Beifall.

Hinter dem mit einem Bouquet herrlicher weißer und roter Rosen geschmückten Rednerpult wurde alsdann ein Banner aufgezogen, das den Namen des Preisträgers nannte.

Albert stand mit dem Rücken zu dem Banner, und das war gut so, denn noch immer hasste er es, wenn zu großes Aufhebens um seine Person gemacht wurde. Den Preis hatte er jedoch dankbar entgegengenommen, weil er hoffte, dass er seiner Stimme, die seit einigen Jahren bei jeder Gelegenheit auf die Gefahren der modernen Zeit hinwies, noch größeres Gewicht verlieh, ihm aber gleichzeitig bescheinigte, dass er nicht im Auftrag oder Dienst irgendeiner Ideologie auftrat, mit Ausnahme seiner eigenen. Der Ehrfurcht vor dem Leben.

Im grellen Licht all der Scheinwerfer, die auf ihn gerichtet waren, waren Helenes Konturen nur schemenhaft zu erkennen, doch Albert wusste, dass sie neben Rhena in der ersten Reihe saß. Er konnte fühlen, dass sie ihn anlächelte, und empfand so viel Glück, dass er glaubte, die Sinne müssten ihm schwinden. Bloß nicht, mahnte er sich in Gedanken, während er die Mappe öffnete, in der das Manuskript seiner Dankesrede lag. Helene hatte es sich nicht nehmen lassen, die Seiten feinsäuberlich mit der Schreibmaschine abzutippen. Sie hatte ihm auch zugeraten, heute Abend nicht frei zu sprechen, wie er es sonst für gewöhnlich tat, sondern seine Worte abzulesen. Nach kurzer Diskussion hatte er ihr zustimmen müssen. Die Presse der gesamten Welt war heute im Rathaus vertreten, da durfte er nichts von dem vergessen, was ihm wichtig war. Außerdem war ihm mitgeteilt worden, dass er seine Rede von achtzig auf fünfunddreißig Minuten kürzen musste. Eine schwierige Aufgabe.

Schließlich kehrte Ruhe im Saal ein, was Albert anzeigte, dass es Zeit war, mit der Rede zu beginnen. Umständlich tippte er zweimal mit dem Zeigefinger gegen das Mikrofon. Es funktionierte tadellos.

Da er die französische Sprache gewählt hatte, sprach er langsam und verzichtete auf rhetorische Stilmittel. Die Menschen sollten verstehen, was ihm auf dem Herzen lag, und sie sollten seine Botschaft weitergeben, ohne über den Sinn seiner Ausführungen rätseln zu müssen. Die Zeit des Philosophierens war vorüber, nun zählten klare, eindringliche Worte.

»Ich bekenne mich zu der Überzeugung, dass wir das Problem des Friedens nur dann lösen können, wenn wir den Krieg aus dem ethischen Grunde, weil er uns der Unmenschlichkeit schuldig werden lässt, verwerfen«, erklärte Albert mit leiser, aber eindringlicher Stimme.

»Jeder Mensch ist zu Mitgefühl fähig, ist in der Lage, eine humanitäre Einstellung zu entwickeln.« Er blickte von seinem Manuskript auf, ließ seine Blicke zu Helene wandern. Nun erkannte er sie ganz deutlich, trotz des feinen Lichtscheins, der sie umgab. Mein Gott, dachte er, sie sieht aus wie ein Engel, auch in dem schwarzen Seidenkleid, das ihr niemand ausreden konnte. Du trägst deinen Smoking, auch wenn dir ein einfacher Anzug lieber wäre, hatte sie beschieden. Dafür lasse ich mir ein Schwarzseidenes schneidern.

Es wurde ihm warm ums Herz. »Das Mitgefühl steckt in uns allen«, beendete er nach einer kurzen Pause seine Ausführungen. »Ich vergleiche es mit einem Zündholz, das lediglich auf den Funken wartet, der es entflammen kann. Jeder Mensch kann ein Lambarene haben. Er braucht nur ein Herz.«

Nachdem der sich anschließende Empfang beendet und Albert dem Blitzlichtgewitter der Presseleute glücklich entronnen war, nutzten er und Helene die Gelegenheit, hinaus auf den mächtigen Balkon des Rathauses zu treten, von dem aus man eine atemberaubende Aussicht auf die nächtliche Stadt Oslo hatte.

Trotz des rauen Windes, der um die Dächer der alten Stadt heulte, spürte keiner von beiden Kälte oder Müdigkeit. Rhena erging es ähnlich, als sie sich kurze Zeit später zu ihren Eltern gesellte. Sie tat sehr geheimnisvoll, verriet Helene jedoch schließlich, dass sie einen Gast mitgebracht hatte, der gekommen war, um den Schweitzers trotz aller Ehrungen die eigentliche Überraschung des Tages zu bescheren.

»Thérèse«, rief Helene aus und ergriff beide Hände der jungen Frau, die sie in dem nachtblauen Abendkleid, den hochhackigen Schuhen und der perfekt sitzenden Frisur kaum wieder erkannt hätte. Erfreut strahlten sich die beiden Frauen an. »Ich freue mich, dass Sie es möglich gemacht haben, nach Norwegen zu reisen, obwohl Sie ja zurzeit in den Staaten in Arbeit versinken.«

»Was heißt möglich gemacht«, unkte Albert scherzhaft. »Sie ist eine Topfotografin und neuerdings auch Filmemacherin. Da lässt sie sich doch ein solches Spektakel wie eine Nobelpreisverleihung nicht entgehen, selbst wenn sie dafür um die halbe Welt fliegen muss.« Er neigte knapp den Kopf, drückte ein Auge zu und warf Thérèse einen verschwörerischen Blick zu. »Aber keine Filmaufnahmen heute Abend, Mädchen, das müssen Sie mir versprechen. Ich mag mich selbst nicht leiden in diesem Aufzug.«

Thérèse lachte. »Ehrenwort, Albert. Sie können sich auf mich verlassen. Zumindest bis morgen früh.«

»Schade nur, dass Ihr lieber Freund Sie dieses Mal nicht begleiten konnte«, meinte Helene. Mitfühlend drückte sie Thérèses Arm. »Dabei sind Sie beide so ein hübsches Paar. Sagen Sie Dr. Fuller, er soll sich von meinem Mann nicht die ganze Arbeit aufhalsen lassen, damit er sich auch richtig um Sie kümmern kann.«

Thérèse seufzte. »Ich werde es ihm ausrichten, wenn ich ihn nächste Woche treffe.«

Nachdem sie noch eine Weile geplaudert hatten, wandten sich die vier wieder dem großen Platz vor dem Rathaus zu, auf dem sich mittlerweile Tausende von Menschen versammelt hatten, um den Gewinner des Friedensnobelpreises mit einem Fackelzug durch die Straßen zu ehren. Noch stundenlang erstrahlte die Stadt im Schein der vielen Lichter, die dem Novemberwind trotzten, die Dunkelheit vertrieben und schließlich, im Morgengrauen, Platz für einen neuen Tag schafften.

Nachwort des Autors

Der große Humanist Albert Schweitzer zählt heute ohne Frage zu den bedeutendsten Persönlichkeiten des 20. Jahrhunderts. Sein Lebenswerk wurde in den vergangenen Jahren eingehend erforscht, dokumentiert und verfilmt. So gibt es inzwischen etliche hervorragende Sachbuch-Darstellungen und biographische Werke, die dazu beitragen, Schweitzer und seine Welt besser kennenzulernen.

Faszinierend und spannend zugleich war für mich, den erst nach Schweitzers Tod geborenen Autor, so viel aus der Feder des »Grand Docteur« lesen, Filmberichte über ihn sehen und seine Stimme in alten Tonbandaufzeichnungen hören zu können.

Trotz oder vielleicht aufgrund der Materialfülle stand ich zu Beginn meiner Arbeit vor großen Herausforderungen: So fragte ich mich, wie man sich einem berühmten Menschen, an den sich heute noch so viele Zeitzeugen erinnern, auf die richtige Weise annähern kann. Für mich stand fest, dass ich nicht nur den Charakter der Hauptfigur lebendig beschreiben, sondern auch auf seine Bedeutung für die Entwicklungshilfe, die Friedensbewegung, die Philosophie und viele andere Bereiche eingehen wollte.

Da mein Roman eine große Historienverfilmung für das Kino mit internationaler Starbesetzung begleitet, entschied ich mich dafür, auf die wesentlichen Ausschnitte der Lebensgeschichte Albert Schweitzers so genau wie möglich einzugehen, ohne mich dem Detailzwang auszuliefern, dem sich Verfasser von Sachbüchern und Biographien berühmter Menschen oft verpflichten müssen. Dafür stieß ich bei meinen Recherchen auf interessante Konflikte, wie Schweitzers Verhältnis zu seiner engsten Familie, zu seinen Mitstreitern und den Menschen von Lambarene. Auch seinem unermüdlichen Kampf gegen Krankheiten in Afrika, beispielsweise die Lepra und die Schlafkrankheit, sollte genügend Raum gegeben werden, um zu vermitteln, was ihn zu solch großer Leistung antrieb.

Ferner war es mir ein Anliegen, das abenteuerliche und zugleich entbehrungsreiche Leben der Helene Schweitzer genauer zu beleuchten, die einmal während eines Interviews auf die Frage des Journalisten, ob sie sich im Schatten ihres Mannes immer wohlgefühlt habe, antwortete, nie im Schatten, sondern stets nur in seinem Licht gelebt zu haben.

Mediziner und Philosoph, begnadeter Organist und Kämpfer für Gerechtigkeit – Albert Schweitzer war zweifellos ein Mensch mit vielen Gaben und Talenten, die er immer wieder mit Geschick und Humor, zuweilen aber auch mit Hartnäckigkeit dort einzusetzen verstand, wo es angebracht war, um Menschen in seinen Bann zu ziehen und sie für sein Hospital im Urwald zu interessieren. Als zutiefst gläubiger Mensch fühlte sich der Pfarrerssohn und ehemalige Straßburger Universitätslehrer bereits in jungen Jahren einem Gelübde verpflichtet, das er freiwillig abgelegt hatte: Er wollte sich nach Vollendung des 30. Lebensjahres in den Dienst Gottes und der notleidenden Menschheit begeben. Wie im Roman geschildert, hielt der Dekan der Medizinischen Fakultät von Straßburg Schweitzer für verrückt, als dieser im Herbst 1905 ankündigte, er wolle seine akademische Karriere abbrechen, um als Arzt nach Afrika zu gehen. Doch vielen Widerständen zum Trotz gelang es Schweitzer einige Jahre später im zentralafrikanischen Lambarene das Tropenhospital zu gründen, das auch weiterhin mit dem Namen Schweitzer verbunden bleiben wird.

Die Ethik von der »Ehrfurcht vor dem Leben« entwickelte er während seiner ersten Schaffensjahre in Afrika infolge zahlreicher Naturbeobachtungen. Sie gilt als geistiger Wegbereiter dessen, was wir heute als Umweltbewegung kennen. Tierschutz und Menschenrechtsbewegung gewannen durch Schweitzers ethische Aussagen wertvolle Impulse.

Im Sommer 1949 unternahm Albert Schweitzer zusammen mit seiner Frau Helene seine berühmte Reise durch die USA, was zu einem Medienereignis besonderer Art wurde. Die Zeitungen des Landes überschlugen sich in ihrer Berichterstattung vor Begeisterung über den stets bescheiden, aber auch entschlossen auftretenden alten Mann aus Lambarene. Der New Yorker *Aufbau* zählte ihn gar »zu jener kleinen Schar von Gerechten, aufgrund derer mit den Ungerechten dieser Erde bisweilen Nachsicht geübt wird«.

Albert Schweitzer und sein Namensvetter Einstein waren tatsächlich gute Freunde und teilten dieselbe Grundeinstellung zu Fragen des Friedens und der Moral. Mag Schweitzer in den ersten Jahren des Kalten Krieges auch noch gezögert haben, sich dem Kampf Albert Einsteins und anderer Persönlichkeiten gegen den Missbrauch der Atomenergie anzuschließen, so tat er das später umso leidenschaftlicher, auch wenn es ihn in den Vereinigten Staaten zu dieser Zeit die Gunst und Unterstützung vieler einflussreicher Politiker kostete. Wie zahlreiche andere prominente Persönlichkeiten wurde auch er verdächtigt, ein heimlicher Kommunist zu sein und gegen die demokratische Welt zu arbeiten, ein Vorwurf, der absolut haltlos war.

Im April 1954 erging Schweitzers Ruf an alle Wissenschaftler, die Völker über die »schreckliche Wahrheit« der Wasserstoffbombe aufzuklären. Gemeinsam mit Albert Einstein und dem Philosophen Bertrand Russell unterschrieb er einen Appell und hielt drei bedeutende Vorträge im norwegischen Rundfunk, in denen er über die Ächtung von Atomwaffen sprach und die sofortige Einstellung der Kernwaffenversuche forderte.

Der Friedensnobelpreis wurde Schweitzer übrigens bereits

1953, rückwirkend für das vorangegangene Jahr, verliehen. Entgegennehmen konnte er den Preis jedoch erst im November 1954.

Mit der Errichtung des Lepradorfs auf dem Hügel wurde erst ein Jahr nach den im Roman beschriebenen Ereignissen begonnen, wobei Schweitzer das Honorar seiner berühmten Rede zum 200. Geburtstag Goethes in Aspen, Colorado, verwendete, um das Bauvorhaben zu finanzieren. Ständige Geldknappheit brachte es indessen mit sich, dass sich die Fertigstellung der Leprasiedlung noch bis in die Mitte der fünfziger Jahre hinzog.

Die meisten der im Roman agierenden Personen haben wirklich gelebt, für einige fiktive Charaktere – wie zum Beispiel Thérèse Boudin – gibt es historische Vorbilder. So gelang es der aus Wien stammenden und später in die USA emigrierten Fotografin und Filmemacherin Erica Anderson mit viel Charme und großer Ausdauer, Albert Schweitzers Widerstand zu brechen und einen beachtenswerten Film über ihn und das Hospital von Lambarene zu drehen. Aus der geschäftlichen Beziehung entwickelte sich im Laufe der Zeit eine enge Freundschaft.

Albert Schweitzer starb am 4. September 1965 mit neunzig Jahren in Lambarene, wo er an der Seite seiner Frau, die er um acht Jahre überlebte, beigesetzt wurde.

Das Hospital von Lambarene, das nach Albert Schweitzers Tod von seiner Tochter Rhena weitergeführt wurde, besteht noch heute, ebenso das Lepradorf. Es ist eine für den Staat Gabun wichtige medizinische Einrichtung geblieben.

Um medizinhistorische und völkerkundliche Aspekte wie afrikanische Sprachen und Dialekte, Aberglauben, Essen, Kleidung, Sozialverhalten, Krankheiten und deren Behandlung besser einordnen zu können, habe ich zahlreiche Gespräche geführt, aber auch Nachschlagewerke und Fachbücher – teilweise noch von Albert Schweitzer persönlich verfasst – zu Rate gezogen, von denen ich folgende Werke hervorheben möchte:

Ehrfurcht vor dem Leben. Albert Schweitzer – Ein Porträt von Werner Milstein, Albert Schweitzers *Selbstzeugnisse* sowie *Aus meinem Leben und Denken* und die Biographie *Helene Schweitzer Bresslau. Ein Leben für Lambarene* von Verena Mühlstein.

Mein Dank gilt allen Angehörigen und Freunden, die mir während meiner Arbeit an diesem besonders spannenden Buchprojekt mit Rat und Tat zur Seite standen und mir durch ihre Erzählungen und Schilderungen halfen, die brennende Sonne und den roten Staub Afrikas sogar in meinem Arbeitszimmer zu spüren.

Guido Dieckmann

Friedrich Schorlemmer
Genie der Menschlichkeit
Albert Schweitzer
Mit 65 Abbildungen
270 Seiten. Gebunden
ISBN 978-3-351-02712-4

Die Welt des Albert Schweitzer

Albert Schweitzer war bereits anerkannter Theologe, Philosoph, Orgelvirtuose und Musikwissenschaftler, als er ein Medizinstudium absolvierte. 1913 bricht er nach Afrika auf, um sein Credo vom Dienst an den Menschen zu verwirklichen. In Lambarene begründet er seine »Ethik der Ehrfurcht vor dem Leben«: nie preisgegebene Humanität, während die Welt in zwei furchtbare Kriege, Rassismus, Wahn und Untergang verstrickt war. Nach 1945 verurteilt Schweitzer den Krieg und protestiert vehement gegen Atomwaffen. Mit diesem Engagement gerät der Friedensnobelpreisträger zwischen die weltpolitischen Fronten. Seine Botschaft vom Leben als Ganzes ist heute aktueller denn je.

»Einer der seltenen großzügigen Seelen in der Geschichte.«
MARTIN LUTHER KING

Mehr Informationen erhalten Sie unter
www.aufbau-verlag.de oder in Ihrer Buchhandlung

aufbau

Friedrich Schorlemmer
Wohl dem, der Heimat hat
319 Seiten. Gebunden
ISBN 978-3-351-02679-0

»Hellsichtiger Theologe mit Herz«

HESSISCHE/NIEDERSÄCHSISCHE ALLGEMEINE

Für Schorlemmer umfasst Heimat alles, was unser Selbst ausmacht: Herkunft, Bindungen an Menschen und Landschaften, politische Ereignisse, Erinnerungen, Geschichten, Bilder und Bücher. Aufgewachsen in einem Pfarrhaus, prägten ihn die Weite der Elblandschaft und die bedrückende Enge der fünfziger Jahre. Er erzählt von der Gemeinschaft in Familie, Kirche, von öffentlichem Engagement, der Sehnsucht nach Freiheit wie der Angst vor Verlusten. Sein Buch ist ein Plädoyer für das Besinnen auf tragfähige Werte und innere Gewissheiten. Zugleich warnt er vor Heimatliebe, die einengt und ausgrenzt.

Mehr von Friedrich Schorlemmer:
Ich habe keinen Gott. Aber Gott hat mich. AtV 8149-8
Lass es gut sein. AtV 7064-5
Die Bibel für Eilige. AtV 1920-0

Mehr Informationen erhalten Sie unter
www.aufbau-verlag.de oder in Ihrer Buchhandlung

aufbau

Guido Dieckmann
Die Gewölbe des Doktor Hahnemann
Roman
473 Seiten
ISBN 978-3-7466-2011-4

Alchimist, Scharlatan oder genialer Heiler?

Sachsen im Jahre 1765: Auf der Albrechtsburg träumt der junge Samuel Hahnemann, Sohn eines Porzellanmalers, davon, ein berühmter Arzt zu werden. Schon früh ist er von den dunklen Seiten der Medizin fasziniert. Hahnemann sucht die Nähe zu mystischen Zirkeln und unternimmt alles, um an eine verschollen geglaubte Schrift des Paracelsus zu gelangen. Doch damit ruft er einen geheimen Orden auf den Plan, ihn aus dem Weg zu räumen.

»Eine gut erzählte Geschichte – ein spannender Plot, der mit mehr als einer Überraschung aufwarten kann.«
DIE RHEINPFALZ

Mehr von Guido Dieckmann bei Aufbau Taschenbuch:
Der Bader von St. Denis. Roman. AtV 2195-1
Die Frau mit den Seidenaugen. Roman. AtV 2364-1
Die Magistra. Roman. AtV 2095-4
Die Nacht des steinernen Reiters. Roman. AtV 2119-7
Die Poetin. Roman. AtV 1661-2

Mehr Informationen erhalten Sie unter
www.aufbau-verlag.de oder in Ihrer Buchhandlung

aufbau taschenbuch